'राग दरबारी' का महत्त्व

'राग दरबारी' का महत्त्व

सम्पादक

मधुरेश

लोकभारती प्रकाशन

लोकभारती प्रकाशन
पहली मंजिल, दरबारी बिल्डिंग, महात्मा गाँधी मार्ग
प्रयागराज-211 001
वेबसाइट : www.lokbhartiprakashan.com
ईमेल : info@lokbhartiprakashan.com

शाखाएँ : 1-बी, नेताजी सुभाष मार्ग, दरियागंज
नयी दिल्ली-110 002
अशोक राजपथ, साइंस कॉलेज के सामने
पटना-800 006 (बिहार)
36-ए, शेक्सपियर सरणी
कोलकाता-700 017

मूल्य : ₹ 400

प्रथम संस्करण : 2015

आस्था पेपर कन्वर्टर
प्रयागराज द्वारा मुद्रित

'RAG DARBARI' KA MAHATVA
Edited by Madhuresh

ISBN : 978-81-8031-986-0

स्मृतिशेष श्रीपत राय को
आलोचना जिन्होंने कम ही लिखी है
लेकिन उसमें साहस और नैतिकता की अपनी
चमक है।

अनुक्रम

भूमिका 9

1. 'लेखन मुझे मुक्त करता है'
प्रेमकुमार से बातचीत 11

2. श्रीलाल शुक्ल : स्मृति अर्द्धशती
दामोदर दत्त दीक्षित 24

3. 'राग दरबारी' : संस्मरण
श्रीलाल शुक्ल 30

4. श्रीलाल शुक्ल : पुनर्विचार की आवश्यकता
मुरली मनोहर प्रसाद सिंह 33

5. बहुत बड़ी ऊब का महाग्रन्थ : राग दरबारी
श्रीपत राय 40

6. 'राग दरबारी' : व्यंग्य-दृष्टि या व्यंग्य-लीला
नित्यानन्द तिवारी 48

7. 'राग दरबारी' के बारे में
गिलियन राइट 54

8. राग दरबारी : पुनर्मूल्यांकन
चन्द्रकान्त बान्दिवडेकर 57

9. 'राग दरबारी' का मूल राग
हरदयाल 68

10. ग्रामीण विडम्बनाएँ : श्रीलाल शुक्ल का राग दरबारी
रूपर्ट स्नेल 80

11. राग दरबारी : लोकप्रियता का समाजशास्त्र
मुद्राराक्षस 101

12. राग दरबारी : मध्यवर्गीय बोध की सीमाओं के बावजूद
जानकी प्रसाद शर्मा 108

13. राग दरबारी बनाम पलायन संगीत
खगेन्द्र ठाकुर 115

14. 'राग दरबारी' : राजनीति में मनुष्य की वापसी एक स्वप्न है
शम्भुनाथ 121

15. बिस्रामपुर में दरबारी हूरें
सन्दर्भ : 'राग दरबारी' और 'बिस्रामपुर का सन्त'
मैत्रेयी पुष्पा 135

16. राग दरबारी
सुवास कुमार 150

17. आधुनिकता का सन्दर्भ और 'राग दरबारी'
अतुलवीर अरोड़ा 162

18. छुद्रताओं के महावृत्तान्त से महानताओं की छुद्रता तक
वीरेन्द्र यादव 167

19. राग दरबारी : नाट्य रूपान्तरण से प्रस्तुतीकरण तक
गिरीश रस्तोगी 184

20. राग दरबारी में स्त्री-पात्र
लता शर्मा 189

21. राग दरबारी : राष्ट्रीय जीवन और संस्कृति का रूपक
सत्यकाम 193

22. 'राग दरबारी' का शैलीवैज्ञानिक विश्लेषण
कश्मीरी लाल 202

23. 'राग दरबारी' : भाषा-शैली और रचनाविधान
वेदप्रकाश अमिताभ 214

24. 'राग दरबारी' का महत्त्व
मधुरेश 221

भूमिका

श्रीलाल शुक्ल (1925-2011) हमारे समय के एक बड़े लेखक हैं। उनकी पहचान मुख्यतः एक व्यंग्यकार के रूप में है। हिन्दी व्यंग्य को एक कलात्मक उत्कर्ष देने का गम्भीर उद्यम उन्होंने किया है। जब कोई लेखक अपने लिये विधा के रूप में व्यंग्य का चुनाव करता है, इसके मूल में कहीं-न-कहीं समाज की वर्तमान स्थिति के प्रति उसके मन में गहरा असन्तोष होता है। सामाजिक परिवर्तन की आकांक्षा ही उसे वस्तुतः व्यंग्य की ओर ले जाती है। एक सार्थक व्यंग्य अपनी प्रकृति में ख़ूब चौकन्ना होता है, वह अपनी प्राणवायु निर्भीकता और साहस से ग्रहण करता है। इसी कारण साहित्य और समाज में स्वाभाविक ही उसकी भूमिका प्रतिरोध और विपक्ष की होती है। अपने समय की राजनीति में वह सीधे हस्तक्षेप करता है। अपने लिये राजनीति से बचाव का कोई तर्क गढ़कर वह अपनी सार्थकता खोकर निर्जीव और निष्प्रभ हो जाता है। यथास्थिति के विरोध में खड़े होकर ही वह एक चमकदार और ऊर्जावान् भविष्य का सपना दिखाता है।

श्रीलाल शुक्ल पर केन्द्रित 'तद्भव' के प्रवेशांक के लिए सम्पादक अखिलेश को दिये गये अपने साक्षात्कार में राजनीतिक दृष्टि से अपनी स्थिति उन्होंने बीच सड़क पर खड़े होने पर भी वामपन्थ की ओर झुकती हुई बतायी थी। उनका रचनात्मक और बौद्धिक विकास मुख्यतः उस इलाहाबाद में हुआ जहाँ 'परिमल' और प्रगतिवादी लेखक संघ के उग्र विवाद हवा में थे। तब श्रीलाल शुक्ल 'परिमल' में पर्याप्त सक्रिय थे। धर्मवीर भारती की पत्रिका 'निकष' से ही वस्तुतः उनके लेखन की शुरुआत हुई। उसी प्रभाव-वृत्त में उनका लेखन विकसित होकर परवान चढ़ा। बाद में उनके लखनऊ आ जाने पर यशपाल, भगवतीचरण वर्मा और अमृतलाल नागर की त्रयी सक्रिय थी। लखनऊ में, यशपाल के प्रति अपने सारे समादर के बावजूद, उनकी अपनी पसन्द के लेखक भगवती बाबू और नागर जी ही थे। साहित्य अकादमी के लिए इन दोनों पर लिखित उनके मोनोग्राफ़ इसके प्रमाण हैं।

अपने प्रसंग में जब वे बीच सड़क पर खड़े होकर वामपन्थ की ओर अपने झुकाव की बात कहते हैं तो इसमें न कोई ग़लतबयानी करते हैं, न ही तथ्यों को तोड़ने-मरोड़ने की कोशिश करते हैं। वे अरसे तक सरकारी तन्त्र का हिस्सा रहे। स्वाधीनता के बाद बनी विकास-योजनाओं की वास्तविकता को उन्होंने निकट से देखा था। जिस जनता के विकास के नाम पर उन योजनाओं का निर्माण हुआ, उस जनता की वास्तविकता को समझे बिना 'राग दरबारी' जैसा उपन्यास नहीं लिखा जा सकता था। श्रीलाल शुक्ल की यह समझ ही वस्तुतः यह तय करती है कि जनता के पक्ष में वे कहाँ और किसके साथ खड़े हैं।

इन पैंतालीस वर्षों में 'राग दरबारी' पर बहुत-कुछ लिखा गया है। अभी पिछले दिनों 'राग दरबारी : आलोचना की फाँस' शीर्षक से रेखा अवस्थी के सम्पादन में एक महत्त्वपूर्ण पुस्तक आयी है। उसमें 'राग दरबारी' के पक्ष-विपक्ष में प्रकाशित प्रायः सारी सामग्री को एक

जगह संकलित करके 'राग दरबारी' सम्बन्धी विवाद को हिन्दी आलोचना के एक केन्द्रीय मुद्दे के रूप में प्रस्तुत किया गया है।

यहाँ इस चयन में जो सामग्री संकलित है उससे 'राग दरबारी' की प्रकृति और महत्त्व को समझने में सहायता मिलती है। इस चयन के लिए मेरे अनुरोध पर अनेक सुधी आलोचकों ने 'राग दरबारी' के विभिन्न पक्षों पर लिखा है। यहाँ कई आलेख ऐसे हैं जो सम्भवतः पहली बार श्रीलाल शुक्ल और उनके 'राग दरबारी' की स्त्री-दृष्टि पर विचार करते हैं। किसी बड़े दावे से बचकर भी इसे बेशक रेखा अवस्थी की पुस्तक के पूरक रूप में पढ़ा जा सकता है। जिन मित्रों ने मेरे अनुरोध पर विशेष रूप से लिखा है उनके प्रति मेरे मन में गहरी कृतज्ञता का भाव है। उन लेखकों के प्रति भी आभारी हूँ जिनकी पूर्व प्रकाशित सामग्री का उपयोग यहाँ हुआ है। 'राग दरबारी' को समझने में यदि इस पुस्तक से कुछ सहायता मिलती है, किसी रूप में यदि यह उस समझ को समृद्ध करती है तो मेरा प्रसन्न होना स्वाभाविक है।

11.7.2014 **मधुरेश**

● ***प्रस्तुत पुस्तक में राजकमल प्रकाशन द्वारा प्रकाशित पुस्तक 'राग दरबारी' की 2014 में प्रकाशित 7वीं आवृत्ति के सन्दर्भ दिये गये हैं।***

'लेखन मुझे मुक्त करता है'

प्रेमकुमार से बातचीत

तिथि और समय तय करने के लिए कई बार फोन किया। हर बार लगा जैसे टाला-बचा जा रहा है, पर प्रत्येक बार अधिकाधिक आत्मीय, अपनत्व और स्नेहपूर्ण आवाज! अभी रुको...तब फोन कर लेना, आपको मेरे पास ऐसा कुछ नहीं मिलेगा...अभी तो बहुत ठण्ड है...अभी मुझे कलकत्ता जाना है, फिर...! जब तिथि तय हो गयी तो हर बार घर पहुँचने के मार्ग और साधन आदि के बारे में विस्तार से बताया जाना। तय तिथि से पहले की रात जब मैंने लखनऊ से ही उन्हें फोन किया तो मैं दुविधा में पड़ गया, लगभग पस्त—'हाँ, आपका यहाँ का कॉण्टेक्ट नम्बर मेरे पास नहीं था। मैं आपको फोन करना चाहता था।' मैंने सोच लिया कि अगला वाक्य यह होना है कि आज आप न आयें, पर घर आने के बारे में विस्तार से बताया जाने लगा। मैंने पहले बताये जाने की याद दिलानी चाही, बड़े अधिकार भाव से, लगभग डाँटते से मुझे रोक दिया गया—'पहले सुनिये! ढंग से समझ लीजिये!' फिर कहाँ से क्या सवारी मिलेगी, कितना किराया और किस वाहन से पहुँचने में कितना समय लगेगा...। यह भी कि इन्दिरानगर के उस चौराहे से आप जब उस दिशा में चलेंगे तो बायीं ओर को नवाँ घर मेरा ही है। नम्बर लिखा है बाहर। नेमप्लेट भी है! और हाँ, साढ़े तीन बजे यहाँ एक कार्यक्रम है, उसमें मुझे जाना है। आप ठीक साढ़े नौ बजे आ जायें। दोपहर को खाना यहीं खायेंगे। नहीं, नहीं, खाना यहीं साथ खाना है। बिलकुल फ़ेमिली मेम्बर की तरह।

आवास पर पहुँचकर जब मैंने कॉलबेल बजायी तो नौ बजे थे। दरवाज़ा भोली-प्यारी-सी एक बच्ची ने खोला था। बाद में जाना कि वह उनकी नातिन है। ड्राइंगरूम का हर हिस्सा, वहाँ रखी-सजी हर चीज़, मेनरोड के पास के उस आवास में प्रवेश के साथ ही दिखनेवाली घास, गमले, पौधे, सड़क पर वृक्ष, कक्ष में रखी वनस्पतियाँ और सजे फूल—सब तरफ़ सुरुचि, स्तरीयता, सम्पन्नता और एक ख़ास क़िस्म का अफ़सरी अन्दाज़ भी! एक तरफ़ रैक्स के बड़े खाने में भाषा और विषयवार रखी मोटी-मोटी पुस्तकें...बंकिम समग्र, निराला की साहित्य-साधना, भारतेन्दु ग्रन्थावली, अभिनन्दनग्रन्थ! अपेक्षाकृत छोटे दो खानों में संस्कृत, अंग्रेज़ी की पुस्तकें...रामायण मीमांसा...।

कुर्ता-पायजामा, स्वेटर-शॉल, फुर्तीली चाल से श्रीलाल जी ने कमरे में प्रवेश किया। 'आइये, आइये, बैठिये, कहते हुए सामने सोफ़े पर बैठ गये। मौसम की चर्चा के बाद मुझसे पढ़ाई-लिखाई, कॉलेज, शहर आदि के बारे में पूछा। —हाँ, डी. एस. कॉलेज —मुझे मालूम है, बहुत सम्मानित कॉलेज है। पन्द्रह मिनट में चाय-नाश्ते के नाम पर कई प्लेट्स! बैग में से काग़ज़, कैमरा आदि निकालकर मैंने पास के सोफ़े पर रखना चाहा। सुनायी पड़ा—'अरे, कैमरा! आप तो सारी तैयारी के साथ आये हैं। मुझे अजीब लगता है यह सब! कमलेश्वर आदि की बात अलग है, वे मीडिया के लोग हैं!' लगा जैसे उनकी सहजता बाधित हुई। वे

कुछ सजग, सचेत होते दिखे। इधर-उधर आ-जा रहे हैं कमरे में। 'आप जहाँ रुके हैं, वहाँ टी.वी. था?' आस्ट्रेलिया का क्या हुआ सुबह? जानने को इतने आतुर, अधीर कि टी.वी. के पास पहुँचकर उसे चालू कर दिया। सोफ़े से उठते समय पूछते हैं—'इजाज़त हो तो ज़रा टी.वी. देख लूँ?'

साहित्य की जब बात हुई तो श्रीलाल शुक्ल जी साहित्य के व्यतीत को याद करने लगे, पीढ़ियों के अन्तराल और अन्त के बारे में—'उन्नीस सौ पचहत्तर-छिहत्तर तक, जब तक भगवतीचरण वर्मा, यशपाल, नागर यहाँ थे, उनसे बातें करते पीढ़ी का अन्तराल नहीं लगता था। साठ में जब मैं यहाँ आया तो वे सब सत्तावन-अट्ठावन के आसपास होंगे। सबसे छोटे नागर जी थे। यशपाल जी व वर्मा जी बराबर के थे। व्यवहार बिलकुल सामान्य! बातें करते, सामाजिक शिष्टाचार में ज़रा भी अहसास नहीं होता था उम्र के अन्तर का। अस्सी से पहले तक ऐसा ही था। पर अब होता है। कई बिन्दु हैं इस अन्तर के। सबसे बड़ा बिन्दु साहित्य की दृष्टि से यह है कि तब साहित्य में 'ऐस्टेब्लिश' होने के लिए विशेष प्रयास की ज़रूरत नहीं थी। दूसरे, ख़ासतौर से यू. पी. में शिक्षा-पद्धति इतनी नष्ट नहीं हुई थी। 'रेडीमेड कान्स्टीटुएन्सी' मिली होती थी लेखक को। नया हो या पुराना लेखक, कॉलेजों और विश्वविद्यालयों में पाठक समुदाय अच्छी किताब की प्रतीक्षा कर रहा होता था। आज वह और चीज़ों में फँसा है। विद्यार्थी टेक्स्ट बुक तक ख़रीदता-पढ़ता नहीं है और अध्यापक कुंजी लिखने में व्यस्त हैं। मैं हाईस्कूल में था तब, जब मेरे अध्यापक ने 'शेखर : एक जीवनी' का पहला भाग पढ़ने को दिया था मुझे, 'यह कहकर कि नये ढंग का उपन्यास है यह, इसे पढ़ना तुम श्रीलाल!' आज लेखक को स्थापित होने में एक पीढ़ी गुज़र जाती है। स्थापित होने तक ही एक पीढ़ी का अन्तराल आ जाता है। इसलिए पहले जैसा परस्पर संवाद नहीं है। सोचिये, भगवतीचरण वर्मा ने 'चित्रलेखा' शायद उनतीस-तीस में लिखा। इसका मतलब कि जब वे छब्बीस-सत्ताईस साल के थे। छपा बत्तीस में। कितना यश पाया उसके सहारे! धर्मवीर भारती का 'गुनाहों का देवता'—अच्छा है या बुरा, यह अलग बात है, पर शायद बावन में आया। पच्चीस साल के रहे होंगे वे। पर लीजेण्ड है वह। वृन्दावनलाल वर्मा देश की राजधानी में नहीं थे, छत्तीस-सैंतीस साल की उम्र में पहला उपन्यास आया था 'गढ़कुण्डार'। उसी से हिन्दी के 'वाल्टर स्कॉट' हो गये। तब पाठकों का एक उत्सुक समुदाय मौजूद था। जैसे आज की पीढ़ी फ़िल्मों के लिए उत्सुक दिखती है, वैसी परिस्थिति थी। इस परिस्थिति का लाभ मेरी जेनरेशन तक मिला है। लखनऊ में हिन्दी संस्थान है—वह सरकारी तन्त्र का एक साहित्यिक विभाग है। वहाँ के कर्त्ताधर्त्ताओं से आज आप बात करें। पूछें कि शिवमूर्ति या अखिलेश नाम के लेखक लखनऊ में हैं, तो वे सुनकर चक्कर में पड़ जायेंगे। यशपाल जी जेल से छूटकर आये, अड़तीस में विप्लव कार्यालय स्थापित किया। बयालीस तक 'वो दुनिया', 'दादा कामरेड' छप चुके थे। दो-तीन वर्ष के लेखन से फ्रण्टलाइन पर जिक्र और विवादास्पद भी रहे। उम्र के पक्ष में हिन्दी में आज जैसा आतंक है, पहले नहीं था। उन्नीस सौ उनहत्तर में जब मुझे साहित्य अकादमी पुरस्कार मिला, मैं तैंतालीस-चवालीस वर्ष का था। इसे हिन्दी ने सहज ढंग से ग्रहण किया। उसके बरख़िलाफ़ लगभग उसी उम्र के अरुण कमल को मिला तो बहुतों को आपत्ति हुई। अब लेखक की पूरी ज़िन्दगी बीत जाती है। उन्नीस सौ साठ में जब सरकारी तौर पर नियुक्त होकर मैं लखनऊ आया तो नागर जी, यशपाल जी, वर्मा जी को मुझे अपना

परिचय देने की ज़रूरत नहीं पड़ी थी। एक व्यंग्य-संग्रह 'अंगद का पाँव' और एक छोटा-सा उपन्यास 'सूनी घाटी का सूरज' छपा था। 'ज्ञानोदय' आदि में छपा था केवल। और आज मैं ही आपसे पूछ रहा हूँ कि क्या-क्या लिखा है आपने?

आजकल लेखक का स्थापित होना बड़ा कठिन है। लम्बे सर्कुलेशनवाली पत्रिकाएँ भी अब लगभग ख़त्म हैं। तब 'सारिका' में दो-तीन कहानियाँ निकल गयीं तो आप लेखकों में ही नहीं, विराट् पाठक समुदाय में पहुँचते थे। 'साप्ताहिक हिन्दुस्तान', 'धर्मयुग' की भी यही स्थिति थी। आज 'हंस' की शायद वह स्थिति हो। वैसे यह भी है कि हमेशा जिसे सम्पादक के आशीर्वाद के साथ पेश किया जाता है, ज़रूरी नहीं कि वह असली सिक्का है, असली सिक्का पाठक को ढूँढ़ना पड़ता है।

चूँकि वे हिन्दी साहित्य के अतीत को याद कर रहे थे, इसलिए मुझे उनके लेखन के प्रारम्भिक दौर के बारे में उनसे कुछ सवाल किये जाने का यह उचित अवसर लगा। सवाल सुनकर वे अपने लेखन के शुरुआती दिनों की ओर मुड़ चले थे।

नियमित लेखन तो मैंने चौवन-पचपन से शुरू किया। अट्ठाईस-उन्तीस का रहा होऊँगा। वैसे लिखने की ललक, धुन, छात्र-जीवन से ही रही। तब भी बहुत लिखा था। अपनी उन रचनाओं को मैं प्रागैतिहासिक काल की रचनाएँ कहता हूँ। इण्टर पास करते-करते दो-तीन उपन्यास और कई कविता-संग्रह लिख चुका था। सौभाग्य है कि वे अब उपलब्ध नहीं हैं। घर में भी कुछ साहित्यिक वातावरण था। उस समय जो अर्द्धशिक्षित परिवार होते थे, उनमें भी वाचिक परम्परा से कविता के संस्कार तो होते ही थे। मेरे पिता जी को औपचारिक शिक्षा नहीं मिली थी, हिन्दी, उर्दू, संस्कृत थोड़ी काम भर की जानते थे, पर उन्हें मध्यकालीन हिन्दी कविता और संस्कृत के सैकड़ों छन्द याद थे। हमारे बाबा संस्कृत के विद्वान् थे, वे स्कूल टीचर थे। उनके हस्तलेख में संस्कृत के कुछ क्लासिक्स हैं। उनमें अन्त में संस्कृत में पुष्पिका के रूप में उन्होंने अपनी बात कही है। पं. चन्द्रमौलि सुकुल मेरे चाचा थे और वे टीचर्स ट्रेनिंग कॉलेज बनारस में प्रिन्सिपल थे। वे साहित्यकार थे। उन्होंने उन्नीस सौ बारह से बाईस के बीच में कई पुस्तकें लिखीं। एक पुस्तक 'नाट्य कथा जगत्' अब उपलब्ध नहीं है, में संस्कृत के बारह नाटकों का कथा-सार दिया गया था। उन्नीस सौ तेरह-चौदह की छपी है। नहीं, वह मुझे तो उपलब्ध है, पर वैसे उपलब्ध नहीं है। मनोविज्ञान पर उन्होंने सम्भवतः हिन्दी की पहली पुस्तक लिखी थी। गर्मी की छुट्टी में जब वे गाँव आते तो उनकी कार की डिक्की में वर्ष भर की हिन्दी पुस्तकें और पत्रिकाएँ भरी होतीं। छत्तीस, सैंतीस, अड़तीस, उनतालीस, चालीस की बता रहा हूँ। ग्यारह से पन्द्रह के आयु वर्ग में था तब मैं। उन्नीस सौ अट्ठावन में प्रकाशित मेरा पहला व्यंग्य-संग्रह पं. चन्द्रमौलि सुकुल को ही समर्पित है। उससे पहले 'सूनी घाटी का सूरज' उपन्यास प्रकाशित हुआ था, वह धर्मवीर भारती, केशवचन्द्र वर्मा, विजयदेव नारायण साही—तीनों मित्रों को समर्पित था। इन मित्रों ने ही मुझे जल्दी-से-जल्दी उपन्यास लिखकर समाप्त करने के लिए मजबूर किया था। ये तीनों मित्र 'परिमल' के स्तम्भ बने रहते थे। शायद यही कारण है कि बहुत-से लोग मुझे भी 'परिमल' से सम्बद्ध मान लेते हैं। जबकि उस संस्था से मेरा कोई लेना-देना नहीं रहा।'

बोलते-बोलते यकायक रुके। लगा जैसे उन्हें बोझ लग रहा था वह सब। कहने लगे—'कहने को कोई नयी बात जीवन में ही नहीं है अब! आपने 'मेरे साक्षात्कार' पढ़ी थी क्या?

मैं वहाँ कह चुका हूँ यह। यह कोई नयी बात नहीं है। कविता को लेकर मैंने शुरुआत करनी चाही, उनके लेखन की प्रेरणा एवं प्रभाव आदि के बारे में कुछ सवाल किये। देर लगी दोबारा से कुछ कहने की मुद्रा में आने में—'ऐसा था कि उन्नीस सौ छत्तीस का जो वह ज़माना था, स्वतन्त्रता आन्दोलन की सरगर्मियों का था। लखनऊ और उसके आसपास अवध के ज़िले हैं। इनमें किसान आन्दोलन बड़े उभार पर था। तो कुछ हद तक राष्ट्रीय चेतना जगाने की दृष्टि से, और वैसे भी साहित्यिक वातावरण के कारण पूरा क्षेत्र कवि-सम्मेलनों का क्षेत्र था। इसलिए बैठने-सुनने के बहुत मौक़े थे। जैसा सुनते थे, वैसा सुनाने भी लगे थे। लेकिन वह 'फॉल्स स्टार्ट' था। गम्भीर क़िस्म की काव्यात्मकता लेकर जो चीज़ निकलती है, वह नहीं थी। अच्छे पद्य थे, उस ज़माने की कविता के फ़ैशन के हिसाब से पढ़ लिये जाते थे। मुझ पर व्यक्ति या पुस्तक-विशेष का नहीं, वातावरण का प्रभाव ज़्यादा रहा। यह ज़रूर है कि बारह साल की उम्र तक पढ़ा काफ़ी-कुछ था। बहुत-कुछ उपलब्ध था पढ़ने को। 'सुधा', 'माधुरी', 'वीणा', 'काव्य कलाधर', सनेही सम्पादित 'सुकवि'—बिहार से निकलती थी 'गंगा'। सब आगे-पीछे पढ़ने को मिल जाती थी। यह वातावरण मुझे ही नहीं मेरे चचेरे भाई-बहिनों को भी प्रभावित कर रहा था। छियालीस-पचास के बीच पत्र-पत्रिकाओं में मेरा बहुत-कुछ प्रकाशित भी हुआ। कुछ कहानियाँ आयी थीं, पर वो ऐसी हैं जिनसे मैं बहुत आश्वस्त नहीं हूँ। 'अपनी पहचान' ('यह घर मेरा नहीं' नामक संग्रह में है) तैंतालीस-चौवालीस के समय की कहानी है। छियालीस-सैंतालीस में 'माधुरी' में मेरी कुछ पुरानी कविताएँ निकलीं। बाद में 'संगम' में भी। उन्हें लिखे ज़माना गुज़र गया, फिर से देखा नहीं उन्हें। वास्तव में जिस पहली रचना को लेकर मेरी कुछ पहचान बनी साहित्यिकों में, वह व्यंग्य रचना ही थी—नाम है 'स्वर्णग्राम और वर्षा'। इसे धर्मवीर भारती ने सम्भवतः उन्नीस सौ चौवन में अपनी पत्रिका 'निकष' में छापा था। बहुत महत्त्वपूर्ण प्रकाशन था यह। कृष्णा सोबती की 'डार से बिछुड़ी', सर्वेश्वर का 'सोया हुआ जल', अज्ञेय की 'साँप'-जैसी महत्त्वपूर्ण रचनाएँ इसमें संकलित हुई थीं। इसके आधार पर मुझे कई ज्ञात-अज्ञात साहित्यकारों के प्रशंसा-पत्र मिले।

तब मैंने व्यंग्य विधा के प्रति उनके आकर्षण के कारण के साथ यह भी जानना चाहा था कि उन्हें व्यंग्य की ओर मोड़ने में या इस विधा का चयन कराने में क्या किसी ख़ास क्षण, घटना या व्यक्ति की कोई भूमिका रही है?

एक संयोग था कि इस रचना ने ज़्यादा ध्यान आकृष्ट किया। इसके साथ-साथ, आगे-पीछे मैं कहानियाँ भी लिखता रहा। यह जानते हुए भी कि हिन्दी में साहित्यकारों का एक समुदाय व्यंग्य को विधा के रूप में ग्रहण करता है, व्यक्तिगत रूप से मेरे लिये यह शैली के स्तर पर अभिव्यक्ति की एक भंगिमा भर है तथा कथ्य के स्तर पर सामाजिक आलोचना की एक प्रविधि।

देखिये, आपका यह प्रश्न-विस्तार में ले जा रहे हैं आप! एक रचनाकार की हैसियत से मुझे यह लगता है कि व्यंग्य के सम्बन्ध में भारतीय एवं पाश्चात्य अवधारणाओं में मौलिक अन्तर है। यूरोपीय साहित्य में इसकी शताब्दियों पुरानी एक परम्परा है और उसका अलग से साहित्यशास्त्र विकसित है। उपन्यास के आरम्भिक दौर की 'डॉनक्विगजोट', रैब्ले की गरगँटुवा और पेण्टागुएल या गुलिवर्स ट्रैवल जैसी अनेक रचनाएँ निश्चित रूप से उपन्यास की उस रोमानी धारणा से अलग हैं, जो आरम्भिक स्थिति में उपन्यास की सहज दिशा थी।

संस्कृत या हिन्दी में व्यंग्य का यह स्वरूप, जिसके उपादान विडम्बना, वक्रोक्ति, पैरोडी– यहाँ तक कि फूहड़पन आदि हैं, स्वतन्त्र रूप से पल्लवित-पुष्पित नहीं हुआ। यही कारण है कि हिन्दी में हास्य और व्यंग्य अलग-अलग स्वतन्त्र रूप से विकसित नहीं हुए। शरद जोशी, रवीन्द्रनाथ त्यागी, हरिशंकर परसाई आदि तक के साहित्य में व्यंग्य की प्रखरता होते हुए भी कहीं-कहीं परिहास का तत्त्व इतना आनन्दपूर्ण हो जाता है कि हास्य और व्यंग्य की सीमारेखा समाप्त होती दिखती है। आज यह सम्भव नहीं है कि थैकरे या हार्डी की शैली में उपन्यास लिखे जायें। जब उपन्यास का ढाँचा ही ख़तरे में है तो सारी पुरानी आजमूदा शैलियाँ और भी ज़्यादा ख़तरे में आ गयी हैं। तभी लेखक को अपनी अभिव्यक्ति के लिए नयी युक्तियाँ तलाशनी होती हैं। जिसके सर्वोत्तम उदाहरण हिन्दी में नागर, रेणु, मनोहरश्याम जोशी हैं। आप चाहें तो 'राग दरबारी', 'मकान' या 'पहला पड़ाव'–जैसे उपन्यासों को याद करके सबसे आख़िर में मुझे भी गिन लीजिये।

आपने कई विधाओं में लिखा है, पर आपको ख्याति मुख्यतः और विशेषतः व्यंग्य-लेखन से ही मिली। इस प्रविधि के चयन के पीछे आप क्या कारण देखते हैं–सामर्थ्य की कोई सीमा या ताक़त, कोई विवशता या बाध्यता या फिर कोई ख़ास रुचि या चुनौती?

मैंने नहीं चुनी यह प्रविधि। मेरे सम्पूर्ण साहित्य को केन्द्र में रखें आप। अज्ञेय को केन्द्र में रखकर दिये गये तीन व्याख्यान आलोचनात्मक पुस्तक के रूप में छपे–इनमें से एक व्यंग्य को केन्द्र में रखकर भी था। मेरे निबन्धों या कहानियों के संग्रहों में दर्जनों रचनाओं में व्यंग्य से कोई ताल्लुक़ नहीं है। 'सीमाएँ टूटती हैं' या 'बिस्रामपुर का सन्त'-जैसी कई ऐसी रचनाएँ हैं जिनकी विषय-वस्तु मुझे व्यंग्यात्मक भंगिमा अपनाने की इजाज़त नहीं देती। कहानियों का यदि आप विश्लेषण करें तो आसानी से देख सकेंगे कि कुछ में व्यंग्य का स्वर प्रमुख है, कुछ में पूर्णतया अनुपस्थित। ऐसा केवल इस कारण कि कहानी-विशेष की अन्तर्वस्तु मुझे एक ख़ास क़िस्म की शैली चुनने के लिए बाध्य करती है।

व्यंग्यकार माने जाने की जहाँ तक बात है तो मेरा ख़याल है कि मेरे उपन्यासों की चर्चा कम नहीं होती। जितना मैंने अपने बारे में लिखा हुआ पढ़ा है, उस आधार पर कह रहा हूँ। हिन्दी में व्यंग्य लेखक की कोई कैटेगरी है क्या? आप रखना चाहते हैं रखें।

पर जिस अर्थ में परसाई व्यंग्य लेखक माने जाते हैं, उस अर्थ में आप मुझे मानेंगे? यानी विश्वनाथ त्रिपाठी की एक उल्लेखनीय आलोचनात्मक पुस्तक है, उसमें परसाई को सामाजिक चेतना से युक्त, उत्कृष्ट निबन्धकार के रूप में चित्रित किया है। इस दृष्टि से जो भी व्यंग्य लेखक हैं, उसे आप केवल इस शब्द के द्वारा पूरी तरह वर्णित नहीं कर सकते। क्योंकि उसमें भी एक चिन्तनपरक, आस्वादपरक और अनुभूतिपरक लेखक के रूप में अन्तर किया जा सकता है–जो आप परसाई और त्यागी को बीच कर सकते हैं। पाश्चात्य लेखकों में आप सॉल बैलो, गुण्टरग्रास या फिर सलमान रुश्दी के उदाहरणार्थ देख सकते हैं। इन सबके उपन्यासों में व्यंग्य का तत्त्व अत्यन्त प्रखर है। ये उपन्यासकार सामाजिक स्थितियों के प्रति अत्यन्त संवेदनशील और गम्भीर दृष्टिकोण रखनेवाले लेखक हैं, पर उन्होंने जो शैली अपनायी है उसे केवल व्यंग्य कहकर समेटा नहीं जा सकता। अभिधात्मक लेखन से अधिक सम्भावनाशील शैली की तलाश के ये नये-नये आयाम हैं, जिन्हें हिन्दी में सबसे ज़्यादा मनोहरश्याम जोशी में देखा जा सकता है। स्वयं मेरे लेखन में ऐसे ही नये आयामों को अपनाने

की कोशिश आप 'मकान' या 'पहला पड़ाव' में देख सकते हैं। 'राग दरबारी' का मैं ज़िक्र नहीं कर रहा हूँ क्योंकि वह स्पष्ट रूप से आज़ादी के बाद के दो दशकों में विकसित होती हुई व्यंग्य-परम्परा को अपनाकर लिखी गयी कुछ ग्रामीण कथाओं की औपन्यासिक शृंखला है और उसमें जान-बूझकर व्यंग्य के उन सभी उपादानों का उपयोग किया गया है जिनसे शैली की पहचान होती है।

'राग दरबारी' से मिली ख्याति और प्रतिष्ठा ने आपके लेखक को कहाँ, कितना रोका-टोका या बाँधा है?'

अगर बाँधा होता तो शायद मैं अपने को दोहराता। सम्भवतः ऐसा नहीं हुआ। सीमा-रेखा बनने की जहाँ तक बात है तो एक बड़ी रचना लिखने की इच्छा 'राग दरबारी' से पहले की है। उसके बाद यह इच्छा हुई हो, ऐसा नहीं है। यह उपन्यास लिखने से पहले यह इच्छा जिस मनःस्थिति में उत्पन्न हुई वह स्पष्ट कर दूँ। पिछली शताब्दी के छठे दशक में हिन्दी हास्य-व्यंग्य में कथा-लेखन और निबन्ध-लेखन की वह शैली बहुत लोकप्रिय हुई जिसका प्रयोग कभी अन्नपूर्णानन्द वर्मा—और उनसे भी पहले बालमुकुन्द गुप्त ने किया था। परिणामतः हिन्दी में उन दिनों काफ़ी सशक्त साहित्य की रचना हुई। केवल केशवचन्द्र वर्मा, हरिशंकर परसाई, कुछ बाद में शरद जोशी, रवीन्द्रनाथ त्यागी आदि ने ही इस दिशा में उल्लेखनीय योगदान नहीं किया, बल्कि धर्मवीर भारती, विजयदेव नारायण साही, प्रभाकर माचवे आदि ने भी इस कोटि की अनेक व्यंग्य रचनाएँ कीं। उन दिनों इन्हीं लेखकों में मैं भी शामिल था। किन्तु पैंसठ तक आते-आते मुझे अनुभव होने लगा कि किसी एक छोटी-सी विसंगति को लेकर पाँच पृष्ठ की व्यंग्य-कथा या टिप्पणी लिखने भर से बात नहीं बनती। अगर सामाजिक स्थितियों की एक सर्वाङ्गीण और प्रखरतापूर्ण आलोचना करनी है तो इधर-उधर चुटकियाँ काटने के बजाय समाज के प्रति सामग्रिक रूप से आलोचनात्मक दृष्टि अपनाकर एक सम्पूर्ण कृति की रचना की जा सकती है। 'राग दरबारी' की रचना के पीछे यही प्रेरणा-स्रोत रहा। यह भी मैंने सचेत रूप से किया कि सीधे सरकार या सरकार द्वारा संचालित अन्य बड़े-बड़े नागरिक इरादों को अपना लक्ष्य न बनाकर एक छोटे गाँव की छोटी संस्थाओं के माध्यम से देश की विराट् संस्थाओं के ह्रास की कहानी कही जाये। स्पष्ट है कि ऐसी कृति लिखकर वह सफल है या असफल यह अलग बात है, आप उसी मनःस्थिति को अपने लेखन का आजीवन पाथेय नहीं बना सकते। रचनाशीलता के ऊपर दूसरी प्रवृत्तियाँ और दूसरे प्रकार की अनुभूतियाँ भी अपना हक़ जताने लगती हैं। उसी का परिणाम यह है कि 'राग दरबारी' के परवर्ती मेरे लेखन में भिन्न-भिन्न कोटि की प्रवृत्तियों का विकास हुआ।

आपने अभी एक अन्य उपन्यास लिखने की अपनी छटपटाहट का ज़िक्र किया। आप यह बताना चाहेंगे कि यह इच्छा किस प्रकार के उपन्यास को लिखने से सम्बन्धित है?

इच्छा है, उसे छटपटाहट नहीं कह रहा मैं। मेरे स्वभाव से छटपटाहट नहीं है। यदि छटपटाहट होती तो शायद मेरे लेखन का आकार बड़ा होता। स्वभावतः मैं बहुत ठण्डे मिजाज़ से लिखनेवाला लेखक हूँ। यह छटपटाहट का नहीं, रचना को बेहतर बनाने के आग्रह और साहित्यिक विवेक के ठण्डेपन का प्रश्न है।

अब बातें परसाई जी के लेखन की हो रही थीं। —एम.पी. में काफ़ी लोगों ने परसाई की नक़ल में लिखा। उनके निबन्ध कमज़ोर हैं, कथाएँ उत्कृष्ट। आपको उधार की

विचारधारा उपलब्ध है, उसके आधार पर सारी दूसरी स्थितियों, विचारों को आप खण्डित कर सकते हैं, पर अगर उसे प्रतिबद्ध होकर नहीं अपनाया तो आपको अपने निजी चिन्तन के आधार पर 'क्रिटिसाइज' करना मुश्किल होगा। बी. जे. पी. या जयप्रकाश की आलोचना करते समय परसाई को मौलिक चिन्तन की नहीं, मौलिक मुहावरों को गढ़ने की आवश्यकता पड़ती है। तभी मुझे परसाई की कहानियाँ सुपीरियर लगती हैं, बमुक़ाबिले निबन्धों के।

आपके प्रशासनिक अधिकारी होने का लेखन पर क्या प्रभाव पड़ा? अधिकारी होना आपके लेख के लिए बाधक बना या सहायक?

'बहुत पहले लिख चुका हूँ। मैं अपने बारे में ही नहीं कहता हूँ, बल्कि वे सभी लेखक जो किसी प्रतिष्ठान से जुड़े हैं, उन सबकी यह समस्या है। लेखन पर कोई प्रत्यक्ष रोक नहीं लगती, मगर किसी सरकारी तन्त्र की ताक़त या अन्य प्रकार से प्रभाव पड़ता है। प्रतिष्टान की नौकरी करते-करते आपका सम्पूर्ण व्यक्तित्व बनता या बिगड़ता है। वही आपके लेखन की स्वतन्त्रता का सबसे बड़ा बाधक है। जितना अधिक आप उस तन्त्र से जुड़े रहेंगे, उतना ही अधिक प्रत्यक्ष रूप से आपके व्यक्तित्व का ह्रास होता जायेगा। ऐसा भी हो सकता है कि तब एक स्वतन्त्रचेता लेखक को जो घटना झकझोर दे या पूरी तरह विचलित कर दे और किसी अत्यन्त संवेदनशील लेखन की अन्तर्वस्तु वह बने, वह सत्ता तन्त्र से जुड़े लेखक के लिए किसी फ़ाइल की टिप्पणी या कॉफ़ी के प्याले के ऊपर की गयी बहस का हिस्सा बनकर ख़त्म हो जाये। संवेदना के ह्रास का ख़तरा ही असली ख़तरा है। बाक़ी प्रत्यक्ष रूप से बाधाएँ बहुत कम आती हैं। अब तो उत्तरोत्तर रूप से सरकारी नौकरों को भी स्वतन्त्र रूप से लिखने-बोलने की ज़्यादा छूट मिली हुई है। स्वयं मेरे अनुभव में केवल एक घटना हुई 'राग दरबारी' के प्रकाशन को लेकर, जब सरकार ने अप्रत्यक्ष रूप से उसमें अड़चन डाली। मैंने 'टाइम्स ऑफ़ इण्डिया ग्रूप' में अपने लिये नौकरी की एक वैकल्पिक व्यवस्था करके इसका समाधान ढूँढ़ लिया था, पर अन्त में उसकी ज़रूरत नहीं पड़ी। इसे छोड़कर मुझे सरकारी नौकरी में प्रत्यक्ष बाधा का अनुभव कभी नहीं हुआ।'

पुलिस और प्रशासन से जुड़े कुछ अधिकारियों के लेखन-सम्पादन व साहित्यिक कार्यक्रमों के आयोजन की चर्चा चलाकर मैंने जानना चाहा था कि इस तरह के प्रयासों को वे एक साहित्यिक की दृष्टि से किस तरह देखते हैं?

हँसने लगे। हँसते हुए ही कह रहे थे—'यानी लेखकों को संरक्षण, उनके खाने-पीने के लिए शिविरों का आयोजन! स्वतन्त्र हिन्दी लेखकों के लिए अच्छी स्थिति है यह। हिन्दी लेखकों का सौभाग्य है। ग़रीब लेखकों को सितारा होटलों, बड़े शहरों में खाने-रहने को मिलता है, बड़े-बड़े अधिकारियों के साथ उनका सम्पर्क है, सम्बन्ध है। हर लेखक महसूस करता है तब कि वह राजा भोज का सखा है। पहले कहाँ था यह?

बातचीत पत्र-पत्रिकाओं तथा क्षेत्र, वर्ग, स्त्री-पुरुष, दलित-ग़ैरदलित आदि के आधारों पर साहित्य को विभाजित कर देखने-दिखाने की कोशिशों और परिणामों के आकलन की दिशा में मुड़ चली थी।

'अब जब राजनीतिक-सामाजिक संगठन सिकुड़कर छोटे हो गये तो यह कल्पना करना कि अंग्रेज़ी को छोड़कर भाषा-विशेष की कोई पत्रिका राष्ट्रीय स्तर पर व्यापक पहुँच बनायेगी व्यर्थ है। वह समय गया। साहित्य के क्षेत्र में ही नहीं सब जगह बढ़ रही सिकुड़ने की यह

मानसिकता! जब हमने क्षेत्रीय भाषाओं के आधार पर राज्यों के बँटवारे को स्वीकार कर लिया तो कई दूरगामी परिणाम भी अप्रत्यक्ष रूप से होंगे, जिन्हें हम पत्र-पत्रिकाओं की वर्तमान स्थितियों के प्रसंग में देख सकते हैं।

दलित साहित्य या नारी-विमर्श? नहीं, इसे बँटवारा क्यों कहें? प्रवृत्ति विशेष का साहित्य क्यों नहीं कहते? आज जिसे बँटवारे का साहित्य कह रहे हैं, शायद बीस वर्ष बाद यही आपकी मूलधारा की एक प्रवृत्ति के रूप में विकसित हो। ऐसा हुआ भी है। छायावादी कविता का युग एकदम ख़त्म नहीं हुआ। छायावादी काव्य-आरम्भिक चरणों में कुछ कविताएँ अध्यात्मपरक रही हों, पर प्रयोगवाद, नयी कविता आदि के विभिन्न रूपों को अपनाता हुआ किस प्रकार से सम्पूर्ण हिन्दी कविता में समाहित हुआ, यह विचार की बात है। विभिन्न रूपों का उत्स वही है। इसीलिए दलित साहित्य या उसके अन्तर्गत रचित आत्मकथा साहित्य, आज भले ही आपको स्वयं अपने आग्रह से या दलित साहित्यकारों के आग्रहों के कारण कुछ अलग-सा जान पड़े, मगर अन्ततः यह समग्र हिन्दी साहित्य की एक विशिष्ट चेतना का संवाहक बनकर ही ग्रहण किया जायेगा और आज जिस अलगाव की बात हो रही है वह अपने-आप धुँधला हो जायेगा। वास्तव में दलित-विमर्श और नारी-विमर्श जैसी प्रवृत्तियों को एक जीवन्त साहित्यिक परिदृश्य की एक सहज स्थिति न मानकर उसके अलगाव को समीक्षकों और आलोचकों ने भी अनजाने ही प्रोत्साहित किया है। जबकि उनकी भूमिका विभिन्न घटनाओंवाले एक विराट् साहित्यिक परिदृश्य की एकात्मता को स्थापित करने की होनी चाहिए थी। मुझे लगता है कि इन सबके बावजूद जैसे-जैसे साहित्य की प्रगति होगी, विभिन्न समुदायों और वर्गों को लेकर लिखा जानेवाला साहित्य भी सहज रूप में अपना स्थान बनाता चलेगा। संजीव ने 'सूत्रधार' लिखा, उसे स्थापित करने का प्रयास सवर्ण लेखकों ने भी तो किया।

दलित आत्मकथाओं से शुरू होकर बात इस विधा के सैद्धान्तिक पक्ष तथा कुछ आत्मकथाओं से जुड़े कुछ विवादों की ओर मुड़ गयी थी। आत्मकथा लिखने के बारे में जब मैंने उनसे उनकी इच्छा और इरादे की बावत पूछा तो बोले—

'नहीं, जिसे लगता है कि आत्मकथा की दृष्टि से उसका जीवन महत्त्वपूर्ण है, वह लिख रहा है। विवाद? हिन्दी-जगत् में इतनी 'मैच्योरिटी' है कि बड़ा विवाद नहीं उठता। बच्चन की आत्मकथा पर केवल प्रकाशवती जी ने उठाया। हाँ, परम्परा है एक। खिझाने के लिए या चटपटी चीज़ लाने के लिए भी लिखते हैं लोग। ऐसी बहुत-सी चीज़ों पर भी लिखते हैं जिन्हें छोड़ा भी जा सकता है, नहीं भी। अब यह सब लेखक की निजी मनोवृत्ति पर निर्भर है। अंग्रेज़ी-युग में एक पुराना कन्सेप्ट चलता था कि किसी महिला के साथ अपने सम्बन्ध को उजागर करना 'कैड'-सी, ए. डी.-कैड-अशालीन-'अनजेण्टिल-मैनली एक्ट' कहलाता था। देखें, इस शब्द का अर्थ क्या है...? (उठकर गये हैं। डिक्शनरी देखने। तुरन्त लौटकर आये हैं तेजचाल से डिक्शनरी में उस शब्द को ढूँढ़ते हुए। खड़े-खड़े बोलकर अर्थ गिना रहे हैं)—'पर्सन ऑफ लो मैनर्स'—निकृष्ट आचरण माना जाता था, तुम्हें सुखी करनेवाली महिला का नाम उजागर करना। यह विलायती कन्सेप्ट था। अपने भारतीय समाज में इसे एक पुरुष की विजय का लक्षण मानते हैं। हमारे अधिकांश ऐसे लेखक इसी भाव से पीड़ित दिखते हैं। स्वयं विदेश में अब वह पहलेवाली धारणा ख़त्म है। एच. जी. वेल्स की जो जीवनी उनके अवैध पुत्र रिचर्ड वेस्ट ने लिखी है, उसे देखें। एक लेखिका थीं—रिबैका वेस्ट, उनसे

अवैध पुत्र हुए, उन्होंने पिता की बायोग्राफ़ी लिखी। डायना के बारे में उनके बटलर ने लिखा। विक्टोरियन कल्चर के सब कन्सेप्ट्स अब वहाँ भी समाप्त। वहाँ लेखक लिखते हैं, लिखाते हैं इस सब पर। तो ऐसा है कि आप समझ लें कि वहाँ एक अच्छा उपन्यास पढ़ रहे हैं आप। मैं बहुत गम्भीरता से नहीं लेता इन बातों को। संयम कहाँ बरतें, इस बारे में पण्डितों का एक सिद्धान्त है कि मित्रों की अच्छाइयाँ व्यक्त करें, बुराई छिपायें। यह पुरानी धारणा है जिसे आप पाखण्ड भी कह सकते हैं।

—श्रीलाल जी का बोलना जारी था—'व्यक्तिगत आचरण की बात आप कह रहे हैं, तो इतना, यह सब तो हमेशा से रहा है। साहित्य कला में जो संलग्न है, नये विचारों से जिनका दिन-रात सम्बन्ध है, उनके लिए ऐसे सम्बन्ध, ऐसा आचरण सम्भव है जो पारम्परिक न हो। बर्टेण्ड रसेल 'मैरिज एण्ड मॉरल्स' लिखते हैं, विवाहेतर सम्बन्धों को सामान्य मानते हैं। 'क्यों फँसे', 'बारह घण्टे' में यही है, ऐसे सम्बन्धों का समर्थन है। सामान्य के मुक़ाबले साहित्यकार की स्थिति अलग है। उसका जीवन औरों की अपेक्षा ज़्यादा सार्वजनिक होता है। एक क्लर्क के बारे में हमारी ज़्यादा जिज्ञासा नहीं होगी, लेकिन एक लेखक के बारे में स्वाभाविक है कि जिज्ञासा होगी। यह जिज्ञासा होना या इसे शान्त करने का प्रयास असहज नहीं है।

हाँ, पुलिस व प्रशासन के अधिकारियों के जीवन में अन्तर आया है। नहीं, वह अन्तर कई कारणों से है। हरेक वर्ग में जल्दी-से-जल्दी सम्पन्न होने की इच्छा बढ़ रही है। सादगी की अब ज़िन्दगी में 'वैल्यू' नहीं है। कन्ज्यूमरिज़्म का ज़माना है यह। एक समय कानपुर में कलेक्टर थे सतीशचन्द्र। बड़े ईमानदार। तब सामान्य बड़ी गाड़ी की क़ीमत साढ़े नौ हज़ार थी। उन्होंने एक ब्यूक ख़रीदी, जो तब लगभग ग्यारह हज़ार की थी। बड़ी चर्चा हुई उनके द्वारा उस गाड़ी के ख़रीदे जाने की। आज कोई कुछ भी ख़रीदे पर चर्चा नहीं होगी। मामूली अफ़सरों में भी पूँजीपति मित्र की सहायता से हवाई यात्रा आम है। 'कॉरपोरेट सेक्टर' में उछाल या 'कन्ज्यूमरिज़्म' आदि से ब्यूरोक्रेसी अछूती नहीं है। हाई स्टैण्डर्ड लिविंग चाहिए सबको। पहले ऐसा था कि कोई यदि घूस नहीं लेता तो उलटे-सीधे काम भी नहीं करेगा। ईमानदार होना था। जब दूसरों के दबाव में सब ग़लत ही करना है तो मैं अपने लाभ के लिए भी ग़लत क्यों न करूँ? यह सब साथियों से सुनता हूँ तो दुःख होता है।

भाषा के आधार पर जब हिन्दी साहित्य के मूल्यांकन की बात चली तो श्रीलाल शुक्ल जी तीन पीढ़ियों के रचनाकारों की कृतियों की भाषा के उदाहरण देकर देर तक उनकी शक्ति और सीमा को रेखांकित कर रहे थे। भाषा-प्रयोगों में सावधानी-असावधानी के कारण सम्भावित सु-कु परिणामों की देर तक हम लोग चर्चा करते रहे। तब गालियों के प्रयोग पर चर्चा चल रही थी—काशीनाथ सिंह से मैंने कहा कि उन रचनाकारों के लिए, जो स्थानीय गाली का प्रयोग करके अपने संवाद में धार पैदा कर रहे हैं, यह एक रचनात्मक चुनौती है कि बिना गाली उसे कैसे पैदा किया जाये? जब लेखक के पास उसका समाधान नहीं रहता तो उसे पाने के लिए वह 'शार्टकट' अपनाता है। मैंने उनसे पूछा कि क्या ऐसा नहीं लगता कि 'शार्टकट' इस्तेमाल किया है? उनके उत्तर का उत्तर मेरे पास नहीं था। उन्होंने कहा कि 'यदि यह रचनात्मक समस्या है तो आपकी पीढ़ी ने समाधान अपनी तरह ढूँढ़ा, मेरी पीढ़ी अपनी तरह ढूँढ़ रही है।

एक विशेष प्रकार की शब्दावली को बहिष्कृत करने, दूसरे प्रकार की शब्दावली का ही आग्रह मानने से किसी जीवन्त साहित्य में अभिव्यक्ति की विविधता नहीं आती। और जिसे

भद्रों से शिष्टाचार की भाषा कहते हैं, वही भाषा हमेशा रचनात्मक साहित्य की मानक भाषा नहीं होती। मूलतः यह लेखक का अपना चुनाव है और हमें मानना चाहिए कि इसके पक्ष-प्रतिपक्ष को लेखक स्वयं समझता है, मैं व्यक्तिगत अपने लिये सोचता हूँ, सार्वजनिक संहिता के रूप में प्रचारित करने की बात भी नहीं सोच पाऊँगा। संस्कृत का कुछ संस्कार होने के कारण शब्द प्रयोग के समय मैं यथासम्भव सजग रहता हूँ। किन्तु सजगता की इस भावना को मैं सार्वजनिक संहिता का रूप हर्गिज़ नहीं देना चाहता। आज हिन्दी की स्थिति यह है कि उसमें विभिन्न क्षेत्रों, बोलियों तथा दूसरी भाषाओं तक के लोग साहित्य रचना कर रहे हैं। जहाँ तक रचनात्मक साहित्य का सम्बन्ध है, यह सम्भव नहीं है कि यह साहित्य, जिसे परिनिष्ठत भाषा कहा जाता है, उसी में रचा जाये। विभिन्न बोलियों और भाषाओं की ध्वनियाँ, भंगिमाएँ और शब्द अपने आप हिन्दी के अभिव्यक्ति-संसार में प्रवेश करते रहेंगे।

एक विशिष्ट मनःस्थिति और मुद्रा में वे कह रहे थे—'एक घटना याद आती है। कृष्णा सोबती का 'ज़िन्दगीनामा' प्रकाशित हुआ तो राजकमल की श्रीमती शीला सन्धू ने मुझसे अपनी राय पूछी। पंजाबी के प्रयोगों की बहुलता के कारण मैं उसे ठीक से पढ़ नहीं सका था और यही मैंने उनसे कहा। शीला जी का कहना था कि आप यूपीवाले 'राग दरबारी' में अवधी का मनमाना प्रयोग करके ख़ुश हो जाते हैं और यही काम जब कृष्णा सोबती अपनी मातृभाषा के लिए करती हैं, तब आप नाक-भौं सिकोड़ते हैं। रचनात्मक साहित्य में प्रत्यक्षतः जहाँ हम भाषा प्रयोगों की अराजकता पाते हैं, वहीं यह देखना चाहिए कि वहाँ विविधता के कितने नये स्वरूप हमें उपलब्ध हो रहे हैं। 'मैला आँचल' हमें एक नयी भाषा और नयी शैली ही नहीं देता, वह हमारे सामने हिन्दी कथा-साहित्य के लिए एक सर्वथा नया परिदृश्य भी प्रस्तुत करता है।'

मीडिया—विशेषतः टी.वी.—की भूमिका और साहित्य पर पड़नेवाले उसके प्रभाव के बारे में उनका कहना था—'इसका समाजशास्त्रीय विवेचन मेरे वश की बात नहीं। पर जो मैं आँख से देख रहा हूँ, वह स्थिति इस आशंका को निर्मूल सिद्ध करती है। पश्चिम में भी यह देखा जा चुका है कि टी. वी. और मीडिया के दूसरे स्वरूपों के कारण न तो पुस्तकों का चलन कम हुआ है, न प्रकाशन व्यवसाय की क्षति हुई है। बल्कि कहीं-कहीं उसमें उछाल भी आया है। हमारे देश में भी कई भारतीय भाषाओं के पुस्तक-व्यवसाय में वृद्धि हुई है। मलयालम, बँगला, मराठी विशेष रूप से उल्लेखनीय हैं। हिन्दी में पाठक समुदाय की स्थिति को लेकर आशंका जतायी जाती है, पर हिन्दी-क्षेत्र में भी विभिन्न राज्यों में स्थितियाँ अलग-अलग हैं। मध्य प्रदेश के सुदूर और छोटे ज़िलों में भी समकालीन साहित्य के प्रति जो आग्रह है, वह उत्तर प्रदेश में नहीं है। बिहार में नयी पत्रिकाओं, पत्रों और पुस्तकों के प्रति लोगों में जो आकर्षण है, वह मध्य प्रदेश में भी नहीं है। अगर हिन्दीभाषी कुछ क्षेत्रों में पुस्तक ख़रीदकर पढ़नेवाले पाठकों की कमी है तो इसका दोष टेलीविज़न या दूसरे मीडिया पर न थोपकर इस स्थिति के कारणों की हमें सामाजिक-मनोवैज्ञानिक दृष्टि से और अधिक गहराई से छानबीन करनी चाहिए।

किसी प्रकार लिखकर आपने सर्वाधिक सुख या सन्तोष पाया? पहली रचना या फिर...?

'नहीं, पहली रचना या कोई और रचना पूरी की हो और एक विशेष प्रकार के सन्तोष की अनुभूति हुई हो, ऐसा तो कभी नहीं हुआ। फिर धीरे-धीरे ये स्थितियाँ जीवन का अंग बन गयीं और उनकी नवीनता जाती रही। जिस अनुपात से ख्याति मिली, उसी अनुपात से अपने लेखन की प्रशंसा और निन्दा भी मिलनी शुरू हो गयी। बाद में यह जीवन का सहज अंग बन गया।

क्या कभी कुछ यूँ भी हुआ कि किसी रचना या कृति के बारे में पाठकों की प्रतिक्रिया आपके अनुमान या अपेक्षा से एकदम विपरीत रही हो?

'नहीं, मुझे ऐसा झटका बहुत कम लगा है। कारण यह है कि मैंने अपनी रचनाओं को, विशेषतः उपन्यासों को, काफ़ी अरसे तक माँजता रहता हूँ। प्रेस में जाते-जाते उसके विषय में मेरी आलोचनात्मक वृत्ति इतनी सक्रिय हो जाती है कि बाद में समीक्षकों और पाठकों की प्रतिक्रिया तथा मेरी स्वयं की प्रतिक्रिया के बीच कोई बड़ा अन्तर नहीं रह जाता।'

एक पाठक के रूप में आप पढ़ने की रुचि, अभ्यास या पढ़ने की सामग्री के चयन के तरीक़े आदि के बारे में क्या कुछ कहना चाहेंगे?

'हिन्दी में तो बहुत स्पष्ट स्थिति है कि जितने महत्त्वपूर्ण विख्यात लेखक हैं उनकी रचनाएँ कर्त्तव्यवश पढ़ता हूँ। नये लेखकों की सब कृतियाँ नहीं पढ़ी जा सकतीं। मगर उनमें जो पठनीय हैं, उनका पता नये लेखक मित्रों से चल जाता है। अंग्रेज़ी में भी लगभग वे सभी पुस्तकें पढ़ने में आ जाती हैं जो चर्चा में होती हैं। इसके अलावा लखनऊ में रहते हुए समकालीन विश्व साहित्य से परिचय बनाये रखना बड़ा कठिन हो गया है। कुछ समय पहले तक ब्रिटिश लाइब्रेरी यहाँ इस कमी को पूरा कर देती थी और कुँवर नारायण का साथ भी, जिनके पास नयी-से-नयी महत्त्वपूर्ण विदेशी पत्रिकाएँ और पुस्तकें बराबर आती रहती थीं। ब्रिटिश लाइब्रेरी समाप्त हो गयी और कुँवर नारायण अब दिल्लीवासी हो गये। कुछ यह भी है कि नवीनतम साहित्य से परिचित बने रहने की इच्छा के मुक़ाबले पुराने क्लासिकल साहित्य के प्रति अभिरुचि बढ़ी है। इस समय यही स्थिति है। रचनात्मक साहित्य की जितनी भी विधाएँ हैं, पहले सभी में मेरी रुचि रही है। इसके अलावा मेरे अध्ययन-क्षेत्र में इतिहास, राजनीति, पुरातत्त्व, समाजशास्त्र, संगीत आदि भी शामिल रहे हैं।

साहित्य से अर्जित अनेक आनुषंगिकताओं के अलावा कुल मिलाकर मेरा जीवन-जैसा प्रेमचन्द ने अपने लिये कहा था—एक सपाट मैदान जैसा रहा है।

'अब इसे आप चाहे नियतिवाद के रूप में ग्रहण करें या इस रूप में कि सामाजिक स्थितियों के अनुसार जो भी एक व्यक्ति या समुदाय के साथ होता है, असामान्य नहीं है। संयोग तत्त्व भी काफ़ी प्रबल रहता है, जैसे दुर्घटना हो या रोड ऐक्सीडेण्ट। उसका शिकार अगर 'क' या 'ग' नहीं 'ख' होता है, तो इसे ही संयोग कह सकते हैं। दुर्घटना होगी तो कोई-न-कोई शिकार होगा ही। इसमें दैवी विधान या भाग्यवाद की कोई अनिवार्य भूमिका नहीं है। जीवन तन्त्र जैसा है, वह उसी का अनुषंग है। आस्तिक होते हुए भी मैं मानव-जीवन की छोटी-बड़ी सभी घटनाओं को इसी रूप में ग्रहण करने का आदी हूँ।'

एक युवक ने आकर खाना मेज़ पर लगे होने की सूचना दी है। मेज़ पर पहुँचते ही लगा कि श्रीलाल जी अब अपेक्षाकृत अधिक अनौपचारिक और आत्मीय हो गये हैं। एक-एक चीज़

अपने हाथ से मेरी प्लेट तक पहुँचाने की शिष्ट उदारता। पसन्द पूछने से लेकर गिलास में पानी न होने तक की चिन्ता करते वे हँसते-खिलखिलाते कई साहित्यिक हस्तियों और घटनाओं के बारे में मुक्त मन से अपने अनुभव और प्रतिक्रियाएँ सुनाते रहे। श्रेष्ठ वक्ता के रूप में मैंने द्विवेदी जी, महादेवी जी, नामवर जी का ज़िक्र किया है, वे कह रहे हैं—'द्विवेदी जी के बोलने में बंगाली भावुकता थी, नामवर का बोलना बौद्धिक है। वे बहुश्रुत हैं, बहुपठित हैं। बोलते समय बड़े सहज ढंग से बड़ी जटिल बात भी प्रस्तुत करने की क्षमता रखते हैं।'

अतिथि-कक्ष के उस सोफ़े पर आकर उनके बैठते ही सुनायी दिया—'अब बहुत हो गया। इसमें देख लेना, अरेंज कर लेना! तभी फोन बजा। पास रखा फोन खड़े-खड़े सुना जा रहा है—'हाँ, ठीक है! दोबारा कर लें!' सोफ़े पर बैठते-बैठते कह रहे हैं—'अजीब जोकर है।' मैंने जिज्ञासा प्रकट की तो बताया सरकार में कोई सचिव है। अपने सेक्रेटरी को मुझे फोन मिलाने का हुक्म दिया, हुक्म देकर साहब टॉयलेट चले गये। हँसते-झुँझलाते आज के अधिकारियों की कार्यशैली, अहम्मन्यता, कमअक़्ली के अलावा उनमें दहेज़ और पैसे की बढ़ती भूख के कई उदाहरण उन्होंने सुनाये।

तब मैंने श्रीलाल जी से सेवानिवृत्ति के बाद की दिनचर्या तथा यात्राओं के बारे में पूछा। लगा जैसे थोड़ी देर पहले के बताने से बचनेवाले अपने भाव को ही वे भूल गये हैं। कहने से पहले कुछ सोचकर हँसे—'सर्विस पीरियड में साहित्यिक सेमिनार शायद ही अटेण्ड किया हो। सेमिनार हण्टिंग रिटायरमेण्ट के बाद ही शुरू हुई। वैसे कम-से-कम ही भाग लिया। मजबूरी में ही जाता हूँ। अब भी घर पर रहना, इष्ट-मित्रों से बात करना और पढ़ना-लिखना ज़्यादा अच्छा लगता है। बाहरी चीज़ों में रुचि नहीं है। आपको मालूम है कल अठहत्तर वर्ष पूरे कर रहा हूँ।' 'मैंने कहा था कि अपने जन्मदिन की पूर्व सन्ध्या में मेरी यह 'पहली' बधाई स्वीकार करें। 'धन्यवाद' कहकर उन्होंने बताया था—'कल इकतीस दिसम्बर है। यहाँ यह परम्परा हो गयी है कि लखनऊ के साहित्यकार इकट्ठा होते हैं इकतीस को। पहले मैं पत्नी को इकतीस को बाहर किसी होटल या क्लब में ले जाया करता था।'

संस्कृत में गाँववालों के बारे में साहित्य के लोगों के विचार, ग्राम्य-दोष आदि के बारे में हँसते हुए उदाहरण-पर-उदाहरण सुनाये जा रहे हैं। एकदम मुक्त-प्रफुल्लित मन से। अपने आप से लौटे हैं रोज़ाना 'रूटीन' और लिखने से सम्बन्धित भाव बताने की ओर—'मुझे मार्निंग वॉक हमेशा अच्छा लगता है। अब तो समय भी है। सीवियर नहीं है, पर मुझे डायबिटीज है।'

जब मैं लिखने की ओर प्रवृत्त हुआ, तो जैसा मैंने पहले कहा—'मुक्ति की इच्छा से। तेईस की उम्र में शादी हुई। ज़िम्मेदारियाँ तब ज़्यादा थीं—परिवार चलाने की, और फिर सरकारी नौकरी के अपने अलग बन्धन। यानी कि बन्धन ही अधिक थे। लेखन ऐसा क्षेत्र था जहाँ पूर्ण स्वतन्त्र था मैं।

ठीक है व्यंग्य-लेखन में मुझे ख्याति मिली, पर एक विधा से मैंने ख़ुद को आबद्ध नहीं किया। आबद्ध कर लिया तो फिर स्वतन्त्रता किस बात की? तब भी आप ग़ुलाम हुए अपनी युक्तियों के। कविता की जटिलता और जादू को पकड़ने की हिम्मत न हुई हो शायद। वयस्कता के साथ यह सोचें कि आलोचना, जीवनी या निबन्ध ही लिखेंगे, तो लेखक होकर

भी आप अपने पर ख़ुद कतर रहे हैं। यह समझ में नहीं आता। और जब बन्धनों से छुटकारा पाने को लेखक-वृत्ति अपनायी तो फिर मैं कहीं किसी लेखकीय संगठन में भी क्यों बँधूँ? बन्धनों से लेखक का एटीट्यूट इतना सीमित हो जाता है कि उनकी रचनात्मकता और समझ प्रभावित हो जाती है।

ज्ञान चतुर्वेदी ने एक बहुत अच्छा उपन्यास 'बारहमासी' लिखा है। मैंने उसकी लम्बी समीक्षा लिखी। अच्छे उपन्यास के रूप में उसकी व्याख्या की, पर उन्हीं के द्वारा भूमिका में उसे 'व्यंग्य उपन्यास' घोषित किये जाने पर मैंने आपत्ति की। पता नहीं मेरी यह आपत्ति वहाँ पसन्द की गयी या नहीं? सच तो यह है कि लेखक जब किसी विधा से बँधकर अपनी वृहत्तर सम्भावनाओं की पड़ताल बन्द कर देता है तो उसमें ठहराव आ जाता है।'

उसके बाद तो अतीत के कितने ही प्रसंग उन्हें याद आते गये थे।

फ़ोटो खींचने की अनुमति चाही तो सुनकर कुछ देर चुप रहे, फिर बोले—'आपका भी साथ खिंचेगा!' आवाज़ देकर अन्दर से खाना खिलानेवाले युवक को बुलाया गया है, 'यह हमारे पुराने सर्वेण्ट का बेटा है। हाँ, शादी हो गयी है। जब तक कहीं नौकरी नहीं मिल रही है, यहाँ घर का काम देख लेता है आकर।' स्नेहपूर्वक मुझे अपने पास बिठाकर फ़ोटो खिंचवाया गया। सन्तानों के बारे में विस्तार से सूचना दी फिर—'हाँ, एक बेटा है। जब पत्नी बीमार थीं, तब यहीं ट्रान्सफ़र कराना पड़ा उसे।

चलने को उठते-उठते दायीं ओर ऊँचाई पर रखे एक बड़े से फ़ोटो पर मेरी दृष्टि फिर पड़ी। पहले भी कई बार उसने मेरी निगाहों को अपनी ओर खींचा था। उम्र, मुद्रा और अन्दाज़ के आधार पर किसी अभिनेत्री का चित्र मान लिया था उसे मैंने। श्रीलाल जी ने मुझे देखते हुए देख लिया। 'हाँ, पत्नी का है। यह फ़ोटो! बहुत पुराना है। बिन्दी नहीं लगी नहाकर आयी थीं। बाथरूम से बाहर आते-आते यूँ ही खींच लिया गया था। कितना विशेष है! है न? बहुत बड़े फ़ोटोग्राफर—कान्तिचन्द्र सोनरिक्सा का खींचा हुआ फ़ोटो है यह।' आवाज़ में भीगापन था कसक की एक कौंध-सी भी थी—जैसे पुरवाई के किसी झोंके ने पुरानी चोट की याद दिला दी हो। बोलने की गति मन्द और स्वर धीमा हो गया है—'हाँ, बीमार रहीं। न्यूरोलॉजिस्ट ने कह दिया था। हम मान चुके थे। बस, उसके बाद उन्हें दूर-दूर यात्राएँ कराना शुरू कर दिया था। कहाँ-कहाँ नहीं घुमाया उन्हें...।'

मैं चलने-चलने को हूँ। पता नहीं क्या उमड़ा, क्या ध्यान आया कि वे टेलीफोन के पास रखी डायरी उठा लाये। 'अरे हाँ, अब सम्पर्क तो रहना चाहिए। आपका पता लिख लूँ। फोन नम्बर क्या है?' लगा नारियल के अन्दर का कोमल और तरल अब बाहर आ गया है। पूरे कमरे में कोमलता और तरलता का अहसास आ भरा है। दरवाज़े से बाहर दूर तक साथ-साथ आये हैं। समझाना जारी है—'हाँ, आप चौराहे के उस तरफ़ खड़े होना!'... बिलकुल ऐसे जैसे कोई बुज़ुर्ग अपने घर के किसी बहुत लाड़ले बच्चे को घर से बाहर भेज रहा हो—विदा कर रहा हो!

●

श्रीलाल शुक्ल : स्मृति अर्द्धशती

दामोदर दत्त दीक्षित

आप जिसके प्रति सम्मानभाव रखते हों, बचपन से रखते आये हों और उस पर लिखना हो, तो क़लम सरकती कम, अटकती ज़्यादा है। ऐसी ही स्थिति कथाकार-व्यंग्यकार श्रीलाल शुक्ल पर लिखते हुए हो रही है। अब कोई अपेक्षा करे कि उन पर दोस्ताना या यारबाशी अन्दाज़ में लिखूँ तो बात गले से नीचे उतरती नहीं, हज़म होने की तो बहुत दूर। बात कृत्रिम और नाटकीय भी होगा। श्रीलाल शुक्ल मेरे मामा जी, श्रद्धेय गोपाल कृष्ण सुकुल के चचेरे भाई हैं यानी आमफ़हम भाषा में मेरे चचेरे मामा। इस व्यक्तित्वपरक लेख में उन्हें 'मामा जी' से सम्बोधित करूँ, तो स्वाभाविक भी है और सुकर भी। मैं समझता हूँ इससे हिन्दी साहित्य की भी कोई क्षति नहीं होगी। रही बात आपकी यानी पाठकश्री की तो निवेदन करना चाहूँगा कि आप 'मामा जी' की जगह 'श्रीलाल शुक्ल' का नाम डालते हुए पढ़ लीजियेगा। चलेगा न!

जब से स्मृति है, लगभग तभी से उनकी स्मृति है। ननिहाल (अतरौली) में रहता था तब। वह प्रशासनिक सेवा में आ चुके थे और जैसा कि उस समय धन्धे-पानी के लिए परदेसी हुए लोगों की आम रवायत थी, होली-दीवाली गाँव ज़रूर आते थे। उनके और गाँव के बीच, कवि की भाषा में, अपरिचय के झाड़ उगने की और, गाँव की भाषा में, "भइया तुम तो गूलर के फूल होइ गयो" की स्थिति न आती थी। अब यह परम्परा विरल हो चली है—बीवी के लफड़े, बच्चों की परीक्षाएँ और अभिरुचियाँ, सफ़र की तक़लीफ़ें, देहाती दिक़्क़तें...। फिर, अपने ही लफड़े कौन कम हैं?

मामा जी मूलतः सरल, सहज, सादगीपसन्द, विनम्र, निश्छल, मधुरभाषी, प्रदर्शनभीरु और लो प्रोफ़ाइलवाले, पर हम उनके इर्द-गिर्द प्रभामण्डल देखते थे—उच्च सरकारी पद, ख्यातिप्राप्त लेखन और गहन ज्ञान का गुलाबी, केसरिया और सुनहला प्रभामण्डल। वह मेरे ही नहीं, बहुतों के 'रोल मॉडल' थे। जिनके नहीं थे, उनके माता-पिता की निगाहों में थे जो उनका नाम लेते हुए अपने बच्चों में नसीहतें तक़सीम किया करते थे। पर कभी-कभी गुस्सा भी आता था—ऐसी लम्बी लकीर खींच गये कि वहाँ तक पहुँच पाना सम्भव नहीं। हमें उनकी और अपनी क्षमताओं का बख़ूबी एहसास था, पर बड़े-बुज़ुर्गों की आशा और अपेक्षा रहती कि सौ टंच श्रीलाल शुक्ल बनो।

हमारे परिवार में एक 'स्कूल' ऐसा रहा है जिसके अनुसार जैसा व्यक्ति हो, उससे उसी की भाषा में, उसी के माहौल के मुताबिक़ बात करो। मामा जी इसी स्कूल की उपज थे। इस कला में निष्णात भी। याद नहीं आता कि केवल अवधी बोलनेवाले व्यक्ति से उन्होंने कभी खड़ीबोली में बात की हो (रेढ़कर बात करनेवालों से वह दूना रेढ़ते थे) या साहित्य में रुचि न रखनेवाले व्यक्ति से साहित्य की चर्चा की हो। गाँव-घर के बुज़ुर्गों से धीमे स्वर और

धीमी गति से बात करने की उनकी विनम्र-विशिष्ट शैली का साक्षात्कार रोचक अनुभव रहा है। वैसे छोटों से भी वह क़रीब-क़रीब विनम्रता और जनतान्त्रिक तरीक़े से बात करते। मुझे लगता है कि जबानी बहस-मुबाहसा उनका स्वभाव नहीं। पर इसे तर्क-तरकश का अभाव न माना जाये, उनके लेखन में अद्‌भुत तर्कशीलता देखने को मिलती है।

वह हम बच्चों से बात करते थे और हम भी उन्हें 'अवाइड' नहीं करते थे। राज़ यह था कि उस समय के बहुत-से बुज़ुर्गों की तरह वह हमसे टेढ़े-मेढ़े सवाल नहीं पूछते थे। वह अपने समवयस्कों के साथ दिशा-मैदान के लिए या टहलने की नीयत से सेखबा ताल, ऊसर, पोइया, बाग़ या शारदा नहर के पुल तक के लिए निकलते, तो हम भी साथ लगने की फ़िराक़ में रहा करते थे—चलो, कुछ इधर की, कुछ उधर की, कुछ यहाँ की, कुछ वहाँ की, कुछ ज़मीन की, कुछ हवा की सुनने को मिलेगी। कभी-कभी वह लगभग दो-ढाई किलोमीटर दूर स्थित कलेश्वरी मन्दिर का भी कार्यक्रम रखते थे। यह वही मन्दिर है जिसकी प्राचीन मूर्तियों का उल्लेख 'राग दरबारी' में हुआ है (वैसे 'राग दरबारी' के अनेक पात्रों को देखने का भी हमें सुअवसर मिला है और कुछ के क़िस्से हम बड़े-बुज़ुर्गों से सुनते आये थे)। कलेश्वरी देवी का स्थान कुषाणकालीन जलदुर्ग था। अब निर्जन जंगल है, बस मन्दिर के पास एक साधु का निवास है। कई बार उन्होंने यहाँ कमरा बनवाकर लेखन कार्य करने की बात कही, पर यह ज़मीनी विचार उसी तरह हवा में खोकर रह गया जिस तरह गाँव में या फिर नैनीताल में रहने की उनकी योजनाएँ।

वह अध्ययन के लिए, कैरियर सँवारने के लिए बच्चों को प्रेरित-प्रोत्साहित करते रहते थे। पढ़ने में क़रीब-क़रीब ठीक-ठाक था, इसलिए मुझसे भी प्रसन्न रहते थे। अध्यवसाय के बारे में उनसे सुना एक श्लोक आज भी याद है :

योऽहेरिव नराद्‌भीतः सौहृदान्नरकादिव।
राक्षसीभ्यः इव स्त्रीभ्यः स विद्यायाधिगच्छति।।

(जो साँप की तरह मनुष्यों से डरता है, सुहृदों को नरक की तरह मानता है और स्त्री को राक्षसी की भाँति समझता है, उसे ही विद्या आती है)।

उच्च शिक्षा के लिए पच्चीस किलोमीटर दूर लखनऊ आया। वह तब तक फ़ैजाबाद से स्थानान्तरित होकर लखनऊ आ चुके थे। कानपुर और इलाहाबाद की अल्पकालिक सेवावधियों को छोड़ दिया जाये तो फिर वह 'लखनऊवा' होकर रह गये। लखनऊ में सबसे पहले दिलकुशा कॉलोनी में रहे। वहाँ तो नहीं गया, पर गुलिस्ताँ कॉलोनी के चार मकानों में आगे-पीछे उनके रहने की स्मृति है। कानपुर से ट्रान्सफर होकर आये, तो बहुत दिनों तक सरकारी मकान न मिल सका। उपन्यास 'मकान' का बीज उसी दौर में पड़ा, पर इस आधार पर नारायण का चरित्र उनका है, यह नहीं माना जाना चाहिए। काफ़ी समय बाद बटलर पैलेस कॉलोनी में मकान मिला।

उनकी ईमानदारी, उनकी कर्त्तव्यनिष्ठा, उनके साहाय्यभाव के चरित चर्चे पहले ही सुन रखे थे। काफ़ी कुछ देखने का अवसर लखनऊ में मिला। वह समय से दफ़्तर पहुँचते थे और दिन ढलने के बाद घर लौटते थे। सुप्रसिद्ध साहित्यकार विक्टर ह्यूगो को खड़े-खड़े लिखने की आदत थी। उसी तरह खड़े-खड़े फ़ाइल निबटाते देखा है उन्हें। क़रीब होने के कारण गाँव के लोग कारण-अकारण उनके पास आते रहते थे जिन्हें न झिड़कते थे, न उपेक्षा करते थे।

निवेदन-चिरौरी-रिरियाहट ज़्यादा देर तक झेल नहीं पाते थे और टेलीफोन घुमाने लगते थे। कभी-कभी लोग बहुत छोटी चीज़ों के लिए—जिसे न समस्या कहा जा सकता था न काम—टपक पड़ते थे। एक बार गाँव के एक प्रौढ़ व्यक्ति को 'अनुपमा' फ़िल्म देखने की तलब लगी। सिनेमा हॉल जाने के बजाय वह मामा जी के पास पहुँचे। टिकट मँगवाया गया तब जाकर उन्होंने फ़िल्म देखी। सद्व्यवहार का छोटा-बड़ा, मिनी-माइक्रो दण्ड भरना ही पड़ता है। उनके परोपकारों की सूची काफ़ी लम्बी बनेगी।

उनकी स्मरणशक्ति विलक्षण है। एम. ए. में था, तो चन्द्रगुप्त द्वितीय की प्रयाग-प्रशस्ति की चर्चा चली। उन्होंने लगभग बीस वर्ष पूर्व पढ़ी प्रयाग-प्रशस्ति को सुनाना शुरू कर दिया—"यस्योद्वर्तयतः प्रतीपमुरसा शत्रून् समेत्यागतान्...।" देशी-विदेशी साहित्य के अलावा भी उन्होंने बहुत-कुछ पढ़ रखा है। उनसे और पं. विद्यानिवास मिश्र से न तो 'लूक' चल सकता था और न ही अवचेतनात्मक अनुमान। पण्डित जी इसी साल अचानक चल बसे, अब मेरे एकमात्र 'इनसाइक्लोपीडिया' मामा जी ही हैं।

मामा जी की विभिन्न क्षेत्र के लोगों से मित्रता रही है। उनके घर पर भगवतीचरण वर्मा, अमृतलाल नागर, केशवचन्द्र वर्मा, विजयदेव नारायण साही, कुँवर नारायण, परमानन्द श्रीवास्तव, मुद्राराक्षस, नरेश सक्सेना, रमा सिंह, लीलाधर जगूड़ी, रवीन्द्र वर्मा-जैसे साहित्यकारों से मिलने, बतियाने का अवसर मिला है। उनके घर पर योगाचार्यों (जैसे—ट्यूब लाइट बनानेवाले शर्मा जी), चित्रकारों (रणवीर सिंह बिष्ट, मुनि सिंह, श्रीमती सचान), नाट्य निर्देशकों (जैसे—श्रीमती विजय नरेश), ठेठ अवधी के ठाठवालों (जैसे—पं. महादेव प्रसाद तिवारी), संस्कृत विद्वानों, संगीतकारों, पत्रकारों आदि से मिला हूँ। सबके साथ अच्छी 'वेव लेन्थ' पर बात करते पाया है। मुझे तो यह भी लगता है कि वह ग़ैरलेखकों के साथ कहीं ज़्यादा सहज रहते हैं।

सरकारी नौकरी में थे, तो व्यस्तता के चलते सभा-गोष्ठियों, समारोहों में जाना कम होता था। एक बार एक साहित्यिक कार्यक्रम का बुलावा आया। आयोजक टेलीफोन पर आने का अनुरोध कर रहे थे और वह मना कर रहे थे। संवाद के दौरान आयोजक ने एक कवि—जो सरकारी अधिकारी भी थे—का नाम लेकर प्रलोभनात्मक अन्दाज़ में कहा कि वह भी आयेंगे। इस पर मामा जी का शाइस्ता अन्दाज़ बदल गया, '... है साहित्यिक कार्यकर्त्ता और मैं हूँ साहित्यकार। वह जायें, पर मैं नहीं पहुँच पाऊँगा।"

यह कहकर उन्होंने रिसीवर रख दिया।

सेवानिवृत्ति के बाद समयाभाव रहा नहीं और वह साहित्यिक कार्यक्रमों में अपेक्षाकृत ज़्यादा जाने लगे।

साक्षात्कार से उन्हें एलर्जी-सी है, अवाइड करते हैं। इसके लिए साक्षात्कार का घिसा-पिटा तरीक़ा या बग़ैर समुचित तैयारी के साक्षात्कार लिये जाने की प्रवृत्ति काफ़ी हद तक ज़िम्मेदार है। वह यह भी कहते हैं, "पत्र-पत्रिकाओं को साक्षात्कार के लिए भी पैसे देने चाहिए।"

हिन्दी पत्रकारिता का जो सन्तई स्वभाव है, उसे देखते हुए उनकी इच्छा फिलवक़्त फलीभूत होती नज़र नहीं आती।

हिन्दी साहित्य-जगत् की उखाड़-पछाड़वाली राजनीति से स्वयं को दूर रखते हैं। आलोचना का प्रत्युत्तर देने या लेखकीय विवाद में उलझने को वह समय का ही नहीं क्षमता का भी

अपव्यय मानते हैं। उदीयमान दयनीयता ब्राण्ड की एक महिला आलोचक ने आलोचना-प्रत्यालोचना के अन्त्याक्षरीपरक संवाद-विवाद के लिए उन्हें बहुत उकसाया, पर उन्होंने इस अनुष्ठान में भाग लेने से साफ़ इन्कार कर दिया।

भाई मुद्राराक्षस ने जिन्होंने कुछ समय पहले प्रेमचन्द को बाल-विवाह का समर्थक बताकर काफ़ी यश अर्जित किया है—अपने लेख 'राग दरबारी कौन किस पर हँसता है? (वर्तमान साहित्य, शताब्दी कथा विशेषांक, जनवरी-फरवरी 2000) में आरोप लगाया कि 'राग दरबारी' उपन्यास में शिवपालगंज में थाना, कोऑपरेटिव सोसाइटी, बीज भण्डार और इण्टर कॉलेज है, पर लेखक उसे गाँव बता रहा है। मुद्रा जी को पता नहीं कि स्वयं उनके गृह जनपद लखनऊ में मोहनलालगंज ऐसा ही स्थान है जहाँ उपर्युक्त सभी चीज़ें हैं, फिर भी राजस्व अभिलेखों में वह पक्का गाँव भी नहीं, मऊ गाँव का मज़रा है। ऐसे कई उदाहरण दिये जा सकते हैं। इसी प्रकार मुद्रा जी ने मकोये को एक-से-डेढ़ फुट का पौधा बताते हुए कहा है कि 'राग-दरबारी' का लंगड़ उसकी छाया में कैसे आराम कर सकता है। सम्भव है, मुद्रा जी के गाँव में मकोय भी बौनी प्रजाति का होता हो, पर अन्य गाँवों में मकोय का पौधा चार-पाँच फुट तक जाता है जो ऊँची मेंड़ या ऊँचे स्थान पर हो, तो तिरछी धूप में छाया भी देता है। तपती धूप में यत्किंचित् छाया भी सुकून देती है। हैरत है कि स्वयं को आम आदमी का हितू बतानेवाले मुद्रा जी को यह सामान्य जानकारी भी नहीं। उन्हें ये नये-नये ज्ञान 'राग-दरबारी' के प्रकाशन के लगभग तीस साल बाद हुए। मैंने मामा जी से कहा कि मुद्रा जी के इन अतथ्यात्मक शोधों का तो कम-से-कम प्रतिवाद करें, तो उन्होंने कहा, 'वह ऐसे 'वर्डी डुएल' में नहीं उलझना चाहते। मुद्रा जी को भी लोग जानते हैं और मुझे भी।'

प्रेरणा में, प्रोत्साहन में, प्रशंसा में इतने शाहखर्च कम देखे हैं। किसी की उपलब्धि को उन्होंने उन्नीस कभी नहीं बताया। कुछ बरस पहले शाकुम्भरी देवी (जिला—सहारनपुर) जाते हुए वह मामी जी के साथ हमारे घर आये। उस समय मेरठ में सेवारत था। भोजन करने के बाद बोले, 'बहू ने इतनी अच्छी दाल बनायी है कि फाइव स्टार होटल की दाल इसके सामने कुछ नहीं है।'

हँसी आ गयी मुझे। वह यकायक गम्भीर हो गये। आँखें बन्द कर गर्दन हिलाते हुए बोले, 'मैं सीरियसली कह रहा हूँ।'

मैंने प्राचीन श्रीलंका के एक विशिष्ट विषय पर पी-एच. डी. की थी, जिसे विषय के विद्वानों ने काफ़ी सराहा था। याद नहीं आता कि उन्होंने मेरा परिचय किसी से कराया हो और मेरे शोध की चर्चा न की हो।

एक बार उन्होंने कहा, 'चलो, तुम्हें यू. एन. आई. के प्रकाश शुक्ल से मिलवाता हूँ। तुम्हारे 'रिसर्च' के बारे में 'इण्टरव्यू' लेंगे और समाचार देश भर के अख़बारों के लिए फ्लैश हो जायेगा।'

शाम छह-सवा छह का वक़्त। उनके दफ़्तर से उठकर हम लोग पार्क रोड (लखनऊ) के यू. एन. आई. दफ़्तर आये। प्रकाश शुक्ल जी से भेंट हुई और साक्षात्कार अगली सुबह के लिए तय हुआ।

मामा जी ने मुझसे कहा, 'बेटा, अब जाओ। तुम्हें बाराबंकी जाना है। हम लोग अभी बैठेंगे-बैठेंगे।'

बहुत कहा कि मुझे कोई जल्दी नहीं, बाराबंकी कौन दूर है, आपको घर छोड़ने के बाद जाऊँगा, पर माने नहीं।

यू. एन. आई. दफ़्तर के सामने शिक्षक कोटे से विधान-परिषद् सदस्य बने, बरेली निवासी रमेशचन्द्र 'विकट' का फ्लैट था जिसकी एक चाभी प्रकाश शुक्ल जी के पास थी। वहीं सुरा-सत्र शुरू हो गया और मैं चल पड़ा बाराबंकी—अपना पेराई सत्र सम्हालने।

अगले दिन पता चला कि घर वापसी के समय मामा जी रिक्शे से गिर गये थे। यह रिक्शेवाले के 'टुन्न' होने का नतीजा था या मामा जी के, यह तो राम जाने, पर मुझे अपराधबोध हुआ, 'काश, उनकी बात न मानकर रुक गया होता और कार से उन्हें छोड़ देता, तो यह हादसा न होता।'

अपने जन्मदिवस पर यानी वर्ष के अन्तिम दिन वह स्वजनों-सुहृदों को रात्रि-भोज पर आमन्त्रित करते हैं। पिछले जन्मदिन पर विशेष आनन्द आया जब शास्त्रीय गायन की स्वर-लहरियों से उन्होंने हम सबको मन्त्रमुग्ध कर दिया। मुझे लगा कि उनके पितामह पं. गदाधर प्रसाद सुकुल तथा पिता पं. ब्रज किशोर सुकुल के सांगीतिक जीन्स स्वर बनकर फूट रहे हैं। लेखन की व्यस्तताएँ न होतीं, तो वह संगीत के क्षेत्र में नाम रोशन कर सकते थे।

शायद बहुतों को पता न हो, वह गहरे दायित्वबोधवाले व्यक्ति हैं। अभी हाल ही में उनके बड़े भाई पं. शीतल सहाय सुकुल को अस्थि सम्बन्धी व्याधि हुई, तो दबावपरक अनुरोध के साथ उन्हें गाँव से लखनऊ लाये और शीर्षस्थ विशेषज्ञ को दिखाया। पौत्री तन्वी (वाशी) पिछले वर्ष रीढ़ की हड्डी की समस्या के कारण कई महीने बिस्तर पर पड़ी रही। इण्टरमीडिएट की परीक्षा छूट जाने की आशंका। मामा जी ने लखनऊ-दिल्ली एक करते हुए न केवल सर्वश्रेष्ठ इलाज कराया वरन् मनोबल बढ़ाने में अहम् भूमिका अदा की। पौत्र उत्कर्ष यानी कनु (जो उदीयमान गायक है) के साथ होते हैं, तो स्वयं शिशुवत् हो जाते हैं।

आठ साल पुरानी बात। मामा जी ने लेखन-कार्य के लिए नैनीताल-प्रवास का कार्यक्रम रखा। नैनीताल जाते समय बरेली हमारे घर रुके। साथ में तन्वी और नौकर साबू भी। तन्वी उस समय 9-10 साल की रही होगी। कार्यक्रम था कि प्रिय बाबा तन्वी को कुछ दिन तक नैनीताल घुमायेंगे-फिरायेंगे, फिर मैं उन्हें नैनीताल से लखनऊ पहुँचवा दूँगा। बाबा नैनीताल में रुककर लेखन करेंगे। तन्वी रानी पहली बार माँ के बग़ैर निकल रही थी। नैनीताल में मामा जी को छोड़कर वापस आने लगा। तभी तन्वी ने ठुनकना शुरू कर दिया। बाबा प्रिय हैं, ठीक हैं। पर मम्मी तो नहीं हैं। तन्वी को चाहिए थी जुगलबन्दी—और जुगलबन्दी के लिए दो वाद्ययन्त्र चाहिए। लाख समझाया गया, पर वह मिनट भर के लिए भी नैनीताल रुकने को तैयार नहीं। बाबा और मम्मी की नैनीताल घुमाने की साध धरी रह गयी। तन्वी नैनीताल रुक जाती, तो मामा जी का लेखन-कार्य बाधित होता। छोटी बच्ची की देखभाल दिक़्क़ततलब और बहुविध बन्धनोंवाली होती है। पर मामा जी ने तन्वी के नैनीताल-भ्रमण को लेखन से कम महत्त्व नहीं दिया।

उनका अनोखा, अद्भुत रूप तब देखने को मिला जब मामी जी अस्वस्थ हुईं। शुरुआती दौर में घबराहट बढ़ी और परिवार को लेकर चिन्ताएँ भी। फिर वह स्मृतिभ्रंश का शिकार हो गयीं और पक्षाघात आदि कई व्याधियाँ पैदा हो गयीं। मामा जी उनकी शिशुवत् तीमारदारी करने लगे। बाहर निकलना कम हो गया। लेखन भी बाधित हुआ। काफ़ी दिनों तक पीना

छोड़े रखा। रात को भी इतने चौकन्ने रहते कि ज़रा-सी आहट या संकेत हो, तो फ़ौरन उठ पड़ें। अंग्रेज़ी जुमले का इस्तेमाल करें, तो "ही रोज़ टु द अकेज़न" (वक़्त पर वह उठ खड़े हुए)। ऐसा पत्नीव्रत निभाया कि मिसाल बन गयी।

मेरी माता जी का मेरठ कार्यकाल के दौरान स्वर्गवास हो गया। मृत्यु की अवश्यम्भाविता को भलीभाँति समझते हुए भी आकस्मिकता ने तोड़कर रख दिया। मृत्यु दबे पाँव चोर की तरह आयी थी। बहुत आहत और टूटे हुए थे हम। ऐसे में मामा जी ने मेरठ आकर जिस आत्मीयता, जिस स्नेह से ढाढ़स बँधाया और मनोबल को ऊर्ध्वगामी किया, उसे आजीवन भूला जा सकता है क्या?

मामा जी से मैंने प्रेरणा ग्रहण की है—पढ़ने में भी और कैरियर में भी। सर्जनात्मक लेखन में भी वह मेरे प्रेरणास्रोत रहे हैं (कहानी-संग्रह 'हुद्‌देदार' उन्हें समर्पित करते हुए मैंने इस तथ्य को शब्दबद्ध भी किया है)। साहित्यिक क्षेत्र में आत्म-प्रचार और आत्म-प्रयोजन का जो दफ़्तर नहीं खोल पाया, यह भी काफ़ी सीमा तक उनका प्रभाव है। साहित्यिक खेमेबाज़ी या विचारधारा के नाम पर होनेवाली गुटबाज़ी से स्वयं को जो बचाये रखा है, यह भी कुछ सीमा तक उनका प्रभाव है। विचारधारा (जो आचरण में अब दिखती नहीं) के नाम पर अपनी लेखकीय स्वतन्त्रता को प्रत्यक्ष या परोक्ष रूप से गिरवी रखना मुझे भी अपील नहीं करता।

सुखद है कि अस्सी के शिखर पर पहुँचते हुए वह लेखकीय रूप से सक्रिय हैं। स्मरण-शक्ति, सोच-विचार और चाल-ढाल से चुस्त-दुरुस्त। प्रभु से प्रार्थना है कि उनकी उत्कृष्ट रचनाएँ और आशीर्वाद आगे भी सुदीर्घकाल तक मिलते रहें। शुभास्ते पन्थानः।

●

'राग दरबारी' : संस्मरण

श्रीलाल शुक्ल

अपनी कृति के बारे में कुछ लिखना भोंड़ा और अरुचिकर काम है—लगभग अपने प्रेम और सेक्स के अनुभवों को बखानने जैसा। फिर भी, और अपनी प्रवृत्ति और विवेक की खिलाफत करते हुए, यह टिप्पणी लिख रहा हूँ, ख़ुशी सिर्फ़ यह है कि इस माध्यम से मैं भीष्म जी के एक अभूतपूर्व आयोजन में शरीक हो रहा हूँ।

'राग दरबारी' की शुरुआत 1960 के आसपास हुई। पर उस वक़्त मुझे इसकी संरचना या स्वरूप का पता न था, यह तक तय नहीं कि मेरे दिमाग़ में इसकी विधा भी स्पष्ट थी या नहीं और शीर्षक तो मुझे 1967 के अन्त तक नहीं मिल पाया, अपनी हर किताब के शीर्षक की तरह 'राग दरबारी' का आविष्कार भी इसके प्रेस में जाने के कुछ दिन पहले ही हो सका।

कुछ आरामपसन्द समीक्षकों का तरीक़ा है कि किसी किताब पर राय देने के लिए वे उसके शीर्षक को या कवर पर छपी हुई प्रकाशकीय विज्ञप्ति को अपनी समीक्षा का आरम्भ-बिन्दु बना लेते हैं और जब मन चाहा, लेखक को धुनने के लिए उनका डण्डे की तरह इस्तेमाल करते हैं। ऐसे ही एक समीक्षक ने 'राग दरबारी' के शीर्षक पर लिखा था कि इससे संगीत के प्रति या तो मेरा अज्ञान सिद्ध होता है या दरबारी जैसे राग के प्रति संवेदनहीनता प्रकट होती है। दूसरों की प्रतिभा और कृतित्व पर राय देकर कृती बननेवाले हर आदमी को बेशक दूसरों को अज्ञानी और जड़ घोषित करने का हक़ है, कुछ हद तक यह उसके पेशे की मजबूरी भी है, फिर भी किताब पढ़कर कोई भी देख सकता है कि संगीत से इसका कोई सरोकार नहीं है और शायद मेरा समीक्षक भी जानता है कि यह राग उस दरबार का है जिसमें हम देश की आज़ादी के बाद और उसके बावजूद, आहत-अपंग की तरह डाल दिये गये हैं या पड़े हुए हैं।

यह तो हुई शीर्षक की बात, अब 'राग दरबारी' क्यों लिखा गया, इसका सही-सही जवाब खोजना मेरे लिये कठिन है। पर यह सही है कि इसके पीछे दो तत्त्व काफ़ी सक्रिय थे। पहला, अपने ग्राम-जीवन के प्रति—जिसे मैं भारतीय जीवन की प्रमुख धारा मानता हूँ—मेरा अतिशय लगाव और दूसरा, हिन्दी साहित्य में ग्रामीण जीवन के प्रति बनी या बनती हुई रूढ़ियाँ जो मेरे लिये बरदाश्त के बाहर हैं। इस दूसरी बात को कुछ और स्पष्ट करने की ज़रूरत है।

प्रेमचन्द जैसे कुछ अपवादों को छोड़कर हिन्दी साहित्य में, लगता है, ग्रामीण जीवन के प्रति दो प्रकार की दृष्टियाँ विकसित हुई हैं और दोनों ही रूढ़ि बन गयी हैं। पहली दृष्टि 'अहा ग्राम्य जीवन भी क्या है' वाली है, दूसरी 'चरमर चरमर चूँ चरर मरर जा रही चली भैंसागाड़ी' वाली। पहली दृष्टि ग्रामीण परिस्थिति को प्रकृति की रम्यता, सरलता, लोकगीतों और लोक-कथाओं की रूमानी तन्द्रिलता से जोड़ती है जिसकी हास्यास्पद परिणति "ऊँची अरहर में लुकाछिपी खेलती युवतियाँ मदमाती चुम्बन पा प्रेमी युवकों के..." जैसी पंक्तियों में होती

है। ग्राम-जीवन की इस फ़र्जी, रूमानी, संघर्ष-रहित छवि को रेडियो और सिनेमा ने और भी पुष्ट किया है जिसके ख़िलाफ़ मेरी प्रतिक्रिया 'स्वर्ण ग्राम और वर्षा' या 'पहली चूक' जैसी मेरी आरम्भिक रचनाओं में व्यक्त होती है। दूसरी दृष्टि गाँव के छोटे किसानों, मजदूरों और दूसरे कमज़ोर वर्गों को केन्द्र बनाकर सामाजिक विषमता और उनके शोषण की कथाओं में परिलक्षित होती है। यह स्वस्थ दृष्टि है पर इससे अनुप्राणित साहित्य भी ज़्यादातर रस्मी, सतही और प्राणहीन है, उसके प्रणेताओं में अधिकांश का दर्शन (विज़न) सतह के नीचे बिलकुल अस्पष्ट है जिससे सामाजिक अन्याय की स्थिति, जो एक विशेष प्रकार की आर्थिक व्यवस्था का सहज परिणाम है, सस्ती भावुकता के माध्यम से अभिव्यक्त होती है और उलझाव भरे मुद्दों का अतिसाधारणीकरण हो जाता है। लेखक का दर्शन स्पष्ट हुआ, तब भी प्रायः समस्या की पकड़ कमज़ोर या बिखरी हुई नज़र आती है।

बहरहाल, 'राग दरबारी' के लेखन के समय इन प्रवृत्तियों के बारे में मेरी प्रतिक्रिया बहुत साफ़ थी, यह दूसरी बात है कि कहीं-कहीं घड़ी का पेण्डुलम दूसरी ओर इतना ज़्यादा चला गया कि ख़ुद मुझे 'संवेदनहीनता', 'सतहीपन', 'ग्रामीण संस्कृति का उपहास', 'हास्य-व्यंग्य की अति' जैसे आरोपों पर कठघरे में खड़ा किया गया। उपन्यास को सशक्त और अत्यन्त महत्त्वपूर्ण माननेवाले और कभी-कभी ग़लत कारणों से भी प्रशंसा करनेवाले आलोचकों की कमी नहीं है, पर कई प्रमुख आलोचकों ने उपर्युक्त आरोपों का उल्लेख किया।

ज़रूरी नहीं कि समीक्षकों और आलोचकों की हर बात का मेरे पास जवाब हो, और जहाँ जवाब या सफाई दे सकता हूँ, वहाँ भी मैंने ऐसा करने की हिम्मत नहीं दिखायी है, क्योंकि कोई किताब पूरी करके जब मैं एक नरक से उबरता हूँ तो समीक्षकीय खींचतान के दूसरे नरक में धँसने की ताक़त मुझमें बाक़ी नहीं रहती। सिर्फ़ यह रहता कि मैं यथाशक्ति अपना दिमाग़ खुला रखता हूँ और कृति की कमजोरी बतानेवाली आलोचना के ख़िलाफ़ मानसिक क़िलेबन्दी नहीं करता।

पर इस मौक़े का फ़ायदा लेकर ग्राम-जीवन के बारे में मैं अपनी समझ या नासमझी के कुछ पहलू स्पष्ट कर देना चाहता हूँ। पहली बात तो यह कि मैं ग्राम-जीवन से सम्बन्धित लेखन को सामान्य तथा आंचलिक नहीं मानता, क्योंकि मैं उस जीवन को भारतीय जीवन की मूल धारा मानता हूँ। भारतीय ग्राम्य जीवन की औसत कहानी मेरे लिये, सामान्य जीवन के अनुभवों की कहानी है, किसी दुर्गम प्रान्तर और किसी दुर्लभ समुदाय का नृशास्त्रीय अध्ययन नहीं। यह दम्भ की बात है और जनविरोधी तो है ही—कि रेस्तराँ, बार, कॉलेज, ड्राइंग रूम, दफ़्तर आदि के चोंचलों को साहित्य का अंग माना जाये और भारतीय जीवन के सामान्य रूप को, जो गाँवों से और अस्सी प्रतिशत से ऊपर जनता से सम्बद्ध हो, साहित्य में आंचलिकता के खाने में रखा जाये। यह समझना भी दम्भ और गुस्ताखी की बात है... समाज का बाहरी और सफ़ेदपोश वर्ग ही हमारे सामान्य और सामाजिक-सांस्कृतिक जीवन का अभिव्यंजक है। इस धारणा के अनुसार अन्तिम निष्कर्ष तक पहुँचा जाये तो 'मैला आँचल', 'अलग-अलग वैतरणी', 'आधा गाँव' जैसे उपन्यास भारतीय जीवन के सामान्य उपन्यास होंगे और 'अँधेरे बन्द कमरे' और 'वे दिन' आंचलिक उपन्यासों के अच्छे नमूने माने जायेंगे।

दूसरी बात 'हास्य-व्यंग्य की अति' से सम्बन्धित है। अगर 'राग दरबारी' परिहासात्मक अवज्ञा, व्यंग्य या 'हाई कमेडी' के मूड में लिखा गया है तो यह बात गाँवों के उस मूड से

मेल खाती है जहाँ विपत्तियों और संघर्षों के बावजूद लोग हर छोटी-छोटी बात से अपने को ख़ुश रखने की कोशिश करते हैं। गाँव का आदमी अगर सफ़ेद कॉलरवाले शहरी की तरह आत्मदया और कुण्ठा का शिकार हो जाये और उसे अपने व्यवहारों में भी दिखाने लगे तो जीवित रहना उसके लिए दुष्कर हो जायेगा और गाँव सामूहिक आत्महन्ताओं के केन्द्र हो जायेंगे। विपत्तियों और संघर्षों को झेलने में नियतिवाद ही उनका एकमात्र शस्त्र नहीं है, जीवन के प्रति उनमें एक खुली हुई दृष्टि भी है जो उतने ही कारगर एक दूसरे अस्त्र की सृष्टि करती है जिसका नाम परिहास-बोध है।

इस वृत्ति की जड़ में जीवन की और स्वभाव की विविधता है। दफ़्तर और कारखानों की ज़िन्दगी, जहाँ लोग एक-सी अनुशासन-संहिता से शासित हैं, व्यक्तिगत विविधताओं को कम करती जाती है और उसी अनुपात से परिहासपरक स्थितियाँ कम होती जाती हैं। सनीचर, बंगड़ और छोटे पहलवान जैसे पात्र दिल्ली के साउथ ब्लॉक के दफ़्तरों में नहीं मिल सकते और पंचायती अदालत के सरपंच और कुसहरप्रसाद का झमेला सुप्रीम कोर्ट में नहीं देखा जा सकता। सामान्य जनजीवन केवल सुरक्षा की अवचेतन भावना से ही अपनी त्रासदी को, आत्मदया से मुक्त होकर, हँसते हुए झेलता है। सघन भावुकता, उबाल के तेवर और नपुंसक आक्रोश उसके स्वभाव के स्थायी अंग नहीं हैं। बहरहाल, 'राग दरबारी' लिखते हुए मेरे सामने दो ही विकल्प थे : या तो मैं उसे 'ऐंग्री यंगमैन' की मनःस्थिति में लिखता जो कि मैं नहीं था, या उसे सनीचर, रुप्पन बाबू, प्रिन्सिपल, वैद्य जी आदि के साथ उठने-बैठनेवाले पढ़े-लिखे गँवार की तरह लिखता, जो कि मैं था। तभी 'राग दरबारी' जिस तरह लिखा गया, उसके सिवाय मैं उसे किसी दूसरी तरह नहीं लिख सकता था। बेशक दूसरे लेखक, उदाहरणार्थ श्रीपतराय या नेमिचन्द्र जैन इन दो के बजाय तीसरी या चौथी तरह से भी लिख सकते थे।

हो सकता है कि मेरी स्थिति की परख या अनुभव की पकड़ कहीं-कहीं सही न उतरी हो और पाठक को पूर्णतः आश्वस्त न करती हो। पर इतना तय है कि एक सम्मानित आलोचक की राय के बावजूद 'राग दरबारी' ग्रामीण जीवन की पैरोडी नहीं है, हर लेखक की तरह मुझे भी यह भ्रम है कि 'राग दरबारी' में जितना देखा गया है, उसके अलावा भी बहुत-कुछ है। मुझे यह उम्मीद भी है कि उस 'बहुत-कुछ' की पहचान करने के लिए ख़ुद लेखक को निबन्ध न लिखने पड़ेंगे—यह बिलकुल ज़रूरी नहीं कि ख़ुद लेखक को ही उसकी पहचान हो और पाठकों और आलोचकों का समुदाय अपने-अपने ढंग से उस 'बहुत-कुछ' का अनुसन्धान करता रहेगा और उसी क्रम में एक नये साहित्यिक अनुभव का आनन्द पायेगा।

श्रीलाल शुक्ल : पुनर्विचार की आवश्यकता

मुरली मनोहर प्रसाद सिंह

शिक्षित समाज के लिए रची जानेवाली एक मुद्रित कला विधा के रूप में उपन्यास का विकास हिन्दी में अपने ढंग से विशिष्ट रूप में हुआ है। इस तथ्य को आँखों से ओझल कर पश्चिमी उपन्यास साहित्य के मूल्यांकन पर निर्भर कसौटियाँ हिन्दी में ज्यों-की-त्यों लागू करने की कोशिश के अन्तर्गत निर्मल वर्मा का निबन्ध 'उपन्यास की मृत्यु और उसका पुनर्जन्म' पठनीय तो है, विवादास्पद भी कम नहीं है। उनका तर्क है कि व्यक्ति के स्वेच्छाचारी और अराजक संसार से उपन्यास बँधा हुआ है। एक कला विधा के रूप में व्यक्ति जीवन की अराजकता को चित्रित करने की यह परवशता, बाध्यता अथवा कलात्मक प्रतिबद्धता उपन्यास को एपिक महाकाव्य या पुराने प्रकार के नैरेटिव से हीन कोटि की कला विधा में तब्दील कर देती है।

भारतीय उपन्यासकारों को प्रारम्भ में यूरोप का पूँजीवादी अथवा मध्यवर्गीय समाज अपने आसपास उस रूप में मिला ही नहीं। हिन्दी में उपन्यास लेखक के सामने मुख्यतः किसान जीवन अथवा देहाती जीवन पर निर्भर शहरी समाज की समस्या मुँह बाये खड़ी थी। उपन्यासकारों के आगे सही चुनौती मुख्य बन गयी, चूँकि अंग्रेज़ी राज के तहत औपनिवेशिक पीड़ा और उदीयमान भारतीय पूँजीवाद की विकलांग स्थिति सृजनशील लेखन की कार्यसूची पर पहले नम्बर पर थी। इसीलिए 'प्रेमाश्रम', 'रंगभूमि' या 'गोदान' में कथा के केन्द्र में पूँजीवादी समाज का व्यक्ति नहीं है बल्कि उत्पीड़ित और संघर्षशील किसान समुदाय के टाइप पात्र हैं।

श्रीलाल शुक्ल अपने उपन्यास-लेखन का आरम्भ व्यक्ति पात्र की अन्तरात्मा में उथल-पुथल मचाती स्वेच्छाचारिता और अराजकता के चित्रण से नहीं करते। 'सूनी घाटी का सूरज' न तो अवचेतन के अन्वेषण की ओर उन्मुख है और न रोमाण्टिक भटकन की ओर। 'राग दरबारी' के पात्रों का संसार भी, स्वाधीन भारत की विकास नीति और शासन तन्त्र की विकृतियों के बीच लूट, मक्कारी और बेईमानी को सामूहिक स्तर पर बेपर्द करता है। उनके नये उपन्यास 'बिस्रामपुर का सन्त' में अवश्य ही भूस्वामी वर्ग के एक पतित व्यक्ति के एकान्त, उसकी लम्पटता और कामुकता का वर्णन किया गया है। पर कथा विन्यास की सेटिंग्स में कांग्रेसी सरकार की अफ़सरशाही, व्यभिचारी राजनीति और भूस्वामित्व के नये उत्पीड़क रूपों को बड़े कलात्मक ढंग से गुम्फित किया गया है। अन्ततः कुँवर साहब की कहानी पूँजीपति, भूस्वामी वर्ग के शासन की एक दिलचस्प कतरन के रूप में तो सामने आती है, पर उससे कहीं अधिक राजसत्ता के विकारग्रस्त ढाँचे और उसकी सड़ाँध पर अचूक टिप्पणी करती है।

श्रीलाल शुक्ल की रचना-प्रक्रिया और तमाम दबावों से लड़ते हुए असम्पृक्त बनी रहने की उनकी कोशिश को नयी कविता, नयी कहानी, नयी समीक्षा, नवलेखन आदि के दौर में

अलग से रेखांकित करने और समझने की आवश्यकता है। यह वह दौर है जब लेखकों के मस्तिष्क पर नेहरू मॉडल का दिवास्वप्न छाया हुआ है। श्रीलाल शुक्ल किसी भी प्रकार के रोमाण्टिक आशावाद की आग्रहशील भूलभुलैया अथवा भ्रान्तियों में फँसे नहीं हैं। जिसे मोहभंग का साहित्य कहा जाता है, उसकी तब तक शुरुआत भी नहीं हुई थी। यह 1953-54 का ज़माना था। बुन्देलखण्ड के राठ नामक एक पिछड़े कस्बे के डाकबँगले में सिविल सर्वेण्ट के नाते वे सपरिवार रह रहे थे। आकाशवाणी पर एक रोमाण्टिक नाटक के अन्दर बलबलाते हुए धुआँधार भावप्रवाह को वे झेल नहीं पाये। इसकी प्रतिक्रिया में 'स्वर्णग्राम और वर्षा' शीर्षक एक व्यंग्य लेख उन्होंने लिखा और 'निकष' में प्रकाशनार्थ धर्मवीर भारती को भेज दिया। उनके व्यंग्य लेखन की यहीं से शुरुआत हुई। निर्मम तटस्थता और नयी तार्किक सूझबूझ से लैस उनके लेखन को सामान्यतया 'प्रोत्साहन और सद्‌भाव' से ग्रहण किया गया।

श्रीलाल शुक्ल अपने समकालीनों की तरह नव्य रोमाण्टिक आग्रह के शिकार न बने। यथार्थ को समझने में उन्होंने जिस बौद्धिक ईमानदारी का परिचय दिया, उसे सत्तातन्त्र कुण्ठित न कर पाया। परम्परा, अतीत, पुरातन संस्कार आदि पर भी नये ढंग से सन्देहवादी रुख़ का परिचय देकर चीज़ों को उनके ऐतिहासिक सन्दर्भों में परिभाषित करने में उन्हें कोई मुश्किल न हुई। 'परिमल' संगोष्ठी की मित्र मण्डली से सम्बन्ध के बावजूद प्रगतिशील लेखक संघ या मार्क्सवाद से वैचारिक शत्रुता का विचार बीज उनकी चेतना में कभी अंकुरित हो ही नहीं पाया। उस समय प्रचलित दलों, वादों अथवा संगठनों में न तो समाजवादियों से उनका कोई लेना-देना था, न कम्युनिस्टों से कोई वैर। उनकी रचनाशीलता के केन्द्र में उस ज़माने का अपरिभाषित निरा यथार्थ छाया हुआ दिखायी देता है। उस यथार्थ को पकड़ने के लिए कला के पुराने परखे हुए, आजमाये हुए और घिसे हुए औज़ारों का वे इस्तेमाल ही नहीं करते।

उपन्यासकार के रूप में श्रीलाल शुक्ल के मूल्याकंन को लेकर अभी भी परेशानी ज्यों-की-त्यों बनी हुई है। कुछ समीक्षाएँ उन्हें शिविरबद्धता के कारण ठीक से परख ही नहीं पातीं, जबकि कुछ समीक्षाएँ उनके लेखन की व्यंग्यात्मकता के अभेद्य पर्दे तक जाकर रुक जाती हैं। आज ज़रूरत इस बात की है कि हम ये देखें कि उस कालखण्ड के भारत के बहुविध, नये, उभरते यथार्थ की आलोचनात्मक चेतना श्रीलाल शुक्ल में है या नहीं, वह कितनी तीव्र या मन्द है तथा उसे अंकित करने में एक कथाकार के नाते उनका विशिष्ट योगदान क्या है। इन प्रश्नों के उत्तर ढूँढ़ने के क्रम में ही पता चलेगा कि आशावादी घटाघोप के बीच बौद्धिक जड़ता तोड़ने, सन्दिग्ध अंशों की बखिया उधेड़ने और नये सवालों की सन्दर्भवत्ता प्रस्तुत करने में उनकी कथाकृतियों की भूमिका उद्‌भावनाशील है या नहीं?

अपनी पहली औपन्यासिक कृति 'सूनी घाटी का सूरज' (1957) में रामदास के चरित्र के माध्यम से सामन्ती और पूँजीवादी व्यवस्था के दोहरे सन्दर्भों को श्रीलाल शुक्ल ने उभारने का प्रयत्न किया था। छठी कक्षा में पढ़नेवाला छह वर्ष का देहाती ग़रीब बालक रामदास अनाथ हो गया है। उसका बाप ठाकुर के हुक्म की तामील कर रहा था। दोनों हाथ कोल्हू के पाटों में कुचल गये। चक्का घूमा और दोनों हाथ पिस गये। शरीर का सारा ख़ून निकल गया। अस्पताल पहुँचने में काफ़ी देर कर दी गयी। बिना दवा-दारू के चल बसा और बिलखते बेटे से अन्तिम शब्द कह गया, 'पढ़ाई न छोड़ना।' इस घटना पर बड़े ठाकुर की भावना क्या थी? 'ये रामनाथ काका भी सिलबिल्ले हैं। जो काम एक बच्चा भी कर ले जाये, वह तक

ये सम्हाल नहीं पाते। चारा काटने को कहो तो हाथ में गँड़ासा मार लें, पानी भरने जायें तो घड़ा कुएँ में गिरा दें। अब कोल्हू में ईख लगाने बैठे तो अपने हाथ पिच्ची कर डाले।' यही रामनाथ काका रामदास के पिता हैं। पिता की मृत्यु के बाद एक अनाथ बालक अपनी पूरी ज़िन्दगी के लिए बड़े ठाकुर पर निर्भर रहता है। पर ठाकुर उसके बाप की बलि ले लेने के बाद रामदास से कहता है, ''यह टुकड़खोर फ़ीस के पैसे माँगता है। इसके बाप ने कमाकर दिया था? इन सालों पर हज़ारों रुपये गँवा दिये। अब यह भी छाती पर मूँग दलने को बैठा हुआ है। बेटा भैंस न चरायेंगे। पढ़ेंगे और बालिस्टरी करेंगे। हमीं एक गधे हैं जो इनके बाप का बोझ ढोयेंगे। मैं कहता हूँ कि छोटका, इससे कह दो, शाम को यह हमारे सामने न पड़ा करे। इसका मुँह देख लेता हूँ तो एक छटाँक ख़ून घट जाता है। फ़ीस नहीं है तो नाम कटा ले, भीख माँगे, हल जोते। जैसे गाँव में सब हैं, वैसे ही अपनी औकात से कुत्ते जैसा पड़ा रहे।''

स्वाधीन भारत की स्वदेशी कांग्रेसी सरकार भूस्वामित्व के उन्मूलन, सामन्ती व्यवस्था की समाप्ति, भूमि सुधार और देहाती जीवन में जनवादी रूपान्तरण के सवाल को लगातार टालती चली गयी। कृषि क्रान्ति के कार्यभार को पूरा न करने के परिणामस्वरूप करोड़ों ग़रीब बच्चों के भविष्य के साथ जो खिलवाड़ किया गया; उसके ठोस उदाहरण के रूप में रामदास की कहानी कही गयी है। 1950 के दशक में सम्पूर्ण नवलेखन का आन्दोलन शहरी मध्यवर्ग के जीवन तक सिमट आया था। अपनी पहली कथाकृति में ही इस सीमा से बाहर जाकर एक ऐसी आधुनिक प्रेमकथा कहने की उन्होंने प्रतिज्ञा की जो 'गुनाहों के देवता' से भिन्न थी; 'शेखर : एक जीवनी' तथा 'नदी के द्वीप' से भी भिन्न थी। इसमें एक दरिद्र किसान परिवार की अनाथ सन्तान की देखभाल, शिक्षा-दीक्षा और भावी ज़िन्दगी का प्रश्न उठाया गया था। रामदास बड़े ठाकुर की नकेल के नीचे से छूटा तो स्कूल के हेडमास्टर मुन्शी नवरतन लाल की तथाकथित 'दया कृपा' से उनके घर नौकर लग गया; पढ़ाई के साथ-साथ पूरी नौकरी। मुन्शी जी उस अनाथ बालक से फ़रमाते हैं, ''अपने को जो मिला है, उसकी बेक़द्री कभी न करनी चाहिए। तुम पहले भैंस चराते थे। बाद में ठाकुर के लड़कों की रखवाली में स्कूल आने लगे। मुझे तुम्हारी कोई ज़रूरत न थी। अमीन साहब ही के कहने से मैंने तुम्हें अपने घर रखा है। तुम्हारे खेत और पेड़ भर दे देने से तुम्हारा क़र्ज़ नहीं पट पाया। मुझे अपनी जेब से पच्चीस रुपया लगाना पड़ा था।'

मुसद्दीलाल की दिन-रात सेवा और हाड़-तोड़ घरेलू नौकर की ज़िन्दगी के बावजूद जब रामदास फर्स्ट डिवीजन से इम्तहान पास कर अपनी पढ़ाई के लिए कानपुर जाने लगा तो मुन्शी जी की पत्नी जड़ावनवाली ने अपने पति से कहा, 'सब कुकुरिया जगन्नाथन जायेंगी तो पत्तल कौन चाटेगा?'

''जिस देश को अभी-अभी दो सौ साल की ग़ुलामी के बाद आज़ादी मिली थी, उस देश में बड़े ठाकुर ज्यों-के-त्यों बने हुए थे'', मुसद्दीलाल और उनके सुपुत्र नवरतन लाल भी बने हुए थे। ऐसे देश में लोकतन्त्र, स्वाधीनता, समानता, भाईचारा, विश्वबन्धुत्व और राष्ट्रीयता के मूल्यों को ठोस रूप में चरितार्थ करना था। ऐसे विराट् राष्ट्रीय परिप्रेक्ष्य में अपनी पराधीनता से बेख़बर जड़ावनवाली ग़रीबों की सन्तान को कुत्ते से ज़्यादा अहमियत नहीं देना

चाहती। श्रीलाल शुक्ल के कथा-लेखन के इन पक्षों को दृष्टि से ओझल कर सिर्फ़ व्यंग्य-लेखन की बात वस्तुतः मूल प्रश्न को ढँकने का उपक्रम मात्र प्रतीत होती है।

आज़ाद हिन्दुस्तान के पूँजीवादी सामाजिक रिश्तों के बीच भी रामदास सबस छला जाता है; अपने प्रोफ़ेसर सिन्हा से, अपनी प्रेमिका सत्या से, अपने विश्वविद्यालय के विभागाध्यक्ष और कुलपति से भी। उसके लिए मानो पहले से ही कर्त्तव्य तय कर दिये गये हैं : 'गाँव में जाना। दलितों की शक्ति बनना। अशिक्षितों को विद्या देना। उनकी निराशा, उनकी मूर्च्छा को समाप्त करके उन्हें नयी चेतना देना।'

उल्लेखनीय है कि परिमल संगोष्ठी से सम्बद्ध लोगों ने साहित्यिक सृजनशीलता की कार्यसूची पर शहरी मध्यवर्ग की नव्य रूमानियत को पहले नम्बर पर रखा था। श्रीलाल शुक्ल इससे सहमत न थे। इसीलिए 'सूनी घाटी का सूरज' में प्रेमकथा के त्रिकोण को लगभग खारिज कर दिया गया है और कथा विन्यास के केन्द्र में गाँव की मुक्ति की समस्या, दुराचार से मुक्ति की समस्या तथा कथनी-करनी के बीच फ़ासले को पाटने की समस्या को वृहत् परिप्रेक्ष्य में उठाया गया है।

कथा गठन की दृष्टि से सूनी घाटी का सूरज एक नयी तकनीक और प्रयोगशीलता का परिचायक बनकर आया था। पर सामाजिक, राजनीतिक दुराचारों और यथार्थ के अन्तर्विरोधी पक्षों के वर्णन में तीक्ष्ण संवेदना और व्यंग्यात्मकता की पैनी धार का जैसा प्रौढ़ और विकसित रूप 'राग दरबारी' में देखने को मिलता है, वैसा उस काल के किसी अन्य रचनाकार की कथाकृति में दिखायी नहीं देता। वर्णनात्मक गद्य की यह अनूठी कला फणीश्वरनाथ रेणु, हरिशंकर परसाई, ज्ञानरंजन, मनोहर श्याम जोशी, कृष्णा सोबती आदि में अलग-अलग रूप लेकर खिली और पुष्पित हुई है। श्रीलाल शुक्ल के यहाँ आख्यान, प्रहसन और अचूक व्यंग्यात्मकता से युक्त वर्णन, ये तीनों पहलू आपस में घुल-मिल गये हैं।

कोऑपरेटिव यूनियन और कॉलेज पर प्रभुत्व को लेकर शिवपालगंज में संघर्ष छिड़ जाता है। सत्ताधारी पार्टी, अफ़सरतन्त्र और स्थानीय स्तर के शक्तिशाली गुटों की क़तारबन्दी के वर्णन में ही इस आख्यान के सभी अध्याय समन्वित प्रभाव की सृष्टि करते हैं। स्वाधीन भारत में व्यक्तित्व निर्माण और सामाजिक प्रभुत्व की जो नयी शैली गढ़ी जा रही है, वह हर सूरत में प्राचीन और अर्वाचीन आप्त वाक्यों के बेईमान भाष्य को चूसकर परवान चढ़ती गयी है। यह दोमुँही मक्कार जीवन-शैली 'राग दरबारी' के गद्य में प्रहसन और व्यंग्य के रस से सराबोर होकर ख़ूब अच्छी तरह अंकित की गयी है। यहाँ तक कि वास्तविक जीवन पारदर्शी होकर उपन्यास के हर पहलू पर छाया हुआ है।

हर पात्र के व्यक्तित्व को उसकी भंगिमाओं के साथ पकड़ने और अंकित करने की दृष्टि से श्रीलाल शुक्ल ने बहुत ही सूक्ष्मग्राही प्रेक्षण कौशल का प्रमाण उपस्थित किया है। वर्णन की इस कला को उन्नत स्तर पर पहुँचाने के लिहाज़ से वे अपनी विशिष्टता की छाप निःसन्दिग्ध रूप में छोड़ते हैं। आख्यान के भीतर निहित द्वन्द्वों को व्यक्ति पात्रों की ख़ास-ख़ास भंगिमाओं और पहचानों की मदद से पाठकों की चेतना में सम्प्रेषित करनेवाला यह कथा शिल्प हिन्दी के लिए निश्चय ही नयी चीज़ है।

प्रसन्नता की बात यह है कि 'राग दरबारी' की रचना के तीस साल बाद श्रीलाल शुक्ल ने 'बिस्रामपुर का सन्त' में अपने कथा-शिल्प को और भी माँजा, सँवारा और निखारा है।

यह भी एक सुखद तथ्य है कि कथा-विन्यास और चित्रण-विधि में वे अपने को दोहराते नहीं हैं; पुनरावृत्ति या उसी साँचे पर उत्पादन, पुनरुत्पादन से वे सचेत होकर बचते रहे हैं। इस निष्कर्ष का सिर्फ़ एक अपवाद यह है कि 'सूनी घाटी का सूरज' में रामदास अर्थशास्त्र की शिक्षा पाकर विश्वविद्यालय में लेक्चरर बनने के लिए उत्सुक है और 'बिस्रामपुर का सन्त' में विवेक दिल्ली विश्वविद्यालय के अर्थशास्त्र विभाग में प्रोफ़ेसर के पद पर नियुक्त हो गया है। कथा प्रसंग के इस साम्य से घटना संयोजन या कथा-विन्यास में कोई आवृत्ति नहीं होती।

वास्तविकता तो यह है कि 'बिस्रामपुर का सन्त' सही अर्थों में नयी कथा भूमि की तलाश का परिणाम है। भूदान आन्दोलन के केन्द्रीय प्रश्नों और उस आन्दोलन से जुड़े कार्यकर्त्ताओं के व्यक्तित्व की मुख्य समस्याओं को यह उपन्यास कथा-साहित्य में पहली बार गम्भीरता से उठाता है।

'बिस्रामपुर का सन्त' क्या नहीं है। ताल्लुक़ेदार है। ग़ुलाम भारत में अंग्रेज़ी राज का स्तम्भ है; स्वाधीनता आन्दोलन जब विजयी होता हुआ दिखने लगता है तो वह कांग्रेस का स्तम्भ बन जाता है और स्वाधीन भारत की कांग्रेसी सरकार में राज्यपाल का पद पा लेता है।

और जब राजदूत का पद प्राप्त नहीं होता तो नाराज़गी प्रकट करने के लिए भी और सुन्दरी के प्रति की गयी अपनी लम्पटता के पछतावे की प्रक्रिया में उसकी मृत्यु के बाद भूदानी सन्त बन जाता है। उसी बिस्रामपुर में, जहाँ सुन्दरी ने अपना आश्रम आरम्भ किया था।

स्वाधीन भारत के शासन-तन्त्र की तह-दर-तह पूरी गहराई से जाननेवाले द्रष्टा की आँख से राज्यपाल के कार्यालय का वर्णन आज के भारत की विडम्बना को दर्शाता है। दरअसल उपन्यास का आरम्भ इसी घटना प्रसंग की झाँकी से होता है। महामहिम हलके बुख़ार में हलके नाश्ते के बाद की नींद का दिवास्वप्न देख रहे हैं। अस्सी साल के हैं, पर उन्हें सुन्दरी और जयश्री की कामनाएँ बेचैन कर रही हैं। वे तय नहीं कर पा रहे हैं वह सुन्दरी है या जयश्री जिसने उन्हें उमड़कर अपनी बाँहों में ले लिया है। ''जो भी हो, उसकी सुडौल चिकनी देह सिर से पाँव तक उनके अंग-अंग को पिघला रही थी।''

राजभवन के अधिकारियों के माध्यम से सुन्दरी की मौत का तार उन्हें मिला। वही भूदानी लड़की जिसके स्तन को उन्होंने चुपचाप उसकी निद्रामग्न अवस्था में छुआ था। वही सुन्दरी जिसे आलिंगनबद्ध करने की कोशिश उन्होंने की थी, और उसके आगे विवाह का प्रस्ताव रखा था, जबकि उनकी उम्र और सुन्दरी की उम्र में चालीस साल का अन्तर था, जबकि उनका प्रोफ़ेसर बेटा विवेक सुन्दरी से प्यार करता था। उस सुन्दरी ने उनकी लोलुप दृष्टि से बचने के उपक्रम में उस इलाक़े को ही छोड़ दिया था और वह बिस्रामपुर पहुँच गयी थी। वहाँ उसने भूदान के संकल्पों के अनुसार एक आश्रम आरम्भ किया था। उसी सुन्दरी की मौत की ख़बर। कहीं गहरे में अनुभूति की एक अन्तर्धारा उनके मन पर थपेड़े मार रही थी। उन्होंने यह ठान लिया कि वे बिस्रामपुर जायेंगे।

जयश्री के साथ भोग के दिनों में अतृप्ति और आवेग, भय और उन्माद का जो दौर चला उसके वर्णनों में यथार्थवाद का जितना पुट है, उससे कहीं अधिक प्रकृतवाद का गाढ़ा रंग मिला हुआ है, चूँकि उन दोनों के बीच जो प्रेम पनपा वह ठेठ मांसलता और कारोबारी कामुकता का था। निवाड़ के बुने पलँगों से जो आवाज़ें निकली थीं, उन्हें रेलगाड़ियों की खटर-पटर की लय के साथ प्रेमक्रीड़ा की चरम सीमा का दिग्दर्शन पाठकों के आगे रखते वक़्त उपन्यासकार अश्लीलता और मर्यादा के प्रश्नों में उलझता प्रतीत नहीं होता।

जयश्री मर चुकी है। सुन्दरी भी मर चुकी है। कुँवर साहब के लिए आश्रमवास के दौरान ये दोनों ही वर्जित क्षेत्र में पहुँच चुकी थीं। उनसे जुड़ी हुई कोई भी शृंगारिक अनुभूति अब भ्रष्टाचरण जैसी जान पड़ने लगी। अब वे इस आश्रम को अपनाकर अपने पुराने कदाचरण का प्रायश्चित्त कर रहे थे। वे अपने लम्पटतापूर्ण सपनों को लहूलुहान करना चाहते, अपने को व्यंग्य और उपहास का पात्र समझते। उन्हें अपने जुनून पर ग्लानि होती।

पुराने भूस्वामी, ताल्लुक़ेदार, आज़ाद भारत के लाट साहब अनाथाश्रम के गन्दे कुरूप बच्चों के साथ कैसा सलूक कर सकते हैं? दुत्कार की वही सामन्ती मानसिकता बनी रहती है। छबलाल तो बिलकुल ही काला-कलूटा था।

उस दिन शाम के वक़्त जब कुँवर साहब बग़ीचे की ओर घूम रहे थे तो छबलाल उनके पीछे पड़ गया। पहले उन्होंने आँख के इशारे से घुड़का, फिर वे गुर्राकर बोले, भाग जाओ। पर इस बीच छबलाल मुँह के बल गिर गया।

इस स्थिति में कुँवर साहब का जो चित्र खींचा गया है, वह एक महान् कथाकार की कलात्मक क्षमता का अपूर्व उदाहरण है। कुँवर जयन्ती प्रसाद को चूँकि घुटनों में दर्द था इसलिए भी और चूँकि छबलाल को छूना पड़ता, अतः वे उसको उठाने के लिए झुके ही नहीं। उलझन यह थी कि इस क्षण और कोई मौजूद ही न था। तब तक क्या उस बच्चे को यों ही पड़े रहने दया जाय?

"मजबूरी में घुटनों पर हाथ टेककर वे नीचे झुके और छबलाल की कलाई पकड़कर उसे ऊपर उठाया।

"अचानक उन्हें एक नये स्पन्दन का अनुभव हुआ; ऐसा अनुभव जिसे वे बिलकुल ही भूले हुए थे। यह चमत्कार जैसा था। बिस्तर, कुर्सी, काग़ज़, प्याला, गिलास छूनेवाली मृतप्राय उँगलियों में स्वस्थ रक्तप्रवाह को उद्दीप्त करनेवाला यह मानवीय स्पर्श का भूला-बिसरा अनुभव था। उसके साथ ही सब-कुछ अपने-आप होने लगा।"

कुँवर साहब ने अपने रूमाल से छबलाल की आँसुओं और धूल से लिथड़ी आँखें पोंछी, उसकी पीठ को सहलाया और उसे पुचकारा, "अपने आप वे उसे बच्चों की तोतली बोली में पुचकारने लगे। यह एक सर्वथा भूली हुई बोली थी जो उनकी ज़बान पर उन्हें बिलकुल नयी जान पड़ी, उन्हें लगा कि यही उनकी मूल भाषा हैं, यही उनकी आदिम बोली है जो शताब्दियों बाद उनके मुँह से निकली है, ज़बान की नोक पर उन्होंने उसकी उत्तेजक मिठास का अनुभव किया, अब वे छबलाल से ही नहीं, वह बोली ख़ुद अपने से भी बोल रहे थे।"

भूदान आन्दोलन की सटीक समीक्षा के तौर पर रामलोटन की समस्या है, जिसकी ज़मीन दुबे के क़ब्ज़े में चली गयी थी। यानी फ़र्ज़ी रेहन की समस्या। सरकार के पास फ़रियाद, चिट्ठी-पत्री, मुक़दमा आदि से कुछ नहीं होता। समाधान तभी होता है जब रामलोटन और उसके अन्य किसान साथी सामूहिक संघर्ष की क़तारबन्दी के तहत खेतों पर चढ़ जाते हैं। खेत पर चढ़ने के सिलसिले में मारपीट होती है। कुँवर जयन्ती प्रसाद रामलोटन से पूछते हैं, "यह क्या तमाशा है?" रामलोटन कहता है, "दुश्मन को हमने खेतों से खदेड़ दिया है।" कुँवर साहब अपनी आँखों के सामने केंचुए को साँप की शक्ल में बदलता देख रहे थे। कुँवर साहब सोचते हैं कि इतिहास की यह कैसी विडम्बना है कि भूदान आन्दोलन के नाम पर 32

साल के पूरे वृत्त का चक्कर काटकर किसान फिर उसी बिन्दु पर आ गया है यानी "बिस्रामपुर के किसान फिर अपनी जोत के लिए हथियार तानकर खड़े हो गये हैं।"

रामलोटन की समस्या उपस्थित कर श्रीलाल शुक्ल ने दो-टूक ढंग से यह भविष्यवाणी कर दी है कि हिन्दी का यथार्थवादी लेखन मध्यवर्ग के रोमांस के चित्रण से या उसकी कुण्ठाओं के अंकन से समृद्ध न होगा बल्कि कृषि समस्या अर्थात् किसानों की मुक्ति की समस्या के समाधान की दिशा में हो रहे संघर्षों को वृहत् परिप्रेक्ष्य में प्रस्तुत करने से ही समृद्ध और वैविध्यपूर्ण होगा।

●

बहुत बड़ी ऊब का महाग्रन्थ : राग दरबारी

श्रीपत राय

मेरे इस कमरे में जहाँ बैठकर मैं काम करता हूँ मेरे ठीक सामने 'निराला' का एक बड़ा चित्र है जिसे मैं निरन्तर देखता हूँ। चित्र ठीक सामने है और इतना आकर्षक है कि घूम-फिरकर दीठ उसी पर टिक जाती है। जब मैं किसी गम्भीर, अबूझ या टेढ़ी समस्या से जूझ रहा होता हूँ तो मेरी दृष्टि 'निराला' की ओर बरबस चली जाती है। ऐसे अवसरों पर उनकी शान्त-सौम्य मुद्रा, उन्नत ललाट, लम्बे केश और सुशोभन आकृति को निरखकर बड़ा आत्मबल, बड़ी शक्ति, बहुत गहरी प्रेरणा मिलती है। ऐसे क्षणों में भासित होने लगता है कि कोई भी समस्या, कोई भी प्रश्न, समझ की परिधि से बाहर नहीं होता। 'निराला' के गद्य का अर्थ-गाम्भीर्य, जीवन का उनका गहन अनुभव और उनकी मानवता; उनके पद्य की गरिमा मन में एक अदमनीय उल्लास भर देते हैं जिसके सम्मुख कोई भी संकट दुर्निवार नहीं लगता—ऊधो, मन नाहीं दस बीस...इस अजेय शक्ति से सज्जित होकर किसी भी न सुलझनेवाली समस्या से उलझा जा सकता है। क्या है जो मानवी मनीषा से परे है? मन को एक अमोघ अस्त्र मिल जाता है और इस प्रकार की खिझानेवाली, रिसानेवाली समस्याओं का समाधान अचानक और अनायास उस नैसर्गिक मुखाकृति में कौंध जाता है और फ़तेह हो जाती है। ऐसा मेरे साथ अनेक बार हुआ है। कुछ इसी प्रकार का अनुभव अभी हाल में 'राग दरबारी' पढ़ते समय हुआ। इसे पढ़ना धैर्य की कठिनतम परीक्षा थी और यदि उस महान् विभूति का सम्बल मेरे पास न होता तो इस अतिशय उबानेवाली, कुरुचिपूर्ण और कुरचित कृति को कदापि न पढ़ पाता। समीक्षक का धर्म कितना अप्रीतिकर होता है इसका यथेष्ट अनुभव मुझे है। पर हर बार जब ऐसा अवसर आ पड़ता है तो साहस जवाब दे जाता है। पर धर्म-धर्म है। कभी मेरा कोई व्यक्तिगत राग-द्वेष न किसी रचना से, न किसी रचनाकार से रहा है। मैं अपनी जीवन-पद्धति, समाज-विधि और साहित्य के मापदण्ड से रचना का परीक्षण करता हूँ और अपनी बात साफ़-सुथरे ढंग से कहने का प्रयास करता हूँ। समीक्षा के सन्दर्भ में शिष्टता, अनिश्चय और द्विविधा को मैं हानिकर समझता हूँ। इसे मैं दुर्गुण नहीं मानता कि बात दो-टूक की जाय और ढुलमुल-यक़ीनी से बचा जाय। द्विविधा मानसिक ढीलेपन का लक्षण है। तथ्यों में कैसी द्विविधा?

मैं मानता हूँ कि साहित्य देश-काल सापेक्ष ही नहीं होता, कि वह नियमविहीन नहीं होता। मैं नहीं मानता कि उसकी कोई निश्चित मर्यादा या मापदण्ड नहीं है, कि वह परिभाषित नहीं किया जा सकता, कि वह अराजक है। ऐसा मानना कलाओं की नींव पर आघात करना है और अज्ञान की पराकाष्ठा है और मतिमन्दता का प्रमाण है।

'राग दरबारी' को उपन्यास मानने के लिए इस विधा की सीमा को रबड़ की भाँति खींचना होगा क्योंकि यह सच में निन्दोपाख्यान (सैटायर के अर्थ में) है। पर मुझे इसे उपन्यास

मान लेने में कोई आपत्ति नहीं है। इसे कुछ भी मान लेने में मुझे आपत्ति नहीं है। वैसे यह बात गौण भी है। विधा की सीमाओं में रचना को बाँधना अनावश्यक भी है, अनुचित भी। इसे किसी भी नाम से पुकारें इसका आन्तरिक स्वरूप जितना कुरूप और वितृष्णाजनक है उसमें कोई अन्तर नहीं आयेगा। अभी तक मेरे लिये इस रहस्य के कपाट पूरी तरह नहीं खुले हैं कि 'राग दरबारी' अन्ततः क्यों इतनी खिझानेवाली और अपठनीय रचना है। अपने विचारों को सुनियोजित करने की राह में यह रहस्योद्घाटन हो जायगा यह विश्वास लेकर चल रहा हूँ।

मैं उपन्यास की शास्त्रीय परिभाषा करने नहीं जा रहा हूँ। आज उसका जो स्वरूप है वह बहुत विस्तृत, बिलकुल स्वच्छन्द और संगीतमय है। 'राग दरबारी' को परखते समय हमें उपन्यास के स्वरूप को स्पष्ट देखना होगा।

उपन्यास-लेखक अपने चरित्रों से एकात्म होता है, उनसे विलग या बाहर नहीं होता। यदि वैसा होता है, यदि लेखक अपने-आपको अधिक चतुर या उत्कृष्ट मानता है तो लेखन निकृष्ट, बनावटी और उथला होता है। इन चरित्रों की मानव-प्रकृति निश्चय ही लेखक की प्रकृति से भिन्न होती है (अन्यथा वे स्वतन्त्र चरित्र बन ही नहीं सकते, मात्र अपने सृजक का प्रतिबिम्ब रह जायेंगे।) पर वे, अपने जनक के साथ-ही-साथ, मानव-प्रकृति के साथ एकात्म होते हैं। प्रत्येक महान् उपन्यास हमारे लिये एक पाठ होता है, शिक्षा-पाठ नहीं, अच्छा परामर्श भी नहीं, पर इस अर्थ में पाठ कि वह एक मानवीय चिन्तन-धारा का प्रतीक होता है—वह विचार-स्फुल्लिंग जो जीवन-दृष्टि से उद्भूत होता है।

उपन्यास जीवन की आलोचना नहीं है। बल्कि इसका उद्देश्य अनुभव की जटिलता का पुनर्सृजन है। जैसे जीवन में उलझी हुई जटिल अनुभूतियों का संचरण होता है उसी के अनुरूप उपन्यास में इन अनुभूतियों के अन्धकार-आलोक, वृद्धि-अवरोध की गाथा होती है। 'मानव जीवन सबसे बड़ा रहस्य है।' उपन्यास इस रहस्य के उद्घाटन में सहायक होता है, या उसे होना चाहिए। परिपक्व अनुभव के आधार पर लेखक इस रहस्योद्घाटन में सहायक हो सकता है। उपन्यास का मूलाधार कभी सामान्य या साधारण अनुभूतियाँ नहीं होतीं; वह आधार उसे गम्भीर आत्मिक तत्त्वों से प्राप्त होता है। औपन्यासिक वह नहीं वर्णित करता जो मात्र चाक्षुष है बल्कि वह जो कल्पना-दृष्टि से प्राप्त होता है। इस तथ्य को रेखांकित कर लें।

अनुभव गतिशील है और उपन्यास-लेखक का धर्म है कि वह उसे सम्प्रेषित करे। उपन्यास का सबसे बड़ा गुण और इसीलिए उसका कर्त्तव्य है कि वह अनुभूति के संस्पर्श को अग्रसरित करे और अनेक चरित्रों के जीवन को अनुभव-विशेषता के स्तर पर एक सूत्र में बाँधे। संवेद की संवृद्धि और विकास का उपन्यास में वर्णन होता है और उनके सहारे वह अपने को आगे बढ़ाता है। स्वानुभव को लेखक सार्वभौम अनुभव में बदलता है जो उसका चमत्कार है। इस प्रक्रिया को समझने का बराबर प्रयास होता रहा है। कोई भी कला पूर्णरूपेण समझायी नहीं जा सकती—उसका अस्तित्व मात्र अनुभव करने के लिए, रसास्वादन के लिए होता है। यह रसास्वादन पाठक की संवेदना और उसकी रुचि-परिष्कार के अनुपात में होता है। औपन्यासिक का यह विशिष्ट गुण है कि वह अपनी शैली से, भावनाओं के नियोजन से, अनुभव के सम्पुंजन से अपने निजी अनुभव की एकान्तिकता को काटकर उन्हें सर्वजनीन बनाता है। जितना ही बड़ा स्रष्टा होगा उतना ही वह सामान्य के अन्दर से विशिष्ट को जन्म

देने में सफल होगा। सम्पूर्ण उपन्यास-लेखक वह होता है जो मर्म की इस गहराई को छूता है जहाँ एक का अनुभव अनेक का अनुभव प्रतीत होता है। एक व्यापक स्तर पर उपन्यास को चित्र या संगीत के समकक्ष मानने में किसी प्रकार की बाधा नहीं होनी चाहिए। कदाचित्, इसीलिए, उपन्यास को धर्म-ग्रन्थ बनने में भी देर नहीं लगती क्योंकि वह लेखक के जीवन-दर्शन का स्वरूप होता है।

उपन्यास एक आधुनिक विधा है। समकालीन उपन्यास की सबसे बड़ी उपलब्धि यह है कि वह एक व्यक्ति का दूसरे व्यक्ति के साथ जो सम्पर्क होता है उस समस्या को छूने का, उसे समझने का, उसे विवेचित करने का प्रयास करता है। जहाँ यह प्रयास सतही होता है, या होता ही नहीं, उस कृति को उपन्यास नहीं माना जा सकता—और वह चाहे जो कुछ हो। इसी बात को यदि अतिसंक्षेप में कहें तो यह है कि उपन्यास जीवन का एक अंश नहीं होता, वह और कलाओं की भाँति कला का अंश होता है। यह बात सुनने में सरल लग सकती है पर गम्भीरता से विचार करने पर इसके अर्थायाम खुलते चले जायेंगे। समकालीन हिन्दी उपन्यास की सबसे बड़ी कमजोरी यह है कि वह इस विधा को जीवन की एक झाँकी, जीवन का एक टुकड़ा, जीवन का एक चित्र मानता है जहाँ इसका महत्त्व एक जीवन-प्रणाली के रूप में होना चाहिए। यदि श्रीलाल शुक्ल अपने उपन्यास 'राग दरबारी' में इस भ्रान्ति के शिकार हुए हैं तो वे दया के पात्र हैं। उनसे हमें इतनी महती भूल की आशा नहीं थी। उनके पास बड़ा सशक्त अनुभूति-तन्त्र है, बड़ी प्रखर दृष्टि है, भाषा का बहुत बड़ा भण्डार है, कहीं भीतर ज्ञान की लौ भी है। पर वे सहज ही आसानी के शिकार हो गये। इस बात का दुःख है। दूसरा रास्ता जिस पर चलकर वे अपनी प्रतिभा को एक कला-कृति के सृजन में लगा सकते थे उससे वे कतरा गये और परिणामस्वरूप एक कुरूप कृति के सृजक बने। यह न भूलें कि दूसरा रास्ता आत्मानुसन्धान का रास्ता बहुत बीहड़ है और उसमें प्रवेश करना विरल साहस का काम है। समकालीन हिन्दी उपन्यासों में यह दोष बहुत मिलता है। अधिकांश उपन्यासकार चतुर यथार्थ-वर्णन को उपन्यास-कला की इति-श्री मान बैठे हैं। इस विषय में इतने विस्तार से जाने की आवश्यकता भी मैंने इसीलिए अनुभव की। आधुनिक हिन्दी उपन्यास की परम्परा जितनी गरिमामयी है उसका ह्रास भी उतना ही दुरारोह है। जन-रुचि और जन-विवेक का स्खलन भी सामान्य दूषण है। उपन्यासों में छायी हुई यह सतही चातुरी चिन्तनीय है। इस रोग का निदान तो मैंने किया है पर यह नहीं कहता कि रोग के निदान से स्वस्थ उपन्यास का जन्म होगा। यह दम्भ किसी का नहीं है। उपन्यास लिखना बहुत दुष्कर है।

उपन्यास प्रारम्भ करने से पहले अनेक ऐसे प्रश्न हैं जो लेखक को अपने-आप से पूछने चाहिए। इन प्रश्नों में मुख्य हैं : कोई इसे पढ़ना चाहेगा? यदि हाँ, तो क्यों? यदि ईमानदारी से सोचने पर उसे पढ़ने का सुनिश्चित प्रयोजन न मिले तो समय और श्रम का दुरुपयोग न करके उसका लिखना मुल्तवी कर देना चाहिए। यदि यह आयोजित उपन्यास न तो कोई नया जीवनानुभव उद्घाटित करेगा, न संवेद, चरित्र या मनीषा के नये आयाम उजागर करेगा; न विचारोद्दीपन करेगा न विचारोत्तेजक होगा—तो मात्र इसलिए कि वह लिखा गया है पर्याप्त कारण नहीं है कि उसे प्रकाशित भी किया जाय। 'राग दरबारी' को प्रकाशित करने का उद्देश्य मेरी समझ में नहीं आता। यह और बात है कि बहुत-से लेखन के साथ यही आपदा है। यह उपन्यासी लन्तरानी, सस्ती क़िस्सागोई और रिपोर्ताज के बीच कहीं रखा जा सकता है। यह

भी अच्छा होता कि यह अपनी संकरजातीयता तजकर इन तीनों विधाओं में से किसी एक को अपना लेता। पर तब इसका कोई उल्लेख न होता। जिस जाति की क़िस्सागोई यहाँ मिलती है वैसी अनेक ग्रामीण क़िस्सागो अधिक स्वाभाविक ढंग से कर सकते हैं। उनमें इतना छद्म और इतना दम्भ नहीं होता। उस क़िस्सागोई का भी अपना आनन्द होता है। पर यह?

'राग दरबारी' मूलतः जीवन का हास्य-चित्र है, निन्दोपाख्यान (सैटायर के अर्थ में) है। पर सैटायर लिखना तो उपन्यास लिखने से भी अधिक मुश्किल है। मैं नहीं कहता कि सैटायर साहित्य का बड़ा ही उदात्त रूप नहीं है। वह साहित्य का बड़ा महत्त्वपूर्ण अंग है। पर सैटायर लिखना प्रारम्भ करके उसे हास्य-चित्र (कैरिकेचर) बना देना तो बुद्धिमानी नहीं है। जीवन में हास्य-विनोद के महत्त्व से किसे आपत्ति होगी? देखना केवल यह होगा कि जीवन के हास्योत्पादक तत्त्वों का उपयोग लेखक ने क्यों, कितना और कहाँ किया है। यदि हास्य को उपहास का विशद रूप दे दिया गया तो गरल हो जायगा। 'राग दरबारी' का दुर्भाग्य यह है कि वह ईमानदारी के साथ कुछ भी नहीं है। चों-चों का मुरब्बा है जो कसैला हो गया है।

यदि सैटायर का आदर्श रूप देखना हो तो 'सरशार' का 'फिसाने आज़ाद' या सर्वाण्टिस का 'डॉन क्विग्ज़ोट' पढ़ जाइये। तब लगेगा कि 'राग दरबारी' कितना निम्नकोटि का सैटायर है। सर्वाण्टिस ने मानवता का जितना गम्भीर अध्ययन इस विधा के माध्यम से किया वह अद्वितीय है। उनका अमर पात्र सैंचो पांज़ा यथार्थ की अद्भुत समझ रखता है पर उसका कोई आदर्श नहीं है। आदर्श-विहीन यथार्थवादी का वह प्रतीक-रूप है। दूसरी ओर डॉन क्विग्ज़ोट है जिसमें आदर्श-ही-आदर्श है पर जो सांसारिक दृष्टि से पागल है। मनुष्य के इन दो महान् प्रतीक-रूपों को जिस अप्रतिम रूप में लेखक ने रूपायित किया है वह विश्व-साहित्य की अमूल्य निधि है। मैं तुलना नहीं करता—वैसा करना घोर अन्याय होगा—पर सैटायर के स्वरूप की थोड़ी-बहुत समझ की आशा श्रीलाल शुक्ल से करना अन्याय कदापि नहीं है। 'राग दरबारी' पढ़ते समय कहीं पर भी हँसी नहीं आती। इस कृति का दूषण इसका बनावटीपन है। लेखक ने अपने को रचना से असम्पृक्त रखा है और स्वाभाविक है कि ऐसी दशा में छद्म, असत्य और कुरूपता जन्मे और पोषित हो। इस कृति को लेखक ने इतना अप्रतिबद्ध बना दिया है कि यह आशंका होने लगती है कि कहीं यह स्वतः लिखित या स्वतः चालित तो नहीं है। रचना की यह दुर्दशा सचमुच दुःखद है।

निन्दोपाख्यान को समाज की कटु आलोचन के रूप में साहित्य में तभी स्थान मिल सकता है जब वह आलोचना नैतिक आधार पर टिकी हो। श्रीलाल शुक्ल में सैटायर लिखनेवाले के सभी गुण विद्यमान हैं। उनकी अन्तर्दृष्टि की प्रखरता स्थानीय रंगों के निरूपण में दिखायी देती है। वेशभूषा का वर्णन, बोली की बारीकियाँ, मुखाकृतियों और भंगिमाओं के रेखांकन, जनपदीय मुहावरों की समझ अद्भुत है। पर उनको गहरी अनुभूति या समझ के स्थान पर उपयोग में लाना उनकी सबसे बड़ी कमजोरी है। वे मार्ग का संकेत हैं, उनको गन्तव्य मान लेना सर्वथा अनुचित है।

'राग दरबारी' की कथा-वस्तु के विषय में मैंने अभी तक कुछ नहीं कहा है। उस दिशा में अधिक कहने को है भी नहीं। उच्च शिक्षा-प्राप्त, रंगनाथ नामी नवयुवक (जो कदाचित् लेखक का प्रतिरूप है) अपनी थीसिस की तैयारी के लिए अपने मामा के घर आता है। ये मामा अवध के किसी बड़े गाँव में रहते हैं जिसका नाम शिवपालगंज है। ये मामा व्यवसाय से वैद्य हैं, स्वभाव से राजनीतिज्ञ हैं। रंगनाथ इस गाँव का सभी कोणों से अध्ययन करता

है। उसके अध्ययन से जो चित्र बना है वह 'राग दरबारी' है। इस देश में स्वतन्त्रता-प्राप्ति के बाद चतुर्दिक् बड़े-बड़े परिवर्तन हुए हैं। किसी भी गतिशील समाज में वे होते हैं। उनका आख्यान आज के साहित्य में होना ही चाहिए। रंगनाथ देखता है कि चारों ओर अनैतिकता-ही-अनैतिकता का साम्राज्य है—यह विषय आज चहुँ ओर चर्चा का विषय है और रंगनाथ भी उन असंख्य लोगों में से एक है जो इस स्थिति का उपहास करता है। वह इससे संघर्ष भी करना चाहता है पर इसे अपनी सामर्थ्य से परे पाता है। यह पुराण सुनते-सुनते हम पागल हो चुके हैं। इसी दलदल में से, जिसे लेखक जीवन मानता है, हमें ले जाया जाता है। मार्ग में हम जो कुछ देखते हैं, अनुभव करते हैं उसी का विशद वर्णन और विवेचन लेखक ने किया है। कथा-भाग केवल इतना है। शिवपालगंज के अनेक निवासी मूर्तिमान् होते हैं, गतिवान् होते हैं, क्रीड़ा करते हैं—पर जीते नहीं। उनके साथ न तो इस आख्यान के पाठक का, न तो पात्रों का आपस में ही कोई रागात्मक तादात्म्य स्थापित होता है। वे सभी पात्र पुतलों के रूप में चीन्हे जा सकते हैं पर उनको मानवों की भाँति समझने की कोई सुविधा लेखक ने नहीं जुटायी। जीवन में वह कहीं प्रवेश नहीं करता, मात्र दर्शक बना रहता है। जिस सृजक को जीवन में प्रवेश की लालसा न हो वह किनारे पर ही खड़ा रह जाता है।

रंगनाथ, अजब नहीं है, कि बाहर से आया हुआ असम्पृक्त दर्शक और बुद्धिजीवी है—यह लेखक की अपनी मानसिक स्थिति का मुकुर है। मानवी संवेदना को विद्रूप के माध्यम से कभी नहीं उजागर किया जा सकता। इस प्रक्रिया में आत्मा की मृत्यु अवश्यम्भावी है। यही 'राग दरबारी' की असफलता का मूल कारण है।

इतना कहने के बाद मन में संशय जागता है कि कहीं मैंने इस रचना के साथ अन्याय या अनौचित्य तो नहीं किया? कहीं मुझमें पूर्वग्रह तो नहीं है? किसी कृति की इतनी निर्मम आलोचना क्षम्य है? मैं मानता हूँ कि अनौचित्य का दोषी मैं नहीं हूँ, निर्ममता का हो सकता हूँ। साहित्य-समीक्षा करते समय उदारता से काम लेना किसी के भी हित में नहीं होता। कृति के साथ तादात्म्य स्थापित करके अपने निजी अनुभव की परिधि में उसे बाँधकर ही उसे समझा जा सकता है। वैसा ही परीक्षण करने का यह प्रयास है। यह विस्तीर्ण दुनिया दोषमय है, थी, और रहेगी पर इसी में हम सबको जीवित रहना है और जीवन का आधार पाना है। इसकी खिल्ली उड़ाना, इस पर फ़बतियाँ कसना या कटूक्तियों से इसे छेद-छेद कर डालना लेखक का काम कदापि नहीं है। उसका तो धर्म ही यह है कि इस सारहीन, अर्थहीन मानव-अस्तित्व में से जीवन का नैतिक एवं आध्यात्मिक आधार प्राप्त करे। किसी भी साहित्य रचयिता के लिए जीवन के मान पुनीत होने चाहिए। हास्योत्पादक अतिरंजना गम्भीर अवगुण है और यदि सच्चे मानवी अनुभव के अन्तर्ज्ञान का कृति में अभाव है तो यह अवगुण अक्षम्य हो जाता है।

मान लें कि 'राग दरबारी' में कथा-वस्तु बड़ी निकृष्ट कोटि की है तो उसे उबारनेवाली कोई विभावक प्रेरणा क्या लेखक में है? लेखन के स्तर पर, रचना के स्तर पर उसकी क्या स्थिति है?

जहाँ साहित्य का मूलाधार सदैव जीवन होता है, वहीं उससे निस्संगता भी साहित्य का गुण है। यह अबूझ पहेली या विरोधाभास नहीं है : यह एक अनिवार्य विवशता है साहित्य के लिए।

रचना भाषा के सहारे होती है। भाषा की बनावट शब्दों के बिना नहीं हो सकती। शब्द कई जातियों के हो सकते हैं। जहाँ शब्द टकसाली या चालू जाति के होते हैं वहाँ वे ऊपरी दुनिया में विचरण करते रह जाते हैं। वे गहन अनुभूतियों को वाणी नहीं प्रदान करते। वे मात्र निरंकुश, सैलानी या अपकृष्ट विचारों को मुखर करते हैं। गम्भीर विचारों और सहज संवेगों के वाहन के रूप में भाषा का स्वरूप अनिवार्यतः जटिलता, दुरूहता एवं अर्थ-बहुलता की दिशा में जाता है। 'राग दरबारी' में कहीं अर्थ-गाम्भीर्य के दर्शन नहीं होते। जीवन-दर्शन के अभाव में कोई रचना शक्य नहीं है, उपन्यास-रचना और भी कम सम्भव है।

भाषा की संवेदना अपने-आप में मानवीकरण की पोषिका होती है। यदि वह है तो मनुष्य में एक दूसरा और ऊर्ध्वतर स्वभाव जन्मता है। भाषा के माध्यम से मनुज का विस्तृतीकरण होता है और अपने कर्म के सन्दर्भ में वह अधिक जागरूक बनता है। भाषा के बल पर मनुष्य जीवधारी इकाई से ऊपर उठकर ऐतिहासिक व्यक्ति बनता है। जो वाक्य-विधि हम उपयोग में लाते हैं, जो मुहावरे, जो प्रतिमान, वे हमारे चिन्तन का आलेख होते हैं और उनके पीछे अनेक पीढ़ियों के चिन्तन का योगदान होता है। 'राग दरबारी' में प्रयुक्त भाषा भोंड़ी, कुरूप एवं संस्कारच्युत है। मैं अपनी बात के समर्थन में इस पुस्तक के कुछ उद्धरण दे रहा हूँ। वे बिना किसी पूर्व-योजना के कहीं से भी उठा लिये गये हैं। और चूँकि पूरी पुस्तक ऐसी ही संस्कारहीन भाषा में लिखी गयी है उसे पढ़ना सचमुच यातना है।

समकालीन संवेदना आज के युग की असंगति का आईना है। बाह्य व्यवहार और आन्तरिक मनःस्थिति में जो विराट् अन्तर है वह मुखर हो उठता है और भाषा में ह्रास का अनुभव किया जा सकता है। इस भाषागत अवनति को लेखक सीमित करता है, बाँधता है। पर श्रीलाल शुक्ल ने न केवल इसे सीमा-बद्ध किया है बल्कि और व्यापक बनाया है। जान-बूझकर उन्होंने भाषा को हीनजातीय बनाया है। भाषा की द्रवणशीलता की उन्होंने हत्या की है। भाषा के ये नमूने देखिये—

1. 'वहीं एक ट्रक खड़ा था। उसे देखते ही यक़ीन हो जाता था, इसका जन्म केवल सड़कों के साथ बलात्कार करने के लिए हुआ है। जैसे कि सत्य के होते हैं, इस ट्रक के भी कई पहलू थे। पुलिसवाले उसे एक ओर से देखकर कह सकते थे कि वह सड़क के बीच में खड़ा है, दूसरी ओर से देखकर ड्राइवर कह सकता था कि वह सड़क के किनारे पर है। चालू फ़ैशन के हिसाब से ड्राइवर ने ट्रक का दाहिना दरवाज़ा खोलकर डैने की तरह फैला दिया था। इससे ट्रक की ख़ूबसूरती बढ़ गयी थी; साथ ही यह ख़तरा मिट गया था कि उसके वहाँ होते हुए कोई दूसरी सवारी भी सड़क के ऊपर से निकल सकती है।' (राग दरबारी, पृष्ठ 7)

2. 'जिसका नाम रुप्पन बाबू था, उसके मन में बेचैनी पैदा होने के दिन एक और घटना हुई थी, पर उस घटना का इस बेचैनी से कोई सम्बन्ध न था। उस लड़के को बहुत दिन से एक लड़की की ज़रूरत थी और इस बात को पहचानकर उसने भूल से यह मान लिया था कि उसे सिर्फ़ बेला की ज़रूरत है। इसके बाद, अपनी उस इच्छा को, जो कीड़ों-मकोड़ों-चिड़ियों-जानवरों आदि में मौसम के हिसाब से और आदमी में मौसम हो या न हो, प्रकट होती है, उसने 'प्रेम' का नाम दे दिया था, जो हमारे शब्दकोश में शायद कविता के फ़रेब से आया है। उस लड़के ने यह सोचना शुरू कर दिया कि वह बेला को प्रेम करता है और पूरे तथ्यों

की जानकारी न होने से उसने यह भी सोच डाला कि बेला को उससे भी प्रेम होगा। फिर उसने बेला को एक प्रेम-पत्र लिखा था, जिसका जवाब बेला ने तो नहीं दिया, पर जिसके लिए उसे ख़ुद कई जगह और कई बार जवाब देना पड़ा। उसने जवाब देते वक़्त अपनी ऐंठ तो क़ायम रखी, पर भीतर-ही-भीतर वह झेंपता रहा और जिस दिन उसने खन्ना मास्टर से सुना कि बेला और बद्री पहलवान की आपसी साँठ-गाँठ है और बद्री उससे शादी करने जा रहा है, तो उसके मन में बड़ी बेचैनी पैदा हुई और पता नहीं कैसे, उसी बेचैनी ने उसे प्रिंन्सिपल, वैद्य जी, बद्री पहलवान, सनीचर—सभी के बारे में उल्टा-सीधा सोचने के लिए विवश कर दिया। अभी तक वह यथार्थ का प्रदर्शन करता था, अब उसके जीवन में यथार्थ के दर्शन की शुरुआत हुई।' (राग दरबारी, पृष्ठ 243-244)

3. 'गन्दगी-प्रसार-योजना को आगे बढ़ानेवाले कुछ प्राकृतिक साधन वहाँ पहले ही से मौजूद थे। अड्डे के पीछे एक समुद्र था, यानी कम-से-कम एक झील थी जो बरसात में समुद्र-सी दिखती थी। दरअसल यह झील भी नहीं थी, जाड़ों में वह झील थी, बाद में छोटा-सा पोखर बन जाती थी। गन्दगी की सप्लाई का वह एक नैसर्गिक साधन था। शाम-सवेरे वह जनता को खुली हवा देता था और खुली हवा के शौचालय की हैसियत से भी इस्तेमाल होता था। सुबह होते ही 'शर्मदार के लिए सींक की आड़ काफ़ी होती है', इस सिद्धान्त पर वहाँ उगनेवाली घास के हर तिनके के पीछे एक-एक शर्मदार आदमी छिपा हुआ नज़र आता था, बहुत-से ऐसे भी लोग थे जो 'भाइयो और बहनो, मेरे पास छिपाने को कुछ नहीं है' वाली सच्चाई से बिलकुल खुले में बैठकर और सींक की आड़ भी न लेकर, अपने-आपको पेश करने लगते थे। इस मौक़े से फ़ायदा उठाने के लिए शिवपालगंज के सभी पालतू सूअर सवेरे-सवेरे उधर ही पहुँच जाते थे। वे आदमियों द्वारा पैदा की हुई गन्दगी को आत्मसात् करते, उसे इधर-उधर छितराते और वहाँ की हवा को बदबू से बोझिल बनाने की कोशिश करते। पोखर के ऊपर से उड़कर क़स्बे की ओर आनेवाली हवा—जिसका कभी भवभूति ने 'वीचीवातैः, शीकरच्छोदशीतैः' के रूप में अनुभव किया होगा—बस के अड्डे पर बैठे हुए मुसाफ़िरों को नाक पर कपड़ा लगाये रहने के लिए मजबूर कर देती थी। गाँव-सुधार के धुरन्धर विद्वान् उधर शहर में बैठकर 'गाँव में शौचालयों की समस्या' पर गहन विचार कर रहे थे और वास्तव में 1937 से अब तक विचार-ही-विचार करते आ रहे थे, इधर बस के अड्डे पर बैठे हुए मुसाफ़िर नाक पर कपड़ा लपेटकर कभी जैन-धर्म स्वीकार करने को तैयार दिखते, कभी सूअरों की गुरगुराहट सुनते हुए वाराह-अवतार की कल्पना में खो जाते। वातावरण बदबू और धार्मिक सम्भावनाओं से भरा-पूरा था।' (राग दरबारी, पृष्ठ 309-310)

इन उद्धरणों से यह स्पष्ट है कि इनके लेखक का शब्द-भण्डार प्रचुर है, शब्दों का प्रयोग भी वह जानता है। पर उसे जो कुछ व्यक्त करना है उसके लिए तदनुरूप शब्द-चयन उसकी मजबूरी है। मैं यह मानता हूँ कि विभावक प्रेरणा यदि दोषी हो तो अपनी वाहिनी भाषा को दूषित किये बिना नहीं रहेगी।

'राग दरबारी' एक बहुत बड़ी ऊब का महाग्रन्थ है। इसके लेखक ने अपनी महती लेखन-क्षमता का दुरुपयोग दुःखद सीमा तक किया है। अति यथार्थ उपन्यास के आन्तरिक स्वरूप को नष्ट करता है। उपन्यास-लेखक यदि यह निश्चय नहीं कर पाता कि अपने लेखन में किन तत्त्वों को विषय-वस्तु बनाये तो अपने हीन लेखन के लिए वह स्वयं उत्तरदायी होगा।

इतना विवेक उसमें होना चाहिए। बुद्धि चातुर्य अपने-आप में कोई गुण नहीं है, उसके सहारे अर्थपूर्ण रचना की जा सकती है। इसी प्रकार निन्दालेख व्यंग्योक्ति साहित्य-गुण नहीं हैं, उनके सीमित उपयोग साहित्य-सृजन में सहायता मिल सकती हैं। ये सिद्धान्त हैं, इनकी अवहेला गम्भीर जोखम उठाकर ही की जा सकती है और उसी हालत में जब केन्द्रीय मेधा बहुत बलवती हो। श्रीलाल शुक्ल के पास ऐसा कुछ नहीं है—है मात्र अवहेला।

समसामयिक हिन्दी उपन्यास में वाक्चातुरी का बोलबाला है। रचना के मर्म में जाने की न किसी की इच्छा रह गयी है, न क्षमता। परिणाम स्पष्ट हैं : निम्न कोटि की सतही, चमकदार, तिरोगामी रचनाएँ जिनका कोई स्थायी मूल्य नहीं होता, जिनका आत्मा से कोई सम्बन्ध नहीं होता। ऐसी कृतियाँ साहित्य की मर्यादा को घटाती हैं और उनको पढ़ना अपने ऊपर अत्याचार करने के बराबर होता है। इसलिए वे पढ़ी नहीं जातीं, उनके पन्ने फड़फड़ाकर सम्भाव्य पाठक एक अयाचित आनन्द पा लेता है। 'राग दरबारी' इसी कोटि की रचना है। यह अपठित रह जायगी। यही कदाचित् उसकी नियति है।

●

‘राग दरबारी’ : व्यंग्य-दृष्टि या व्यंग्य-लीला

नित्यानन्द तिवारी

यह उपन्यास इस दृष्टि से तो महत्त्वपूर्ण है ही कि यह कथालोचना के क्षेत्र में कई प्रश्नों पर विचार करने के लिए उकसाता है। मसलन आद्यन्त उपहास का ढाँचा और लेखकीय सम्मान कितनी दूर तक और किस तरह से साहित्यिक उपलब्धि को प्रस्तावित करता है? क्या ‘‘राग दरबारी भी पाठक को झकझोरता है। वह हिन्दी उपन्यास की माँगों को पूरा करे या न करे, उपन्यास जाये भाड़ में, वह कई अर्थों में हिन्दी पाठक की उपलब्धि है।’’ इतना मात्र कहकर काम चला लेना काफ़ी है? क्या उपन्यास का वास्तविक लगना और दस्तावेज होना पर्याप्त है? लेखकीय निस्संगता कैसी होती है? जो परिस्थितियाँ हमारी ज़िन्दगी में पैदा हुई हैं उनके कारणों में लेखक भी आम और ख़ास लोगों की तरह अपने को भी नहीं पाता है? या कि उन्हें झेलने-सहने में वह भी कहीं शामिल है या नहीं? इन बातों का जवाब कथा कृति में होना चाहिए या कम-से-कम इन सवालों का ताप उसमें व्याप्त होना चाहिए।

आलोचकों ने महसूस किया है कि ‘‘आज के भारतीय जीवन के...विभिन्न स्थितियों के बड़े प्रभावी चित्र ‘राग दरबारी’ में हैं जो हमारे अति परिचित अनुभव को फिर से ताज़ा कर जाते हैं।’’ (नेमिचन्द्र जैन)। ‘‘आज़ाद हिन्दुस्तान की राजनीति, इस दौर में चले विकास-कार्यों से, सरकार और उसकी नौकरशाही तथा दूसरे औज़ारों की गतिविधियों से इस दरमियान किस तरह की औलादें पैदा हुई हैं, उनका व्यक्तित्वशास्त्र, नीतिशास्त्र और समाजशास्त्र क्या है—यही ‘राग दरबारी’ की वस्तु है।’’ (कमलेश)। इन प्रबुद्ध समीक्षकों के साक्ष्य पर कहा जा सकता है कि ‘राग दरबारी’ की विषय-वस्तु में वास्तविकता है। लेकिन कथा में जो दृश्य या चित्र अथवा घटनाएँ प्रस्तुत की जाती हैं, हो सकता है, वे देखने में बहुत वास्तविक लगें लेकिन लेखकीय धर्म का निर्वाह न होने के कारण सम्भव है वे अपनी वास्तविकता की सम्भावित शक्ति को खो दें। क्या ‘राग दरबारी’ के बारे में इस प्रश्न को उठाया जा सकता है?

उपन्यास में वास्तविकता क्या घटनाओं और दृश्यों में होती है अथवा लेखक द्वारा उनको सँजोने के लिए व्यवहृत अनुपात और बलाघात पर निर्भर करती है? दृश्य और घटना किसी की सम्पत्ति नहीं हैं, वे प्रकृति और समाज में फैली होती हैं और कोई भी सचेत व्यक्ति उनका अहसास पा सकता है और आम तौर पर लोग उनसे परिचित होते हैं। किन्तु उन्हें एक ख़ास अनुपात में रखना और किन्हीं ख़ास बिन्दुओं पर बलाघात देना लेखक की अपनी वस्तु होती है और आम लोग उनसे परिचित नहीं होते। इसी बिन्दु पर लेखक वास्तविकता के विषय में हमारे बोध को समृद्ध और चेतना को उत्तेजित करता है। अनुपात और बलाघात के द्वारा ही औपन्यासिक वस्तु का निर्माण होता है, वास्तविक घटनाओं और दृश्यों के द्वारा नहीं।

‘राग दरबारी’ की सर्वाधिक महत्त्वपूर्ण विशेषता जो हमारा ध्यान आकर्षित करती है, वह है उसकी वस्तुओं, घटनाओं, दृश्यों, व्यक्तियों और कार्यविधियों के वर्णन करने का ख़ास ढब। जैसे—

"वहीं एक ट्रक खड़ा था। उसे देखते ही यक़ीन हो जाता था, इसका जन्म केवल सड़कों के साथ बलात्कार करने के लिए हुआ है। जैसे कि सत्य के होते हैं, इस ट्रक के भी कई पहलू थे। पुलिसवाले उसे एक ओर से देखकर कह सकते थे कि वह सड़क के बीच में खड़ा है, दूसरी ओर से देखकर ड्राइवर कह सकता था कि वह सड़क के किनारे पर है। चालू फ़ैशन के हिसाब से ड्राइवर ने ट्रक का दाहिना दरवाज़ा खोलकर डैने की तरह फैला दिया था। इससे ट्रक की ख़ूबसूरती बढ़ गयी थी, साथ ही यह ख़तरा मिट गया था कि उसके वहाँ होते हुए कोई दूसरी सवारी भी सड़क के ऊपर से निकल सकती है।" (राग दरबारी, पृ. 7)

"दारोग़ा जी भुनभुनाते हुए किसी को गाली देने लगे। थोड़ी देर में उसका यह मतलब निकला कि काम के मारे नाक में दम है। इतना काम है कि अपराधों की जाँच नहीं हो पाती, मुक़दमों का चालान नहीं हो पाता, अदालतों में गवाही नहीं हो पाती। इतना काम है कि सारा काम ठप पड़ा है।" (राग दरबारी, पृ. 13)

"वैद्य जी थे, हैं और रहेंगे।

अंग्रेज़ों के ज़माने में वे अंग्रेज़ों के लिए श्रद्धा दिखाते थे। देसी हुकूमत के दिनों में वे देसी हाकिमों के लिए श्रद्धा दिखाने लगे। वे देश के पुराने सेवक थे।" (राग दरबारी, पृ. 31)

"कुछ रुककर, वे समझाने के ढंग पर बोले, 'हमारे यूनियन में ग़बन नहीं हुआ था, इस कारण लोग हमें सन्देह की दृष्टि से देखते थे। अब तो हम कह सकते हैं कि हम सच्चे आदमी हैं। ग़बन हुआ है और हमने छिपाया नहीं है। जैसा है, वैसा हमने बता दिया है।' " (राग दरबारी, पृ. 39)

"उन दिनों गाँव में लेक्चर का मुख्य विषय खेती था। इसका यह अर्थ कदापि नहीं कि पहले कुछ और था। वास्तव में पिछले कई सालों से गाँववालों को फुसलाकर बताया जा रहा था कि भारतवर्ष एक खेतिहर देश है। गाँववाले इस बात का विरोध नहीं करते थे, पर प्रत्येक वक्ता शुरू से ही यह मानकर चलता था कि गाँववाले इस बात का विरोध करेंगे। (राग दरबारी, पृ. 59) मिसाल के लिए, समस्या थी कि भारतवर्ष एक खेतिहर देश है और किसान बदमाशी के कारण अधिक अन्न नहीं उपजाते।"(राग दरबारी, पृ. 60)

कुछ ज़रूरत से ज़्यादा उद्धरण मैंने इसलिए दिये हैं कि इस उपन्यास में वर्णन का यह ढब आद्यन्त उभरा हुआ है। ढब हमेशा वर्णनकर्त्ता के विशेष बलाघात और कोण से पैदा होता है। चीज़ों, व्यक्तियों और व्यापारों में निहित मखौल और उपहास तत्त्व पर लेखक बल दे रहा है, इस बात को उपन्यास में साफ़ पहचाना जाता है। बड़ी-से-बड़ी और गम्भीर-से-गम्भीर बात व्यवहार और योजना, मखौल और उपहासास्पद बन जाती है, यह आज की ज़िन्दगी और परिस्थिति की परिचित वास्तविकता है। लेकिन वास्तविकता के भी क्या दो पहलू नहीं होते? मसलन ऊपरी और नितान्त परिचित वास्तविकता में एक रीतिवाद, फॉर्मूला और सम्भावनाहीनता होती है और उसके आन्तरिक विधान में सर्जनात्मक नवीनता और सम्भावना। क्या लेखक से इस बात की माँग की जानी चाहिए कि उसका बलाघात और कोण वास्तविकता के आन्तरिक विधान और सम्भावनात्मक पहलू के लिए ही हो?

'राग दरबारी' में वर्णन का ढब इतना छाया हुआ और एकरूप है कि 30-40 पृष्ठों में ही वह फॉर्मूलेबाज़ी लगने लगता है। लेखक की सम्पृक्ति इस ढब में इतनी ज़्यादा महसूस होने लगती है कि वास्तविकता से उसका सम्बन्ध छूटने लगता है। घटनाएँ चाहे छोटी हों या बड़ी, वे इस ढब के लिए इस्तेमाल की जाती हैं। बहुत कम महसूस होता है कि ढब और

घटना या परिस्थिति का द्वन्द्व है। इस द्वन्द्व के बिना वस्तु का निर्माण नहीं होता। क्या यह कहा जा सकता है कि यह उपन्यास वस्तुहीन घटनाओं, कार्यों और चरित्रों का जंजाल है? यह बड़ी दुःखद परिणति है क्योंकि लेखक के पास वह क्षमता है जिससे वह परिस्थितियों को उघाड़कर वास्तविकता के आन्तरिक विधान को प्रस्तुत कर सके। उदाहरण के लिए–

"आज के भावुकतापूर्ण कथाकारों ने न जाने किससे सीखकर बार-बार कहा है कि दुःख मनुष्य को माँजता है। बात कुछ इतनी नहीं है। सच तो यह है कि दुःख मनुष्य को पहले फींचता है, फिर फींचकर निचोड़ता है, फिर निचोड़कर उसके चेहरे को घुग्घू जैसा बनाकर उस पर दो बार काली-सफ़ेद लकीरें खींच देता है। फिर उसे सड़क पर लम्बे-लम्बे डगों से टहलने के लिए छोड़ देता है। दुःख इन्सान के साथ यही करता है और उसने गोण्डा के रिक्शावाले के साथ भी यही किया था। पर शहरी रिक्शावाले पर इसका कोई असर नहीं हुआ। सिगरेट फेंककर उसकी ओर बिना कोई ध्यान दिये, उसने अपना रिक्शा तेज़ी से आगे बढ़ाया।"

ग़ोण्डा के रिक्शावाले का वर्णन बहुत संक्षिप्त किन्तु पर्याप्त है, साथ ही शहरी रिक्शावाले का वर्णन बहुत फैला हुआ लेकिन बहुत अपर्याप्त है। कारण क्या है? उद्धृत अंश में वर्णन के ढब और मानवीय दुःख का द्वन्द्व उभर जाता है जब कि शहरी रिक्शेवाले के साथ वर्णन का ढब स्थिति के साथ औपचारिक सम्बन्ध स्थापित करता है। इसी कारण ढेर-सारी मुद्राओं को बटोरकर भी कोई कथ्य नहीं उभारा जा सका। इन दोनों का वर्णन पढ़ते हुए कोई भी महसूस कर सकता है कि लेखक का ढब एक जगह स्वाद उभारता है तो दूसरी जगह तनाव। एक वर्णन में पाठक को मज़ा आता है तो दूसरे में सम्पृक्ति और बेचैनी। एक में लेखक पूरी तरह उपस्थित है (अपने ढब के साथ) फिर भी उदासीन (स्थिति के साथ), दूसरे में वह उपस्थित नहीं, व्याप्त है क्योंकि ढब और स्वाद नहीं, करुणा और स्थिति का व्यंग्य उभरता है। पहले (शहरी रिक्शेवाले के) वर्णन में वस्तु अनुपस्थित है क्योंकि दृश्य या घटना बहाना है (और ढब सर्वशक्तिमान् तथा स्वतन्त्र), दूसरे में वस्तु है क्योंकि दृश्य और घटना के साथ ढब को द्वन्द्वात्मक रिश्ता क़ायम करना पड़ा है। इसीलिए गोण्डा के रिक्शेवाले का वर्णन वास्तविक है और शहरी रिक्शेवाले का ऊपर से वास्तविक लगता हुआ भी झूठा, इसी कारण कुरुचिपूर्ण और उबाऊ भी। एक वास्तविकता सम्भावनाहीन, फैली हुई और रीतिवादी है, दूसरी सम्भावनागर्भ, सघन और सर्जनात्मक। शहरी रिक्शेवाले में एक क़िस्म का जो शोहदापन, बड़बड़ाहट, स्वाभिमान-जैसा कुछ और अकड़ है उसके साथ लेखक का सलूक कैसा है? व्यंग्यात्मक? कत्तई नहीं। क्या वह निस्संग टिप्पणी है? नहीं, वह भी नहीं। उसमें एक वाक्य भी ऐसा नहीं जो उसकी विकृति के वास्तविक कारणों की टोह लेता हो और पाठक की वास्तविकता की धारणा को धार देता हो। लेखक उसके वर्णन में रुचि लेता है ताकि उसकी मुद्राओं के और लहज़े के कई पहलुओं को उभारे। उसे कई ओर से उलट-पुलटकर देखता है। बद्री पहलवान की तरह लेखक ख़ुद मज़ा लेता है और छोड़ देता है। अगर उसकी विकृति के कारणों की टोह लेनेवाला लेखकीय व्यवहार होता तो उसमें से 'कुछ' जारी होता जिसे सम्हालने-सहेजने में वस्तु का निर्माण होता। शहरी रिक्शेवाले के वर्णन में लेखक जहाँ और जिस कोण पर बल देता है उससे उसकी शोहदाई स्थिति के प्रति संगता और उस स्थिति के कारणों के प्रति निस्संगता प्रकट होती है। व्यंग्य और निस्संग टिप्पणी दोनों की सर्जनात्मक

सार्थकता स्थिति के प्रति निस्संगता किन्तु उसके कारणों के प्रति गहरी सम्पृक्ति में प्रतिफलित होती है। गँवई रिक्शेवाले के वर्णन में संगता, निस्संगता का क्रम उलटा है, इसी कारण स्थिति को तोड़कर उसके नीचे की वास्तविकता के आन्तरिक विधान की झलक मिल जाती है। उसमें सम्भावना है जो विकसित होने का अवसर माँगती है, अभिमुखता है जो सम्बन्ध क़ायम करना चाहती है और वह परिपार्श्व भी उभारती है जहाँ से वास्तविकता की चेतना समृद्ध और धारदार बन सकती है। लेकिन दुःखद यही है कि घटनाओं और दृश्यों की इस सम्भावना के प्रति लेखक अक्सर उदासीन हो जाता है।

इस उपन्यास के सम्बन्ध में 'क्रीड़ा-दृष्टि' की चर्चा की गयी है जो परिस्थितियों में निहित मखौल को उघाड़ती है और स्वातन्त्र्योत्तर यथार्थ को प्रस्तावित करती है। किन्तु विचार किया जा सकता है कि स्थितियों का 'लीलामय' विस्तार और लेखक की 'लीला-दृष्टि' परस्पर द्वन्द्वरत हैं या सहयोगरत? यदि दृष्टि 'लीलामय यथार्थ' के साथ सहयोगरत है तो घटनाओं और दृश्यों के विवरणों का विस्तार अधिक होगा, उनके कई पहलुओं का उद्‌घाटन भी हो सकता है, दृश्य बड़ा यथार्थ लगेगा और अतिरिक्त सहानुभूति से सम्पन्न आलोचक को " 'राग दरबारी' में किसी साहित्यिक मानदण्ड के समीप होने की बजाय ज़िन्दगी के ज़्यादा समीप होने की कोशिश है" कहने की सुविधा भी होगी। उदाहरण के लिए—

"रात को पिछले पहर वैद्य जी को जाड़ा महसूस हुआ और उनकी नींद उचट गयी। च्यवनप्राश, स्वर्णभस्म और बादाम पाक इत्यादि की मिली-जुली क़िलेबन्दी को तोड़कर जाड़ा उनकी खाल के भीतर घुस आया और मांस की मोटी तहों को भेदता हुआ हड्डियों की मज्जा तक जा पहुँचा। उन्होंने लिहाफ़ अच्छी तरह से लपेटने की कोशिश की और उसी के साथ याद किया कि अकेले लेटने में बिस्तर ज़्यादा ठण्डा रहता है। इस याद के बाद यादों का एक ताँता-सा लग गया, जिसका व्यावहारिक लाभ यह हुआ कि उन्हें तन्द्रा ने घेर लिया। थोड़ी देर शान्ति रही, पर कुछ देर बाद ही पेट के अन्दर हवा ने क्रान्ति मचानी शुरू कर दी। जिस्म के ऊपरी और निचले हिस्सों से वह बार-बार विस्फोटक आवाज़ों में निकलने लगी। उन्होंने लिहाफ़ दबाकर करवट बदली और अन्त में क्रान्ति का एक अन्तिम विस्फोट सुनते हुए वे फिर तन्द्रालीन हो गये। देखते-देखते क्रान्ति की हवा कुतिया की तरह दुम हिलाती हुई सिर्फ़ उनके नथनों से खर्राटों के रूप में आने लगी, जाने लगी। वे सो गये। तब उन्होंने प्रजातन्त्र का सपना देखा।...यह कहकर प्रजातन्त्र बैठक के बाहर चला गया और वैद्य जी की नींद दोबारा उचट गयी। जागते ही उन्होंने अपनी आन्तरिक क्रान्ति का एक ताज़ा विस्फोट लिहाफ़ के अन्दर पैताने की ओर सुना और एकदम तय किया कि देखने में चाहे कितना बाँगड़ लगे, पर प्रजातन्त्र भला आदमी है और अपना आदमी है, और उसकी मदद करनी ही चाहिए। उसे कम-से-कम एक नया कपड़ा दे दिया जाये, ताकि पाँच भले आदमियों में वह बैठने लायक़ हो जाये।" (राग दरबारी, पृ. 136-37)

यहाँ लेखक की क्रीड़ा-दृष्टि में किसे सन्देह हो सकता है और भारतीय प्रजातन्त्र के क्रीड़ामय रूप से भी कौन अपरिचित है? वैद्य जी यदि स्वातन्त्र्योत्तर भारत के लीलावतार हैं तो लेखक भी कम लीलाधर नहीं है। प्रजातन्त्र के प्रति सौजन्य भाव यदि वैद्य जी की लीला का रूप है तो इस सौजन्य के प्रति लेखक का भी लीलाभाव स्पष्ट है जो वैद्य जी की प्रजातान्त्रिक लीला के पीछे की धूर्तता और क्रूरता को उघाड़ सकता है। एक सीमा तक

उघाड़ता भी है और वहाँ तक दोनों की लीलाओं का द्वन्द्वात्मक सम्बन्ध है। लेकिन क्या यहाँ वर्णन में अतिरिक्त रसिकता भी नहीं है? ढब में क्या ऐसा कुछ भी नहीं है जो अलग से अपना स्वाद बनाये रखता है? और इसका उत्तर एक-दो उद्धरणों से देना सम्भव भी नहीं, पूरी कथा-रचना में क्या ढब और उसका स्वाद स्वतन्त्र भी नहीं है? अगर कोई 'राग दरबारी' में 'यथार्थवादी सपाटता' या द्वन्द्व की कम उपस्थिति पाता है तो क्या इसी कारण नहीं कि ढब और स्थितियों के बीच अपेक्षित द्वन्द्व बहुत कम है। 'राग दरबारी के पात्रों को' यदि 'संशय नहीं सालते' तो इससे किसी को क्या शिकायत हो सकती है। शिकायत तो ढब और पात्रों की स्थिति के बीच द्वन्द्व है या नहीं, इसका संशय, लेखक को सालता है या नहीं, इससे हो सकती है।

कुसहर-प्रसंग, सनीचर द्वारा दूरबीनसिंह का संस्मरण सुनाना, गाँव में शहरी नेताओं का भाषण-प्रसंग, रुप्पन बाबू द्वारा ऊपरी कमरे का उपयोग-वर्णन, लंगड़ और नवल बाबू का संघर्ष, बेला को लेकर बद्री और वैद्य जी के बीच संवाद, डिप्टी डाइरेक्टर ऑफ एजूकेशन द्वारा कॉलिज के मामलों का जाँच-प्रसंग और छोटे-मोटे और कई प्रसंग उपन्यास में जिस दुनिया और माहौल को उपजाते हैं वह क्या लेखक की व्यंग्य (?) दृष्टि की लीला नहीं है? और क्या वैद्य जी की लीला के साथ लेखक की यह वर्णन-लीला सहयोग नहीं करती? इस सहयोग का प्रमाण है अतिरिक्त स्वाद। इस उपन्यास में गृहीत घटनाएँ, व्यापार और स्थितियाँ अगर रिवाज़ की तरह हैं और वास्तविक लगती हैं, तो उनका वर्णन भी उपन्यास में रिवाज़ ही बन गया है। दृष्टि कभी रिवाज़ की तरह इस्तेमाल नहीं की जा सकती और लेखक की दृष्टि यदि व्यंग्य और क्रीड़ापरक है तो वह शैलीगत रूढ़ि नहीं बन सकती।

लेखक की लीला-शैली का अलग राग एक और घटना से प्रमाणित होता है। बेला के साथ रुप्पन बाबू के लस्तगे की बात उपन्यास में ख़ूब ज़ाहिर है लेकिन वास्तविक लस्तगा बद्री पहलवान के साथ है और लेखक इस वास्तविकता को यत्नपूर्वक छिपाये रहता है। काफ़ी देर बाद वह खुलती है और सनसनीखेज असर डालती है। क्या यह घटना में व्याप्त लीला-स्वाद नहीं है? या फिर गयादीन की भैंस का गरमाना और उसके बारे में बहुत ज़्यादा विवरण देना क्या यह प्रमाणित नहीं करता कि लेखक उस दृश्य-विशेष में रस ले रहा है? लेखक अपने वर्णन में अनुपात का ध्यान बहुत कम रख पाता है, यह एक बड़ा कारण लगता है जिससे वस्तु-निर्मिति से अलग वर्णन की स्वतन्त्रता उभरने लगती है। वह वर्णन-शैली स्थिति के साथ द्वन्द्व करती-करती सहयोगी की-सी भूमिका अपनाने लगती है।

इसमें सन्देह नहीं कि 'राग दरबारी' के लेखक के पास सक्षम भाषा है (स्थितियों को भेदनेवाली), दृश्यों और घटनाओं की सही पहचान है लेकिन उनके साथ कितना खेलना है, उसके उचित अनुपात का बोध नहीं है। इसी कारण उसकी चोट का प्रभाव क्षीण होने लगता है। लेखक की नैतिकता इस बात में निहित है कि वह शैली और स्थिति के साथ रिश्ता क़ायम करता है। इस बात में नहीं कि वह किस बाहरी नैतिक दृष्टि पर विश्वास करता है और उसे अपने लेखन में प्रतिफलित करता है। 'अतिरंजना', 'अव्यवस्था के कारण प्रतीकों पर चोट', 'वस्तुपरकता को त्याग देने का रास्ता' कुछ भी अपनाने के लिए लेखक उपस्थित परिस्थिति के अनुसार स्वतन्त्र हो सकता है। लेकिन उस बिन्दु पर उसकी स्वतन्त्रता अनैतिक हो सकती है जहाँ से वस्तु-निर्मिति स्खलित होने लगे।

इस उपन्यास के किसी पात्र पर अवास्तविक होने का आरोप नहीं लगाया जा सकता। रंगनाथ, वैद्य जी, बद्री, रुप्पन, प्रिन्सिपल ये सभी हमारे समाज के जाने-पहचाने लोग हैं। लेकिन उपन्यासकार की चरितार्थता सम्भवतः इस बात में है कि वह इनके प्रति हमारे सलूक का कौन-सा पैटर्न या उन्हें महसूस करने का कौन-सा नया पार्श्व देता है। वह स्थिति और पात्रों में निहित सम्भावना का इस्तेमाल करता किसलिए है? अगर वास्तविकता तमाशाई हो गयी है तो उसका 'हू-ब-हू' रूप तो लेखक चित्रित करेगा लेकिन पाठक का उसके साथ सलूक और उसे महसूसने की विधि क्या होगी? वास्तविकता के साथ पाठक की सहयोगिता किस रूप में हो, लेखक की सार्थकता और उपन्यास की वस्तु का उससे घनिष्ठ सम्बन्ध है। एक भारतीय लेखक भारतीय वास्तविकता के तमाशाई रूप के प्रति तमाशाई रुख़ ही अख़्तियार करे, क्या इसके औचित्य पर भी सवाल उठाया जा सकता है? क्या लेखकीय नैतिकता का इससे कोई सम्बन्ध है? अगर लेखक, मौजूदा भारतीय वास्तविकता के तमाशाई रूप के कारणों और उसके भार को झेलनेवाले लोगों में अपनी उपस्थिति को भी गहराई से महसूस करता हो तो अपराध-बोध और आक्रोश उसके वर्णन के स्वाद को किसी भी हालत में स्वायत्त हैसियत में नहीं बने रहने दे सकता। वैसी हालत में व्यंग्य और क्रीड़ा, दृष्टि होती और व्याप्त होती, वह स्वतन्त्र शैली न होती और अतिरिक्त रूप में अपनी उपस्थिति भी प्रदर्शित नहीं करती।

और क्या इसी कारण 'आज की हिन्दुस्तानी ज़िन्दगी की मुख्य धारा' और उसके अनेक पहलुओं की ठीक पहचान होने के बावजूद, व्यंग्य की तीखी ताक़त का इस्तेमाल और 'भाषा के दो-टूक' होने के बावजूद यह उपन्यास वास्तविकता का वह परिपार्श्व उभारते-उभारते रह जाता है जिसे 'वस्तु' कहते हैं, जिसमें पाठक अपनी हिस्सेदारी की समझ को उत्तेजित होता हुआ पाता है, और इसमें असफलता क्या तमाम दूसरी सफलताओं और उपलब्धियों के होते हुए भी बहुत दुःखद नहीं है?

●

'राग दरबारी' के बारे में

गिलियन राइट

हिमालय की बर्फ़ीली पहाड़ियों के बीच बसा शिमला शहर। पैलेस होटल चैल के लॉन में बिखरी धूप। यहीं 'राग दरबारी' पुस्तक पढ़ने के बाद श्रीलाल जी के कृतित्व से मेरा परिचय हुआ। इससे पहले या बाद में किसी भी उपन्यास ने मुझे इतना प्रभावित नहीं किया। पहले तो इसे पढ़कर मुझे बार-बार हँसी आयी; दूसरे मैं चकित होकर यह कहने को मजबूर हो गयी कि "यह तो एकदम सच है।" यह एक अनूठी पुस्तक थी जिसे ज़्यादा-से-ज़्यादा भाषाओं में अनूदित किया जाना चाहिए था। अब तक लगभग 15 भारतीय भाषाओं में तो यह पुस्तक छप चुकी थी, लेकिन न जाने क्यों अंग्रेज़ी में इसे अनूदित नहीं किया गया था। दिल्ली आने पर मैं पैंगुइन इण्डियावालों से मिली। वे इसके अंग्रेज़ी अनुवाद के लिए बड़े उत्सुक थे और जाने क्यों उन्हें यह विश्वास था कि यह कार्य मैं अच्छी तरह से कर सकती हूँ। लेखक ने भी बड़ी उदारता और विनम्र भाव से इस प्रस्ताव का स्वागत किया। मुझे अभी तक याद है जब मैं पहली बार अपने अनुवाद का कच्चा मसौदा उन्हें दिखाने के लिए लखनऊ गयी थी। बड़ा इमामबाड़ा और हुसैनाबाद छोड़कर बाक़ी लखनऊ शहर से मैं एकदम अपरिचित थी। चारबाग के बाहर बेहद शोर करनेवाले टैम्पो खड़े रहते हैं। मैंने इन्दिरा नगर जाने के लिए एक ताँगा किराये पर लिया। कमज़ोर होने के बावजूद ताँगे का भूरा घोड़ा क़द-काठी से ठीक-ठाक था। ताँगे से जाना ठीक ही रहा क्योंकि इन्दिरा नगर, चारबाग से जितना मैंने सोचा था उससे कहीं ज़्यादा दूर था। उस आवासीय कॉलोनी में ताँगे से जाना बड़ा अजीब लग रहा था। इतने महान् लेखक के साथ मुलाकात की कल्पना से मैं थोड़ा सशंकित-सी थी। लेकिन मेरा सोचना ग़लत साबित हुआ।

श्रीलाल शुक्ल, यदि प्रशासनिक सेवा में नहीं होते तो एक बहुत अच्छे अध्यापक होते। वे अत्यन्त मृदुभाषी, विनम्र और ख़ुश रहनेवाले तथा धैर्यवान् स्वभाव के व्यक्ति हैं। वे मुझे बहुत प्रोत्साहित करते और पूरे अनुवाद के दौरान मददगार रहे। उन्होंने मुझे बहुत स्वतन्त्रता दी हुई थी पर साथ ही वे मेरे भटकाव, अर्थात् 'हाउलर्स' को बताने में अत्यन्त सावधान रहते थे। हम साथ बैठते थे पर अनुवाद के गूढ़ सिद्धान्तों पर गम्भीर विचार-विमर्श में समय जाया न करते थे। न ही, उन्होंने कभी मुझे अपनी कृति के प्रति अपनी अधिकार भावना महसूस होने दी और न मुझ जैसे अनुवादक, जिसका अनुभव इस क्षेत्र में अत्यन्त अल्प था, को यह महसूस होने दिया कि उन्हें मेरी क़ाबिलियत पर कोई सन्देह है। सच तो यह है कि उनकी निश्चिन्तता और मेरी अनुभवहीनता का एक अजीबोग़रीब संयोग बन गया था।

यह उपन्यास एक उपाख्यान के रूप में ग्राम कथाओं की सीरीज़ है जिसे श्रीलाल शुक्ल लखनऊ में कार्लटन होटल के लॉन में बियर के ग्लासों की खनक के साथ अपने मित्रों, लेखकों, पत्रकारों को सुनाते हैं। लेखक में विद्यमान सहज विनयशीलता, इन कहानियों को

शिवपालगंज के पात्रों और उनके अंकन को ग्रामीण सन्दर्भ से जुड़ने से रोकती रही है। इसका उनके मित्रों पर यह प्रभाव पड़ता है कि नैसर्गिक तौर पर इन कहानियों का मूल स्वर रूढ़ियों को तोड़नेवाला है जो कि ग्रामीण जीवन के समकालीन हिन्दी-लेखन की धारा के विपरीत है। इस कथानक की उपाख्यानात्मक शैली ही वह आधार है जिसके कारण इस पर सफलतम टी.वी. सीरीज़ बनायी जा सकी, जिसमें ओम पुरी जैसे अभिनेता और पण्डित भीमसेन जोशी जैसी हस्ती ने संगीत दिया। यही वजह थी कि विदेशी प्रकाशन गृहों के सम्पादकों की इस पर नज़र पड़ी। 'राग दरबारी' के उर्दू संस्करण को प्रकाशन से पहले छोटा किया गया और अंग्रेज़ी के मामले में हमको एक ऐसे प्रकाशक का सामना करना पड़ा था जो पेपरबैक संस्करण या लाभ कमाने के लिए इसे लम्बा करना चाहता था। हम दोनों ही को पैंगुइन्स की इसे छोटा करने की माँग से समझौता करना पड़ा। परिणामस्वरूप हमें विद्वज्जनों की इस आलोचना का शिकार होना पड़ा कि 'राग दरबारी' का अंग्रेज़ी मूल से काफ़ी छोटा है। अनुवाद का बचा हुआ हिस्सा अभी भी मेरे पास एक शैल्फ में ऊँचाई पर एक फ़ाइल में रखा हुआ है। सौभाग्यवश दीमक के दो बार के हमले से अभी तक यह बचा हुआ है। सम्भवतया 81वीं वर्षगाँठ के अवसर पर लेखक के लिए यह सर्वश्रेष्ठ भेंट होगी कि 'राग दरबारी' के अनुवाद के पूरे अंग्रेज़ी पाठ को प्रकशित करवाया जाये।

लेकिन शायद ही ऐसा हो पाये। मेरा विचार है कि श्रीलाल शुक्ल के जीवन के किंचित् हिस्से में 'राग दरबारी' की असाधारण लोकप्रियता ने उनकी सृजनात्मक क्षमता को एक नयी शक्ति प्रदान की होगी। वे अपनी व्यंग्यात्मक शैली से इस क़दर जुड़ गये कि उनकी धीर-गम्भीर अन्य कृतियाँ उपेक्षित होने लगीं। सौभाग्यवश 'सीमाएँ टूटती हैं' जैसी कुछ पुस्तकों की सफलता ने इस सन्तुलन को कुछ हद तक ठीक किया, यद्यपि, पाठकों के लिए 'राग दरबारी' का हमेशा एक विशेष स्थान बना रहेगा।

जहाँ तक मेरा प्रश्न है, अनुवाद प्रक्रिया में मुझे आनन्द आने लगा था। मेरे लिये यह एक मनोरंजक और उच्च शिक्षाप्रद कार्य था और इसमें एक अनुवादक के रूप में जो सबसे महत्त्वपूर्ण बात मेरे पक्ष में थी वह यह कि लेखक और मुझमें, दोनों में ही विनोद भाव विद्यमान था। 'राग दरबारी' में जो विनोद भरा पड़ा है वह मुझमें भी विद्यमान है और निश्चित रूप से उत्तर प्रदेश के प्रत्येक गाँव में इसके उदाहरण देखने को मिल सकते हैं। विनोद की यह भागीदारी ही एक महत्त्वपूर्ण वजह रही है जिसके कारण मैं इसका सफल अनुवाद कर सकी और लोगों ने इसे सराहा।

साठ के दशक में जब 'राग दरबारी' का पहली बार प्रकाशन हुआ, इसकी आलोचना के मुख्य मुद्दे थे—इसमें कुछ भी नया नहीं था, भ्रष्टाचार, विकास की कमी और राजनीति के पीछे कार्य करनेवाली क्रूर शक्तियों के बारे में सिर्फ़ वह सब-कुछ दोहराया गया है जिसे सभी पहले से ही जानते हैं। इन आलोचकों में निश्चित तौर पर विनोद भाव की कमी रही होगी और इस जानकारी की भी कमी रही होगी कि विनोद के माध्यम से कहीं अधिक प्रभावी रूप से और पैनेपन से आलोचना की जा सकती है। सर्वश्रेष्ठ कार्टूनिस्टों में यही प्रतिभा विद्यमान रहती है। शायद यही वजह रही होगी कि पहले के ज़माने में शाही दरबारों में मसखरों को, राजा को कड़वे-से-कड़वे सत्य से अवगत करा देने का अधिकार दिया जाता था, वफ़ादार दरबारियों में इसका उल्लेख करने का साहस नहीं होता था।

एक हज़ार शब्दों के किसी लेख में विनोदभाव का एक-सा प्रवाह बनाये रखना आसान-सी बात है लेकिन 'राग दरबारी' में श्रीलाल शुक्ल की यह एक अनूठी उपलब्धि है कि वे पूरी पुस्तक में एक-सा ओज, एक-सी अन्तर्दृष्टि, सारगर्भिता, पैनेपन और बौद्धिक अभिव्यक्तियों का निर्वाह करने में सफल रहे हैं। हास्य की शैली के बिना तथा बग़ैर किसी प्रत्याशित स्थिति के भी हास्य की सफलता व्यापक रूप से उसके अभिज्ञान पर निर्भर करती है—विवेचित परिस्थितियों के सत्य से पाठक का अभिज्ञान। हिन्दी के मुहावरों में अंग्रेज़ी की तुलना में कहीं अधिक सम्प्रेषण सामर्थ्य होती है, यही कारण है कि पुस्तक में कई स्थानों पर मैंने उनका शब्दशः अनुवाद किया है। श्रीलाल शुक्ल को गाँव के लघु जगत् की वास्तविकता को उच्च स्तर के हास्य की मनोदशा में चित्रित करने में सफलता मिली है, जिसकी सीमाएँ उत्तर प्रदेश की भौगोलिक सीमाओं को पीछे छोड़ देती हैं। 'राग दरबारी' की दुनिया का अन्तर्निहित सत्य आज भी यही है यद्यपि बहुत-कुछ दाँव पर लगा है, और वह भी व्यापक स्तर पर।

यही कारण है कि, इस पुस्तक के प्रथम प्रकाशन से लगभग आधे शतक के बीत जाने के बाद आज भी 'राग दरबारी' विभिन्न भारतीय भाषाओं में प्रकाशित किया जा रहा है। नयी पीढ़ी को भी इसमें उसकी नयी समस्याओं के समाधान मिलते हैं। मैंने कई-कई बार इसे पढ़ा है। मेरा अनुभव रहा है कि ग्रामीण उत्तर प्रदेश के लोग अत्यन्त विपत्ति के समय में भी स्वयं उठ खड़े होते हैं और सर्वथा नये जोश से परिस्थितियों का सामना करते हैं। मैं केवल स्वप्न में ही ऐसा करने की सोच सकती हूँ। मेरे विचार से 'राग दरबारी' के कथ्य में भी यही अजेय भावना निहित है। इस कारण से मैं स्वयं को सौभाग्यशाली समझती हूँ कि मुझे इस उपन्यास और उपन्यासकार के साथ सृजनात्मक कार्य करने का अवसर मिला।

अन्य अनेक लोगों की तरह मैं भी कह सकती हूँ कि श्रीलाल शुक्ल के कृतित्व से मेरा जीवन समृद्ध हुआ है, और मैं कामना करती हूँ कि आनेवाले कई वर्षों तक उनकी सृजनशीलता चलती रहे और मेरे जैसे तमाम पाठकों के लिए वे अनेकानेक पुस्तकें लिखें।

●

राग दरबारी : पुनर्मूल्यांकन

चन्द्रकान्त बान्दिवडेकर

अनेक कारणों से 'राग दरबारी' एक विशिष्ट उपन्यास है। विशिष्ट इस अर्थ में कि हिन्दी की किसी भी स्थापित प्रवृत्ति का लेबल उस पर नहीं चिपकाया जा सकता। यह भ्रम हो सकता है कि यह एक नगर से कुछ ही दूरी पर स्थित गाँव की ज़िन्दगी का दस्तावेज़ है, अतः इसे आंचलिक करार दिया जाये। लेकिन इधर आंचलिक उपन्यासों में जो विशेषताएँ पायी जाती रही हैं, उनमें से कतिपय महत्त्वपूर्ण वैशिष्ट्यों का 'राग-दरबारी' में अभाव है। आंचलिक उपन्यास की मूल महत्त्वपूर्ण प्रवृत्ति रोमाण्टिक रही है। (रोमाण्टिक प्रवृत्ति जीवन की एक स्थायी और महत्त्वपूर्ण प्रवृत्ति है।) यद्यपि प्रदेश-विशेष की वास्तविकता खोजने, उसके सांस्कृतिक-सामाजिक स्तरों का उद्‌घाटन करने की प्रवृत्ति यथार्थ के प्रतिकूल नहीं है; फिर भी आंचलिक उपन्यासों में नागर-जीवन से ऊबे मन की नास्ताल्ज़िक प्रवृत्ति शक्तिपूर्ण ढंग से प्रकट होती रही है। उसके साथ-साथ ग्रामांचल के प्राकृतिक ऐश्वर्य एवं सौन्दर्य के भाव-विभोर चित्र देने की प्रवृत्ति भी बलवती रही है। गाँव के जीवन का चित्रण 'अहा ग्राम्य जीवन ही क्या है' वाली भावुक, आदर्शोन्मुख प्रवृत्ति से न किया जाता रहा हो; फिर भी आदिम जीवन की मांसल, उत्कट गन्ध सूँघने की ललक अवश्य उछालें मारती रही हैं। भारतीय संस्कृति से कट रहे, नागर-जीवन की बढ़ती मरुभूमि से भयभीत संवेदनशील लेखक आंचलिक जीवन में भारतीय संस्कृति के जीवन-स्रोत खोजने के आकांक्षी अवश्य रहे हैं। लोकगीतों, लोकनृत्यों के माध्यम से लोकभाषा के प्रति अटूट लगाव से तथा प्रकृति से जुड़े जीवन के आवेगों के माध्यम से नये उत्साह की अपेक्षा करने की कुछ आकांक्षा अवश्य बलवती रही है। श्रीलाल शुक्ल के मन में ऐसी कोई भी भ्रान्ति नहीं रही दिखती है।

'राग दरबारी' का लेखक अपनी 'वस्तु' से अत्यधिक तटस्थ है। अपने अंचल के प्रति कोई मोह, कोई आवेग, कोई रसभीना तन्तु उसके मन में शेष नहीं रह गया है। एक वैज्ञानिक की निस्संगता से उसने अपने उपन्यास-विषय का निरीक्षण किया है—अपने बौद्धिक पूर्वग्रहों एवं भावनात्मक आवेगों को दूर रखकर। इसमें न अतीतोन्मुखी रोमानी वृत्ति का कहीं आभास है, न आंचलिक जीवन के किसी विशेष पहलू के प्रति रोमानी आकर्षण। लेखक के सामने 'शिवपालगंज' है—ठोस, खुरदरा, विद्रूप, जघन्य। अपनी जुगुप्सामय लीला से हर क्षण संवेदनशील पाठक पर आघात करता हुआ। यह आघात अतिशय ठण्डेपन से होता है। पाठक को प्रभावित करने के लिए शायद भाषा की वक्रता को छोड़कर लेखक ने किसी भी अन्य उपादान का उपयोग कर अतिरिक्त आकर्षण उत्पन्न करने का प्रयास नहीं किया है। जिस शिवपालगंज को उसने चुना है, वह न प्रकृति-सौन्दर्य से सम्पन्न है, न जीवन के रमणीय शोभा-मण्डित व्यवहारों से अनुगूँजित। वह न देहात है न शहर। राजनीति के बलात्कार से वह कलंकित हुआ है और उसकी कलंक-गाथा ही 'राग दरबारी' का कथ्य है। 'राग दरबारी' में लेखक किसी व्यक्ति के भावात्मक संघर्ष में, मानसिक उद्वेलन में सीधे रस लेता नहीं दिखता;

फिर भी अपरोक्ष रूप में कुछ व्यक्तियों को उसने खड़ा करने में अवश्य सफलता पायी है। यह चित्रण की पद्धति निश्चय ही नयी है—परिवेश-चित्रण के माध्यम से व्यक्ति-चित्रण का प्रयास है। जीवन के चित्रण से कटकर मनुष्य के अन्तर्मन की अँधेरी झाँकियाँ दिखाने में लेखक भले ही रुचि न दिखाता हो; परिवेश की मार से कुण्ठित व्यक्तित्वों का बौनापन दिखाने में तथा शिवपालगंज की सामूहिक मानसिकता को उजागर करने में लेखक ने सफलता पायी है। परम्परागत ढंग से लेखक कथा प्रस्तुत नहीं करता, क्योंकि उसे शिवपालगंज की वास्तविकता का उद्घाटन करना है—दस्तावेज़ प्रस्तुत करता है। दस्तावेज़ और कथा दोनों का अद्भुत सम्मिलन बहुत बड़े कलाकार का काम है—प्रेमचन्द, टाल्सटाय, गोर्की का। शिवपालगंज का यह यथार्थ नये की खोज नहीं है; जो है उसका अनावरण मात्र है। चूँकि यह अनावरण वीभत्स नग्नता का है, लेखक की कलात्मक क्षमता को चुनौती है जिसको उसने शक्तिपूर्ण ढंग से झेला है।

श्रीलाल शुक्ल ने उपन्यास में रंजकता उत्पन्न करने में परम्परागत नुस्ख़ों को प्रयत्नपूर्वक टाल दिया है। नारी-पात्र क्षीण झलक दिखाकर तिरोहित होते हैं। वैद्य जी के दरबार में जैसे नारी का प्रवेश निषिद्ध है, वैसे ही शिवपालगंज पर लिखे इस उपन्यास में नारी तथा उससे सम्बद्ध यौनाकर्षण का विशेष अंकन नहीं है। यौन जीवन के लिजलिजे संकेत देकर उपन्यास का स्वाद बढ़ाने का प्रयास कहीं नहीं है। नारी-समाज की क़रीबन अनुपस्थिति यथार्थ के एक महत्त्वपूर्ण पक्ष का अभाव अवश्य सूचित करती है।

ज़िन्दगी का दस्तावेज़

श्रीलाल ने ज़िन्दगी के दस्तावेज़ को शिवपालगंज की कुछ संस्थाओं को केन्द्र में रखकर दिखाने का प्रयास किया है। स्वतन्त्र भारत में व्यक्तियों का कृतित्व ऐसी संस्थाओं के संचालन में ही प्रकट होता है और व्यक्ति संस्था बन गये हैं; संस्थाएँ व्यक्ति के अदृश्य रूप के प्रभावित। यह व्यक्ति और संस्थाओं का अन्योन्य सम्बन्ध तथा संस्थाओं का शासन और ख़ास व्यक्तियों के बीच का सम्बन्ध 'राग दरबारी' के केन्द्र में आना स्वाभाविक था। क्योंकि आज के जीवन का एक बड़ा सत्य वह है।

शिवपालगंज के छंगामल इण्टरमीडिएट कॉलिज को 'राग दरबारी' का केन्द्रीय घटनास्थल समझना चाहिए। क्योंकि इस कॉलिज के माध्यम से समस्त शिवपालगंज ही नहीं, समूचे देश की दशा-दिशा का परिचय प्राप्त होता है। फ़र्जी प्रस्ताव पास करवाकर कॉलेज के लिए ज़मीन दिलवाने की और अपना नाम अमर करने की करतूत से इस संस्था का जन्म होता है और तब से उसकी जीवन-कहानी ही अद्भुत है। डाक-बँगला, अस्तबलनुमा कुछ इमारतें, गुमटी इत्यादि से निर्मित यह कॉलिज, सरकारी अनुदान से बनाये गये सामुदायिक मिलन-केन्द्र का भी उपयोग करता है। जुता हुआ ऊसर कृषि-विज्ञान की पढ़ाई के काम आता है। जगह-जगह ज्वार भी उगती है जो प्रिन्सिपल की भैंसों के काम आती है। 'छंगामल विद्यालय इण्टर कॉलिज' की स्थापना देश के नवनागरिकों को महान् आदर्शों की ओर प्रेरित करने एवं उन्हें उत्तम शिक्षा देकर राष्ट्र का उत्थान करने के हेतु हुई थी। इस कॉलिज के छात्र, प्राध्यापक और प्रिन्सिपल पढ़ाई छोड़कर अन्य सभी बातों में आस्था रखते हैं—विशेषतः गुटबन्दी कर एक-दूसरे की टाँग खींचने में और किसी के हाथ का हथकण्डा बनकर सामाजिक भ्रष्टाचार

का क्षेत्र बढ़ा देने में लेखक ने पढ़ाई का नमूना प्रा. मोतीराम की क्लास को प्रत्यक्षवत् अंकित कर बड़ी कुशलता से पेश किया है। मोतीराम पढ़ने-पढ़ाने की अपेक्षा आटाचक्की पर अधिक ध्यान देते हैं और इस बात के लिए छात्रों से लेकर प्रिन्सिपल तक किसी को भी विशेष एतराज़ नहीं है। शिक्षा के संस्कार से वंचित इस प्राचार्य का मुख्य गुण यह है कि वह वैद्य जी का अपना आदमी है और ख़र्चे के फ़र्जी नक़्शे बनाकर वह अधिक-से-अधिक अनुदान ऐंठने की कला में सिद्धहस्त है। छात्रों में पढ़ने के लिए रुचि नहीं है क्योंकि वे पास होने में कुछ गरिमा अनुभव नहीं करते। इम्पॉर्टेण्ट प्रश्न वैसे भी बताये जाते हैं, कुंजियाँ हैं और परीक्षा में नकल करना आम रिवाज़ हो गया है। छात्र वैद्य जी के सुपुत्र सघन बाबू के नेतृत्व में गुट बनाकर राजनैतिक आन्दोलन का पाठ पढ़ते रहते हैं और वैद्य जी के विरोधी गुट के लोगों को क़ाबू में रखते हैं। अधिकांश प्राध्यापक या अन्य कर्मचारी वैद्य जी की भाई-भतीजावादी उदार नीति के कारण ही स्थान पा सके हैं। प्रिन्सिपल वैद्य जी के सामने दुम हिलानेवाले कुत्ते हैं और वैद्य जी के भरोसे समस्त लोगों पर अधिकार किया जा सकता है; इसका उन्हें विश्वास है। गाँवों पर शहर का जो आक्रमण हो रहा है, शिवपालगंज उससे अछूता नहीं है। फ़िल्मी गाने, फ़िल्मी प्रेम, फ़िल्मी पोशाक से काफ़ी प्रभावित लोग हैं। शिवपालगंज की अन्य गाँवों से एक विशेषता यह है कि अन्य गाँवों के अखाड़े उखड़ते जा रहे हैं जबकि शिवपालगंज का अखाड़ा वैद्य जी के पुत्र बद्री पहलवान के नेतृत्व में काफ़ी सक्रिय है। इस अखाड़े में जो युवक शक्ति की उपासना करते हैं, वे वैद्य जी के विरोधी लोगों को पछाड़ देने में काम आते हैं। छोटे पहलवान एक उदाहरण मात्र हैं। चुनाव में विरोधी गुट के लोगों को आने से रोक दिया जा सकता है; आये हुए लोगों को तमंचे से भगाया जा सकता है; वैद्य जी के त्यागपत्र देने पर बद्रीबाबू को कोऑपरेटिव का मैनेजिंग डाइरेक्टर निर्वाचित किया जा सकता है। वैद्य जी के गुर्गों का विश्वास है कोऑपरेटिव के डाइरेक्टर वैद्य जी थे, हैं और रहेंगे। चुनाव के सभी तरीक़ों से यह काम सम्पन्न किया जा सकता है। सनीचर जैसे गँवार आदमी को गाँव-सभा का प्रधान निर्वाचित करना वैद्य जी की कर्तुमकतुम् अन्यथा कर्तुम् शक्ति का प्रमाण है। वैद्य जी के दरबार में भंग एक जनसम्पर्क का महत्त्वपूर्ण साधन है। कोऑरपरेटिव यूनियन में ग़बन होता है, उसके पीछे भी वैद्य जी का हाथ है। और जितना वह अदृश्य है, उतना ही अप्रत्यक्ष रखकर उसका चित्रण भी हुआ है। इस ग़बन को लेकर वैद्य जी के जो तर्क़ हैं, वे उनकी चतुराई की लाजवाब मिसाले हैं। ग़बन हुआ है तो छिपाया नहीं गया है। जहाँ ग़बन नहीं पाया जाता, वहाँ वह छिपाया जाता है। ग़बन करनेवाले व्यक्ति को सरकार पकड़ने में समर्थ नहीं हुई है, अतः सरकारी अक्षमता के लिए कोऑपरेटिव यूनियन को बदनाम नहीं किया जाये। सबसे अधिक अजीब तर्क है कि ग़बन की पूर्ति के लिए सरकार स्वयं अनुदान दे ताकि गाँव का कोऑपरेटिव मूवमेण्ट ख़तरे में न पड़ जाये। यह वैद्य जी का निर्लज्ज तर्कशास्त्र केवल कल्पना की चीज़ नहीं है, न यह अतिरेकी चित्रण है। यह तो देश की वास्तविकता की एक प्रतिनिधिक मिसाल मात्र है।

शिवपालगंज की वास्तविकता का एक पक्ष वहाँ के पुलिस थाने के माध्यम से चित्रित किया गया है। दारोग़ा जी की बैठने की कुर्सी का वर्णन लेखक ने किया है, "मध्यकाल का कोई सिंहासन रहा होगा जो अब घिसकर आराम-कुर्सी बन गया था।" यह बहुत दूर तक सम्यक् स्थिति का सही और सशक्त संकेत करता है। सब-कुछ मध्यकालीन वातावरण का

ही आभास देता है। ढाई-तीन सौ गाँवों के उस थाने में दारोग़ा जी अपने दस-बारह आदमियों के साथ काम करते हैं और "इतना काम है कि सारा काम ठप पड़ा है।" दारोग़ा जी के आदमियों में शायद ही कोई दस्तख़त करना जानता है। कोई भंग घोट रहा है, कोई शेरशाह के समय के घोड़े को खरहरा कर रहा है। ड्यूटी पर तैनात सिपाही सोते हुए रखवाली करता है। दारोग़ा जी का जुआड़ी के साथ समझौता है और जुआड़ी स्वयं चिन्तित है कि दारोग़ा जी चालान क्यों नहीं कर रहे हैं। दारोग़ा जी का कहना है, "रिश्वत, चोरी, डकैती; अब तो सब एक हो गया है। पूरा साम्यवाद है!!" लेकिन दारोग़ा जी जानते हैं कि शिवपालगंज में ख़ैरियत से रहना है तो वैद्य जी के साथ सम्बन्ध ठीक होने चाहिए। दारोग़ा जी का वाक्य, "मैं आज़ादी मिलने के पहले बख़्तावरसिंह का चेला था, अब इस ज़माने में आपके पिता जी का हूँ।" वैद्य जी के दरबार की शक्ति का निर्देश करता है। भीखमखेड़वी के बहकावे में आकर जोगनाथ के मुक़दमे दारोग़ा जी ने वैद्य जी को चुनौती दी तो ऊपर से वैद्य जी ने स्थितप्रज्ञ की तरह उसे स्वीकार कर लिया। परन्तु रुप्पन बाबू अपने पिता जी की ताक़त को जानता है, "पिता जी गीता की बात कर रहे हैं—अब देखें दारोग़ा बचकर कहाँ जाता है।"—और परिणाम सामने है। दारोग़ा जी का तबादला, गयादीन की लड़की की घोर बेइज़्ज़ती, दारोग़ा पर जोगनाथ का दावा ठोंकना, अन्त में दारोग़ा का अपमानित होकर वैद्य जी के दरबार में शरणागत होकर आना; वैद्य जी की सर्वग्रासी पकड़ का परिचय देता है। जोगनाथ को पकड़ने के लिए दारोग़ा जी का जो तमाशा दिखाया गया है, वह उपन्यास का रोचक, हास्यपूर्ण अध्याय तो है ही, यथार्थ से बहुत दूर भी नहीं है।

शिवपालगंज की न्याय-पंचायत का हास्योत्पादक मामला केवल मनोरंजन के लिए नहीं है बल्कि गाँव-गाँव में फैले पंचायत सम्बन्धी अविश्वास और अनास्था का पूरा प्रकटीकरण करता है। कुसहरप्रसाद, छोटे पहलवान का पीढ़ियों का संघर्ष अतिशय चित्रात्मक ढंग से प्रस्तुत किया गया है। चपरासी से लेकर मुलज़िम तक सब लापरवाह और निर्लज्ज बन गये हैं। पंचों की निरक्षरता, अनगढ़पन, अप्रतिष्ठा का अच्छा उद्घाटन किया गया है। मुलज़िम छोटे पहलवान सरपंच को भी सीधे गालियाँ देकर धमकाकर चला जाता है। इस पूरे माहौल को देखते समय इस सन्दर्भ में प्रेमचन्द की सुन्दर कथा 'पंचपरमेश्वर' को याद किया जाय तो शिवपालगंज की तरक़्क़ी का पता चलता है। अनुशासनहीनता, बुज़ुर्गों के प्रति अनादर, वैद्य जी जैसे नेताओं के भरोसे तथा अपनी जिस्मानी ताक़त के बल पर छोटे पहलवान जिस निर्लज्जता का हर समय प्रदर्शन करता है; उसको देखकर गाँव की परम्परागत कुछ अच्छी संस्थाओं की जो भयानक दुर्दशा राजनीति के प्रवेश से हुई है उसका पता चलता है। यह विचार है कि ऐसे वैद्य जी और छोटे पहलवान हर स्थान पर उभर गये हैं; मन को बहुत अस्वस्थ करता है।

फिर भी इजलास की गर्मी हर देहाती के ख़ून में बह रही है। जोगनाथ भी दारोग़ा को बता देता है, "बोटी-बोटी काट डालो, तब भी, जब तक मेरा वकील नहीं कहेगा, मैं कुछ नहीं बतलाऊँगा।" बैजनाथ पुलिस की ओर से गवाही देनेवाला ठेकेदार ही है। छोटे पहलवान गवाही देते समय समूचा गँजहापन अदालत में झाड़ने से बाज नहीं आता। छोटे पहलवान पुलिस की ओर से गवाही देने जाता है परन्तु वैद्य जी के आदमी की तरफ़ से बोलता है। खन्ना मास्टर तथा अन्य सहयोगी प्रिन्सिपल के ख़िलाफ़ मुक़दमा दायर करते हैं। प्रिन्सिपल

को मुक़दमे में कोई दिलचस्पी नहीं है। उनका हल है, ''महाराज, हमारि तौ यहै राय है कि मारे खन्ना के हाथ-पाँव टुरवाय कै कौनौ नारा माँ डारि दीन जान और यहु न बनै तो सारै का कान पकारै कै कालिज से बाहर निकारि दियै। मारै चूतर पर चारि लातै औरु...।'' इजलास में जिस तरह मास्टरों को सुलह के लिए कहा गया है, वह मास्टरों की दीनता पर अच्छा व्यंग्य है। न्याय अदालत में भी नहीं मिलता, यह इस दस्तावेज़ का दर्दनाक पहलू है। अदालत गाँव-पंचायत का परिवर्द्धित रूप है। लँगड़े की सिद्धान्त के लिए लड़ाई (जो उपन्यास में अनावश्यक रूप में लम्बी हो गयी है।) इसी बात पर प्रकाश डालती है। 'राग दरबारी' में भारतीय जनतन्त्रवाद की असलियत का एक महत्त्वपूर्ण पक्ष प्रकट हुआ है—जनता लगभग जानती है कि उसके पास वोट तो है परन्तु वह किसी काम का नहीं है। सामान्य-से-सामान्य मतदाता भी किसी उम्मीदवार को वोट देने के लिए तैयार है। जनतन्त्रवाद की महत्त्वपूर्ण प्रणाली का हास्योत्पादक रूप असल में राजनीतिक ट्रेजिडी का एक पहलू है।

गाँव के लिए विज्ञापन अंग्रेज़ी में किये जाते हैं। विज्ञापनों, अख़बारों, नेताओं तथा सरकारी कर्मचारियों को लेकर जो विसंगतियों के उद्घाटन आरम्भ से होते हैं, वह 'दस्तावेज़' का महत्त्वपूर्ण हिस्सा है। वृक्षारोपण, वन-संरक्षण, भूदान; सबका एक ही क़िस्सा है—सब-कुछ गाँव में गोबर हो गया है।

इस दस्तोवज़ में एक और महत्त्वपूर्ण अंग है—रिश्वत। रिश्वत अब चोरी-छिपी, नैतिकता की चुभन उत्पन्न करनेवाली चीज़ नहीं रह गयी है। वह एक व्यवहार का अभिन्न अंग बन गयी है। रंगनाथ को ट्रक की सवारी करते समय इसकी झलक मिल जाती है। मेले में, वैद्य जी के दरबार में, उसके अन्य विशद रूप भी दिखायी पड़ते हैं। रिश्वत तो एक सामाजिक जीवन का अंग बन गयी है। लेखक की टिप्पणी है, ''इस देश में लड़कियाँ ब्याहना भी चोरी करने का बहाना हो गया है।''

जुआ, चोरी, अमली पदार्थों का सेवन बच्चों तक व्याप्त है। इस मानवीय व्यवहार को अधिक उद्दीप्त करती है यहाँ की बदबूदार हवा; जो औरतों, बच्चों के खुले मैदान में सण्डास करने से तथा खुली नालियों से हर क्षण फैलती रहती है।

यह शिवपालगंज का दस्तावेज़ देखना इसलिए आवश्यक था कि 'राग दरबारी' के लेखक का प्रमुख उद्देश्य ही दस्तावेज़ प्रस्तुत करना है। उसमें कथातत्त्व क्षीण है। चरित्र भी दस्तावेज़ के साधन बनकर आते हैं। शिवपालगंज का परिवेश तथा उनका घोर यथार्थ ही प्रमुख कथ्य और उपन्यास का चरित्र है। उपन्यास के केन्द्र से मानव अब हटता जा रहा है। परिवेश मानव पर आक्रमण कर रहा है। इसके कारण उपन्यास का परम्परागत ढाँचा भी बदल गया है।

शिवपालगंज की मानसिकता

'राग दरबारी' जैसे उपन्यास व्यक्ति की मानसिकता के चित्रण में उतना रस नहीं लेते जितना सामूहिक मन के उद्घाटन में। जिस तरह महाराष्ट्र के लोगों को अपनी अस्मिता का अहसास है, उस तरह अपने गँजहापन का तीव्र अभिमान शिवपालगंज के लोगों में है।

उनकी बोलचाल की ख़ास ढब, विशिष्ट गाली-गलौजवाली शब्दावली अथवा मुहावरा, स्वभाव की धूर्तता, मक्कारी, आत्मा की 'कोअर' में वर्तमान एक प्रकार का रूखापन, चिड़चिड़ाहट, वाचालता, वाक्पटुता, विलक्षण आत्मकेन्द्रितता और आत्मतुष्टता; इन सबसे यह 'गँजहापन' मूर्त होता है। किसी में अच्छे-बुरे का, कर्त्तव्य-अकर्त्तव्य का, सदाशयता का,

मूल्यवत्ता का बोध नहीं है। विद्या केन्द्र के प्राचार्य का रंगनाथ से यह कथन, "बाबू रंगनाथ, तुम्हारे विचार बहुत ऊँचे हैं। पर कुल मिलाकर उनसे यही साबित होता है कि तुग गधे हो।" —गँजहापन का महत्त्वपूर्ण तर्क है जो प्रायः सभी चरित्रों में व्याप्त है।

इनमें से किसी के मन में अपने से इतर के प्रति, समाज, राष्ट्र, गाँव के प्रति कोई आस्था शेष नहीं रह गयी है। रंगनाथ के भुनभुनाने पर शिकारी कुत्ते की तरह झपटकर क्लर्क कहता है, "क्या कर सकते हो रंगनाथ बाबू? कोई क्या कर सकता है? जिसके छिलता है, उसी के चुनचुनाता है। लोग अपना ही दुःख-दर्द ढो लें; यही बहुत है। दूसरे का बोझा कौन उठा सकता है। अब तो यही है भैया कि तुम अपना दाद उधर से खुजलाओ, हम अपना इधर से खुजलायें।"

लेकिन बात वहीं तक सीमित नहीं है। मैनेजर के चुनाव पर रंगनाथ की मनःस्थिति का जो चित्रण लेखक ने किया है, वह देखने योग्य है—"वैद्य जी को देखते ही अचानक उसे वह दृश्य याद आ जाता जब प्रिन्सिपल साहब चुनाव के बाद बरछी से बिंधे हुए सूअर की तरह चिचियाते हुए जय-जयकार करते कॉलिज से बाहर निकले तो उसे ऐसा जान पड़ने लगा कि वैद्य जी के साथ रहते हुए वह डकैतों के किसी गिरोह का सदस्य हो गया है।" शिवपालगंज के लोगों पर उसकी यह प्रतिक्रिया भी महत्त्वपूर्ण है, "पर यहाँ शहर न था, बल्कि देहात था, जहाँ बकौल रुप्पन बाबू, अपने सगे बाप का भी भरोसा नहीं, और बकौल सनीचर कोई कटी उँगली पर भी मूतनेवाला नहीं है।"—सम्बन्धों का विघटन शहर की समस्या नहीं है, गाँव की असलियत भी है। समस्त 'राग दरबारी' में भाई-भाई में, बाप-बेटे में, शायद ही कहीं स्नेह से भीने सम्बन्धों की सुखद गन्ध मिलती हो। रुप्पन और बद्री पहलवान, कुसहरप्रसाद और छोटे पहलवान, रुप्पन और वैद्य जी के सम्बन्धों का उल्लेख इस सन्दर्भ में किया जा सकता है। बद्री पहलवान अपने पिताजी के प्रति एकाध जगह भावुक होते भी हैं तो उसके मूल में गयादीन से बेला के लिए बात करने का अनुरोध है। प्रिन्सिपल वैद्य जी के सामने दुम हिलाते हैं तो उनकी अपरम्पार कपट-शक्ति के सहारे से औरों पर धाक जमाने की नीयत से। हर गँजहा अपने-आप में लवलीन है। हर दूसरा आदमी हरामी है। राजनीति ने कुछ ऐसा समाँ बाँध लिया है कि सनीचर की प्रतिक्रिया देखिये : "प्रधान बनने से पहले ज़रूरी था कि सनीचर जनता को बता दे कि देखो भाइयो, मैं भी किसी से कम तिकड़मी नहीं हूँ और भला आदमी समझकर मुझे वोट देने से इन्कार न कर बैठना।"

बद्री पहलवान के पट्ठे ने बाँभन की जोरू को उसके सामने लपेट लिया और बाँभन मुँह लटकाकर चला गया तो पट्ठे ने लंगड़ देकर उसे चित कर दिया! रंगनाथ विवेकी की बात करता है तो बद्रीबाबू की यह टिप्पणी है : "रंगनाथ बाबू" चाहे कहो चाहे न कहो, यही सच है। अपनी जोरू को जो क़ाबू में न रख पाया, वह उमर-भर बेचारा ही रहेगा। उसके ऊपर कहाँ तक रोओगे?"—शिवपालगंज का सबसे बड़ा तर्क है शक्ति। यह दिमाग़ी और जिस्मानी शक्ति वैद्य जी के पास प्रचुर मात्रा में इकट्ठी हुई है। कहीं भी मानवीयता, विवेक शेष नहीं रह गया है।

गँजहों का सामूहिक गुण है गुटबन्दी। यह राजनीतिक प्रभाव है। रुप्पन भी वैद्य जी का समर्थन करता हुआ कहता है, "देखो दादा, यह तो पालिटिक्स है। इसमें बड़ा-बड़ा कमीनापन चलता है। यह तो कुछ भी नहीं हुआ। पिता जी जिस रास्ते में हैं उसमें इससे भी आगे कुछ

करना पड़ता है। दुश्मन को जैसे भी हो, चित करना चाहिए। यह न चित कर पायेंगे तो खुद चित हो जायेंगे और बैठे चूरन की पुड़िया बाँधा करेंगे और कोई टका को भी न पूछेगा।'' यह शिवपालगंज की ही बात नहीं है, समस्त देश पर चस्पां होती है। इस गुटबन्दी में भाई-भतीजावाद पनपता है; जनतन्त्र के मूल में लगे कीड़े पलने लगते हैं; गुण्डों का समूह रखना पड़ता है; गुण्डों की पुलिसवालों से, जेल से, रक्षा भी करनी पड़ती है। साँठ-गाँठ शुरू होती है। वैद्य जी गुण्डों की स्वयं रक्षा नहीं करते, उनके पुत्र बद्री पहलवान यह सब करते हैं। उधर कॉलिज के लड़कों को रुप्पन बाबू सम्हालते हैं।

शिवपालगंज की मानसिकता की एक विशेषता है—घोर अनास्था। शिक्षा, संस्थाएँ, राजनीति, जनतन्त्र, नेता, कार्यकर्त्ता, न्याय-पंचायत, अदालत, पुलिस विभाग, सरकारी अधिकारी; किसी में आस्था नहीं है। सर्वव्यापी अनास्था एवं आलस्य गँजहों का महत्त्वपूर्ण विशेष है। राग दरबारी में कहीं भी श्रम करनेवालों की उत्साहपूर्ण झलक नहीं मिलती। शिवपालगंज के वातावरण में रंगनाथ को नफ़रत होती है। वह वापस जाना चाहता है तो रुप्पन पूछता है, ''नफ़रत करनेवाले तुम होते कौन हो? कोई इनसे बाहर हो क्या?'' वह नींद-भरी आवाज़ में बोले, ''कहाँ जाओगे दादा? वहाँ भी इसी तरह के हरामी मिलेंगे।''

शिवपालगंज : देश का प्रतिरूप

शिवपालगंज को प्रस्तुत करते समय लेखक के मन में बराबर यह भान रहा है कि अपनी विशिष्टताओं के बावजूद शिवपालगंज की वास्तविकता सारे देश के यथार्थ को प्रतीकित करती है। यह लेखक की कला का वैशिष्ट्य है कि कहीं ''कोई स्थिति आरोपित नहीं लगती।''

वैद्य जी के चरित्र के रूप में जो व्यक्तित्व उभरता है, वह पाठक को हर स्थान पर दिखायी पड़ता है। जनता के वोटों पर अधिकार करके अपनी उपयोगिता स्थापित करना और शासकीय शक्ति के साथ अपने सम्बन्ध-सूत्रों को जीवित रखना तथा उस आधार पर जनता पर मनमाना शासन करना; यह आज के स्थापित नेताओं की एक आम हरकत हो गयी है। शिवपालगंज का राजनैतिक, सामाजिक व सांस्कृतिक परिवेश देश के परिवेश का छोटा प्रतिबिम्ब है। चुनाव की प्रणालियाँ, संस्थाओं पर नियन्त्रण करने के कुटिल दाँव-पेंच, विविध संस्थाओं का स्वरूप, अख़बार, विज्ञापन, सरकारी अधिकारी इनमें वह कौन-सा पहलू है जो देश के विस्तृत भूभाग में नहीं है? ''कुछ दिनों में ही रंगनाथ को शिवपालगंज के बारे में ऐसा लगने लगा कि महाभारत की तरह, जो कहीं नहीं है, वह यहाँ है और जो यहाँ नहीं है, वह कहीं नहीं है। उसे जान पड़ा कि हम भारतवासी एक हैं और जगह-जगह हमारी बुद्धि एक-सी है।'' देश में व्याप्त निराशा और निठल्लापन गयादीन के शब्दों में देखिये—''नया आदमी कुछ करना चाहे, तो क्या करेगा? कुछ होगा तो तभी, जब कोई कुछ करने दे। आज के ज़माने में कोई किसी को कुछ करने देता है?''—यह निठल्लेपन का तर्क सभी भारतीयों में फैला हुआ है।

वैद्य जी को डर केवल एक बात का है—'ऊपर से सच्ची जाँच करने का हुक्म हो जाता है।' जब वैद्य जी को त्यागपत्र देने का आदेश दिया ही जाता है तब वैद्य जी एक शर्त पर त्यागपत्र देते हैं—''किन्तु प्रदेशीय फेडरेशन के लिए उम्मीदवार चुनने का जब प्रश्न

आयेगा..." स्थिति को काफ़ी साफ़ किया गया है। प्रधान के रूप में सनीचर की विजय होती है तो रंगनाथ की प्रतिक्रिया—"सनीचर की विजय के दिन उसने बहुत-कुछ सोच डाला और उस दौरान उसे प्रदेशों की राजधानियों में न जाने कितने वैद्य जी, मन्त्रियों और मुख्यमन्त्रियों की क़तार में न जाने कितने सनीचर घुसे हुए दीख पड़े।"

शिवपालगंज के कुछ व्यक्तित्व

'राग दरबारी' में परिवेश को नायकत्व मिला है, अतः चरित्रों का निर्माण अप्रत्यक्ष रूप से होता है। फिर भी कुछ चरित्र उभरकर सामने आ गये हैं। मानवीय मानसिक उथल-पुथल, भावनात्मक आलोड़न-विलोड़न को यहाँ स्थान नहीं है। परिवेश ने मनुष्य को बधिर किया है। संवेदनशीलता उसकी क्षीण होती जा रही है। विचार केवल आत्मकेन्द्र को लेकर उभरते हैं। कल्पना का उपयोग स्वार्थ-सिद्धि के छोटे-छोटे कामों में हो रहा है। एक प्रतिक्रियात्मक रुख़ ही बहुत से पात्र अपनाते हैं। परिवेश के साथ समझौता कर निर्वाह करने में आम मनुष्य सार्थकता समझ रहा है। गयादीन ऐसे आम आदमियों का प्रतीक माना जा सकता है। वह वैद्य जी के दरबार का महत्त्व भली-भाँति जानता है। उनके साथ दबकर रहना ही पसन्द करता है। जिस तरह आज आम आदमी अपनी नैतिकता को लेकर छोटे-से दायरे में ही सोचता है, निभाता है, उसी तरह गयादीन भी अपनी सीमा में भला आदमी बनकर रहना चाहता है। उसके लिए वह वैद्य जी से गिड़गिड़ाकर प्रार्थना भी करता है। लड़की की भरी अदालत में बेइज़्ज़ती होने पर भी बेचारा क्षीण रूप में कुनमुनाने के अतिरिक्त कुछ नहीं कर सकता। वैद्य जी से वह प्रार्थना करता है, "आज तुम्हारा ज़माना है, सभी लोग तुम्हारे पाँव पर लोट रहे हैं। पर अपने को इतना न भूल जाओ! भले आदमियों को भी शिवपालगंज में रह लेने दो।" अपने-आप में भला होना और अन्य व्यापक सन्दर्भ में निष्क्रिय होना आज नपुंसकता का अतएव अनीति के मूक समर्थन का पर्याय हो गया है। खन्ना मास्टर को वह समझाता है, "नहीं मास्टर साहब, जनता के रुपये के पीछे इतना सोच-विचार न करो। नहीं तो बड़ी तक़लीफ़ उठानी पड़ेगी।" गयादीन मूर्ख नहीं, चतुर है। कहता है, "नैतिकता का नाम न लो मास्टर साहब। किसी ने सुन लिया तो चालान कर देगा।" ये दोनों वाक्य बहुत शक्तिमत्ता के साथ आज की असलियत का पर्दाफ़ाश करते हैं। गयादीन जानते हैं, "जो जहाँ है, अपनी जगह गोह की तरह चिपका बैठा है। टस-से-मस नहीं होता। उसे चाहे जितना कोंचो, चाहे जितना दुरदुराओ! वह अपनी जगह चिपका रहेगा और जितने नाते-रिश्तेदार हैं, सब उसकी दुम के सहारे, सड़ा-सड़ चढ़ते हुए ऊपर तक चले जायेंगे। कॉलिज को क्यों बदनाम करते हो, सभी जगह यही हाल है।" वास्तविकता को जानकर भी निष्क्रिय बने रहनेवाले बहुसंख्यक समझदार लोगों का प्रतिनिधित्व गयादीन करते हैं।

इस उपन्यास के केन्द्र में वैद्य जी और उनका दरबार ही है। शिवपालगंज की वह असामान्य शक्ति है। गुण्डों का बादशाह है। बद्री पहलवान, सनीचर; ये सब गुण्डे हैं और शिवपालगंज की जनता को नियन्त्रण में रखने के कार्य में वैद्य जी का हाथ बँटाते हैं। वैद्य जी की दूसरी शक्ति शासकीय सम्पर्क-सूत्र है। वैद्य जी के रूप में बगुलाभगत नेता का रूप अतिशय शक्तिशाली ढंग से अंकित किया गया है। सभी भ्रष्टाचारों, बुराइयों और अनैतिकता की जड़ होते हुए भी उनके मुँह में प्रेम, अहिंसा, सहकार जैसे शब्द हैं। गीता की उक्तियाँ

है, दूसरी ओर से देखकर ड्राइवर कह सकता था कि वह सड़क के किनारे पर है। चालू फ़ैशन के हिसाब से ड्राइवर ने ट्रक का दाहिना दरवाज़ा खोलकर डैने की तरह फैला दिया था। इससे ट्रक की ख़ूबसूरती बढ़ गयी थी; साथ ही यह .खतरा मिट गया था कि उसके वहाँ होते हुए कोई दूसरी सवारी भी सड़क के ऊपर से निकल सकती है।''

राग दरबारी की स्थिति भी यही है। वह सड़क के किनारे भी रुका है और राजमार्ग के बीचोबीच भी खड़ा है। एक ओर, यह भारतीय ग्राम जीवन का उपन्यास है जो आज़ादी से पहले की प्रेमचन्द की पीढ़ी तक विस्तृत ग्राम कथा की परम्परा का हिस्सा है लेकिन दूसरी ओर इसमें व्यंग्य का विध्वंसक अभिप्राय भी है जिसका उद्देश्य सुधार या समाकलन नहीं, खिल्ली उड़ाना है और यह अपनी ही शैली की और प्रगति को जान-बूझकर अवरुद्ध करता है। हालाँकि व्यंग्य लेखन भारतीय साहित्य में है लेकिन एक अच्छे ख़ासे लम्बे उपन्यास का मेरुदण्ड ही व्यंग्य हो यह जरा दुर्लभ है। अपने व्यंग्यात्मक और विडम्बनात्मक स्वर की दृष्टि से अपने पूर्ववर्तियों के साथ जुड़े होने के साथ ही उनसे अलग होने तथा अपनी जबरदस्त पठनीयता के कारण भी राग दरबारी पर पूरा ध्यान दिया जाना चाहिए। पर्याप्त विशिष्ट और अनूठी होने के कारण यह एक आधुनिक उत्कृष्ट रचना का स्थान पाने के योग्य है हालाँकि यह कृति स्वयं ऐसी कोई माँग नहीं करती।

मुख्य पात्र

उपन्यास की अधिकतम गतिविधियाँ उस संयुक्त परिवार पर केन्द्रित हैं जिसमें रंगनाथ शिवपालगंज में रह रहा है। घर के मुखिया रंगनाथ के मामा वैद्य जी हैं जो आयुर्वेद के चिकित्सक हैं और तमाम मामलों में हाथ डाले रहते हैं। गाँव की सभी प्रमुख संस्थाओं के काम-काज पर वह अपनी तगड़ी पकड़ बनाये रखते हैं लेकिन गाड फादर की तरह किसी असली गन्दे व्यापार में अपने हाथ मैले नहीं करते। वैद्य जी जिन्हें 'वैद्य जी महाराज' कहा ज़ाता है, गाँव के सामन्ती ढाँचे के शिखर बिन्दु हैं। वह 'थे, हैं और रहेंगे।' वह इस दुनिया के वे तमाम वैद्य जी हैं जो परिवर्तन और प्रगति की असम्भाव्यता सुनिश्चित करते हैं, जिनके दान में ही असली और प्रतीकात्मक दोनों तरह के सत्ता पद निहित हैं। वह गिरगिट हैं। विजेता पक्ष के साथ अपने को जोड़ने में पटु हैं और इस प्रकार वह एक समय ब्रिटिश राज के समर्थक से खद्दरधारी राष्ट्रवादी में अपना रूपान्तरण करने में समर्थ हैं। उनकी सत्ता का आधार अंशतः उनका ब्राह्मण होना है जो शास्त्रीय ढंग की संस्कृतनिष्ठ भाषा द्वारा रेखांकित है। यह सत्ता अमल में लायी जाती है एक ढीले-ढाले गिरोह द्वारा जो उनके ज्येष्ठ पुत्र और पहलवान बद्री 'पहलवान' के नियन्त्रण में है। वैद्य के रूप में वह वीर्य को बचाये रखने और उसके संवर्द्धन पर बहुत ज़ोर देते हैं। वह रंगनाथ को उपदेश देते हैं कि ब्रह्मचर्य पालन भी उसके इलाज का एक हिस्सा है। वैद्य जी का एक कनिष्ठ पुत्र भी है, अठारह वर्षीय विद्यार्थी रुप्पन। रंगनाथ को अपने ग्राम प्रवास के दौरान जो व्यावहारिक शिक्षा मिलनी थी उसमें से ज़्यादातर इन दोनों ममेरे भाइयों ने ही प्रदान की। उपन्यासकार के लिए परिवार के नारी चरित्रों का कोई अस्तित्व नहीं है—एक बेला को छोड़कर और वह भी मुख्य मंच से हमेशा दूर ही रहती है। हालाँकि तड़के सवेरे शौच के लिए बैठे हुए झुण्डों में महिलाएँ प्रमुख हैं। यही बात बच्चों के चित्रण पर भी लागू होती है। लगता है जैसे केवल पुरुष ही दरबारी राग गा सकते हैं।

इस उपन्यास का शीर्षक वैद्य जी की बैठक के दरबार जैसे माहौल की ही ओर संकेत करता है। राग दरबारी सबसे शाहाना राग है और सभी हिन्दुस्तानी रागों में सबसे ज़्यादा प्रभावशाली है। इस राग का शनैः-शनै और वज़नदार विस्तार किसी शाही दरबार की पवित्र गरिमा को प्रतिबिम्बित करता है जिसका मखौलभरा विद्रूप है वैद्य जी की मण्डली। राजनीतिक षड्यन्त्रों के इस केन्द्र पर पलनेवालों का प्रतिनिधि है जुगुप्सा जगानेवाला, टुकड़खोर सनीचर जो 'कुछ महत्त्वपूर्ण जगहों पर फटी' धारीदार जाँघिया पहनता है। कुछ औपचारिक अवसरों पर इस जाँघिया के ऊपर एक गन्दी बनियान भी पहन ली जाती है। उपन्यास के एक विवरण में उसकी तरक़्क़ी का चित्रण है। राजनीतिक स्वार्थ सिद्धि के चलते वह भंग घोटनेवाले के अपने स्वाभाविक पद से तरक़्क़ी कर ग्रामसभा का प्रधान बन जाता है। वह वैद्य जी का शाश्वत सेवक है। उनके आदेशों पर वह 'ऐसी बन्दरछाप छलाँग' लगाता है जिससे डार्विन के विकासवाद के सिद्धान्त की पुष्टि होती है। लापरवाह ढंग से वह धर्मपरायण है। वैद्य जी के होंठों से किसी संस्कृत श्लोक (चाहे वह वैद्यकी सम्बन्धी श्लोक ही क्यों न हो) की पवित्र ध्वनि सुनते ही हाथ जोड़कर 'जय भगवान् की' की पुकार के साथ वह दण्डवत् लेट जाता है।

वहाँ विकलांग लंगड़ भी है, कारुणिक और विषादपूर्ण। वह उपन्यास की पूरी कालावधि कुछ वर्ष पूर्व ज़मीन के एक मुक़दमे से सम्बन्धित मिसिल की प्रति पाने के इन्तज़ार में गाँव में इधर-उधर लँगड़ाते हुए गुज़ार देता है। वैद्य जी के विरोधियों में है कलकत्ता पलट अफीम व्यापारी और ज़्यादा समय जेल में बितानेवाला रामाधीन भीखमखेड़वी जो गाँव के जुआखाने का संरक्षक है। वह एक यशोकामी उर्दू शायर है। उसने अपना तख़ल्लुस निकटवर्ती गाँव भीखमखेड़ा से लिया है (जो शिवपालगंज के इतना पास है कि एक गाँव में नौटंकी हो तो दूसरे गाँव में सुनी जा सकती है)।

वैद्य जी की बैठक में होनेवाली राजनीतिक जोड़-तोड़ का मुख्य क्षेत्र है भारी-भरकम नामवाला स्थानीय स्कूल 'छंगामल विद्यालय इण्टरमीडिएट कॉलिज'। कॉलिज मूलतः सरकारी पैसे से बना है जो दरअसल गाँव में एक मिलन केन्द्र बनवाने के लिए मिला था लेकिन उससे स्कूल बनवा लिया गया। कॉलिज का सैद्धान्तिक उद्देश्य था देश में इंजीनियरों और डॉक्टरों की कमी को दूर करना। यह एक कठिन संघर्ष था क्योंकि–

"इस देश के निवासी परम्परा से कवि हैं। चीज़ को समझने के पहले वे उस पर मुग्ध होकर कविता कहते हैं। भाखड़ा-नंगल बाँध को देखकर वे कह सकते हैं, "अहा! अपना चमत्कार दिखाने के लिए, देखो, प्रभु ने फिर से भारत-भूमि को ही चुना।" ऑपरेशन-टेबिल पर पड़ी हुई युवती को देखकर वे मतिराम-बिहारी की कविताएँ दुहराने लग सकते हैं।" (राग दरबारी, 18-19)

किसी तरह का वास्तविक प्रशिक्षण दे पाना निश्चय ही कॉलिज की सामर्थ्य से बाहर है। इसके लिए विद्यार्थियों को इंग्लैण्ड या अमेरिका जाना होगा। कॉलिज सिर्फ़ कुछ शुरुआती प्रशिक्षण–'टेक आफ स्टेजवाला'–दे सकता है। सैद्धान्तिक दृष्टि से एक बड़ी दुनिया के द्वार खोलने के उद्देश्य से बनाया गया यह कॉलिज वास्तव में एक ऐसी समस्या का शिकार है जो उपन्यास का मुख्य विषय है–दूर-दराज़ शहरों में एक अमूर्त और आदर्श धरातल पर कल्पित ऊँचे बड़े संस्थानों की ज़मीनी ज़िन्दगी के यथार्थ के साथ असंगति। गाँवों के सन्दर्भ में परिवर्तन या विकास थोपने की किसी भी कोशिश का असफल होना निश्चित है, इसका

एक बड़ा कारण है गाँव और विकसित दुनिया के बीच किसी भाषायी या सांस्कृतिक सेतु का अभाव जिससे होकर परिवर्तन का संकल्प गाँव में आता है। संस्कृति की विसंगतियाँ, पारिभाषिक शब्दों की अनर्गल अदला-बदली के बेतुकेपन में और इसके जरिये अभिव्यक्त होती रहती हैं। यह समस्या नवें दर्जे की साइन्स की कक्षा में आपेक्षिक घनत्व सम्बन्धी पाठ के दौरान हुए संवाद में सार रूप में है—

''एक लड़के ने कहा, ''मास्टर साहब, आपेक्षिक घनत्व किसे कहते हैं?''

वे बोले, ''आपेक्षिक घनत्व माने रिलेटिव डेन्सिटी।''

एक दूसरे लड़के ने कहा, ''अब आप, देखिये, साइन्स नहीं अंग्रेज़ी पढ़ा रहे हैं।''

वे बोले, ''साइंस साला अंग्रेज़ी के बिना कैसे आ सकता है?''

लड़कों ने जवाब में हँसना शुरू कर दिया। हँसी का कारण, हिन्दी-अंग्रेज़ी की बहस नहीं, 'साला' का मुहावरेदार प्रयोग था।'' (राग दरबारी, पृ. 19)

इस कॉलिज, जिसकी गतिविधियाँ इवलिन वाघ के 'डिक्लाइन ऐण्ड फाल' में डॉ. फागंस अकादमी में होनेवाली बेतुकी और असभ्य गतिविधियों की याद दिलाती है, के मुखिया हैं प्रिन्सिपल साहब। कहने की ज़रूरत नहीं कि वह वैद्य जी के आदमी हैं। उनकी दो विशेषताएँ हैं, रचनात्मक एकाउण्टिंग जिससे कॉलेज को ज़्यादा-से-ज़्यादा सरकारी पैसा मिल जाता था और क्रोध की चरम दशा के क्षणों में अवधी की गोद में कूद जाना। रंगनाथ के साथ हुई एक बातचीत में उन्होंने रंगनाथ पर भरोसा कर उसे बताया था कि उनके अपने विद्यार्थी जीवन में हुई एक छोटी-सी घटना के बाद उन्हें कोई ऊँचा अकादमिक पद नहीं पाने दिया गया। उनकी जवानी के दिनों की बात है। आज़ादी के तुरन्त बाद और भारत-चीन युद्ध के पहले जब अहिंसक ऐतिहासिक विषयों जैसे बुद्ध और अशोक पर बहुत जोर दिया जा रहा था और उनके नाम पर सड़कों का नामकरण हो रहा था, उन्होंने अकादमिक क्षेत्र में अपने आगे बढ़ने के मौक़ों पर ख़ुद ही पानी फेर दिया था। उन्होंने यह जानने की धृष्टता कर दी थी कि संस्कृत शब्द 'विमान' का अर्थ 'सतमंज़िला महल' हो सकता है जबकि इस तथ्य को उनके प्रोफ़ेसर अपनी विद्वता के सबसे महत्त्वपूर्ण साक्ष्य के रूप में बचाये हुए थे। (राग दरबारी, पृ. 193)

कॉलिज कोई ख़ुशगवार जगह नहीं है। मोतीराम, जिनके जीवन में दिलचस्पी का एकमात्र विषय आटा-चक्की है जिससे उनकी तनख़्वाह में इजाफ़ा होता है और जो उनकी अनुशासनहीन कक्षा के दौरान पृष्ठभूमि में लगातार भकभकाती रहती है तथा कॉलिज के अन्य शिक्षक अक्षम हैं। एक अधिक गत्यात्मक नकारात्मक ताक़त का प्रतिनिधित्व वह गुट करता है जिसके नेता खन्ना मास्टर हैं जो इस तथ्य की आलोचना करने का साहस करते हैं कि कॉलेज के मैनेजर के रूप में वैद्य जी की स्थिति को जनतान्त्रिक ढंग से चुनौती देने का अवसर नहीं दिया जाता।

कॉलिज के बौद्धिक स्तर का कुछ अनुमान खन्ना मास्टर की आलमारी के सबसे ऊपर के खाने में रखी चीज़ों से लगाया जा सकता है :

''डॉ. ईश्वरीप्रसाद लिखित भारतवर्ष का इतिहास, इतिहास पर 'ग्रेजुएट' द्वारा लिखी गयी कुछ परीक्षोपयोगी कुंजियाँ, 'जेबी जासूस' नामक पुस्तकमाला के कुछ पुष्प, 'कल्याण' नामक

धार्मिक पत्रिका के बहुत-बहुत मोटे विशेषांक और गुलशन नन्दा के उपन्यासों का एक पूरा सेट।'' (राग दरबारी, पृ. 313)

उपन्यास की कथा अल्पावकाशों के बाद कॉलिज राजनीति के मुख्य विषय पर लौटती है। कॉलिज प्रबन्ध समिति के अध्यक्ष पद के लिए ज़ोर डालकर कराये गये चुनाव में वैद्य जी ने संस्था पर अपना नियन्त्रण बरक़रार रखने के लिए खुलेआम धाँधली की। कथा में एक और मोड़ है जहाँ खन्ना की शहादत का वर्णन है और इसमें रुप्पन आदि खन्ना के साथ आ जाते हैं लेकिन अपने पिता के प्रति सदैव निष्ठावान् रहनेवाला बद्री उसका विरोध करता है। दोनों भाइयों—बद्री और रुप्पन—की प्रतिद्वन्द्विता को गाँव की सुन्दरी बेला के प्रति उनकी महत्त्वाकांक्षा और सान चढ़ाती है। रुप्पन फ़िल्मी गानों के टुकड़े जोड़-जोड़कर उसे प्रेमपत्र भेजता है। गाँव इस गुप्त प्रेमकथा के क़िस्सों और उत्तेजना से भनभना रहा है लेकिन बाद में भेद खुलता है कि बेला की निगाहें रुप्पन के हट्टे-कट्टे भाई पर है। यह बात तब सामने आती है जब अवैध प्रणय प्रसंगों की सर्वश्रेष्ठ परम्पराओं का पालन करते हुए वह एक रात छतें पार कर बद्री से मिलने जाती है और वहाँ बद्री के कमरे में उसे रंगनाथ सोता मिलता है। आधी रात को अपने ऊपर झुकी एक नारी मूर्ति को पाकर रंगनाथ दंग रह गया क्योंकि अब तक इन मामलों में खजुराहो और कोणार्क की प्रस्तर मूर्तियाँ ही उसका एकमात्र अनुभव थीं। बेला अपनी ग़लती महसूस कर, रंगनाथ को उस कल्पना लोक में छोड़ तुरन्त वापस चली जाती है जो उस समाज की नियति है जिसमें लड़के लड़कियों से इतनी कठिनाई से मिल पाते हैं। इस संक्षिप्त मुलाक़ात से पहले ही रंगनाथ बेला के ख़याल में दीवाना हो गया था। इस कारण बेला की बदचलनी की अफ़वाहें भी कम न थीं। रुप्पन की तरह उसे भी बेला की जीती-जागती वास्तविकता का सिर-पैर पाने के लिए फ़िल्मी दुनिया की तस्वीरों के अपने भण्डार पर निर्भर रहना पड़ता था—''मेले से लौटते समय उसने रुप्पन बाबू से प्रेमपत्र के बारे में जो सुना था, उसके बाद उसकी हिम्मत नहीं हुई कि वह रुप्पन से इस विषय पर दुबारा बात करे। अब इस समय के एकान्त में बेला के बारे में उसकी जिज्ञासा शान्त करने के लिए सिर्फ कल्पना था, हस्तमैथुन था और कुण्ठा थी और चूँकि काफ़ी हद तक ये चीज़ें हमारी कलाओं की प्रेरक शक्तियाँ हैं, इसलिए इस समय रंगनाथ एक कलाकार की हैसियत से इन क्षणों को जी रहा था। कैसी होगी वह? मधुमती में वैजयन्तीमाला की तरह? 'गोदान' में शुभा खोटे जैसी। अभिमान में वहीदा रहमान जैसी? नहीं। ये सब तो मादरे हिन्द—जैसी हो चुकी हैं। लेकिन बेला—'ख़ुदा की क़सम लाजवाब हो'—एक फ़िल्मी गाने का यह टुकड़ा उसके गले में अटक गया, पर वह मुस्कराया। अँधेरे में वह एक बहुत ख़ूबसूरत, लगभग डेढ़ इंच लम्बी मुस्कान मुस्कराया।

''बेला के बारे में उसने बहुत सोचा। इतना सोचा कि हर नाप और वज़न के सैकड़ों स्तन और नितम्ब उसके दिमाग़ में उभरने और अस्त होने लगे। वे जोड़ों में प्रकट हुए, गुच्छों की शक्ल में फूले और एक-दूसरे को धक्के देकर भाग गये। रंगनाथ ने बहुत चाहा कि इनमें से एक भरी-पूरी लड़की की तस्वीर निकल आये, पर वैसा न हो सका, उसकी कल्पना ने एक बार तो लड़की के पूरे धड़ को पकड़ लिया, पर उससे कुछ न हुआ क्योंकि उसका चेहरा ग़ैरहाज़िर बना रहा। कुछ देर में उसके दिमाग़ में कुछ छुटे हुए स्तनों के गोल दायरे-भर रह गये। अन्त में एक बार तनकर, फिर देह को ढीला करके वह रज़ाई के अन्दर ऊँघ गया।'' (राग दरबारी, पृ. 165)।

बेला के पिता गयादीन की कपड़ों की एजेन्सी है और वह गाँव का सूदख़ोर है। एक निराशावादी और उदास व्यक्ति। वह कॉलेज प्रबन्ध कमेटी का नाम का उपाध्यक्ष है। उपाध्यक्ष होने के नाते खन्ना मास्टर का गुट उससे इस उम्मीद में मिलता है कि वह प्रबन्धक (वैद्य जी) और प्रिन्सिपल साहब की ज़्यादतियों को रोकने के लिए समिति की बैठक बुला लेंगे। निष्फल बहसों के दौरान एक मास्टर ने बिना बहुत सोचे-विचारे नैतिकता शब्द का इस्तेमाल कर दिया—"इतनी देर में पहली बार गयादीन के मुँह पर कुछ परेशानी-सी झलकी। पर जब वे बोले तो आवाज़ पहले-जैसी थकी-थकी-सी थी। उन्होंने कहा, 'नैतिकता का नाम न लो मास्टर साहब, किसी ने सुन लिया तो चालान कर देगा।"

"लोग चुप रहे। फिर गयादीन ने कुछ हरकत दिखायी। उनकी निगाह एक कोने की ओर चली गयी। वहाँ लकड़ी की एक टूटी-फूटी चौकी पड़ी थी। उसकी ओर उँगली उठाकर गयादीन ने कहा, नैतिकता, समझ लो कि यही चौकी है। एक कोने में पड़ी है। सभा-सोसाइटी के वक़्त इस पर चादर बिछा दी जाती है। तब बड़ी बढ़िया दिखती है। इस पर चढ़कर लेक्चर फटकार दिया जाता है। यह उसी के लिए है।" (राग दरबारी, पृ. 100-101)

वास्तव में उच्च नैतिक आधार पाने की योग्यता में गयादीन किसी और से बेहतर नहीं है लेकिन सत्ता के दुरुपयोग के बारे में विषादपूर्ण दोषदर्शिता उसे अपने इर्द-गिर्द के लोगों से अलग करती है। जब वैद्य जी हिचकिचाते हुए बद्री और बेला के अन्तर्जातीय विवाह का प्रस्ताव लेकर उसके पास जाते हैं, तो वह उन्हें फटकारता है और अपनी बात को इस तरह ख़त्म करता है : "भले आदमियों को भी शिवपालगंज में रह लेने दो।" (राग दरबारी, पृ. 298)। यह पहली एकमात्र विषादपूर्ण टिप्पणी है जिसमें व्यंग्य नहीं है।

शिवपालगंज

हालाँकि पूरे उपन्यास में अनेक कथाएँ और उप कथाएँ चलती हैं जिनमें ज़्यादातर में वैद्य जी और उनके चमचे प्रिन्सिपल साहब का दाँवपेच भरा वाक्छल है लेकिन पूरे पैंतीस अध्यायों के इस उपन्यास में एक भी वृत्तान्त ऐसा नहीं है जो सभी पैंतीस अध्यायों में निरन्तर चलता रहे। कहा गया है कि रंगनाथ का चरित्र जिसका गाँव में आगमन और प्रस्थान पुस्तक का कालखण्ड निर्धारित करता है, इसके विविध और विसंवादी प्रसंगों को एक संरचनात्मक एकता प्रदान करने के लिए काफ़ी नहीं है। यह सत्य है कि रंगनाथ की मौजूदगी गाँव को देखने-समझने का एक बाह्य परिप्रेक्ष्य प्रदान करती है (कुछ सीमा तक यह हिन्दी के पुराने साहित्यिक विवाद शहर बनाम गाँव पर चर्चा की सुविधा भी प्रदान करती है) लेकिन वास्तव में उसे कथा कहनेवाले नायक की भूमिका कभी नहीं दी गयी। यह भूमिका गाँव ने और वहाँ व्याप्त वातावरण ने अपने पास ही रखी है क्योंकि इसके सभी चरित्र इससे इतने अपरिहार्य ढंग से बँधे हैं जैसे आर. के. नारायण के पात्र उनके कल्पित मालगुड़ी कस्बे से। गाँव और उसकी ज़मीनी बनावट उसके निवासियों के व्यवहार के साथ मिलकर एक हो गयी है और लगता है जैसे गाँववाले जिन स्थितियों में अपने को पाते हैं वे लगभग उसकी गढ़ी और बनायी हैं। शिवपालगंज के निवासियों को 'गँजहा' कहा जाता है और उपन्यास पढ़ने के साथ-साथ इस जगह से बढ़ते परिचय से पता चलता है कि इस शब्द के अनेक विशिष्ट निहितार्थ हैं, ज़्यादातर अपमानजनक हालाँकि उनमें अक्सर कमीनेपन का एक ख़ास क़िस्म का गर्व भी अविच्छिन्न रूप से जुड़ा है। गँजहा अपमान करने या लाठी चलाने में तो तेज़ी दिखाता है

लेकिन काम करने में सुस्त है। उसे मल-मूत्र-विसर्जन बहुत प्रिय है (जिसके बारे में विस्तार से बाद में), मौक़े पर फुर्ती, गुटबन्दी और दलबन्दी के लिए हमेशा तैयार, सरकारी सत्ता का विरोध और निष्क्रियता के कारण भ्रष्ट।

शिवपालगंज की केन्द्रिकता अपने-आपमें एक चरित्र के समान है, इस बात पर ज़ोर देने का अर्थ राग दरबारी पर रेणु और उनके अनुयायियों के तथाकथित आंचलिक स्कूल के ढंग से एक 'स्थान' के उपन्यास (आंचलिक उपन्यास) का ठप्पा लगाना नहीं है क्योंकि (कभी-कभार अवधी संवाद आ जाने के अपवाद को छोड़कर) राग दरबारी में क्षेत्र के चरित्र का अन्य क्षेत्रों से सांस्कृतिक दृष्टि से एकदम अलग रूप में सीधा चित्रण नहीं है। वास्तव में उपन्यास के व्यंग्य जिन रवैयों और व्यवहारों की खिल्ली उड़ाते हैं वे सार्वभौम हैं स्थानगत नहीं। शुक्ल स्वयं आंचलिक ठप्पे को सन्देह से देखते हैं। उनका तर्क है कि ग्रामीण जीवन भारतीय संस्कृति की मुख्य धारा का प्रतिनिधित्व करता है और अगर कहना ही है तो शहरी उपन्यासों को आंचलिक कहा जाना चाहिए। (वस्तुतः इस बहस में उसे हाशिये का साहित्य कहना सही होगा) हिन्दी साहित्य के इतिहास की शास्त्रीय दुनिया में शैली वर्गीकरण उसी तरह है जैसे खानों में बँटी कपड़ों की आलमारी में खाली टँगे हैंगर। वे खड़खड़ाकर शोर बहुत करते हैं लेकिन उसका कोई ख़ास असर नहीं होता। एक आलोचक ने राग दरबारी को आंचलिक स्कूल के बरख़िलाफ़ एक 'अनांचलिक' उपन्यास कहा है। यह बात को बहुत बढ़ाना प्रतीत होता है और यह समझना मुश्किल है कि इस सबका अन्त कहाँ होगा। इतना कहना पर्याप्त है कि उपन्यास में शिवपालगंज का स्थान महत्त्वपूर्ण है लेकिन 'किसी और कस्बे' की तरह ही।

गाँव की दृश्यावली के चित्र मनभावन नहीं हैं। अनेक अध्याय और उनके उपखण्ड ऐसे दृश्यबन्ध के साथ शुरू होते हैं जहाँ स्थान-विशेष की प्रकृति को अपने मानव सहभागियों की कार्रवाई का पूर्वानुमान रहता है : "गाँव के किनारे एक छोटा-सा तालाब था जो बिलकुल 'अहा! ग्राम्य जीवन भी क्या है' था। गन्दा, कीचड़ से भरा-पूरा, बदबूदार। बहुत क्षुद्र। घोड़े, गधे, कुत्ते, सुअर उसे देखकर आनन्दित होते थे। कीड़े-मकोड़े और भुनगे, मक्खियाँ और मच्छर परिवार नियोजन की उलझनों से उन्मुक्त वहाँ करोड़ों की संख्या में पनप रहे थे और हमें सबक दे रहे थे कि अगर हम उन्हीं की तरह रहना सीख लें तो देश की बढ़ती हुई आबादी हमारे लिये समस्या नहीं रह जायेगी।

"गन्दगी की कमी को पूरा करने के लिए दो दर्जन लड़के नियमित रूप से शाम-सवेरे और अनियमित रूप से दिन को किसी भी समय पेट के स्वेच्छाचार से पीड़ित होकर तालाब के किनारे आते थे और–ठोस, द्रव तथा गैस–तीनों प्रकार के पदार्थ उसे समर्पित करके, हलके होकर वापस लौट जाते थे।" (राग दरबारी, पृ. 199)

पश्चिमी उपन्यास में यथार्थवाद की परम्पराओं के सन्दर्भ में इस तरह का विवरण साधारण लग सकता है। हिन्दी साहित्य में भी (कम-से-कम निराला जैसे असली रूप दिखानेवाले के उदय के बाद से) जीवन के अधिक दुर्गन्धपूर्ण पक्ष पर कभी-कभार ध्यान केन्द्रित किया जाता रहा है लेकिन आधुनिक हिन्दी साहित्य (जो प्रभावशाली ढंग से मौजूदा सदी में ही सीमित है और जिसे तेजी से हो रहे राजनीतिक परिवर्तन के रूप में अतिरिक्त उत्प्रेरक प्राप्त हैं) के इतिहास का निचोड़ है कि गाँवों का कहीं ज़्यादा पूजनीय और आदर्शीकृत

चित्रण (मानो वह भारतमाता का मन्दिर हो) अब भी इस वर्ग के उदाहरण के रूप में पाठक के दिमाग़ पर छाया है। यहाँ तक कि गोदान में जहाँ प्रेमचन्द के प्रारम्भिक उपदेशवाद के स्थान पर एक अधिक प्रौढ़, परिपक्व वर्णनात्मक शैली आ गयी है, खेतिहर किसान द्वारा जोती गयी ज़मीन में एक परोक्ष पवित्रता और उदारता दिखायी देती है "जेठ का सूर्य आमों के झुरमुट से निकलकर आकाश पर छायी हुई लालिमा को अपने रजत प्रताप से तेज प्रदान करता हुआ ऊपर चढ़ रहा था और हवा में गर्मी आने लगी थी। दोनों ओर खेतों में काम करनेवाले किसान उसे देखकर राम-राम करते और सम्मान भाव से चिलम पीने का निमन्त्रण देते थे; पर होरी को इतना अवकाश कहाँ था? उसके अन्दर बैठी हुई सम्मान लालसा ऐसा आदर पाकर उसके सूखे मुँह पर गर्व की झलक पैदा कर रही थी।..."

"अब वह खेतों के बीच की पगडण्डी छोड़कर एक खलेटी में आ गया था, जहाँ बरखा में पानी भर जाने के कारण तरी रहती थी और जेठ में कुछ हरियाली नज़र आती थी। आसपास की गउएँ यहाँ चरने आया करती थीं। उस समय में भी यहाँ की हवा में कुछ ताज़गी और ठण्डक थी। होरी ने दो-तीन साँसें ज़ोर से लीं। उसके जी में आया कुछ देर यहीं बैठ जायँ। दिन भर तो लू लपट में मरना है ही।"

आज़ादी के बाद के उपन्यास हालाँकि अब उसी विचारधारा पर आधारित नहीं हैं जो प्रेमचन्द की थी फिर भी उनमें गाँव दृश्यों का चित्रण प्रायः वैसा ही कोमल—आदर्शपूर्ण है। फणीश्वरनाथ रेणु का 1954 में प्रकाशित उपन्यास मैला आँचल कथा-लेखन की आंचलिक शैली को स्थापित करने के साथ-साथ उसके लिए एक नाम तलाशने में भी सहायक हुआ। मैला आँचल ने मिथिला को वही स्थान दिलाया जो हार्डी ने वेसेक्स को दिलाया था—मानव-जीवन और मृत्यु की मौजों की पृष्ठभूमि में गाँव का मांसल और मादक (कभी-कभी द्वेषपूर्ण भी) चित्रण।

"मेरीगंज एक बड़ा गाँव है; बारहों बरन के लोग रहते हैं। गाँव के पूरब एक धारा है जिसे कमला नदी कहते हैं। बरसात में कमला भर जाती है, बाक़ी मौसम में बड़े-बड़े गढ़ों में पानी जमा रहता है—मछलियों और कमला के फूलों से भरे हुए गढ़े। पौष पूर्णिमा के दिन इन्हीं गढ़ों में कोशी स्नान के लिए सुबह से शाम तक भीड़ लगी रहती है। रौतहर स्टेशन से हलवाई और परचून की दूकानें आती हैं। कमला मैया के महातम के बारे में गाँव के लोग तरह-तरह की कहानियाँ कहते हैं।"

दूसरी ओर, शिवपालगंज में हर ख़ाली जगह अपरिहार्य ढंग से किसी-न-किसी तरह की सड़ाँध या मल विसर्जन को आकृष्ट करती है। प्रेमचन्द और रेणु को प्रिय संगीतमय आकाश और मधुमक्खियों से गुंजरित वन प्रान्तर यहाँ कहीं नहीं दिखायी देते। उनका स्थान ज़्यादा ज़मीनी चिन्ताओं के भावावेग और लालसा ने झपट लिया है। यहाँ दूध और शहद की जगह पान की पीक और पेशाब ने ले ली है। इस पतन पर कोई—गाँव समाज के अधिक पढ़े-लिखे सदस्य तक—त्योरी नहीं चढ़ाता बल्कि उसे स्वीकार कर लेता है। उदाहरणार्थ उस झोंपड़ी का नामकरण जो शिवपालगंज के प्रेम भवन के रूप में इस्तेमाल होती है—"कुछ दूर आगे एक घनी अमराई में बनी हुई एक कच्ची कोठरी भी पड़ती थी। उसकी पीठ सड़क की ओर थी; उसका दरवाज़ा, जिसमें किवाड़ नहीं थे, जंगल की ओर था। बरसात के दिनों में हलवाहे पेड़ों के नीचे से हटकर इस कोठरी में जुआ खेलते, बाक़ी दिनों वह खाली पड़ी रहती। जब वह

खाली रहती, तब भी लोग उसे खाली नहीं रहने देते थे और नर-नारीगण मौक़ा देखकर उसका मनपसन्द इस्तेमाल करते थे। शिवपालगंज में इस कोठरी के लिए जो नाम दिया गया था, वह हेनरी मिलर को भी चौंका देने के लिए काफ़ी था। उसमें ठण्डा पानी मिलाकर कॉलिज के एक मास्टर ने उसका नाम प्रेम-भवन रख दिया था।" (राग दरबारी, पृ. 28)

भाषा और अस्मिता

हर लेखक किसी दिये गये सन्दर्भ में विभिन्न भाषा रूपों के औचित्य के बारे में फ़ैसला करता है—चाहे जान-बूझकर या अवचेतन ढंग से। हिन्दी लेखन में इस आन्तरिक और शाश्वत बहस के तमाम परिवर्तनीयों में एक है उन अंग्रेज़ी शब्दों की स्थिति जो संस्कृतनिष्ठ हिन्दी के गढ़े-तराशे नये शब्दों द्वारा अपदस्थ किये जाने के सारे प्रयासों के बाद भी जीवित है। शहरी जीवन में अंग्रेज़ी से आये शब्दों का अपना स्वाभाविक सहज स्थान है और यह आज के शहरी पृष्ठभूमिवाले हिन्दी उपन्यासों में झलकता भी है। श्रीलाल जी के खुद के उपन्यास 'सीमाएँ टूटती हैं' में इस तरह के उदाहरण भरे पड़े हैं। लेकिन, गाँव में, जहाँ अंग्रेज़ी बोलनेवाले बहुत कम होते हैं अपनी दुर्बोधता के कारण यह संवाद का माध्यम बनने के बजाय रूढ़ि का एक प्रतीक बन जाती हैं। वह उस संस्कृत श्लोक के समान लाक्षणिक शक्ति विकसित कर लेती है जिसे सुनकर लंगड़ के भक्ति भाव भरे कान धन्य हो जाते हैं। श्री शुक्ल आधुनिक हिन्दी में शब्दों की विलक्षण स्थिति का पूरा-पूरा इस्तेमाल करते हैं। उदाहरण के लिए हलवाई की दुकान पर लंगड़ तथा अन्य लोगों के बीच बातचीत के दौरान मलेरिया विरोधी प्रचार के लिए अंग्रेज़ी के इस्तेमाल में—"एक दिन गाँव में कई लोग मोटर पर आये। गाँव भर की दीवालों पर गेरू से न जाने क्या-क्या अंग्रेज़ी में लिख गये। उसके बाद बापू, उन्होंने हमारा ख़ून निकाला और मशीन में डालकर देखा। अब देखो तो बापू, कैसा अचम्भा है इस कलजुग का कि आदमी तो हम देसी और हमें बीमारी लग गयी बिलायती। मोटर पर जो आये थे, वे बोले कि लंगड़ बड़ा आदमी है, उसे मलेरिया हुआ है।"

"क्या बतायें बापू, उसी के बाद मोटरवालों ने गाँव में बड़ा काम किया। दो-तीन लोग एक-एक मशीन लेकर चारों तरफ़ कुआँ-ताल, गड़हा-गड़ही, सभी पर किर्र-किर्र करते हुए घूमे। दो आदमी बराबर हर घर के आगे जा-जाकर गेरू से मलेरिया महारानी की इस्तुति अंग्रेज़ी में लिख गये। उन अच्छरों का प्रताप, बापू, कि सारे मच्छर भाग गये। हम भी, बापू, महीना-भर दुःख भोगकर आपका दर्शन करने को फिर से उठकर खड़े हो गये।"

नेता बोला, "क्या बात सुनायी है, लँगड़ऊ, तुमने—कि :

'लिखे देख अँगरेज़ी अच्छर
भागे मलेरिया के मच्छर।"

हलवाई ने नेता की तारीफ़ सुनायी, "क्या कवित्त सुनाया है आपने भी! जलेबी खाइये, इसी बात पर।" (राग दरबारी, पृ. 260)

भाषा रूप अद्भुत बेफ़िक्री के साथ गड्डमड्ड है। कभी-कभी वक़्ता ख़ुद ही भ्रम में पड़ जाते हैं। पुलिस इन्स्पेक्टर सनीचर के साथ बातचीत में जब अरबी से निकले शब्द 'ग़लतफ़हमी' का इस्तेमाल करता है तो सनीचर परेशान हो जाता है—"ग़लतफ़हमी ! यह कौन-सी चिड़िया है? आप अंग्रेज़ी छोड़कर देसी बोली में बताइये।" (राग दरबारी, पृ. 281)। (अन्यत्र भी अदालतों में फ़ारसी-अरबी शब्दावली के पारम्परिक इस्तेमाल के कारण और ग़लतफ़हमियाँ हुई हैं)।

श्री शुक्ल का भाषा कौशल—ख़ास तौर पर भिन्न भाषा रूपों को अनपेक्षित ढंग से एक साथ रखना-उपन्यास की सफलता में एक महत्त्वपूर्ण तत्त्व है। डरावने अंग्रेज़ी अक्षर देखते ही मच्छरों का आतंकित हो जाना एक तरह का शाब्दिक कार्टून है। यह दोहरी धारवाला है। यह न केवल स्थानीय मानव और कीट जीवन के बारे में अज्ञान का बल्कि उन प्रचार अधिकारियों में विवेक के अभाव का भी मखौल उड़ाता है जो एक पुरानी, साम्राज्यशाही भाषा के प्रति अपनी भक्ति में अन्धे हो गये हैं। इसलिए ऊपर उद्धृत अंश की तरह के अंश महज़ भाषायी फट्टा नहीं है बल्कि उनके तेज आवाज़ करने से ही उनका गहरा और अधिक बारीक़ महत्त्व कम नहीं हो जाता।

श्री शुक्ल की एक भाषा से दूसरी भाषा के बीच की शब्द क्रीड़ा श्लेष का उपयुक्त अनुवाद कर पाना टेढ़ी खीर है जैसे कि कॉलिज इन्स्पेक्टर के बँगले का विवरण। चतुर अध्यवासी ने आफ़िस कम रेजीडेन्स का काम करनेवाले भवन के सरकारी और घरेलू दोनों किरायों के लिए पैसा देनेवाली दो एजेन्सियों को पटा लिया। हिन्दी के 'आफ़िस-कम-रेजीडेन्स-ज़्यादा' (राग दरबारी, पृ. 247) में इन दोनों कामों का वास्तविक सन्तुलन अभिव्यक्त होता है। शब्दों के इस खेल का अनुवाद मुश्किल है। अंग्रेज़ी और हिन्दी की ज़बरन समानता दिखाकर श्री शुक्ल उस स्थिति की अस्वाभाविकता और कृत्रिमता की ओर संकेत करते हैं जिसमें एक ऐसी संस्कृति पर अपरिचित विदेशी संस्थाएँ फ़ुर्ती से लाद दी जाती हैं जिसका अर्थ जगत् बिलकुल अलग क़िस्म का है। ऐसा कर वह यही सुझाते हैं कि ऐसी संस्थाओं की असफलता अपरिहार्य है और इसका दोष उन्हें अमल में लानेवाले लोगों पर नहीं मढ़ा जाना चाहिए।

शुक्ल इस तरह की भाषाजन्य स्थितियों में निहित व्यंग्य के भण्डार का इस्तेमाल करते हैं और ऐसा कर वह भाषायी अस्मिता के सवाल को (महत्त्वपूर्ण लेकिन) सीमित तत्सम बनाम तद्भव की धुरी से मुक्त कर उसे एक स्वागत योग्य ईमानदारी और व्यावहारिकता प्रदान करते हैं। भाषागत पहचान के सवाल प्रायः इसी धुरी के इर्द-गिर्द चक्कर काटते रह जाते हैं।

अधिक पारम्परिक, भाषा की शब्द क्रीड़ा 'मरम्मत' के शाब्दिक बनाम मुहावरेदार प्रयोग (ठीक करना/पिटाई) में झलकती है—"एक पुलिसवाले के जूते, जो हमेशा किसी दूसरे की मरम्मत करने के लिए उद्यत रहते थे, सामने बरगद के पेड़ के नीचे एक मोची के पास मरम्मत के लिए गये थे।" (राग दरबारी, पृ. 215) अफ़सरशाही को ध्वस्त करने की सार्वभौमिक इच्छा अंग्रेज़ीभाषी जगत् और शिवपालगंज के प्रयोगों की तुलना में परिलक्षित होती है। अश्लीलता की ओर रुझानवाले अंग्रेज़ीदाँ जो शौचालयों में लिखने चित्र बनाने में पारंगत होते हैं, टु लेट (TOLET) के साइनबोर्ड में टु और लेट के बीच में आई (I) जोड़ देते हैं (टायलेट)। उनके शिवपालगंजी साथी सनीचर की दुकान के बाहर टँगे अवांछित संकेत 'अन्दर मत आओ' (गँजहों को कहीं आने-जाने की आज़ादी बहुत प्रिय है। 'अन्दर मत आओ' इस भावना के प्रतिकूल है) को 'ऊ' की मात्रा जोड़कर 'अन्दर मूत आओ' में बदल देते हैं।

उपन्यास का एक पात्र जो भाषा-रूपों की उपयुक्तता के प्रति संवेदनशील है, वह है रंगनाथ। प्रिन्सिपल साहब के साथ एक पान की दुकान पर खड़े हुए वह एक पेटेण्ट दवा के रंग-बिरंगे भड़कीले विज्ञापन में गाँधी और नेहरू की तस्वीर देखता है—"देखा आपने?"

जवाब में अवधी की कहावत, "जइस पसु तइस बँधना। तस्वीर दिहाती इलाक़े के माफ़िक़ है।"

"दिहाती-शहराती से क्या बहस!" रंगनाथ ने कहा, "गाँधी जी की तो सभी इज़्ज़त करते हैं।" थोड़ी देर तक तस्वीर का अध्ययन करके उसने उसकी भावपूर्ण समीक्षा की, "तबीयत होती है तस्वीर बनानेवाले को सौ जूते लगायें।"

प्रिन्सिपल साहब हँसे। हँसी बता रही थी कि रंगनाथ बेवकूफ़ है। बोले, "जितना गुड़ घोलो उतना ही मीठा होगा। तेली तँबोली की औकात ही क्या? टके की दुकान पर कोई साला पिकासो थोड़े ही लटकायेगा।"

रंगनाथ ने उनकी बात काटते हुए ज़ोर से कहा, "रुकिये, रुकिये, मास्टर साहब! पिकासो का नाम न लीजियेगा। आपके मुँह से ऐसा नाम सुनते ही गश-जैसा आने लगता है।" (राग दरबारी, पृ. 189)

रंगनाथ के गश खाने का कारण, जैसाकि वह प्रिन्सिपल साहब को थोड़ी देर बाद बताता है, शिवपालगंज के माहौल में पिकासो के नाम की व्यर्थ विसंगित थी।

"जी, कसूर, न आपका है, न मेरा, न शिवपालगंज का, न तँबोली का। जी, क़सूर तो पिकासो का है।" (राग दरबारी, पृ. 191)

शिवपालगंज की बोली इतनी मुहावरेदार है कि कोई बाहरी (इस परचे का लेखक तो उनमें शामिल है ही) व्यक्ति कुछ सन्दर्भों को तो पकड़ ही नहीं पायेगा। शहर का रहनेवाला रंगनाथ शहरी हिन्दी की नीरस परिपाटी का आदी है। बद्री के चमचों का प्रशिक्षण-स्थल अखाड़ा उन स्थलों में से एक है जहाँ गँजहों की बोली बेलगाम हो जाती है। जब एक पहलवान बद्री को खोजता हुआ वहाँ आता है तो सनीचर उसे बताता है कि वह एक मीटिंग में गये हैं (एक कोऑपरेटिव यूनियन के भगोड़े सुपरवाइज़र के बारे में चर्चा करने—उपन्यास की यह एक छोटी उपकथा है)। पहलवान पर बद्री के इस तरह की मीटिंग में जाने की बात का कोई असर नहीं होता—"पहलवान ने लापरवाही से चबूतरे पर थूक दिया। कहा, 'बद्री भैया मीटिंग में बैठकर क्या अण्डा देंगे? सुपरवाइज़र को पकड़कर एक धोबीपाट मारते, उसी में साला टें हो जाता! मीटिंग शीटिंग में क्या होगा?"

रंगनाथ को बात पसन्द आ गयी। बोला, "क्या तुम्हारे यहाँ मीटिंग में अण्डा दिया जाता है?"

पहलवान ने इधर से किसी सवाल की आशा न की थी। उसने कहा, "अण्डा नहीं देंगे तो क्या बाल उखाड़ेंगे? सब मीटिंग में बैठकर राँड़ों की तरह फाँय-फाँय करते हैं, काम-धाम के वक़्त खूँटा पकड़कर बैठ जाते हैं।' (राग दरबारी, पृ. 72)

रंगनाथ गम्भीरतापूर्वक सोचता है कि अखाड़ा आधुनिक हिन्दी शब्दकोश को सशक्त करने में पूरी तरह समर्थ है। शिवपालगंज में होनेवाले ताश के खेल को देखते हुए उसमें वैसा ही विचार गूँजता है जो ऐसे किसी भी हिन्दी पाठक के लिए बहुत परिचित है जिसकी मातृभाषा हिन्दी नहीं है। अर्थात् संस्कृतीकरण की प्रचलित (नव छद्म) प्रक्रिया (इसकी तुलना कभी-कभी अंग्रेज़ी के लौटिनीकरण से की जाती है लेकिन यह प्रक्रिया उसके मुक़ाबले कहीं अधिक जोड़-तोड़वाली है) बड़े कठोर ढंग से एक देशी भाषा के रूप में आधुनिक हिन्दी की असली ताक़त को नष्ट कर रही है।

रंगनाथ जुआरियों के जमावड़े में फल्लास ('फ्लश' ताश के एक खेल का नाम), जोड़ (पेयर), दौड़ (रन), लँगड़ी (फ्लश), पक्की (रनिंग फ्लश) और टिर्रैल (ट्रेल) जैसे शब्दों में

आत्मसातीकरण और उधार अनुवाद से आह्लादित हो उठता है और सपना देखता है कि क्यों न हिन्दी के उन पेशेवर कोशकारों, जो अपने कक्ष की चारदीवारों के भीतर ही एक नयी और अबूझ भाषा गढ़ने में व्यस्त हैं, की जगह गँजहों की एक छोटी-सी समिति गठित की जाये। (राग दरबारी, पृ. 178) शुक्ल की इस व्यंग्यात्मक पुस्तक में 'साहित्यिक हिन्दी' की कृत्रिमता और दुरूहता पर लगातार चोट की गयी है। वैद्य जी को बताया जाता है कि उनसे कोऑपरेटिव यूनियन के निदेशक पद से त्यागपत्र माँगा जा रहा है। बतायी गयी उन बातों के एक दुरूह अंश के बाद शुक्ल की टिप्पणी है–"अन्तिम वाक्य, लगता था, श्री जैनेन्द्रकुमार के किसी लेख से उड़ाये गये थे। पर वैद्य जी राजनीति के आदमी थे और बीसवीं सदी का हिन्दी-साहित्य जब हिन्दी के प्रोफ़ेसर तक बड़े कष्ट में पढ़ते हैं तो वैद्य जी से यह आशा करना कि उन्होंने श्री जैनेन्द्रकुमार का दार्शनिक साहित्य पढ़ा होगा, एक अनुचित बात होगी। वास्तव में, वैद्य जी का किसी साहित्य से कोई विशेष सम्बन्ध नहीं था। यदि ऐसा होता और यदि उन्होंने श्री जैनेन्द्रकुमार के लेख पढ़े होते तो इस शैली में कही गयी बातें सुनकर वे समझ जाते कि उन्हें केवल शब्द-जाल से धमकाया जा रहा है।" (राग दरबारी, पृ. 290)

श्रीलाल शुक्ल संस्कृतनिष्ठ भाषा-रूप से ख़ुद भी बचते हैं। उनके प्रयोगों में प्रायः 'काम छोटे और भाषण बड़े' क़िस्म की विडम्बना ध्वनित होती है। इसके उदाहरण उनके पण्डित राधेलाल जैसे पक्के झूठे गवाह जैसे चरित्रों के वर्णनों में मिलते हैं जिन्हें अपनी कलाकारी में 'उच्चकोटि की दक्षता' से अदालती गवाहों के बीच अभूतपूर्व प्रतिष्ठा मिली है। इसी व्यंग्यात्मक स्वर में उस ग्रामीण को, जिस पर गाँव के भुतहे पीपल के पेड़ के पास सड़क पर बदमाशों ने हमला किया था, 'आत्म-दया, आक्रोश आदि कई साहित्यिक गुणों से पीड़ित' बताया गया है। (राग दरबारी, पृ. 235)

भाषा-रूप का दूसरा अतिवादी छोर है गाँव के पियक्कड़ जोगनाथ की भाषा। वह और उसके भाई-बन्धु एक तरह की शराबी अपभाषा 'सर्फरी बोली' बोलते हैं जिसमें अक्षरों के बीच में 'अफ' (दरअसल 'रफ'–अनु.) जोड़ दिया जाता है। जब एक डाके के शक में पुलिस उसे गिरफ़्तार करती है, वह 'कौर्फोन है सर्फाला' जैसे वाक्यों से इन्स्पेक्टर को घबरा देता है। इस तरह की भाषा सांस्कृतिक सन्दर्भों में गाँव की पृथक्ता को रेखांकित करती है। किसी बाहरी आदमी की वहाँ वास्तविक पैठ सम्भव नहीं।

श्री शुक्ल का भाषा-रूपों का इस्तेमाल रूपकों और अन्य वर्णनात्मक तरीक़ों तक फैला है। अस्वाभाविक रूप से संस्कृतनिष्ठ हिन्दी से वह परहेज़ करते हैं लेकिन हिन्दी परम्परा के गौरवशाली अतीत, जहाँ संस्कृत परम्परा का अपना स्वाभाविक स्थान है, के सन्दर्भ मौजूद हैं। इसलिए उपन्यास के प्रारम्भ में जब ट्रक ड्राइवर ताज़गी भरे चेहरेवाले रंगनाथ को देखता है तो वहाँ रंगनाथ का वर्णन युवा उत्साही राम की तुलसीदास से उधार ली स्तुति (वह भी एक सरस छन्द में) के ज़रिये किया गया है–

"ड्राइवर ने दुकानदारिन की सारी सम्भावनाएँ एक साथ देख डालीं और अपनी निगाह रंगनाथ की ओर घुमायी। अहा! क्या हुलिया था! 'नवकंजलोचन कंजमुख करकंज पद-कंजारुणम्!" (राग दरबारी, पृ. 8)

इसी प्रकार का भावापकर्ष बद्री के चमचे छोटे पहलवान के इस वर्णन में है 'एक पेड़ के नीचे त्रिभंगी मुद्रा में खड़े।' यहाँ बाँसुरी बजैया कृष्ण की भव्य त्रिभंगी मुद्रा का सन्दर्भ है जिसमें कृष्ण अपने घुटने कमर और गरदन को ख़ूबसूरत ढंग से मोड़ते हैं।

यह सच है कि हिन्दी कथा-साहित्य में इस तरह के क्लासिकी संकेत व्यंग्यात्मक अथवा परोक्ष ढंग से भरे पड़े हैं। श्री शुक्ल के लेखन में ये सन्दर्भ इस तथ्य के कारण उल्लेखनीय हैं कि वे सांस्कृतिक सन्दर्भों के एक असाधारण रूप से व्यापक विस्तार के केवल एक छोर का प्रतिनिधित्व करते हैं। ये सन्दर्भ इस विस्तार के एक दूसरे छोर (उदाहरण निम्नलिखित) के विपरीत एकदम अलग और प्रभावशाली ढंग से उभरते हैं–

"खन्ना मास्टर, जो अभी तक पालथी मारे बैठे थे, अचानक घुटने मोड़कर और सीना आगे तानकर–जिस्म के उतार-चढ़ाव को दिखानेवाले स्वर्गीय मेरिलिन मुनरो के एक विख्यात पोज़ में–बैठ गये।" (राग दरबारी, पृ. 315)

यहाँ बिलकुल अलग ढंग की विसंगति है लेकिन प्रभाव समवेत है। कभी वृन्दावन तो कभी हालीवुड, सन्दर्भों को बदलते हुए श्री शुक्ल पाठक को लगातार उलझाये रखते हैं। वह यह कभी नहीं जान पाता कि अगला सन्दर्भ किस सांस्कृतिक दिशा से प्रकट होगा।

विवरणात्मक और वर्णनात्मक रणनीतियाँ

आधुनिक हिन्दी गद्य लेखन (उपन्यास और जीवनी लेखन सहित) का एक उलझन में डालनेवाला स्थायी भाव है लघु शब्द चित्र। किसी नये पात्र का परिचय देने के लिए इस तरीक़े का बहुत इस्तेमाल होता है। शारीरिक विवरण के ख़ास ज़रूरी लक्षणों का उल्लेख मात्र, डेफिनिट इनडेफिनिट आर्टिकिल का अभाव और इसके साथ मुख्य क्रियापदों से परहेज़ जिसमें अंग्रेज़ी के मुक़ाबले और कंजूसी की जाती है। विशेषताओं का ऐसा संक्षिप्त सूचीकरण शिनाख़्त के लिए चित्र बनानेवाले कलाकार को दिये गये निर्देश जैसा प्रतीत होता है या सम्भवतः वे संस्कृत काव्य के लम्बे, समासयुक्त पदों द्वारा अर्थाभिव्यक्ति की परम्परा का पालन करते हैं। जो हो, राग दरबारी में पात्रों का रूप चित्रण भली प्रकार हुआ है; तनिक व्यंग्य की बघार के साथ।

"चार बजे प्रिन्सिपल साहब अपने कमरे से बाहर निकले। दुबला-पतला जिस्म, उसके कुछ अंश ख़ाकी हाफ़ पैण्ट और कमीज़ से ढँके थे। पुलिस सार्जेण्टोंवाला बेंत बग़ल में दबा था। पैर में सैण्डिल। कुल मिलाकर काफ़ी चुस्त और चालाक दिखते हुए; और जितने थे, उससे ज़्यादा अपने को चुस्त और चालाक समझते हुए।" (राग दरबारी, पृ. 22)

"रंगनाथ ने अब उन्हें ध्यान से देखा। कन्धे पर टिकी हुई धोती का छोर, ताज़ा खाया हुआ पान, बालों में पड़ा हुआ कई लीटर तेल–स्थानीय गुण्डागिरी के किसी भी स्टैण्डर्ड से वे होनहार लग रहे थे।" (राग दरबारी, पृ. 30)

"उसको लोग लंगड़ कहते थे। माथे पर कबीरपन्थी तिलक, गले में तुलसी की कण्ठी, आँधी-पानी झेला हुआ दढ़ियल चेहरा, दुबली-पतली देह, मिर्जई पहने हुए। एक पैर घुटने के पास से कटा था, जिसकी कमी एक लाठी से पूरी की गयी थी। चेहरे पर पुराने ज़माने के उन ईसाई सन्तों का भाव, जो रोज़ अपने हाथ से अपनी पीठ पर खींचकर सौ कोड़े मारते हों।" (राग दरबारी, पृ. 34)

"शहर से देहात को जानेवाली सड़क पर एक साइकिल-रिक्शा चला जा रहा था। रिक्शावाला रंगीन बनियान, हाफ़ पैण्ट, लम्बे बाल, दुबले-पतले जिस्मवाला नौजवान था। उसका पसीने से लथपथ चेहरा देखकर वेदना का फ़ोटोग्राफ़ नहीं, बल्कि वेदना का कार्टून आँख के आगे आ जाता था।" (राग दरबारी, पृ. 40-41)

कई प्रसंगों प्रकरणों की शुरुआत इसी तरह की गयी है। अन्यत्र वर्णन में एक अधिक आत्म सचेत ढंग से अपनायी गयी प्रयोगात्मक और सांकेतिक शैली वर्णन को एक नयी दिशा देती है। पुलिस इन्स्पेक्टर के निम्नलिखित वर्णन में एक सुस्त नौकरशाह का बहुत सटीक चित्रण है एक पर्याप्त भद्र लेकिन पुलिस के अधिक गतिशील सदस्यों में न गिना जानेवाला व्यक्ति–"मध्यकाल का कोई सिंहासन रहा होगा जो अब घिसकर आरामकुर्सी बन गया था। दारोग़ा जी उस पर बैठे भी थे, लेटे भी थे।" (राग दरबारी, पृ. 13)। आश्चर्य नहीं, शुक्ल जैसे मूर्तिभंजक लेखक में संक्षिप्त आत्मोपहास का भी पर्याप्त अवकाश है–

"छत पर कमरे के सामने टीन पड़ी थी। टीन के नीचे रंगनाथ था। रंगनाथ के नीचे चारपाई थी। दिन के दस बजे थे। अब आप मौसम का हाल सुनिये।" (राग दरबारी, पृ. 88)

इस प्रकार ग्यारहवाँ अध्याय कुछ उस ढंग से शुरू होता है जो हमें जे.डी. सैलिंगर की याद दिलाता है (और इस उपन्यास में ऐसा पहली बार नहीं हुआ है। क्रियाविशेषणात्मक सन्दर्भों में वैसे ही सुविचारित भोलेपन के इस्तेमाल की वैसी ही तकनीक बद्री के एक वर्णन के अन्त में इस्तेमाल की गयी है लेकिन इसमें एक अनपेक्षित लयात्मक पुट है जो प्रायः वक्र शैली के एकदम विपरीत है–

"साफ-सुथरे घुटे हुए सिर पर कड़वे तेल की चमक और उसके ऊपर–बहुत ऊपर नीला आसमान।" (राग दरबारी, पृ. 214)

ज़्यादातर खरी कामेडी को प्राथमिकता दी गयी है, खास तौर पर शिवपालगंज के चरित्रों के लज्जाजनक पहलुओं के वर्णन में। संक्षिप्त चित्रण की प्रवृत्ति के बावजूद अपने व्यंग्यात्मक स्वर के अनुकूल होने पर श्री शुक्ल अपने यथार्थवाद को सर्वाङ्गीण और जीवन्त बनाने में हिचकिचाते नहीं, ख़ासतौर पर बेहूदगी, मल मूत्र, थुलथुलपन और अश्लीलता के वर्णन में।

"ठण्डक थी, पर उसके माथे पर पसीना आ गया था। वह हाफ़ पैण्ट, कमीज़ और खुले गले का कोट पहने था। हाफ़ पैण्ट बाहर निकले हुए पेट पर से खिसक न जाये, इसलिए उसे पेटी से काफ़ी कसकर बाँधा गया था और इस तरह पेट का क्षेत्रफल दो भागों में लगभग बराबर-बराबर बँट चुका था।" (राग दरबारी, पृ. 111)

"अखाड़े से दो पहलवान झूमते हुए निकले। एक तो बद्री थे, दूसरे छोटे। दोनों की खोपड़ियाँ घुटी थीं। उन पर पसीने की मदद से मिट्टी का पलस्तर-जैसा चढ़ गया था। गरदन पर पीछे की ओर गैण्डे-जैसी झुर्रियाँ। दोनों ने लँगोट की पट्टी आगे हाथी की सूँड़ की तरह लटका ली थी। सँकरी पट्टी के दोनों ओर से संक्षिप्त अण्डकोष ब्रह्माण्ड में प्रदर्शित हो रहे थे। पर जिस तरह कला के नाम पर हेनरी मिलर और डी. एच. लारेन्स की अश्लीलता को माफ़ी मिल जाती है, उसी तरह भारतीय व्यायाम के नाम पर इन दोनों पहलवानों को यह सब दिखाने की छूट मिल गयी थी।" (राग दरबारी, पृ. 237)

यहाँ यथार्थवाद चरित्र चित्रण का नहीं व्यंग्य के शस्त्रागार का एक हथियार है। यह स्वच्छन्दतावाद के नीचे से नमदा खींच लेने और हर उस चीज़, जिसमें कृत्रिम कलात्मकता की गन्ध आती है, को उघाड़ देने के श्री शुक्ल के इरादे का अंग है।

"आज के भावुकतापूर्ण कथाकारों ने न जाने किससे सीखकर बार-बार कहा है कि दुःख मनुष्य को माँजता है। बात कुल इतनी नहीं है, सच तो यह है कि दुःख मनुष्य को पहले फींचता है, फिर फींचकर निचोड़ता है, फिर निचोड़कर उसके चेहरे को घुग्घू-जैसा बनाकर उस पर

दो-चार काली सफ़ेद लकीरें खींच देता है। फिर उसे सड़क पर लम्बे-लम्बे डगों से टहलने के लिए छोड़ देता है।"

दुःख और स्वार्थ की कटु वास्तविकताएँ कला की बकवास के पीछे बड़ी आसानी से छिपा दी जाती हैं। शुक्ल मानते हैं कि गोदान का प्रत्येक पाठक जानता है कि किसान और ज़मीन का रिश्ता कितना पुख़्ता है लेकिन रोमाण्टिक उपन्यास लेखन के वागाडम्बर में उस रिश्ते के भीतर का स्वार्थपूर्ण प्रेरक तत्त्व गुम हो जाता है—

"ये बातें 'गोदान' में इतनी साफ़ नहीं लिखी गयी हैं और बम्बइया फ़िल्मों में—शायद कृश्नचन्दर और ख़्वाजा अहमद अब्बास के डर के कारण—या प्रगतिशीलता के जोश में पचास फ़ीसदी अन्धे हो जाने के कारण या सिर्फ़ जहालत के कारण—साफ़ तौर पर नहीं दिखायी गयी हैं, इसलिए उन्हें ज़रा सफ़ाई से कहना पड़ा, अगर्चे अपने देश में सफ़ाई का काम कलाकारों का नहीं है, फिर भी...।" (राग दरबारी, पृ. 205)

इस तरह के प्रसंग साहित्य की कृत्रिमता के प्रति जागरूकता की ओर संकेत करते हैं। शुक्ल साहित्य की इस कृत्रिमता की याद पाठक को निरन्तर दिलाते रहते हैं। वर्णन से एक सम्पादकीय असंलग्नता अंग्रेज़ी उपन्यास की एक आम बात हो सकती है लेकिन हिन्दी में इस विशेषता के लिए मौलिकता का दावा किया जा सकता है। यहाँ अन्तर्कथाओं का उल्लेख पूर्वोल्लिखित भाषा-रूपों के आत्मसजग सुष्ठु प्रयोग के समानान्तर है। चुनाव जीतने की तीन वैकल्पिक तिकड़मों के बारे में कथा के भीतर कथा कहते हुए श्री शुक्ल बीच में हस्तक्षेप करते हैं—"यह सब सिंहासन बत्तीसी और बैताल पचीसी की कहानियों की तरह हुआ।" (राग दरबारी, पृ. 209) इस तरह वर्णन यथार्थ और युक्ति के बीच चलता है। चरित्रों और उनके व्यवहारों के वर्णनों की समानता प्रायः कहानी, उपन्यास या सिनेमा के फार्मूलों की गढ़ी-गढ़ायी स्थितियों से दिखायी जाती है जैसाकि निम्नलिखित अंश में है जहाँ वैद्य जी और उनके लगातार विद्रोही होते जाते पुत्र रुप्पन के बीच झगड़े के समापन का वर्णन करने के लिए नकारात्मक उपमाओं का इस्तेमाल हुआ है—"रुप्पन बाबू झपटकर बाहर चले गये। वैद्य जी चारपाई के पास चुपचाप खड़े रहे। ऐसे मौक़े पर फ़िल्मी हीरो के बाप की तरह रँभाकर रोये नहीं। अपने भ्रष्टाचार की शिकायत पर कमीशन बैठाये जाने की सूचना पाकर किसी बड़े नेता की तरह उन्होंने यह वक्तव्य नहीं दिया कि पहले भ्रष्टाचार की एक सर्वमान्य परिभाषा निश्चित होनी चाहिए। अपनी रचनाओं की ख़राब आलोचना पढ़कर टेक्स्ट-बुक-कमिटी की कृपा से लखपती बननेवाले किसी साहित्यकार की तरह वे अवज्ञा की हँसी नहीं हँसे। अपने आचरण के विरुद्ध इतनी बड़ी चुनौती सुनकर उन्होंने ऐसा कोई काम नहीं किया। वे चुपचाप खड़े रहे। उनके पेशे में जो सबसे आसान काम था उन्होंने वह तक नहीं किया; अपने मुँह से उन्होंने 'हे राम' तक नहीं निकाला!" (राग दरबारी, पृ. 259)

व्यंग्य और प्रतीक

ग्राम संस्थाएँ, गँजहे, गाँव और ग्राम उपन्यास ये सभी किसी-न-किसी तरह से श्रीलाल जी के व्यंग्य का निशाना हैं। उदाहरण के लिए राजनीति की दुनिया को यहाँ राजनीति का उच्च पद प्राप्त नहीं है। यहाँ वह 'लीडरी', 'नेतागिरी', 'गुटबन्दी' है क्योंकि यहाँ जो लोग यह खेल खेलते हैं वे गुटों और समूहों के नेता और सदस्य हैं, गाँव के घाघ लड़के, पहलवान गुण्डे और उनके चाटुकार हैं न कि विचारधाराओं के उन्नायक। यहाँ तक कि (या विशेषकर)

कॉलेज के प्रिन्सिपल जैसे अधिकारियों के पद भी स्वार्थ के मुनाफ़े की चक्की हैं। (राग दरबारी, पृष्ठ 27) पर एक परिचित उपदेश देता है—"ठाठ से प्रिन्सिपली किये जाइये", लेकिन बाहर से इस दुनिया देखनेवाले रंगनाथ का चरित्र, जो ग्राम जीवन की घटनाओं को देखकर प्रायः स्तम्भित और हताश हो जाता है, शिवपालगंज की अतिविरूपता का सक्षम विकल्प नहीं बन पाता। उपन्यास की एकदम शुरुआत से ही जब उसे शिवपालगंज लानेवाला ट्रक ड्राइवर उसकी जेब हलकी करवा लेता है—यह बाद में आनेवाले व्यापक पैमाने के भ्रष्टाचारों की शुरुआत थी—रंगनाथ एक भोंदू, भोले और अप्रभावी व्यक्ति के रूप में चित्रित है। उसकी शहरी और अकादमिक पृष्ठभूमि और उसकी तथाकथित 'बौद्धिकता' का मखौल उड़ाया जाता है क्योंकि इसे जीवन के किसी उपयोगी काम के अनुपयुक्त माना जाता है। 'किसी भी सामान्य मूर्ख की तरह उसने एम. ए. करने के बाद तत्काल नौकरी नं मिलने के कारण रिसर्च शुरू कर दी थी।' (राग दरबारी, पृ. 50) और उसकी शिक्षा तथा अनुमानित नैतिक श्रेष्ठता वास्तव में कभी किसी प्रभावी कार्रवाई में रूपान्तरित होने में कतई समर्थ नहीं है। कॉलिज में वह ख़ुद को बड़े ढुलमुल ढंग से खन्ना मास्टर के गुट के साथ जोड़ लेता है और अपने ममेरे भाई रुप्पन के साथ एक तरह की मैत्री क़ायम कर लेता है। लेकिन यह सब-कुछ अमूर्त ढंग से किया गया है। वह वास्तविक मुठभेड़ों से बचता है और ख़ुद को वास्तविक स्थितियों से अलग रखता है और अन्ततः वह अन्तरात्मा की एक आवाज़ के प्रबोधन का अनुसरण करता है जो उसे बताती है—

"...अलग से अपनी एक हवाई दुनिया बना लो। उस दुनिया में रहो जिसमें बहुत-से बुद्धिजीवी आँख मूँदकर पड़े हैं। होटलों और क्लबों में। शराबखानों और कहवाघरों में, चण्डीगढ़-भोपाल-बंगलौर के नवनिर्मित भवनों में, पहाड़ी आरामगाहों में, जहाँ कभी न ख़त्म होनेवाले सेमिनार चल रहे हैं। विदेशी मदद से बने हुए नये-नये शोध-संस्थानों में, जिनमें भारतीय प्रतिभा का निर्माण हो रहा है। चुरुट के धुएँ, चमकीली जैकेटवाली किताब और ग़लत, किन्तु अनिवार्य अंग्रेज़ी की धुन्धवाले विश्वविद्यालयों में। वहीं कहीं जाकर जम जाओ, फिर वहीं जमे रहो।" (राग दरबारी, पृ. 333)

रंगनाथ की कमज़ोरी को कुछ गँजहे तो पहचानते ही हैं। रंगनाथ गाँववालों से अपने को श्रेष्ठ मानता है, इससे रुप्पन आहत होता है और उस पर बाक़ी सबको 'काला आदमी ज़मीन पर हगनेवाला' समझनेवाले इंग्लैण्ड पलट की तरह फ़ैसला करने का आरोप लगाता है। उसके शहरी शिष्टाचार के मुलम्मे का बद्री पर कोई असर नहीं है और कॉलिज में खन्ना गुट के ख़िलाफ़ मुख्य ताक़त के इस्तेमाल की वकालत करते हुए वह वैद्य जी को आश्वस्त करता है—"रंगनाथ चाहे जितना गिचिर-पिचिर करे, उसकी फ़िक्र क्या? शहर का आदमी है। सूअर का-सा लेंड़—न लीपने के काम आये, न जलाने के।" (राग दरबारी, पृ. 287)। उपन्यास के अन्तिम पृष्ठ पर जब प्रिन्सिपल खन्ना मास्टर से ज़बरदस्ती इस्तीफ़ा ले लेने के बाद खाली हुई प्राध्यापकी के लिए रंगनाथ से प्रस्ताव करते हैं और रंगनाथ उन्हें झाड़ देता है, प्रिन्सिपल साहब कहते हैं (और कोई अकारण नहीं)—"बाबू रंगनाथ, तुम्हारे विचार बहुत ऊँचे हैं, पर कुल मिलाकर उससे यही साबित होता है कि तुम गधे हो।"

विवरणात्मक तकनीक की दृष्टि से निश्चय ही रंगनाथ का व्यापकतर यथार्थ के साथ एक ज़रूरी जुड़ाव है—"जैसे भारतीयों की बुद्धि अंग्रेज़ी की खिड़की से झाँककर संसार का हालचाल देती है, वैसे ही सनीचर की बुद्धि रंगनाथ की खिड़की से झाँकती हुई दिल्ली के

हालचाल लेने लगी।'' (राग दरबारी, पृ. 69)। लेकिन इस जुड़ाव से शिवपालगंज की संकीर्णता ही रेखांकित होती है। इसके कोई सकारात्मक ध्वन्यार्थ नहीं है। रंगनाथ का भावी बौद्धिकतावाद सुना-सुनाया तथा प्रभाहीन है, यहाँ तक कि उसके अपने शोध विषय इण्डोलाजी के स्रोत सन्दर्भ ग्रन्थ उसे एक ऐसी दुनिया का ग़ुलाम बनाते हैं जो उसकी अपनी वास्तविकताओं से हास्यजनक ढंग से बहुत दूर है—

''हिन्दुस्तानियों ने अपनी पुरानी ज़िन्दगी के बारे में अंग्रेज़ों की मदद से एक विषय की ईजाद की है जिसका नाम इण्डोलॉजी है। रंगनाथ के शोध का सम्बन्ध इसी से था। इण्डोलॉजी के शोधकर्त्ताओं को पहले इस विषय के शोधकर्त्ताओं का शोध करना पड़ता है और रंगनाथ वही कर रहा था।...विण्टरनीत्ज़ बिलकुल नाक के नीचे थे। कीथ पीछे की ओर पायजामे से सटे थे। स्मिथ पैताने की ओर ढकेल दिये गये थे और वहीं उल्टी-पल्टी हालत में राइस डेविड की झलक दिखायी दे रही थी। परसी ब्राउन को तकिये ने ढँक लिया था। ऐसी भीड़-भाड़ में काशीप्रसाद जायसवाल बिस्तर की एक सिकुड़न के बीच औंधे-मुँह पड़े थे। भण्डारकर चादर के नीचे से कुछ सहमे हुए झाँक रहे थे।'' (राग दरबारी, पृ. 88-89)

जब रंगनाथ गाँव के रीति-रिवाज़ों पर फ़ैसले सुनाता है, उसे लगातार चुनौतियाँ मिलती हैं और वह तुरन्त अपनी बात से पलट जाता है। उदाहरण के लिए एक स्थानीय मेले में जब वह पुरातत्त्व की अपनी विशेषज्ञता के आधार पर देवी मन्दिर की मूर्ति को एक सैनिक की धर्मनिरपेक्ष प्रतिमा बताता है।

''पुजारी पूजा कराने और पैसे बटोरने के कारोबार को रोककर पूरी तबीयत से रंगनाथ को गालियाँ देने लगा। उसका मुँह छोटा था, पर बड़ी-बड़ी गालियाँ एक-दूसरे को लाँघती हुई बहुत टूटी-फूटी हालत में बाहर आकर गिरने लगीं। थोड़ी देर में मन्दिर के अन्दर गालियाँ-ही-गालियाँ हो गयीं, क्योंकि भक्तों ने भी पुजारी की ओर से गालियों का उत्पादन शुरू कर दिया था।''

कुछ दूर चलने पर रंगनाथ ने कहा, ''ग़लती मेरी ही थी। मुझे कुछ कहना नहीं चाहिए था।'' (राग दरबारी, पृ. 120)

व्यंग्य सब पर एक ही कूची से कालिख पोतता है। इसका उद्‌देश्य विवेक और मूढ़ता में भेदभाव करना नहीं बल्कि शायद यह दिखाना है कि मूढ़ता सार्वभौमिक है और जैसाकि पुरानी और विश्वव्यापी परम्परा से पता चलता है, जीवन की साधारणता को दिखाने का निश्चितम तरीक़ा है अश्लीलता और गन्दगी के प्रसंग। उपन्यास में मल-मूत्र-विसर्जन के वर्णन शिवपालगंज की किसी सड़क के किनारे कूड़ा-करकट की तरह छितरे हुए हैं। हगना-मूतना केवल शारीरिक क्रियाएँ न रहकर पारम्परिक ग्राम जीवन में मनोरंजनात्मक गतिविधियों के सीमित विस्तार में समाहित हो जाती हैं। तुलना समकालीन बनारसी जीवन-शैली में निपटने-नहाने की भूमिका का नीता कुमार का विश्लेषण। ली सीगल के अनुसार भारत में मल-विसर्जन सम्बन्धी हास्य उस समय विशेष लोकप्रिय होता है जब वह किसी ब्राह्मण के सन्दर्भ में होता है (निश्चय ही ताताचारी जैसे नामों के साथ) शुक्ल भी सभी मानव क्रियाओं में सर्वाधिक शब्दशः बुनियादी इस क्रिया के हास्यपूर्ण और व्यंग्यात्मक पहलुओं के बीच सानन्द विचरण करते हैं। इसके विस्तृत वर्णन के लिए वह भारतीय परिवेश को ख़ास तौर पर अनुकूल मानते हैं—''सच्चे हिन्दुस्तानी की यही परिभाषा है कि वह इन्सान जो कहीं भी पान खाने का इन्तज़ाम कर ले और कहीं भी पेशाब करने की जगह ढूँढ़ ले।'' (राग दरबारी, पृ. 249)

कोई रामदरश मिश्र जैसे आलोचकों से सहमत हो या न हो जिनके अनुसार शुक्ल इन चीज़ों की अति कर देते हैं, यह निजी रुचि का मामला है लेकिन लेखक का मल-विसर्जन और उसके सभी कामों के प्रति लगभग मोहातिरेक (जिसे 'पादने के लिए ही पादना' कहा जा सकता था अगर वाल्टर रेडफर्न ने यह बात पहले ही न कह दी होती) उपन्यास के व्यंग्य का एक असाधारण और एक ऐसा पहलू है जो उसे प्रेमचन्द की पीढ़ी के उपन्यासों के प्रकटतः मलविहीन ग्रामीणों से यथासम्भव दूर कर देता है।

जहाँ निश्चित और स्पष्टतः परिभाषित राजनीतिक निहितार्थ लाया जाता है वहाँ व्यंग्य बोझिल हो सकता है। रूपक बदलने के लिए शुक्ल के व्यंग्य समाज की संरचना के भीतर एक साफ़ चीरा लगाने के उपकरण के रूप में बहुत ज़्यादा भोथरे प्रतीत होते हैं। शुक्ल प्रायः अपने कथावाचन के वर्णनात्मक और व्यंग्यात्मक तत्त्वों के बीच एक कुशल सन्तुलन बनाये रखते हैं लेकिन कुछ असंयमित अंश ऐसे हैं जहाँ उनकी टिप्पणियों की निर्मम वक्र शैली निस्तेज होने लगती है जैसाकि नीचे दिये गये विस्तृत उदाहरण में है–

" 'चमरही' गाँव के एक मुहल्ले का नाम था जिसमें चमार रहते थे। चमार एक जाति का नाम है जिसे अछूत माना जाता है। अछूत एक प्रकार के दुपाये का नाम है जिसे लोग संविधान लागू होने से पहले छूते नहीं थे। संविधान एक कविता का नाम है जिसके अनुच्छेद 17 में छुआछूत ख़त्म कर दी गयी है क्योंकि इस देश में लोग कविता के सहारे नहीं, बल्कि धर्म के सहारे रहते हैं और क्योंकि छुआछूत इस देश का एक धर्म है इसलिए शिवपालगंज में भी दूसरे गाँवों की तरह अछूतों के अलग-अलग मुहल्ले थे और उनमें सबसे ज़्यादा प्रमुख मुहल्ला चमरही था जिसे ज़मींदारों ने किसी ज़माने में बड़ी ललक से बसाया था और उस ललक का कारण ज़मींदारों के मन में चर्म-उद्योग का विकास करना नहीं था बल्कि यह था कि वहाँ बसने के लिए आनेवाले चमार लाठी अच्छी चलाते थे।"

"संविधान लागू होने के बाद चमरही और शिवपालगंज के बाक़ी हिस्से के बीच एक अच्छा काम हुआ था। वहाँ एक चबूतरा बनवा दिया गया था, जिसे गाँधी-चबूतरा कहते थे। गाँधी, जैसा कि कुछ लोगों को आज भी याद होगा, भारतवर्ष में ही पैदा हुए थे और उनके अस्थि-कलश के साथ ही उनके सिद्धान्तों को संगम में बहा देने के बाद यह तय किया गया था कि गाँधी की याद में अब सिर्फ़ पक्की इमारतें बनायी जायेंगी और उसी हल्ले में शिवपालगंज में यह चबूतरा बन गया था। चबूतरा जाड़ों में धूप खाने के लिए बड़ा उपयोगी था और ज़्यादातर उस पर कुत्ते धूप खाया करते थे; और चूँकि उनके लिए कोई बाथरूम नहीं बनवाया जाता है इसलिए वे धूप खाते-खाते उसके कोने पर पेशाब भी कर देते थे और उनकी देखादेखी कभी-कभी आदमी भी चबूतरे की आड़ में वही काम करने लगते थे।" (राग दरबारी, पृ. 103)

ऐसी शैली की सफ़ाई देने के लिए यह सुझाना तो सम्भवतः दूर की कौड़ी लाना होगा कि एक ही 'रस' पर केन्द्रित रहने का औचित्य पारम्परिक सौन्दर्यशास्त्र के सिद्धान्त में बताया गया है। लगभग अखण्डित व्यंग्य और सन्दर्भ की शाब्दिकता इस प्रकट सत्य के विपरीत है कि "समस्त हास्य और काफ़ी बुद्धि से दो धरातलों पर एक साथ सोचने की क़ाबिलियत प्रदान करती है।" वर्णन में लापरवाही के साथ गूँथे गये शुक्ल के गूढ़ व्यंग्य, इस तरह की

गढ़ी गयी स्थितियों के विपरीत है। राजनीतिक परिदृश्य का हिस्सा बने शब्दाडम्बरपूर्ण दिखावे के ख़ालीपन की ओर किये गये संकेत ख़ास तौर पर प्रभावशाली हैं। उदाहरण के लिए रंगनाथ विनोबा भावे के भूदान आन्दोलन के प्रति नाममात्र की श्रद्धा के चलते भूदानी कुरता पहनता है, सालिडैरिटी आन्दोलन के बिल्ले का सांस्कृतिक पर्याय। ये बिल्ले 1980 के दशक में इंग्लैण्ड के समाजवादी के लिए ज़रूरी फ़ैशन थे; बाद में भूदानी नमस्कार में यह संकेत फिर लौटा है लेकिन इस बार बिलकुल विपरीत प्रभाव के साथ। उपन्यास में सर्वत्र चरित्र चीज़ों के नाम को बहुत महत्त्व देते हैं इस व्यर्थ आशा में कि एक तरह की पुनर्व्याख्यायित नाम सेवा में इन नामों के उच्चारण से सपने साकार किये जा सकते हैं। शिवपालगंज के एक जाने-माने ठाकुर दूरबीनसिंह का यह नाम उनके माता-पिता ने इस उम्मीद में रखा था कि "उनका लड़का हर काम वैज्ञानिक ढंग से करे।" (राग दरबारी, पृ. 53)। सरकारी पदनाम जैसे एम.एल.ए. (स्थानीय उच्चारण में ए मे ले) लगभग रक्षा कवच जैसा महत्त्वपूर्ण है। नाममात्र के लिए विचारों का अनुसरण वैद्य जी सरीखे लोगों की ख़ासियत है जो वैश्य कन्या बेला से अपने पुत्र बद्री के विवाह के लाभ को देखते हुए कुछ देर के लिए अन्तर्जातीय विवाहों के सामाजिक फ़ायदों के क़ायल हो गये थे।

समीक्षक और समीक्षाएँ

इस पुस्तक के अनेक मुख्य विषयों में निस्सन्देह एक है वास्तविक परिवर्तन की असम्भाव्यता तथा परिवर्तनकामी संस्थाओं की व्यर्थता निस्सारता। प्रकट सामाजिक विकास अथवा आर्थिक विकास हमेशा किसी-न-किसी बुराई के स्थानापन्न में वैसे ही बदल जाता है जैसे गाँव के लड़के कौड़ियों के बजाय ताश के पत्तों से जुआ खेलना सीख लेते हैं और क्षेत्र में सबसे ज़्यादा फैली बीमारी के रूप में दस्त की जगह बवासीर ले लेती है। इस तरह के विषयों की प्रधानता के कारण राग दरबारी के आलोचक मानते हैं कि उपन्यास का सरोकार प्राथमिक रूप से गिरते हुए मानक, और मासूमियत का ग़ायब होना है। निम्नलिखित फ़ैसला आलोचकों के दृष्टिकोण का प्रतिनिधि प्रतीत होता है (हालाँकि यहाँ एक कामचलाऊ सर्वेक्षण हो पाया है) "लेखक ने बड़े बेबाक ढंग से वर्णन किया है कि किस तरह आधुनिक भ्रष्ट राजनीति ने गाँवों के सरल जीवन को नष्ट किया है और ग्रामीणों के बीच विचित्र क़िस्म के विश्वासों और मान्यताओं को जन्म दिया है।" "शुक्ल समाज के पूँजीवादी और सामन्ती ढाँचे के प्रति अपना विद्रोह अभिव्यक्त करते हैं...(और) पारम्परिक तथा उन प्रगतिशील मूल्यों के प्रति अपना रुझान प्रदर्शित करते हैं जो समाज का विवेकसंगत रूपान्तरण कर सकते हैं।" "शुक्ल ने पुरानी व्यवस्था चरमरा जाने के बाद के एक भारतीय ग्राम का...मूल्यों और परम्परा पर छलबल की निर्मम विजय का प्रभावपूर्ण चित्रण किया है।" एक अभिशाप, जो शहरों में पहले ही फैल चुका है, अब गाँवों को अपनी चपेट में ले रहा है, "यह अभिशाप है चरित्र का संकट...लेकिन हास्यपूर्ण व्यंग्य के आधिक्य से लेखक का यह मूल दृष्टिकोण धुँधला हो गया है।" "कोई कम-से-कम यह आशा तो कर ही सकता है कि उपन्यास पढ़ने के बाद कुछ रंगनाथ, कुछ गयादीन और कुछ लंगड़ रोशनी की दिशा में चल पड़ने की प्रेरणा पायेंगे।" इस तरह के रवैये उपन्यास पर इस बात का बहुत अनुचित दबाव डालते हैं कि वह सामाजिक सुधार के प्रचार साहित्य अथवा कम-से-कम कुछ निश्चित सैद्धान्तिक उद्देश्यों के वाहक के रूप में रहे। लगता है आलोचकों ने यह पुस्तक स्वयं आविष्कृत अथवा आज़ादी के पहले

के उन आदर्शवादी दिनों के सीमित एजेण्डा के साथ पढ़ी है जो प्रगतिशील लेखक संघ द्वारा साहित्य की सामाजिक उपयोगिता के बारे में प्रस्ताव किये जाने के साक्षी हैं।

विविधता की जो सम्भावनाएँ पश्चिमी उपन्यासकारों को स्वभावतः प्राप्त हैं, पारम्परिक प्रतिमानों से तनिक भी दूर हटनेवाला हिन्दी उपन्यासकार उनसे वंचित कर दिया जाता है। उपन्यास लेखन के बारे में अपने रवैये को शुक्ल ख़ुद स्पष्ट करते हैं कि, "राग दरबारी लिखते समय मेरे पास दो विकल्प थे—या तो मैं इसे एक क्रुद्ध नौजवान की दृष्टि से लिख सकता था जो कि मैं नहीं था अथवा मैं इसे एक ऐसे साक्षर, गँवार के नज़रिये से लिख सकता था जो सनीचर, रुप्पन बाबू, प्रिन्सिपल साहब आदि के तौर-तरीक़ों का आदी था, जो मैं था।'

राग दरबारी के मध्य तक पहुँचकर शुक्ल गाँव के एक नाई द्वारा सनीचर के बाल कटवाने का वर्णन करते हैं—

"दुकान कहीं नहीं थी और सब जगह थी। गर्द-भरी कच्ची सड़क के किनारे नीम का एक पेड़ था। उसी के नीचे नाई बोरा बिछाकर बैठा था। उसके आगे एक ईंट गड़ी हुई थी। ईंट के ऊपर सनीचर न बैठा था, न खड़ा था, सिर्फ़ था।" (राग दरबारी, पृ. 184)

कोई आलोचक राग दरबारी को सहज ढंग से सर्वप्रथम और सर्वोपरि एक व्यंग्य रचना मानने को तैयार नहीं दिखता। वे यह मानने में हिचकिचाते हैं कि इसका रुझान विशेष रूप से इस ओर या उस ओर नहीं है, बल्कि वह बस 'है'। यह सुझाव देना स्पष्टतः अवास्तविक होगा कि यह व्यंग्य राजनीतिक और सामाजिक व्याख्या से दूर है लेकिन इसकी अपनी सोद्‌देश्यता तो है ही और शुक्ल के व्यंग्य को किसी विशेष प्रयोजन का साधक मानकर उसे एकांगी रूप से पढ़ना उसके आनन्द और सार को काफ़ी-कुछ नष्ट कर देगा। वस्तुतः यह मुद्‌दा विवादास्पद प्रतीत होता है कि क्या व्यंग्य किसी चीज़ के बारे में होना भी चाहिए।

यह उपन्यास गाँव के जीवन की प्रत्यक्षतः सटीक व्याख्या के साथ-साथ सामान्यतः मानव जीवन का भी समान रूप से सटीक प्रतिबिम्ब है। हमारी राजनीति चाहे जो हो, हम सब गन्दगी फैलाते रहते हैं (मलोत्सर्गी हैं)। अपने एजेण्डा में राजनीतिक सरोकारों को इतने ऊपर रखनेवाले आलोचक शुक्ल की वह प्रशंसा करने में असफल रहते हैं अपनी रचना की मौलिकता के लिए जिसके वह अधिकारी हैं। 1947 के बाद आये मोहभंग और असहायता के मनोभाव हिन्दी लेखकों ने प्रायः संवाद टूटने के सन्दर्भ में चित्रित किये हैं। हर्ष का विषय है ऐसा लेखक पाना जो हवा के ख़िलाफ़ रास्ता पकड़ रहा है और उन्हीं ऊर्जाओं का इस्तेमाल एक एकदम अलग दिशा में जाने के लिए कर रहा है। यह ऐसा ही है जैसे किसी मध्यकालीन कवि ने पारम्परिक सौन्दर्यशास्त्र की मिथ्या शपथ लेकर एक नये स्थायी भाव के रूप में भड़ैती को अंगीकार किया।

राग दरबारी रंगनाथ के शिवपालगंज आगमन के साथ शुरू होता है। रंगनाथ जिसे गाँव की शान्ति की तलाश थी और जिसे वहाँ बदलचनी और वाक्छल के साँप की बाँवी मिली थी। उपन्यास अस्तित्व के रोज़मर्रा के संघर्ष में मानव व्यवहार की अपरिवर्तनीयता का चित्रण करता है। चीज़ें जितना बदलती हैं उतनी ही वे यथावत् रहती हैं। जीवन की जटिलताएँ और अस्पष्टताएँ किसी सरलीकृत वर्गीकरण द्वारा रोकी नहीं जा सकतीं, पाठक को अन्त में जैसे यही याद दिलाने को कृतसंकल्प श्रीलाल शुक्ल उपन्यास का अन्त सांस्कृतिक बहुलता के एक ऐसे बिम्ब के साथ करते हैं जिसमें किसी भी चीज़ का हल नहीं है।

"इसके बाद वार्त्ता में गतिरोध पैदा हो गया। मदारी, जहन्नुम में जाने के बजाय वहीं पर ज़ोर-ज़ोर से गाने लगा था और उसकी डुगडुगी अब एक नयी ताल पर बज रही थी। कुछ दूरी पर कुछ कुत्ते दुम हिलाते, कमर लपलपाते भूँक रहे थे। लड़के घेरा बाँधकर खड़े हो गये थे। दोनों बन्दर मदारी के सामने बड़ी गम्भीरता से मुँह फुलाकर बैठे हुए थे और लगता था कि ये जब उठेंगे तो भरतनाट्यम् से नीचे नहीं नाचेंगे।"

अनुवाद : वन्दना मिश्र

राग दरबारी : लोकप्रियता का समाजशास्त्र

मुद्राराक्षस

उपन्यासों के हिन्दी संसार में प्रेमचन्द के बाद जिन कुछ कृतियों ने ख्याति कमायी है उन पर दुबारा एक नज़र डालना रोचक अनुभव होता है। पिछले दस-पन्द्रह बरस छोड़ दें तो इनकी तादाद बहुत ज़्यादा नहीं है पर साहित्य में उनकी ख़ासी जगह है, जैसे—'झूठा सच', 'आधा गाँव', 'मैला आँचल', 'अमृत और विष', 'तमस', 'धरती धन न अपना', झीनी झीनी बीनी चदरिया', 'एक टुकड़ा इतिहास' या फिर 'राग दरबारी'। 'धरती धन न अपना' या 'एक टुकड़ा इतिहास' जहाँ बिलकुल ही उपेक्षित हुए वहाँ 'झूठा सच', 'तमस' या 'आधा गाँव' ने अपने दबंग विचारों के कारण बड़ी पहचान बनायी। 'मैला आँचल' बुनियादी तौर पर विद्यापति के गीतों की जैसी संवेदना और गीतात्मकता से चमत्कृत करता है, पर 'राग दरबारी' इन सबसे अलग है। मुख्यतः वह व्यंग्य लेखों का एक ऐसा संकलन है जिसमें कुछ नाम या व्यक्ति हर व्यंग्य लेख में एक ही हैं। पर इसकी स्वीकृति व्यंग्य लेख संग्रह के रूप में नहीं, उपन्यास के रूप में हुई। इसे अपूर्व लोकप्रियता भी मिली।

निस्सन्देह जिस भाषा संस्कार से यह किताब लिखी गयी है, वह अपने-आप में अकेला है। हिन्दी के प्रारम्भिक इतिहास में हास्य-व्यंग्य की परम्परा ख़ासी लम्बी है पर भाषा के स्तर पर वह अपने मानक नहीं बना सकी। उसके बहुलांश पर कहीं उर्दू के हास्य-व्यंग्य की छाया बनी रही थी। लम्बे अरसे बाद हरिशंकर परसाई ने ज़रूर व्यंग्य का एक कारगर मुहावरा ईजाद किया। परसाई एक बात में बहुत स्पष्ट थे। वे व्यंग्य करना चाहते थे, हास्य या प्रहसन में उनकी रुचि बिलकुल नहीं थी। चूँकि वे व्यंग्यकार थे इसलिए रघुवीर सहाय की तरह वे सक्षम सामाजिक टिप्पणियाँ करते थे। रघुवीर की कविता और परसाई के व्यंग्य की ये टिप्पणियाँ कहीं वर्तमान समाजशास्त्र का सटीक जनपक्षीय खुलासा करती थीं। इस अर्थ में दोनों की ही रचनाओं में वर्तमान इतिहास की एक कालजयी पड़ताल है।

'राग दरबारी' में जिस व्यंग्य शिल्प का इस्तेमाल किया गया है उसकी कुंजी संस्कृत हास्य या प्रहसन की परम्परा है। संस्कृत साहित्य में हास्य या प्रहसन का कोना काफ़ी बड़ा है। वह चतुर्भाणी हो या भगवदज्जुकीयम् या फिर संस्कृत नाटकों में प्रहसन के अंश। उनमें एक कुलीन और शास्त्रीय भाषा संस्कार है। पर संस्कृत व्यंग्य की एक शास्त्रीय सीमा भी है जो समूचे वाङ्मय में हमेशा ही अक्षत रखी गयी है। संस्कृत कवि राजा, राजसत्ता या राजव्यवस्था पर कभी व्यंग्य नहीं करता। वह राजा के साले पर व्यंग्य कर सकता है, पुरोहित या न्यायाधीश पर व्यंग्य कर सकता है। साहूकारों या स्त्रियों पर व्यंग्य कर सकता है पर राजा या देवता को इस दायरे से बाहर रखता है। बहुत निरामिष हास्य देवता को लेकर ज़रूर है पर राजा को लेकर वह भी नहीं। हाँ, व्यंग्य 'नीच' माने जानेवाले समाज पर बहुत खुला है। मृच्छकटिकम् में जुआरी या गाड़ीवान या बौद्ध भिक्षु पर व्यंग्य ख़ूब किये गये हैं। पर इसी

प्रहसन में अत्याचारी राजा के विरुद्ध व्यंग्य ग़ायब है। यह शास्त्रीय आदेश के तहत होता था। कालिदास के अभिज्ञानशाकुन्तलम् में मछुओं की रोज़ी तक पर राजपुरुष सीधा व्यंग्य करते हैं। मछुआ जब कहता है कि मछली मारता है तो राजपुरुष व्यंग्य करते हैं, "कितना उम्दा पेशा है!"

इसकी तुलना में 'राग दरबारी' से कुछ ऐसे वाक्य देखें : "चमार एक जाति का नाम है जिसे अछूत माना जाता है। अछूत एक प्रकार के दुपाये का नाम है।" 'राग दरबारी' में व्यंग्य के जोश में संस्कृत की उस शास्त्रीय परम्परा का सावधानी से पालन किया गया है जिसमें राजा व्यंग्य की परिधि में कभी नहीं आता और हर छोटा आदमी उसी से घिरकर पिटता है।

संस्कृत में व्यंग्य का आधार ही है विकृत अंग। आदमी अन्धा, लँगड़ा, अपाहिज हो, वह संस्कृत के शास्त्रीय व्यंग्य का प्रिय पात्र होता है। यह महज़ संयोग नहीं है कि 'राग दरबारी' का बेहद हास्यास्पद चरित्र एक लँगड़ा है। लँगड़े व्यक्ति की उपन्यास में मौजूदगी संस्कृत शास्त्रीयता का ही दबाव है। 'गाँव में छोटेपन की छटा छायी थी', 'एक काली-कलूटी औरत सिर पर गन्दी-सी पोटली' इत्यादि ऐसे ही व्यंग्य हैं। एक और वाक्य यहाँ उद्धृत करना ज़रूरी है : ये बातें 'गोदान' में इतनी साफ़ नहीं लिखी गयी हैं और बम्बइया फ़िल्मों में शायद कृश्न चन्दर और ख़्वाजा अहमद अब्बास के डर के कारण या प्रगतिशीलता के जोश में पचास फ़ीसदी अन्धे हो जाने के कारण...!

यह बयान इस 'सच्चाई' से सम्बन्धित है कि किसान आम तौर पर दूसरे का खेत हड़पने-हथियाने पर आमादा रहता है और दूसरे की फ़सल की चोरी करता है और चीख़ता है कि उसकी अपनी फ़सल की चोरी हुई। वह बैठता अपनी मेंड़ पर है और अपने जानवरों को दूसरे के खेत में चरने को छोड़ देता है। यह संयोग से इस उपन्यास में गम्भीर टिप्पणीवाला व्यंग्य है जो लेखक के बयान के तौर पर सामने आया है।

श्रीलाल शुक्ल का 'राग दरबारी' मुख्यतः एक व्यंग्यप्रधान उपन्यास माना जाता है, जिसमें शिवपालगंज नाम के एक 'गाँव' की कहानी है। वैसे जिस तरह वहाँ इण्टर कॉलेज से लेकर पुलिस थाना तक है, उसे देखकर इस शिवपालगंज को गाँव क्यों कहा गया है, मैं नहीं जानता। कुल तस्वीर देखने पर यह एक क़स्बा ज़रूर लगता है। पर यह गाँव ही बताया गया है और एक ऐसा गाँव जिसमें 'मकोय' का पेड़ इतना बड़ा होता है कि उसके नीचे लंगड़ अँगोछा बिछाकर बैठा आराम करता है। आम तौर पर गाँवों में ही नहीं, क़स्बों और शहरों में भी मकोय के पौधे उगते हैं, जिनमें रसभरी जैसे खट्टे-मीठे, अरहर के दाने जितने छोटे लाल या काले फल उगते हैं और ये पेड़ मौसम के साथ समाप्त हो जाते हैं। क़द में ये एक से डेढ़ फीट होते हैं। ज़्यादा बड़ा पेड़ ऊँचा न होकर अपने चारों ओर फैल जाता है, क्योंकि डालें बहुत रसीली और मुलायम होती हैं। पर निश्चय ही शिवपालगंज एक ऐसा गाँव है जहाँ थाना है, चौकी नहीं। थाने में छोटे-बड़े दारोग़ा और बन्दूक़धारी सिपाही हैं। वहाँ कोऑपरेटिव सोसाइटी और बीज भण्डार भी है जहाँ गाँववाले ट्रक से ले जाकर गेहूँ रखते हैं। इण्टर कॉलेज तो है ही। फिर भी वह गाँव ही है। इस देश के गाँव क्या होते हैं, कैसे होते हैं इसकी एक उम्दा (?) तस्वीर इसमें मिलती है। यह एक ऐसा तथ्य है जिसे इस उपन्यास के स्वरूप और चरित्र के आकलन के समय ध्यान में रखना होगा।

'राग दरबारी' खुद अपने अन्तः साक्ष्य से भी एक गाँव की कहानी है और इसी रूप में विख्यात भी है। इस समूची कथा का एक तटस्थ गवाह है रंगनाथ, जो शहर में पढ़ता है और कुछ दिनों के लिए गाँव आया हुआ है। कथा के केन्द्र एक वैद्य जी हैं, जिनकी हैसियत एक ज़मींदार जैसी है। उनके आदमी से थाना भी दबता है और वे सहकारी समिति, पंचायत और कॉलेज की प्रबन्ध समिति को लेकर छल-बल के प्रयोग के लिए जाने जाते हैं। इस गाँव में कुछ और लोग भी हैं जैसे शायर भीखमखेड़वी, बेटे से पिटते रहनेवाले कुसहरप्रसाद, वैद्य जी के बेटे, उनका चमचा या सेवक सनीचर, प्रिन्सिपल और कुछ अध्यापक। कुल मिलाकर यह रचना आज के समाज में व्याप्त मर्यादा भ्रंश या मोटे शब्दों में भ्रष्टता का दस्तावेज़ है। इसी के रूप में 'राग दरबारी' उपन्यास लोकप्रिय भी हुआ है।

भ्रष्टता की केन्द्रीय घटनाएँ हैं—शिक्षकों का घोर अशिक्षित होना, प्रिन्सिपल का उतना ही अशिक्षित होकर वैद्य जी की सेवा में रहना, पुलिस का अपराधी पकड़ने में हास्यास्पद हरकतें करना (गोकि इस गाँव में एक भी अपराध समूचे घटनाक्रम में घटित नहीं होता), किसी लड़की का गुप्त प्रेम, सहकारिता समिति में ग़बन और कॉलेज की प्रबन्ध समिति के चुनाव में धाँधली। यह धाँधली भी ख़ासी मासूम-सी है। एकाध लड़के देशी पिस्तौल से धमकाते भर हैं। लगभग चार सौ पृष्ठों के इस वृहदाकार दस्तावेज़ में भ्रष्ट आचरण की इन घटनाओं के अतिरिक्त शेष लेखक की टिप्पणियाँ हैं। 'व्यंग्य' की ज़्यादा बड़ी जगह से टिप्पणियाँ ही घेरती हैं और इनमें भी काफ़ी बड़ी जगह गू-मूत या हगने-मूतने की क्रियाएँ ले लेती हैं। उदाहरण के लिए एक ही पृष्ठ का ब्यौरा देखें : "आबादी लगभग पचास गज़ पीछे छूट गयी थी और वह वीरान इलाक़ा शुरू हो चुका था, जहाँ आदमी पाखाना तक कर सकता था...कई बच्चे सड़क के दोनों किनारों पर बैठे हुए पाखाना कर रहे थे...बहुत-सी प्रौढ़ और तजुर्बेकार महिलाएँ भी उसी मतलब से बैठी थीं...लकदक कमरे में कमोड पर बैठे हुए कब्ज़ियत...महिलाएँ पाखाने की कार्यवाही को स्थगित कर...कुछ बच्चे ढेला फेंकने और दूसरे नैसर्गिक काम के साथ...कुछ उसी हालत में उठकर...औरतें सड़क के किनारे पहले की तरह..." इतने ज़िक्र इकट्ठा सिर्फ़ पच्चीस पंक्तियों के एक पैरा में हैं। ठीक ऐसे ही मुहावरे भी बहुत बड़ी संख्या में मिलेंगे, मसलन : 'पानी में हगा', 'अंगारे हगेगा', 'गू खाय तो हाथी का', 'पेशाब से चिराग़ जलता है'; 'खाकर हग देते हैं', 'स्थान-विशेष में पाखाना तक नहीं', 'चिड़िया मूत दे तो उफना चलेगा', 'हमारा पेशाब पतला नहीं', 'पेशाब से पैदा', 'कुतिया हगासी' इत्यादि। संयोग से इन सुभाषितों को खोजने के लिए कोई मेहनत नहीं करनी पड़ती।

जो भी हो, शिवपालगंज नाम के इस गाँव में भ्रष्टता है, उसे सम्भवतः दो के पतनशील इतिहास के प्रतीक के रूप में पेश किया गया है। कोई गाँव निश्चय ही भ्रष्टता का स्वायत्त टापू नहीं हो सकता। या तो वह सारे सामाजिक इतिहास का एक कालपात्र होना चाहिए या फिर उसके समग्र स्वरूप का आईना। दोनों के नज़रों से यह दस्तावेज़ नाकाफ़ी है। देश में व्यवस्था भ्रंश के नाम से पिछले कुछ दशकों में ही नहीं, सदियों में जो कुछ सड़ता रहा है, उसका आकार बहुत विराट् है। उसमें ऋग्वेद का 'पिता दुहितुर्गर्भमाधात' भी है और पुराणों के अहल्या प्रसंग भी हैं। घिनौने अत्याचारों की शास्त्रसम्मत परम्परा भी है और धर्म के नाम से सन्द्र पाये निन्दनीय कर्मकाण्ड भी। इस इतिहास में राम का नाम लेकर हज़ारों आदर्श मार डाले जाते हैं और पत्थर की मूर्तियाँ बाक़ायदा दूध पीती हैं। इसी में रजवाड़ों के ऐशगाह भी

हैं और सामन्तों के बर्बर पागलपन के ऐतिहासिक नमूने भी। मूँघड़ाकाण्ड भी होता है और प्रतापसिंह कैरों का दिव्योदय भी।

निश्चय ही यह उम्मीद अनुचित नहीं है कि भ्रष्ट तन्त्र के इस दस्तावेज़ में ज़रूर कुछ प्रामाणिक होना चाहिए पर वह है क्या? वह भ्रष्टता जो टाल्सटाय के 'पुनरुत्थान' कुप्रिन के 'यामा द पिट' या ऐसी ही अन्य विख्यात कृतियों के केन्द्र में है, क्या 'राग दरबारी' का सरोकार है? क्या इसमें वह विरूप है जो भारती के 'सूरज का सातवाँ घोड़ा' में है?

यहाँ यह बात स्वीकार करनी चाहिए कि किसी रचना की पड़ताल करते वक़्त इस बात पर ज़ोर देना सही नहीं होता कि उसमें अमुक चीज़ नहीं है। निश्चय ही यह लेखक की स्वायत्तता है कि वह अपनी रुचि का विषय चुने या जिसे चाहे छोड़ दे बशर्ते कि इसके पीछे उसकी नीयत में खोट न हो। पर कोई तब क्या कहे जब मूल्यांकित कृति के लेखक ने खुद कई बार, कई तरह से, विचारणीय रचना में ही घोषणा की हो कि इसमें यह सब है और वही सब खोजना मुश्किल हो जाये? मसलन जैसा मैंने पहले कहा कि लेखक इसे गाँव की कहानी बताता है और वस्तुतः किसी क़स्बे या छोटे शहर की गाथा चित्रित करता है। शिवपालगंज गाँव बताया जाता है पर वहाँ गाँव नहीं, एक पूरी तहसील मौजूद मिलती है। जहाँ थाना या डाकबँगला या इण्टर कॉलिज है, वह बार-बार गाँव क्यों कहा गया? वह भी ऐसा गाँव जहाँ मकोय का पौधा इतना कद्दावर हो कि उसके नीचे कोई अंगोछा बिछाकर आराम कर सके?

किताब का एक और दावा, किताब में ही मौजूद है। महाभारत के बारे में कहा जाता रहा है कि जो कहीं नहीं, वह महाभारत में है और जो इसमें नहीं है, वह कहीं नहीं। "रंगनाथ को शिवपालगंज के बारे में लगने लगा कि महाभारत की तरह जो कहीं नहीं है, वह यहाँ है और जो यहाँ नहीं है, वह कहीं नहीं है।"

यह नवीन महाभारत क्या सचमुच देश के समाज की दुर्दशा का प्रतीक है? अगर है तो कथाभूमि गाँव क्यों है, शहर क्यों नहीं है? क्या शहर की तुलना में गाँव ज़्यादा गन्दा, गलीज और पतित है? उपसंहार के तौर पर उपन्यास के अन्त में एक पलायन संगीत भी है।

उपन्यास के गवाह रंगनाथ को उपन्यासकार सारी कथा सुना चुकने के बाद सम्बोधित करता है, "तुम मँझोली हैसियत के मनुष्य हो और मनुष्यता के कीचड़ में फँस गये हो। तुम्हारे चारों ओर कीचड़-ही-कीचड़ है!...कीचड़ में कीचड़ ही पनपता है...यहाँ से पलायन करो...भागो, भागो, भागो..."

"रंगनाथ समझ गया कि यह वही तेली है जो शहर में ख़रीदे हुए मशीन के तेल को कोल्हू में पेरा हुआ शुद्ध सरसों का तेल कहकर देहात में बेचता है।"

उक्त दोनों उदाहरण एक ही स्थान, एक ही पृष्ठ से हैं। जहाँ 'देहात' का आदमी मशीन का तेल लाकर सरसों के तेल के नाम से बेचता है। उस कीचड़ से दूर हट आने की सलाह विचारणीय है। रंगनाथ शहर में रहता पढ़ता है। वहाँ न उसकी अन्तरात्मा को कोई ख़ास गड़बड़ दिखायी दी और न ही वह उसे 'कीचड़' कहकर उससे भागता हुआ देहात आया था। कीचड़ से उसका सामना गाँव आकर ही हुआ। यह कीचड़ उसे गाँव में दिखी जहाँ लेखक के ही शब्दों में 'छोटेपन की छटा छायी' है। लेखक ख़ुद कहता है कि इस गाँव के अन्दर जो भी हो रहा है, वह देश में होनेवाले सब-कुछ की अलामत है। क्या इसका सन्देश यह है

कि देश बहुत ठीक-ठाक होता अगर देहात इतने गन्दे न होते? देहातों की गन्दगी अन्ततः देश का बलतोड़ बन गयी?

उपन्यास में शहर की थोड़ी-सी छवियाँ हैं, मसलन अदालत है, अफ़सर भी हैं, अप्रत्यक्ष रूप से एकाध नेता भी हैं। पर अदालत गन्दी है तो इसलिए कि ''बरामदे में कुत्तों की तरह नागरिक लेटे हुए थे...देह पर गन्दे...कपड़े...मैले-कुचैले बढ़ी हुई दाढ़ियोंवाले...बीड़ी पीते हुए या गन्दे दाँतों के पीछे तम्बाकू का चूरा...''

यहीं एक बूढ़ी औरत 'उल्लू' की तरह आँखों से संसार को देख रही है जिसके दोनों बेटे बीमार हैं और फ़सल काटनेवाला कोई नहीं।

प्रहसन यह है कि जिस औरत के दोनों बेटे बीमार हैं और उसे कचहरी आना पड़ा है उसकी आँखें 'उल्लू' जैसी हैं। ऐसे व्यंग्य समूचे उपन्यास में हैं और सच यह है कि ऐसे ही व्यंग्य ज़्यादा हैं। ऐसे ही व्यंग्य इस उपन्यास का अभिप्राय लगते हैं...वह काली-कलूटी औरत सिर पर एक गन्दी-सी पोटली रखे हुए...निश्चय ही 'किसी को' इस दृश्य पर हँसने की सामग्री मिलती होगी। इस देश में गोरी-सुन्दर स्त्रियाँ कम हैं, 'काली-कलूटी' औरतें ज़्यादा हैं। बहुराष्ट्रीय कम्पनी के चमकीले बकसे नहीं, 'गन्दी पोटलियाँ' लेकर चलनेवाली औरतें दिखती हैं। ज़रूर इस दृश्य पर हँसी आती होगी, पर किसे? कौन हँसता है इस दुनिया पर?

अष्टावक्र के कूबड़ और टेढ़े अंगों को देखकर राजा जनक हँसे थे। पता नहीं राजाओं के कूबड़ होता है या नहीं! वे काने या अपाहिज होते हैं या नहीं! संस्कृत साहित्य में प्रायः किसी अपंग राजा का ज़िक्र नहीं है धृतराष्ट्र को छोड़कर। धनंजय ने अपने सिद्धान्त ग्रन्थ 'दशरूपक' में विस्तार से यह बताया है कि नायक 'मधुर, त्यागी, दक्ष, मीठा बोलनेवाला, उच्चकुलीन, युवा, सुन्दर होता है और इसी किताब में हास्य के लिए टेढ़े-मेढ़े, विकृत अंगों-वाले व्यक्तियों को निशाना बनाने का आदेश है। रामकथा की दासी कुबड़ी है। कथा से बहुत-कुछ ध्वनि यह भी निकलती है कि कुबड़ी थी इसलिए उसे धूर्त तो होना ही था।

वशिष्ठ धर्मसूत्र के अनुसार शूद्र गन्दे, अपवित्र, आलसी, कलह करनेवाले, उचक्के, चोर और लोभी होते हैं। यह संयोग नहीं है कि ब्राह्मण काव्यशास्त्र और धर्मशास्त्र के दृष्टिकोण से ही गाँव की कीचड़ देखी गयी है। उसमें चमार दुपाया होता है, ग़रीब औरत काली-कलूटी होती है, ग़रीब बूढ़ी की आँखें घुग्घू-जैसी होती हैं। इसीलिए इस उपन्यास में घटिया बात कहनेवाले को 'कमीनेपन की बात कहते' दिखाया गया। कमीना शब्द शूद्र के लिए प्रयुक्त होता है। समूचे उत्तरी भारत में शूद्र 'कमीने' कहे जाते हैं। सर्वत्र ख़राब काम करनेवाले आदमी को नीच, चमार या कमीना कहकर सम्बोधित करते हैं, क्योंकि उनकी मानसिकता होती है सारे अपरूप और गन्दगी का प्रतीक शूद्र होता है। शहरी बाबू-संस्कृति में गाँव भी बहुत-कुछ इसी अर्थ में देखा जाता है। इसी समाज ने 'गँवार और गँवारूपन' जैसे शब्द दिये हैं। इसी समाज ने 'देहाती' शब्द को मूर्ख, अपढ़, अज्ञानी और पिछड़ेपन का समानार्थक बना दिया। इसी समाज ने छन्द रचे–ख़ूब मिलायी जोड़ी, एक अन्धा एक कोढ़ी। इस समाज के लिए तपेदिक तो राज रोग होता है और कुष्ठ रोग उपहास का पात्र। इसी समाज ने बौने व्यक्ति को प्रहसन बना दिया। 'राग दरबारी' में ऐसा प्रहसन (या व्यंग्य) उसी तरह जगह-जगह पाया जा सकता है जैसे इसमें कहीं भी, किसी भी पृष्ठ पर विष्ठा या मूत्र मिलेगा। यह बात थोड़ा हैरान करती है कि अगर विकृत अंग फटेहाल, मैले कपड़ोंवाले असहाय लोगों की 'हास्यास्पद'

शक्लें और विष्ठा की प्रचुरता से व्यंग्य का रिश्ता है तो यह हरिशंकर परसाई में कहीं क्यों नहीं है? सामाजिक सड़न और नैतिक पतन मनुष्य के भेद से प्रकट होता है तो निश्चय ही व्यंग्य की अर्थवत्ता पर पुनर्विचार करना होगा।

इस देश में सामाजिक मूल्यों का भ्रंश नया नहीं है। शिवपालगंज में बेटे के हाथों पिटनेवाला कुसहरप्रसाद अनोखा चरित्र नहीं है। मगध के राजा बिम्बसार को उनके पुत्र ने क़ैद करने के बाद मार ही डाला था। विजयनगर के राजा विरूपाक्ष द्वितीय को भी उसके बेटे ने ही मार डाला था। महाराजों और सामन्तों की निकृष्ट यौन वृत्तियों पर इस सदी में बहुत किताबें लिखी गयी हैं। यौन और आर्थिक लुच्चेपन की बड़ी-बड़ी गाथाएँ इस सदी में भी विख्यात हुई हैं। पर इत्तफाक़ से 'राग दरबारी' इनमें से किसी को भी केन्द्र नहीं बनाता। अदालत, पुलिस, प्रशासनिक सेवा और शासन के नेतृत्व में व्यंग्य लायक़ बहुत-कुछ है। 'राग दरबारी' लिखे जाने से पहले भी इनके काण्ड चर्चित हुए थे। प्रतापसिंह कैरों तब तक हो चुके थे। ख़ुद उत्तर प्रदेश में चन्द्रभानु गुप्त जैसी चर्चित हस्तियाँ थीं। क्या कारण है कि देश में मर्यादा भ्रंश पर लिखे गये इस 'महाभारत' में अपंग, ग़रीब, लाचार अथवा विष्ठा को हँसी का पात्र बनाया गया? सामन्त, सेठ, कोतवाल, लाट साहब या नेता इस प्रहार की सीमा से पूरी तरह बाहर हैं?

दरअसल यह उपन्यास उन लोगों को बल और विश्वसनीयता दिलाने का प्रयास है, जिनसे सामाजिक भ्रंश की नदी फूटती है और सैलाब बनती जाती है। 'राग दरबारी' उन्हें निर्द्वन्द्व करने का एक प्रयत्न है। इस उपन्यास को बड़ी स्वीकृति, सहर्ष मान्यता और उदार समर्थन वही समाज देता है, जो भ्रंशजीवी है। उसके लिए यह देखना सुखद होता है कि गन्दा तो गाँव है, घृणित तो लूले, लँगड़े, अपाहिज, काले-कलूटे और बदसूरत लोग हैं।

दिल्ली में जब पहली बार महेन्द्र सिंह टिकैत ने किसानों की पंचायत की थी तो किसान वहाँ रुके भी थे। अगले हफ़्ते खुशवन्त सिंह ने अपने कालम में यह नहीं लिखा कि किसानों को क्या चाहिए। उन्होंने आपत्ति की थी कि किसान एक सुन्दर बग़ीचे (बोट क्लब) को गन्दा कर गये। यही 'राग दरबारी' है।

गाँव की इस कहानी में एक और बड़ी विशेषता है। इसमें बहुत-से पात्र हैं जैसे लंगड़, जोगनाथ, कुसहर, सनीचर इत्यादि पर इनके घर वहाँ कहाँ हैं, कैसे हैं, बाक़ी पारिवारिक सदस्यों की तस्वीर क्या है, यह सब अनुपस्थित है। यह अनुपस्थिति इसलिए है कि ये सब-के-सब साँचेवाले चरित्र हैं। मूर्ख का साँचा है, झगड़ालू का साँचा है, झूठे और लुच्चे का साँचा है, दरिद्र का साँचा है और ये सारे साँचे पहले से ही कटे-कटाये हैं। क्लासिकी व्यंग्य की यह अनिवार्य आवश्यकता होती है। वह साँचों पर चल सकता है और व्यक्तियों की बनी-बनायी ईंटों से ही खड़ा हो सकता है। वह पहले से विरूप पत्थर में तराशकर नहीं निकाला जा सकता। यह तराशने का काम प्रेमचन्द, टाल्सटाय, मार्क्वेस या रैल्फ़ एलिसन करते हैं। परसाई का व्यंग्य भी इसीलिए क्लासिकी परम्परा में खपता नहीं, क्योंकि परसाई को कटे पाँववाले आदमी या पत्तलों से जूठन बीनते हुए व्यक्ति पर हँसी नहीं आती। उन्हें हँसी उन पर आती है जिन्होंने वहाँ पत्तल फेंकी हो, जूठन सहित। जो पत्तल फेंकते हैं आख़िर वे ही क्यों नहीं उसकी जूठन बटोरकर पहले ही खा लेते? परसाई का व्यंग्य यह देखता है इसीलिए वह व्यंग्य का नया इतिहास-दर्शन खड़ा करता है।

'राग दरबारी' में दरिद्र पात्र बहुत हैं पर उनमें से किसी के 'घर' की तस्वीर उसमें नहीं है, वैद्य जी को छोड़कर। आख़िर क्यों? कृषि पर टिप्पणी है पर उस तथाकथित गाँव में न तो कोई खेत जोतता, बोता, काटता दिखता है और न ही अपने पशुओं के आसपास दिखता है। इसके चरित्रों के घर और निजी ज़िन्दगी उस प्रहसन की अनिवार्य ज़रूरत नहीं है जो किसी को भी मनुष्य के रूप में नहीं, ऐसी आकृति की तरह देखना पसन्द करती है, जिसके विरूप पर हँसा जा सके।

कुल मिलाकर इस उपन्यास 'राग दरबारी' की टिप्पणी क्या है? यह क्या कहना चाहता है? वस्तुतः यह रचना यह ध्वनि देती है कि बड़े श्रेष्ठितन्त्र, उद्योग-व्यापार, धार्मिक पूजाडम्बर, अन्धविश्वास फैलाकर लूटनेवाले धर्म और परमार्थतन्त्र, राजनीतिक शिखर की व्यवस्था, राजाओं-महाराजाओं की दुनिया से नीचे गाँवों में छोटेपन की छटा में रहते समाज में गड़बड़ी है, ऊपर नहीं। लोग गन्दे कपड़े पहनना, दूसरों के खेत में जानवर चराना, अपंग, कुरूप और काले-कलूटे होना छोड़ दें तो कीचड़ समाप्त होगी, कीचड़ पैदा होना बन्द होगी, कमल खिलेंगे। साहित्य में अज्ञेय, जैनेन्द्र आदि से लेकर विद्यानिवास मिश्र और निर्मल वर्मा तक का जो भी रचनाकल्प है वह कीचड़ से इसी तरह का सुलूक करता है और इत्तफ़ाक़ नहीं है कि उनका 'कमल' जब उगता है तो एक धर्मान्ध राजनीतिक तन्त्र की ही छवियाँ लेकर। वह सब्ज़ी बेचनेवाले में बुराई देखता है या सब्ज़ी उगानेवाले में, सब्ज़ीमण्डी के दलालों में नहीं। 'राग दरबारी' इसी पक्ष का लेखन है। देश के किसी भी हर्षद मेहता या कल्पनाथ राय को यह उपन्यास पसन्द आयेगा। यह उपन्यास उन्हें भी ख़ुश करता है, जिन्हें उत्तर प्रदेश के प्रशासनिक अधिकारियों के संगठन ने सर्वाधिक भ्रष्ट की उपाधियाँ दी थीं। यह पुलिस महानिदेशक को भी पसन्द आयेगा और माफ़िया दाऊद इब्राहीम को भी। यह उपन्यास इनमें से किसी के लिए न तो कोई टिप्पणी करता है और न कोई ख़तरा पैदा करता है। अन्ततः इस उपन्यास की यह एक बड़ी उपलब्धि है कि कद्दावर, क्रूर, लुटेरे, अमानुषिक और भ्रष्ट समुदाय को चैन की साँस लेने का अवसर देता है और उन्हें आश्वस्त करता है कि उनके पाप चिन्तनीय नहीं हैं, कीचड़ तो गाँव-गाँव फैली हुई है। संयोगवश ही व्यवस्था के कुकर्मी को अपने-आप में निरापद करने का यह एक बड़ा रचनात्मक प्रयास बन गया है और यही इसकी व्यवस्था में लोकप्रियता का भी राज है। इस तरह 'राग दरबारी' सचमुच एक दरबारी गायन है। ●

राग दरबारी : मध्यवर्गीय बोध की सीमाओं के बावजूद

जानकी प्रसाद शर्मा

नयी कहानी के दौरान हिन्दी पाठक गाँव की एक ख़ास तरह की छवि को देखने का अभ्यस्त हो चुका था। वह गाँव हमारी रूढ़ और बद्धमूल धारणाओं का एक फीका प्रतिबिम्ब था जिसे देखकर या तो निश्चेष्ट करुणा जागती थी या निरुद्देश्य आक्रोश। यह बात निश्चय ही उन कथा-रचनाओं के बारे में नहीं कही जा रही है जिनमें गाँव को एक निरपेक्ष इकाई के तौर पर नहीं बल्कि इस पूँजीवादी-अर्द्धसामन्तीय व्यवस्था के एक हिस्से के बतौर चित्रित किया गया है और जिनमें भूमि-सम्बन्धों के बदलते हुए स्वरूप की सही और प्रामाणिक समझ है। कहने की ज़रूरत नहीं कि उस दौर में उन कथा-रचनाओं की बहुलता रही है जिनमें यह समझ नदारद है। उपन्यास विधा के क्षेत्र में इस प्रवृत्ति की रचनाओं के लिए आंचलिक उपन्यास शब्द रूढ़ हो गया। इस दौर में 'राग दरबारी' (1968) गाँव का एक भिन्न ख़ाका—एक अलग छवि लेकर सामने आया। इसमें स्थितियों और चरित्रों को हमारे अभ्यास से जुदा एक भिन्न कोण से देखा गया है और शायद इसी से समूचे उपन्यास में व्यंग्य की वह स्पिरिट बहुत ही पुरज़ोर अन्दाज़ में पैदा हो गयी है जो ग्रामीण परिवेश में व्याप्त सहजता और लोकचातुर्य के द्वन्द्व के बीच से सामाजिक यथार्थ के अनेक स्तरों को खोलती चली जाती है। यहाँ व्यंग्य सिर्फ़ कहानी कहने के ढंग में ही नहीं है, बल्कि घटना-स्थितियों के सूक्ष्म अवलोकन की दृष्टि में व्यंग्य का तेवर निहित है। यह तेवर एक क्षण हमें परिहास की मुद्रा में ला देता है और दूसरे ही क्षण हमारी चिन्ता को उन कारणों की तलाश में सक्रिय कर देता है जो इस विडम्बना या विसंगति के मूल में विद्यमान है। ज़ाहिर है कि इन कारणों की तलाश करते हुए हमारा बोध शिवपालगंज की हदों को पार कर आज की व्यवस्था के मूल चरित्र से जुड़ जाता है। यानी श्रीलाल शुक्ल ने हास-परिहास और मनोविनोद के रहते हुए यथार्थ के साक्षात्कार के लिए ज़रूरी रचनात्मक विवेक नहीं छोड़ा है जो कि व्यंग्य में गम्भीरता का एहसास पैदा करता है। अपनी इसी ख़ूबी की वजह से यह व्यंग्य की अन्तःशक्ति से सम्पन्न एक बेजोड़ औपन्यासिक कृति है।

व्यंग्य और खीज (Scolding) में फ़र्क़ करने की ज़रूरत है। जहाँ व्यंग्य करते हुए रचनाकार को यह इल्म नहीं है कि वह किसके पक्ष में है और किसके ख़िलाफ़, उसकी व्यंग्य-दृष्टि का लक्ष्य कौन है और वह इसके माध्यम से यथार्थ के किस पहलू को उजागर करना चाहता है, तब उसकी संवेदना एक खीज और फटकार के सिवा कुछ नहीं होगी। याने वह ग़लत को तो कुछ-कुछ जानता है, पर सही क्या है, यह उसकी समझ से बाहर की चीज़ है। इसलिए हर नकार को व्यंग्य नहीं कहा जा सकता है। इस दृष्टि से 'राग दरबारी' उपन्यास बहुत हद तक आश्वस्त करता है। लेकिन जिस तरह उपन्यास के आरम्भ में ट्रक ड्राइवर बण्टासिंह क़त्ले-आम का लाइसेन्स लेकर सड़क पर निकलता है उसी तरह श्रीलाल शुक्ल

किसी को भी धराशायी किये बिना नहीं रहते। कभी-कभी वैद्य जी, प्रिन्सिपल, खन्ना मास्टर मालवीय और रंगनाथ के साथ एक जैसा सुलूक करते हैं—बहरहाल।

यह उपन्यास अनेक छोटी-छोटी व्यंग्य-कथाओं का समुच्चय जान पड़ता है। ख़ूबी यह है कि एक स्थिति का चित्रण करते हुए किसी पुरानी नज़ीर या दृष्टान्त के तौर पर व्यंग्य की एक दूसरी उपकथा की सृष्टि कर दी गयी है। अन्त तक यही ताना-बाना चलता रहता है। मूल-स्थिति में व्यंग्य की तीव्रता उत्पन्न करने के मक़सद से छोटे-छोटे व्यंग्यों की शृंखला आयोजित की गयी है। कई बार ऐसा लगता है कि कुछ दृष्टान्त एक व्यंग्य-रचना के रूप में अपनी स्वतन्त्र इयत्ता रखते हैं। मसलन गाँव सभा का चुनाव होता है। रामाधीन भीखमखेड़वी के भाई के ख़िलाफ़ सनीचर महिपालपुरवाली तरकीब से जीतता है। मूलकथा के बीच चुनाव जीतने की तीन तरकीबें गिनायी गयी हैं—एक रामनगरवाली, दूसरी नेवादावाली और तीसरी महिपालपुरवाली। उपन्यास से अलग करके देखने पर भी इन तीनों उपकथाओं को हम एक समग्र व्यंग्य-रचना कह सकते हैं। इसका मतलब यह क़तई नहीं है कि मूलकथा के सन्दर्भ में इनकी मौजूदगी असंगत और अनपेक्षित है। ये तीनों मिसालें अपने-अपने ढंग से बुर्जुआ जनतन्त्र में चुनाव-प्रणाली की विसंगतियों और खोखलेपन को उजागर करती हैं, और चुनाव में तुलनात्मक रूप से योग्य प्रत्याशी की विजय को असम्भव बना देनेवाली परिस्थितियों पर तीखा व्यंग्य करती हैं। शासक वर्गों की दृष्टि में जनतन्त्र की अवधारणा भी इनके ज़रिये सामने आती है। लिहाजा प्रत्येक सन्दर्भ उपन्यास की आन्तरिक संरचना के अभिन्न और ज़रूरी हिस्से के रूप में अवतरित हुआ है। कई जगह यह देखा गया है कि 'राग दरबारी' के कुछेक घटना-सन्दर्भों को लेकर लेखक की व्यंग्य-क्षमता की प्रशंसा की गयी है। यह धारणा रचना की आवयविक एकता के ख़िलाफ़ जा पड़ती है। यहाँ व्यंग्य एक-दो विवरणों में नहीं, बल्कि समूचे उपन्यास में व्यग्य की स्पिरिट की अन्तर्व्याप्ति है।

'राग दरबारी' में एक गाँव के परिवेश को केन्द्र में रखकर देश के राजनीतिक परिदृश्य, न्याय-प्रणाली, नौकरशाही, शिक्षा-व्यवस्था, पुलिस आदि व्यवस्था के विभिन्न रूपों को बेहद हृदयग्राही और दिलचस्प तरीक़े से एक्सपोज़ किया गया है। यह गाँव है शिवपालगंज। जहाँ किसी-न-किसी अंश में और किसी-न-किसी स्तर पर वह सब-कुछ घटित होता है जो शेष देश में घटित हो रहा है। उपन्यास में गाहे-ब-गाहे यह याद दिलायी जाती रही है कि जो शिवपालगंज में है वही सारे मुल्क में है। वैद्य जी ने विज्ञानों के सन्दर्भ में कहा भी है, ...शिवपालगंज की दीवारों पर चमकनेवाले विज्ञापन कोई मामूली चीज़ नहीं हैं। ये बाहर अख़बारों में छपते हैं और इस तरह जो शिवपालगंज में है, वही बाहर अख़बारों में है।' (राग दरबारी, पृ. 62) इसी तरह प्रिन्सिपल और अपने पिता वैद्य जी की सुनियोजित साज़िशों से उद्विग्न होकर रुप्पन को यह कहना पड़ता है कि 'सारे मुल्क में यह शिवपालगंज ही फैला हुआ है।' (राग दरबारी, पृष्ठ 319)

शिवपालगंज का ख़ाका खींचते हुए लेखक ने इस गाँव की छवि में विस्तार भी किया है और संकोच भी। एक ओर वह शिवपालगंज को देश का पर्याय होने की हद तक विस्तार देता है तो दूसरी ओर वह बड़े ही कटाक्ष के साथ यह बताने में भी नहीं चूकता कि असली शिवपालगंज वैद्य जी की बैठक में है। शिवपालगंज और इसके आसपास जो भी घटित हो रहा है, वह वैद्य जी की आकांक्षाओं का व्यक्त रूप है। ज़मींदारी प्रथा कहने के लिए ख़त्म हो गयी है लेकिन वह वैद्य जी के व्यक्तित्व में और शिवपालगंज के परिवेश में आज भी जीवित

और अक्षुण्ण है। शिवपालगंज का इतिहास वैद्य जी के इतिहास के संग जुड़ा हुआ है। अंग्रेज़ों के ज़माने से लेकर अब तक वे इस गाँव को अपनी इच्छा और सुविधा के मुताबिक़ आकार देने में जुटे रहे। उनके व्यक्तित्व की गरिमा को उनके बेटे रुप्पन के इस कथन की ज़मीन से समझा जा सकता है—"ऐसा मैनेजर पूरे मुल्क में न मिलेगा। सीधे के लिए सीधे और हरामी के लिए खानदानी हरामी।" शिवपालगंज में एक संस्था है—छंगामल विद्यालय इण्टर कॉलिज। वैद्य जी इसके मैनेजिंग डाइरेक्टर 'थे, हैं और रहेंगे।' उपन्यास की मुख्य कथा इसी संस्था के प्रबन्ध से जुड़ी है। उपन्यास के घटना-विन्यास की यह विशेषता है कि वैद्य जी के हज़ार-हज़ार हाथों के कारण हर क्रियाकलाप सहज ही उनसे और स्वभावतः इस संस्था से जुड़ जाता है। वैद्यक से लेकर प्रजातन्त्र तक के नये-नये प्रयोग इसी संस्था के परिसर में किये जाते हैं।

शिवपालगंज के सीमित परिवेश के प्रतीकात्मक आयामों पर दृष्टिपात करते हुए कई अहम् मुद्दे उभरकर सामने आते हैं। सबसे पहले हमारा ध्यान इस मुद्दे पर जाता है कि हमारे गाँव अभी सामन्तवाद के अवशेषों की गिरफ़्त में कसमसा रहे हैं। आज़ादी के बाद के तमाम बदलावों के बावजूद गाँव के ढाँचे में कोई मूलगामी परिवर्तन नहीं हुआ है। वे परिस्थितियाँ अभी बरक़रार हैं जिनमें सामन्तीय मूल्यों के पनपने की पूरी गुंजाइशें हैं। जातीय आधार भी उतना ही मज़बूत बना हुआ है। वैद्य जी ब्राह्मण हैं। मैनेजर के चुनाव के दौरान ठाकुर बलराम सिंह अपनी लाठी की ताक़त से वैद्य जी को चुनाव जिताते हैं। गाँव से जुड़ी हुई तमाम संस्थाओं और निकायों पर वैद्य जी या उनके कृपा पात्रों का एकाधिकार है। सरकारी मुलाज़िम व्यवहार में वैद्य जी की मर्ज़ी के ग़ुलाम हैं। बड़े-से-बड़ा वह दुष्कृत्य भी अपराध नहीं है जो वैद्य जी के पक्ष में जाता है। हर वह लम्पट और अपराधी एक सम्माननीय व्यक्ति है जो वैद्य जी के दरबार से जुड़ा है। इसी तरह कॉलेज में भी मास्टर मोतीराम जैसे शिक्षक आटे की चक्की से आपेक्षिक घनत्व समझाने की विलक्षण शैली अपनाते हैं वे, उन्हें प्रिय हैं। जबकि खन्ना मास्टर और मालवीय-जैसे शिक्षक उनकी आँख की किरकिरी हैं, जो अपने जनतान्त्रिक अधिकारों के प्रति सचेत हैं। निजी विवेक और अन्तःकरण की हत्या करके ही कोई वैद्य जी को प्रिय हो सकता है। इस दरबारी राग में सबसे अधिक प्रभावी और अनुगूँज भरा स्वर है कॉलेज के प्रिन्सिपल का।

व्यवस्था के तन्त्र पर सामन्तीय अवशेषों की छाया का सबसे सशक्त उदाहरण जोगनाथ ठग की घटना से स्पष्ट होता है। वैद्य जी के एक प्रतिद्वन्द्वी रामाधीन के घर डाके की चिट्ठी आती है। पुलिस टीला नामक स्थान पर डाकुओं की सरगर्मी के साथ तलाश शुरू कर देती है। वहाँ किसी गड्ढे में जोगनाथ ठग शराब पिये पड़ा हुआ है। सिपाही तो वैद्य जी और जोगनाथ के सम्बन्धों से सुपरिचित थे किन्तु दारोग़ा नया था। उसने जोगनाथ को गिरफ़्तार करने का आदेश दे दिया। सिपाहियों ने 'मानवतावादी दृष्टिकोण' पेश करते हुए कहा कि इसे हवालात कैसे भेजा जा सकता है? वैद्य जी का आदमी है। दारोग़ा की समझ में सिपाहियों का 'मानवतावादी दृष्टिकोण' तुरन्त आ गया। यह प्रसंग मौजूदा दौर में सम्पत्तिशाली वर्गों की छाया में पनप रहे अपराधों की याद दिलाता है। जोगनाथ के सन्दर्भ में ऐसा ही फिर होता है। गयादीन की चोरी के मामले में उसे गिरफ़्तार कर लिया जाता है। तब जोगनाथ की गिरफ्तारी से पुलिस को लेकर वैद्य जी का मोहभंग हुआ। यहाँ लेखक का रिमार्क द्रष्टव्य

है—"पर आज पहली बार वैद्य जी को इस शाश्वत सत्य में सन्देह हो रहा था कि पुलिस जो करती है, ठीक ही करती है।" (राग दरबारी, पृष्ठ 172-173) पर इस शाश्वत सत्य पर वैद्य जी के पुनः विश्वास क़ायम होने में भी ज़्यादा देर नहीं लगी। जोगनाथ को वैद्य जी ने बरी करा लिया और वैद्य जी की ताक़त पर उसने दारोग़ा पर मानहानि और खेती के नुकसान का मुक़दमा दायर कर दिया। विवश होकर दारोग़ा को गाँव के तथाकथित प्रधान सनीचर के इजलास में आना पड़ा। सनीचर का दारोग़ा के प्रति यह कथन बड़ा अर्थपूर्ण है : "चलिये, चलना तो उसी दरबार में है।" (राग दरबारी, पृष्ठ 282) इस कथन से लेखक एक ऐसी परिस्थिति को मूर्त कर देता है जो व्यवस्था के कमज़ोर और जर्जर आधारों को उनके वास्तविक रूप में अपने भीतर समोये हुए है। दारोग़ा अपनी फ़रियाद लेकर वैद्य जी की भंग घोंटनेवाले सनीचर के पास जाता है। यह व्यंग्य तन्त्र पर सामन्तीय गिरफ़्त के साथ-साथ व्यवस्था के कितने ही रूपों की एक साथ क़लई खोल देता है।

'राग दरबारी' में भ्रष्टाचार को नैतिक और सामाजिक रूप से उचित ठहरानेवाली निम्न पूँजीजीवी मानसिकता को अनेक घटना-प्रसंगों के माध्यम से प्रतिबिम्बित किया गया है। वैद्य जी, प्रिन्सिपल, रामाधीन हों या पुलिस और तहसील के कर्मचारी—नैतिकता, सत्य और धर्म के सबके अपने-अपने मे'यार हैं। लंगड़ को अपने खेत की नक़ल चाहिए। वह नक़ल क्लर्क को रिश्वत देने की स्थिति में कभी नहीं आ पाता। आश्वासनों की निरर्थकताओं को समझने के बावजूद वह कभी निराश नहीं होता। उसके भीतर अदम्य जिजीविषा है और बिना रिश्वत दिये नक़ल प्राप्त करने का आत्मविश्वास। "...लंगड़ कहता था, धरम से नकल लूँगा। बाबू कहता था, धरम से नकल दूँगा। फिर भी लड़ाई चल रही थी।" (राग दरबारी, पृष्ठ 36) किन्तु धर्म के मे'यार दोनों के अलग-अलग हैं। यहाँ रामाधीन के अफ़ीम व्यापार का प्रसंग भी उल्लेखनीय है। रामाधीन उस वर्ग का प्रतिनिधित्व करता है जो अपने काले धन्धों के अनुरूप क़ानून बनवाने की शक्ति रखते हैं। रामाधीन का चरित्र सार-तत्त्व में वैद्य जी से भिन्न नहीं है। फिर भी उसके भ्रष्टाचार की भिन्न पद्धति उसके चरित्र को विशिष्ट बना देती है। श्रीलाल शुक्ल ने इस विशिष्टता को इस विवरण के साथ लक्षित किया है—

'अफ़ीम के कारोबार में अच्छा पैसा आता था और दूसरे व्यापारियों से इसमें ज़्यादा स्पर्द्धा भी नहीं रखनी पड़ती थी। इस व्यापार में सिर्फ़ एक छोटी-सी यही ख़राबी थी कि यह क़ानून के ख़िलाफ़ पड़ता था। उसका ज़िक्र आने पर बाबू रामाधीन अपने दोस्तों में कहते थे, "इस बारे में मैं क्या कर सकता हूँ? क़ानून मुझसे पूछकर तो बनाया नहीं गया था।" (राग दरबारी, पृष्ठ 44)

भ्रष्टाचार को एक नैतिक मूल्य के रूप में प्रतिष्ठित करने में वैद्य जी की सबसे अहम् भूमिका है। वैद्य जी के जीवन-व्यवहार का हर पहलू एक ख़ास तरह की सामाजिक विसंगति को उजागर करता है। कोऑपरेटिव यूनियन में ग़बन को लेकर वे एक विशिष्ट मनोवृत्ति का परिचय देते हैं। यूनियन पर उनका क़ब्जा है। रामसरुप सुपरवाइज़र यूनियन में ग़बन कर लेता है। इसके सदस्यों की एक बैठक होती है। इसमें वैद्य जी ने एक प्रस्ताव रखा है। रंगनाथ की जिज्ञासा शान्त करने के लिए वैद्य जी ने बताया कि सुपरवाइज़र ने जो हमारी आठ हज़ार रुपये की हानि की है उसकी पूर्ति के लिए सरकार अनुदान दे। विचित्र स्थिति है कि उनके संकेत पर चलनेवाली यूनियन में हुए अपराध को लेकर वे कहीं भी अपनी जवाबदेही अनुभव

नहीं करते बल्कि इसकी क्षतिपूर्ति के लिए उलटे सरकार से अनुदान की अपेक्षा करते हैं। लेखक जैसे बहुत ही बेबाकी के साथ यह बता देता है कि देखो, व्यवस्था के दोष सहकारी संस्थाओं में स्वतः कैसे पैदा हो जाते हैं। ग़बन को लेकर वैद्य जी की बड़ी ही दिलचस्प और अतार्किक धारणा सामने आती है। ग़बन के औचित्य को लेकर वे एक सुव्यवस्थित तर्क खड़ा कर देते हैं। यहाँ तक कि एक सहकारी संस्था की प्रतिष्ठा के लिए ग़बन का होना निहायत ज़रूरी है। "जिस सहकारी यूनियन में ग़बन न निकले, उसको सन्देह से देखना चाहिए।" (राग दरबारी, पृष्ठ 293) यहाँ महज़ कुछ प्रसंगों को उठाया गया है। उपन्यास की समूची अन्तर्वस्तु में व्यक्तिगत स्वार्थ और जनहित के द्वन्द्व को ही प्रमुखता मिली है।

'राग दरबारी' में राजनीतिक दायरा गाँव तक सीमित है। कॉलिज, कोऑपरेटिव यूनियन, गाँव-सभा आदि कुछ गिनी-चुनी जगहें हैं, जहाँ राजनीति के लिए एक तैयार ज़मीन मौजूद है। इतने सीमित दायरे के बावजूद राजनीति के अपेक्षाकृत व्यापक परिदृश्य को संकेतों में उभारने की कोशिश यहाँ मिलती है। घटनाओं की ऐसी प्रस्तुति की गयी है कि सकारात्मक राजनीति के बजाय राजनीतिक अधःपतन पर ज़्यादा बल पड़ गया है। यहीं लेखक की राजनीतिक समझदारी का सवाल भी उठ खड़ा होता है। एकबारगी ऐसा प्रतीत होता है कि श्रीलाल शुक्ल की समझ सर्वनिषेधवादी है। वर्गीय चरित्र के आधार पर सही और ग़लत राजनीति में फ़र्क़ करनेवाली दृष्टि ही यहाँ नदारद है। इस राय के औचित्य को जानने के लिए ज़रा एक-दो अंशों पर नज़र डालना ज़रूरी है। खन्ना मास्टर को लेकर प्रिन्सिपल बहुत क्षुब्ध दिखायी देते हैं। यहाँ वैद्य जी राजनीति के कुछ मौलिक सिद्धान्तों को सूत्रबद्ध करते हैं–

"विरोधी से भी सम्मानपूर्ण व्यवहार करना चाहिए। देखो न, प्रत्येक बड़े नेता का एक-एक विरोधी है। सभी ने स्वेच्छा से अपना-अपना विरोधी पकड़ रखा है। यह जनतन्त्र का सिद्धान्त है। हमारे नेतागण कितनी शालीनता से विरोधियों को झेल रहे हैं। विरोधीगण अपनी बात बकते रहते हैं और नेतागण चुपचाप अपनी चाल चलते रहते हैं। कोई किसी से प्रभावित नहीं होता। यही आदर्श विरोध है। आपको भी यही रुख़ अपनाना चाहिए।" (राग दरबारी, पृष्ठ 40)

दूसरे, "इन्सानियत का प्रयोग शिवपालगंज में उसी तरह चुस्ती और चालाकी का लक्षण माना जाता था जिस तरह राजनीति में नैतिकता का।" (राग दरबारी, पृष्ठ 83)

पहले उद्धरण के सिलसिले में एक निष्कर्ष तो यह निकलता है कि इसे एक पात्र का कथन ही माना जाये, लेखक की राय नहीं। लेखक एक वास्तविकता को अभिव्यक्ति देने के लिए अनेक परस्पर विरोधी स्थितियों का चित्रण कर सकता है। लेखक की राय को एक कथन या स्थिति-विशेष से नहीं जोड़ देना चाहिए। लेकिन यहाँ एक बात ग़ौरतलब है कि एक पात्र (वैद्य जी) के इस कथन के अलावा समूचे घटना-क्रम के माध्यम से लेखक की अपनी राय तो ज़ाहिर होनी चाहिए, जो कि नहीं होती। अतः संसदीय जनतन्त्र में राजनीतिक विरोध को लेकर यह एक कामचलाऊ समझ ही कही जा सकती है।

दूसरे उद्धरण में भी राजनीति को बहुत-कुछ अमूर्त ही रखा गया है। यह मान लिया गया है कि हर प्रकार की राजनीति में छद्म नैतिकता का समावेश है।

यहीं लेखक की सम्बद्धता का सवाल भी उठता है। माना कि व्यंग्य-उपन्यास में सभी पात्रों पर थोड़े-बहुत छींटे पड़ना स्वाभाविक है, लेकिन लेखक की सहानुभूति का पक्ष तय होना चाहिए। वह जिसके प्रति सहानुभूति रखता है उसके चरित्रांकन में भी व्यंजकता और वक्रता उत्पन्न किये बग़ैर नहीं रहता पर वह उन्हें उपहास का पात्र नहीं बनने देता। लेखक इस

पतनशील व्यवस्था के शिकार लंगड़, खन्ना मास्टर और मालवीय के साथ है या वैद्य जी और उसके महिमा-मण्डल के साथ? लगता है कि वह सभी को एक लाठी से हाँक रहा है। वह सबके प्रति व्यंग्य की एक-सी संहारक मुद्रा अपनाये हुए है। नक़ल-प्रसंग को ही लें। लोग लंगड़ से नक़ल के बहाने तफ़रीह लेते हैं। यह तफ़रीह हास-परिहास में तो इज़ाफ़ा करती है लेकिन व्यंग्य के पैनेपन को ख़त्म करती है और उसे भोंथरा बनाती है। इसी तरह आटे की चक्की की मिसाल से आपेक्षिक घनत्व समझानेवाले मास्टर मोतीराम और वैद्य जी व प्रिन्सिपल के विरोधी खन्ना मास्टर के कैरीकैचर में कोई तात्त्विक भेद नहीं है। दोनों की समान रूप से खिल्ली उड़ायी गयी है। खन्ना मास्टर को लेकर कहा गया है कि वे परीक्षोपयोगी कुंजियाँ, 'जेबी जासूस' नामक पुस्तकमाला के कुछ पुष्प, 'कल्याण' नामक धार्मिक पत्रिका और गुलशन नन्दा के उपन्यास अलमारी में रखते थे। "खन्ना मास्टर इतिहास पढ़ाते थे और यह साहित्य पढ़ते थे।" (राग दरबारी, पृष्ठ 313) यहाँ वैद्य जी और प्रिन्सिपल पर वार होना चाहिए पर व्यंग्य की दुधारी तलवार उलटकर खन्ना मास्टर पर वार कर देती है। यह वही खन्ना मास्टर है जो वाइस प्रिन्सिपल बनने का पात्र है और इस संघर्ष के चलते अन्ततः अपनी नौकरी से इस्तीफ़ा देने के लिए विवश कर दिया जाता है। एक ओर उसका उत्पीड़न दिखाया जा रहा है दूसरी ओर उसकी योग्यता और रुचियों का उपहास किया जाता है।

लेकिन हमें लेखक के पक्ष को तय करने की जल्दबाज़ी नहीं करनी चाहिए। सम्बद्धता का सवाल लेखक के बयानों और घोषणाओं से नहीं सुलझाया जा सकता। एक लेखक किसी शोषित वर्ग के पात्र के बारे में पक्षधरता की अनेक घोषणाएँ कर सकता है किन्तु उसका जीवन्त और विश्वसनीय चरित्रांकन न कर पाये तो यह सब निरर्थक है। देखना चाहिए कि वे पात्र पाठक की सहानुभूति अर्जित कर पाते हैं या नहीं? 'राग दरबारी' पढ़ने के बाद हम स्वयं को किसके पक्ष में पाते हैं? कौन हमें इस सामाजिक प्रक्रिया में हस्तक्षेप के लिए उकसाता है? शायद खन्ना, मालवीय और लंगड़-जैसे लोग।

शिवपालगंज की अराजकतापूर्ण स्थिति से जूझने और हस्तक्षेप करने में शिक्षित मध्यवर्ग की सीमाओं की ओर भी अनायास हमारा ध्यान जाता है। यह वर्ग शोषित-पीड़ित जन-समुदाय और व्यवस्था के अन्तर्विरोधों के हल सैद्धान्तिक स्तर पर सहज ही निकाल लेता है। उसके मस्तिष्क में हर समस्या का एक तैयारशुदा समाधान है। सामाजिक परिस्थिति के उसके द्वारा किये गये आकलन तथा वस्तुस्थिति में कोई तालमेल नज़र नहीं आता। जब वह स्वयं उस प्रक्रिया का जीवन्त हिस्सा बनता है तब उसके सरलीकृत निष्कर्षों की निरर्थकता स्वतः उद्घाटित होने लगती है। ऐसे में इस वर्ग के सामने दो ही रास्ते रह जाते हैं या तो वह जो है, उससे बेहतर की प्राप्ति के लिए चल रही जद्दोजहद में शामिल हो जाये या पलायन करे।

रंगनाथ के सम्बन्ध में इस तरह के अनेक सवाल उठते हैं। उपन्यास का सम्पूर्ण घटना-व्यापार शिवपालगंज में रंगनाथ के आगमन और पलायन की घटना के बीच कोष्ठक-बद्ध है। रंगनाथ बड़े ही नाटकीय ढंग से शिवपालगंज में आता है। 'कुछ ही दिनों में रंगनाथ को शिवपालगंज के बारे में ऐसा लगने लगा कि महाभारत की तरह जो कहीं नहीं है, वह यहाँ है और जो यहाँ नहीं है, वह कहीं नहीं है।' प्राच्यविद्या का शोधार्थी रंगनाथ लोगों की चेतना में व्याप्त जड़ता और इस जड़ता को बरक़रार रखनेवाले हालात से रू-ब-रू होता है। अब तक उसकी स्थिति एक तटस्थ दर्शक की तरह है। लेकिन शीघ्र ही लंगड़ की जीवट और जुझारू वृत्ति रंगनाथ को उसकी काहिली का एहसास करा देती है। लेखक का यहाँ स्पष्ट संकेत है कि लंगड़-जैसे सर्वहारा वर्ग के लोग ही मध्यवर्ग में संघर्ष की चेतना को उद्बुद्ध

कर सकते हैं। रंगनाथ के रूप में शहरी मध्यवर्ग का एक विशिष्ट स्तर सामने आता है। वह लंगड़ के इतिहास से प्रभावित होता है और भावुक होकर सोचता है कि 'कुछ करना चाहिए' लेकिन यह नहीं जानता कि 'क्या करना चाहिए?' लगता है लेखक मध्यवर्ग से इससे ज़्यादा की उम्मीद भी नहीं करता। रंगनाथ की संघर्ष की प्रेरणा भावुकताजन्य है। ज़ाहिर है कि इस तरह के संघर्ष में स्थायित्व और सातत्य की सम्भावना नहीं रहती। यही हश्र रंगनाथ का होता है। उसके जुझारूपन को एक हद तक रुप्पन का समर्थन बल देता है। वह रुप्पन के साथ खन्ना मास्टर और मालवीय का पक्ष लेता है। रंगनाथ के विरोध के पीछे एक तरह की भावुकता है और रुप्पन के विरोध के पीछे दूसरी तरह की भावुकता। रुप्पन खन्ना मास्टर और मालवीय का पक्ष इसलिए नहीं ले रहा है कि वह शिक्षकों के उत्पीड़न के ख़िलाफ़ है और उसे अपना विचारधारात्मक लक्ष्य समझता है। वह इसलिए पक्ष में है कि वैद्य जी उसके और बेला (गयादीन की बेटी) के प्रेम-सम्बन्धों से अप्रसन्न हैं। बाद में रंगनाथ की पक्षधरता की असलियत उजागर हो जाती है। उसकी एकाग्रता भी खन्ना-मालवीय के उत्पीड़न से बेला की ओर मुड़ जाती है। रंगनाथ की चिन्तनधारा का बदला हुआ रूप देखिये–

"अब इस समय के एकान्त में बेला के बारे में उसकी जिज्ञासा शान्त करने के लिए सिर्फ़ कल्पना थी, हस्तमैथुन था और कुण्ठा थी और चूंकि काफ़ी हद तक ये चीज़ें हमारी कलाओं की प्रेरक शक्तियाँ हैं, इसलिए इस समय रंगनाथ एक कलाकार की हैसियत से इन क्षणों को जी रहा था।" (राग दरबारी, पृष्ठ 165) यह है मध्यवर्गीय मानसिकता का विचलन। इस रोमाण्टिक सोच के कारण ही रंगनाथ के भीतर उत्पीड़ित शिक्षकों के संघर्ष के प्रति वह लगाव क़ायम नहीं हो पाता जिसकी ऐसे क्षणों में दरकार है। अन्ततः वह इस निष्कर्ष पर पहुँचता है कि इस परिस्थिति में किसी भी तरह का सकारात्मक बदलाव एक असम्भव-सी बात है। उसकी आत्मा में पलायन-संगीत गूँजने लगता है। यथार्थ के प्रति संलग्नता के बजाय अलगाव ही उसकी ट्रैजेडी रही। "भागो, भागो, भागो। यथार्थ तुम्हारा पीछा कर रहा है।" (राग दरबारी, पृ. 333)

यह कहा जा सकता है कि रंगनाथ के पलायन-बोध के साथ उपन्यास की समाप्ति लेखक के सोच पर नियतिवाद की छाप लगा देती है। बात दरअसल यह नहीं है। 'राग दरबारी' में उपन्यास के पारम्परिक रूप-बन्ध को नहीं अपनाया गया है, जहाँ लेखक का उद्देश्य उपन्यास के अन्त से तय होता है। इस उपन्यास में छोटी-से-छोटी स्थिति का रचाव व्यंग्य और परिहास के साथ किया गया है। यहाँ तक कि एक स्थिति की विसंगति और विद्रूपता को उभारने के लिए उससे मिलते-जुलते एक अन्य सन्दर्भ की सृष्टि भी कर दी गयी है जिसका मूलकथा से कोई सीधा सम्बन्ध नहीं है। लेखक के सोच तक हम इन तमाम स्थितियों और सन्दर्भों से होकर पहुँचेंगे।

इस प्रक्रिया के तहत उपन्यास से जुड़ने पर हम महसूस करेंगे कि श्रीलाल शुक्ल सामाजिक परिस्थिति के प्रति एक आलोचनात्मक रुख़ अपनाते हैं। व्यवस्था के दोषों को तहों के नीचे से उभारकर सतह पर ला देना कम महत्त्वपूर्ण लेखकीय कर्म नहीं है, लेकिन जीवन-स्थितियों के माध्यम से एक ऐसे वैचारिक परिप्रेक्ष्य को प्रस्तुत करना भी ज़रूरी है जिसमें इस व्यवस्था के बदलाव की सम्भावनाएँ छुपी हुई हों। यह परिप्रेक्ष्य ही कृति की सामाजिक सोद्देश्यता की अहम् पहचान है। व्यंग्य की अन्यत्र दुर्लभ प्रभाव-क्षमता के बावजूद शायद 'राग दरबारी' की यही सबसे बड़ी कमज़ोरी है। आप इसे उस दौर के सर्वनिषेधवादी नवलेखन का प्रभाव कहें या मध्यवर्गीय बोध की सीमा। •

राग दरबारी बनाम पलायन संगीत

खगेन्द्र ठाकुर

श्रीलाल शुक्ल का उपन्यास 'राग दरबारी' एक विलक्षण उपन्यास है। इस पर उपन्यास का कोई परम्परागत लक्षण लागू नहीं होता या यों कहें कि परम्परागत लक्षणों को नज़रअन्दाज करके लेखक ने इस उपन्यास की कथा-रचना की है। इस सिलसिले में यह भी कहा जा सकता है कि इस उपन्यास की रचना के पहले लिखे गये तमाम उपन्यासों से भिन्न अपने ढंग की औपन्यासिक कथा है यह। उपन्यास विधा के विशाल रचनात्मक फलक का बहुत अच्छा उपयोग लेखक ने किया है।

'राग दरबारी' की विलक्षणता यह है कि यह न चरित्रप्रधान है, न उद्देश्यप्रधान और न समस्याप्रधान, हालाँकि अन्त तक पहुँचते-पहुँचते कथा में चरित्र भी उभरते हैं और उद्देश्य एवं समस्याएँ भी। 'राग दरबारी' नाम से पाठकों के मन में यह बात आती है कि इसमें किसी प्रतापी मनुष्य का किसी चुम्बकीय व्यक्तित्व का दरबार और उसके खुशामदी दरबारियों की कथा है। लेकिन ऐसा कुछ नहीं है। इस उपन्यास की कथा में कोई प्रतापी परम्परा या व्यक्तित्व नहीं है, जिसके इर्द-गिर्द लोग दरबार लगाते हैं। कथा का कोई नायक नहीं है, कथा के केन्द्र में कोई व्यक्ति नहीं है। कहना तो यह चाहिए कि इस उपन्यास की कथा-रचना इस तरह की है कि नायक और खलनायक मिलकर एक हो गये हैं। यह भी कहा जा सकता है कि खलनायक ही नायक बन गया है। और कथा के प्रवाह में जो संघर्ष है, वह ऐसा है कि खलानायक और खलनायक ही आपस में टकराते हैं। वास्तव में लेखक का इस रचना के पीछे का उद्देश्य है कि समाज का स्वरूप पाठकों के सामने खोलकर रख दें। समाज व्यक्तियों के पारस्परिक सम्बन्धों से बनता है यह पारस्परिक सम्बन्ध न आकस्मिक होता है न तात्कालिक या प्रासंगिक। यह आपसी आवश्यकताओं और आवश्यकताओं की पूर्ति के लिए किये जानेवाले उपादानों के आधार पर बनता है अतः समाज का ऊपरी ढाँचा तो देखने योग्य है लेकिन देखने भर के लिए नहीं है। इसकी अन्तर्वस्तु के आधार पर उसका पुनर्मूल्यांकन और पुनर्निर्माण किया जाता है। राग दरबारी में जो समाज चित्रित है, उसमें ऐसा कोई चरित्र नहीं है, ऐसा कोई संगठन या समूह नहीं है, जो समाज में उथल-पुथल पैदा करना चाहता हो, उसे बदलने के लिए प्रयत्नशील हो। फिर भी समाज के भीतर जो लोग हैं उनमें उद्वेग है, चिन्ता है, कुछ-न-कुछ हलचल तो है ही। यहाँ अपने हाल पर रहनेवाले, अपने हाल पर जीनेवाले लोगों का समाज है। इस तरह के समाज की विशेषताओं को लेखक ने इस आत्मीयता से चित्रित किया है कि पाठक को लगता है, वह उनके बीच रह रहा है। उनके बीच घूम रहा है।

देशकाल की दृष्टि से इस उपन्यास की कथा का गाँव एवं उसका परिवेश स्वतन्त्र और जनतान्त्रिक भारत का है। यह भारतीय जनतन्त्र उस अवस्था में आ गया था, जब जनता बदलाव और विकल्प के लिए बेचैन होने लगी। लेखक यहाँ यह संकेत से बताता है कि वह

बेचैनी कहाँ दब गयी? ये बातें पृष्ठभूमि में हैं। पाठक इन बातों को ध्यान में रखेगा तो उपन्यास के निहितार्थ को ठीक से समझ और ग्रहण कर सकेगा। तुलसीदास के बारे में निराला की पंक्ति याद आ रही है—'देश काल के शर से बिंधकर वह आया कवि अशेषछविधर', तो यह इतिहास और साहित्य दोनों अनुभवों से सिद्ध है कि देश-काल के शर से बिंधकर ही रचनाकार और उसकी रचना अशेष छवि पा सकती है। अतः हम यह ध्यान में रखें कि 'राग दरबारी' का गाँव शिवपालगंज और उसके आसपास के गाँव स्वतन्त्र भारत के हैं, जहाँ जनतान्त्रिक प्रणाली है, एक ऐसे संविधान के आधार पर उस प्रणाली का संचालन करने का संकल्प है, जिसमें सबको समानता ख़ास करके अवसर की समानता देने का प्रावधान है। इसके अलावा पृष्ठभूमि में महात्मा गाँधी का वह वचन है कि भारत की आत्मा गाँवों में बसती है और फिर इस आत्मा के विकास के लिए पंचवर्षीय योजना है और तीन योजनाएँ पूरी हो चुकी हैं, तथा चौथी योजना बनायी तो गयी, लेकिन किसी उद्‌देश्यपूर्ति के प्रभाव में उसे छुट्‌टी दे दी गयी, योजना की छुट्‌टी यानी योजनाबद्ध विकास कर पाने में कमज़ोरी की अभिव्यक्ति। इन बातों के बीच, इन बातों की पृष्ठभूमि में कैसा है भारत का गाँव या ग्रामीण समाज या भारत की आत्मा? कैसी है जनतान्त्रिक जनता? 'दरबार' सामन्ती समाज की चारित्रिक विशेषता थी। आज भी पुराने क़िलों में जाकर बादशाह के बैठने की जगह, दरबारियों की जगह और 'दरबारेआम' या 'दरबारेख़ास' के दृश्य की कल्पना की जा सकती है। अब उस तरह के दरबार का समय नहीं रहा। दिनकर जी ने लिखा था—'सिंहासन खाली करो कि जनता आती है।' जनता आ गयी, बादशाह तो गये ही, राजे-रजवाड़े भी चले गये, दरबार भी अब नहीं हैं, लेकिन दरबारीपन रह गया है और पूरे समाज में एक संगीत गूँज रहा है, जो भारत के नागरिकों की चारित्रिक विशेषता में शामिल हो गयी है। यह 'राग दरबारी' हमारे जनतन्त्र या जनतान्त्रिक प्रणाली की विसंगति को, उसके अन्तर्विरोध को अभिव्यक्त करता है और बड़ी अन्तरंगता एवं कुशलता से चित्रित करता है। इसकी अन्तरंगता यह है कि लेखक के अनुभव विश्वसनीय हैं, पाठकों के अपने सामाजिक अनुभव से उनका मेल है। हम यदि आज भी इसके रचनात्मक अनुभवों को विश्वसनीय समझकर उद्वेलित होते हैं, तो इसीलिए कि इसमें चित्रित समाज का बुनियादी स्वरूप तो क़ायम है, लेकिन उसके अन्तर्विरोध, उसकी असंगतियाँ, उसके विद्रूप और भी ज़्यादा बढ़ गये हैं, वे सब और भी कुरूप हो गये हैं। बात यह है कि यथार्थ समाज का हो या रचना का, वह गतिशील होता है और उसकी दिशा नहीं बदलती है तो, अपनी ही आन्तरिक गति से प्रेरित और प्रभावित होकर वह यथास्थिति की दिशा में चलता है और जो बदलाव उसमें आता है, वह चरित्र का नहीं अवस्था का होता है। कहने का अर्थ यह कि इस उपन्यास की कथा के समाज का जो चरित्र है, वही आज पचास वर्षों के बाद भी भारत के समाज का है, लेकिन इसकी जो अवस्था उस समय थी, वह आज नहीं है, वह नयी अवस्था में, दुर्गति और असंगति की नयी अवस्था में पहुँच गया है। इसी से इस उपन्यास की प्रासंगिकता सिद्ध होती है। यद्यपि इसके प्रकाशन को अभी इतिहास का लम्बा समय नहीं बीता है फिर भी आज के युग के लिए पचास-साठ वर्ष कम नहीं हैं। इस उपन्यास में देश-कालगत चारित्रिक विशेषता को चित्रित करने के कारण ही काल की सीमा को लाँघकर जीने की क्षमता है। ऐसा मैं महसूस करता हूँ। उपन्यास इन पंक्तियों से शुरू होता है--'शहर का किनारा। उसे छोड़ते ही भारतीय देहात का महासागर शुरू हो जाता

था।' एक बात यहाँ स्पष्ट है कि लेखक देहात को शहर के मुक़ाबले खड़ा नहीं कर रहा है, बल्कि विकास की दृष्टि से वह शहर का छाड़न है। पानी घट जाने पर नदी से जो ज़मीन निकल आती है, उसे छाड़न कहते हैं। देश के समाज में देहात मुख्य है, लेकिन विकास की योजना में देहात छाड़न है। इससे अलग राजनीति में जनतान्त्रिक प्रणाली में देहात आधार है। अतः शिवपालगंज और उसके परिवेश के माध्यम से लेखक हमें यह बता रहा है कि हमारे जनतन्त्र का आधार ऐसा है, तो समझ लीजिये कि उसकी अधिरचना यानी उस पर बना हुआ ऊपरी ठाठ कैसा होगा? इसे यों भी कह सकते हैं कि ऊपरी ठाठ के चरित्र को देखकर चकित होनेवाले लोग उसकी अधोरचना को देखें और समझें। श्रीलाल शुक्ल ने इस उपन्यास की कथा के ज़रिये यही बड़ा काम किया है। जो पाठक या आलोचक यह समझते रहे हैं कि 'गाँवों की राजनीति का जो स्वरूप यहाँ चित्रित हुआ है, वह आज के राष्ट्रव्यापी और मुख्यतः मध्यम उच्चवर्गों के भ्रष्टाचार और तिकड़म को देखते हुए बहुत अदना जान पड़ता है और लगता है कि लेखक अपनी पंक्ति कुछ गँवारों के ऊपर जाया कर रहा है।' उन्हें इस दृष्टि से इस कथा को देखना-समझना चाहिए कि यह हमारी व्यवस्था पूरी प्रणाली का प्रातिनिधिक स्वरूप हमारे सामने प्रस्तुत कर देता है। 'राग दरबारी' फणीश्वरनाथ रेणु के 'मैला आँचल' और 'परती परिकथा' की तरह आंचलिक या क्षेत्रीय आकांक्षा का उपन्यास नहीं है। यह हमारी पूरी यानी राष्ट्रीय सामाजिक व्यवस्था और जनतान्त्रिक प्रणाली का प्रतिनिधित्व करनेवाला सार्थक और समर्थ उपन्यास है। यह पूँजीवादी समाज की चारित्रिक विशेषताएँ साधारण लोगों के चरित्र के ज़रिये व्यक्त करता है। लेखक सरज़मीन पर गाँव में प्रशासनिक संगठन, शैक्षिक संगठन, राजनीतिक संगठन, कोऑपरेटिव यानी आर्थिक संगठन और न्याय-प्रणाली की वास्तविकता को चित्रित कर उनकी कुरूपता हमें महसूस करा देता है। इन संस्थाओं की गतिविधियों का सम्बन्ध जनता से है, उनका असर जनता पर पड़ता है। उन संस्थाओं का सम्बन्ध सत्ता क़ी नीतियों से है। इसलिए 'राग दरबारी' एक राजनीतिक उपन्यास है। यह राजनीतिक उपन्यास मूलतः इस कारण है कि वह समाज के विभिन्न तबकों या वर्गों के हितों को व्यक्त और चित्रित करता है। वैद्य जी, प्रिन्सिपल साहब, सनीचर, रुप्पन बाबू, रामाधीन भीखमखेड़वी, रंगनाथ, छोटे पहलवान, बद्री पहलवान, दारोग़ा साहब, वकील साहब, जज साहब आदि पात्र अपने-अपने चरित्रों के माध्यम से आज के भारतीय समाज और उस पर शासन करनेवाली राजसत्ता के ही चरित्र का पर्दाफ़ाश करते हैं। ये पात्र दो गुटों में बँटे हैं। ज़ाहिर है कि समान स्वार्थवाले पात्र भी अपने-अपने स्वार्थ के आधार पर समाज एवं उसका संचालन करनेवाली संस्थाओं पर अपना प्रभुत्व क़ायम करने के लिए लड़ते हैं। वे कोऑपरेटिव यूनियन पर क़ब्ज़ा करके उसकी सम्पत्ति को अपना बनाने के लिए, कॉलेज पर प्रभुत्व जमाने के लिए, प्रशासन को अपने पक्ष में करने के लिए, दूसरे गुट को ध्वस्त करने के लिए तरह-तरह की तिकड़में करते हैं। वैद्य जी ने कॉलेज की कमेटी की बैठक में विरोधियों को पहुँचने से रोकने के लिए, प्रधान पद पर निहायत ही अयोग्य और अपने सेवक सनीचर को जिताने के लिए जिस तरह बाहुबल का उपयोग किया है, वह जनतन्त्र का मखौल उड़ाने के लिए काफ़ी है। इसी तरह विरोधी रामाधीन भीखमखेड़वी ने पुलिस को मिलाकर, ज़ाहिर है रिश्वत देकर, वैद्य जी के ख़ास आदमी जोगनाथ पर चोरी का इल्जाम लगाकर मुक़दमा करके गिरफ़्तार करा दिया। इस मुक़दमे के माध्यम से पुलिस और अदालत के चरित्र

का पर्दाफ़ाश होता है वकीलों के द्वारा गवाहों से किये गये जिरह के माध्यम से न्याय की व्यावसायिकता बेपर्द होती है। रंगनाथ बाहर से आया हुआ नौजवान, इन सबको देखता है और उद्विग्न होता है। एक दिन प्रिन्सिपल उसे अपने यथार्थ का कारण बताते हुए उसे वर्तमान राजनीति को समझने की प्रेरणा देता है। रंगनाथ ने कितना समझा यह अलग बात है, लेकिन प्रिन्सिपल के बाहरी यथार्थ के भीतर एक और व्यक्ति को उसने पहचाना और महसूस किया। इसका सार यह है कि कहीं जाओ, जीने के लिए ऐसा करना ही होगा यानी 'राग दरबारी' गाना ही होगा, नहीं तो फिर क़ुर्बान होने को तैयार हो जाओ। यह गाँव 'अहा ग्राम्य जीवन भी क्या है' वाला नहीं है और यदि है तो यहाँ 'अहा' में व्यंग्य है। रामाधीन भीखमखेड़वी कवि है, लेकिन कविता से ज़्यादा वह गाँव की राजनीति करता है। आख़िर जनतन्त्र है, तो उसने भी कुछ रुतबा हासिल कर ही लिया है। ऊपर शिकायत करके उसने वैद्य जी के प्रभुत्व में चलनेवाली संस्थाओं की जाँच का आदेश करा दिया है। इस माध्यम से कथा आगे बढ़ती है। इस गाँव में जात-पाँत, सम्प्रदायवाद आदि तमाम राजनीतिक गुण और अवगुण हैं। वैद्य जी का भांजा गाँव की राजनीति देख-देखकर परेशान होता है। वैद्य जी का भांजा होने के कारण और अपनी प्रतिक्रियाओं के कारण, कई बार अपने रुख़ के कारण उसे लगता है, वह कहाँ है, क्या कर रहा है, वह सोचता रहता है, लेकिन लेखक के अनुसार 'उसके दिमाग़ में यह कभी न आया कि वह भी इतिहास का एक हिस्सा है और अगर चाहे तो इतिहास को बना-बिगाड़ सकता है। वह देश के पंचानबे प्रतिशत बुद्धिजीवियों में है, जिनकी बुद्धि उनको आत्मतोष देती है, उन्हें बहस करने की तमीज़ सिखाती है, दूसरों को क्या करना चाहिए, और क्या न करना चाहिए, इस पर भाषण कराती है, और न करने के मामले में कुछ उनकी भी ज़िम्मेदारी है—इस बेहूदा विचार को उनसे कोसों दूर रखती है।' इन्हीं बातों का प्रतीक है रंगनाथ। बुद्धिजीवियों का प्रतिनिधि, यानी क्रियाहीन विचारकों का प्रतिनिधि। लेकिन बाद में वह एकदम क्रियाहीन रहा नहीं, उसने वैद्य जी का, अपने मामा का विरोध किया, कुछ शिक्षकों को संघर्ष के लिए प्रेरित किया। वैद्य जी के बेटे रुप्पन को साथ करने में सफलता हासिल की। लेकिन अन्त होता है, वैद्य जी की विजय और उन लोगों के पक्ष की अपमानजनक पराजय से। सत्ता की राजनीति विजय हासिल करती है। वैद्य जी की राजनीति के तार राजधानी से जुड़े हुए हैं, हालाँकि कथा में राजधानी आती नहीं है। उसका नहीं आना वैद्य जी की शक्ति है। उपन्यास में जिस तरह से वैद्य जी जैसे चरित्रों का व्यवहार दिखाया गया है, उससे पूँजीवादी राजनीति की कुटिलता सामने आ जाती है वे अपने स्वार्थ से काम करते हैं, लेकिन लगता है, उनसे बड़ा स्वार्थपरक, भारतीय, समाजसेवी और जनतन्त्रप्रेमी कोई और नहीं। अन्ततः वे यही दिखाते हैं कि जो राग दरबारी नहीं गायेगा, उसे पलायन-संगीत गाना पड़ेगा। यह पूँजीवादी जनतन्त्र का नमूना है। व्यक्तित्व का दुहरापन, इस कथा में व्यंग्य का सृजन करता है। ख़ूबी यह है कि वैद्य जी को बहुत सक्रिय नहीं दिखाया गया है, उनका राग गानेवाले लोग सारा प्रबन्ध कर देते हैं, नीचे से ऊपर तक। जनतन्त्र, न्याय, शिक्षा, संस्कृति, मनुष्यता, परोपकार आदि शब्द मुँह पर, और इन सबको अपने चंगुल में दबाकर मुमूर्षु बना देने का काम व्यवहार में। उपन्यास के अन्त में एक मदारी को बन्दर नचाते हुए दिखाया गया है। यह प्रतीकात्मक है। वैद्य जी की सफलता अपने अनुचरों को स्वार्थ की डोर से बाँधे रहने की कुशलता में है। उनके शान्त दिंखनेवाले चेहरों और सन्तों जैसी भाषा के पीछे कितनी

बर्बरता है, यह भी अन्त में दिख जाता है, जब वे विरोधी शिक्षकों, रुप्पन और रंगनाथ के प्रति अपना आक्रोश व्यक्त करते हुए निर्मम फ़ैसला सुनाते हैं। सत्ता पर जमे और बैठे लोग सत्ता के स्वार्थ में कितने बर्बर हो जाते हैं, यह वैद्य जी के माध्यम से लेखक ने कुशलतापूर्वक चित्रित किया है। इस सत्य का स्पष्टीकरण रुप्पन ने रंगनाथ से बहुत पहले इन शब्दों में किया था—'देखो, दादा, यह तो पॉलिटिक्स है। इसमें बड़ा कमीनापन चलता है।' यह कमीनापन इस तरह आगे बढ़ता है कि बेटा, भांजा कोई भी विरोधी के रूप में मंजूर नहीं। बद्री पहलवान बेटे रुप्पन से बेहतर लगता है। उसे ही अपना राजनीतिक उत्तराधिकारी घोषित करते हैं।

उपन्यास का शिल्प सुगठित है। कथ्य के लिए जो प्रसंग आवश्यक है, वही लाया गया है, और विभिन्न प्रसंगों को इस तरह जोड़ा गया है कि कहीं जोड़ का निशान दिखता नहीं। एक कथा से दूसरी कथा की ओर कथ्य बढ़ जाता है, पाठकों को यह अनुभव दिये बिना कि कथा को प्रयत्नपूर्वक बढ़ाया जा रहा है। समाज की विभिन्न संस्थाओं और सत्ता के विभिन्न प्रतिष्ठानों के सम्बन्धों को सहज भाव से दिखाया गया है। सबके चरित्र में समानता है, समान कुरूपता है। वे समान रूप से अन्यायपूर्ण हैं। ईमानदार और न्यायप्रिय मनुष्य की नियति का दृष्टान्त है रंगनाथ, जो अब मामा का घर छोड़कर शहर लौटने का निश्चय कर चुका है। कथा के विकास-क्रम की ख़ूबी यह है कि कहीं भी कोई प्रसंग अनावश्यक नहीं लगता है। उसके साथ ही मैं कहना चाहता हूँ कि यह उपन्यास जैसी लचीली विधा की ख़ूबी है कि विभिन्न सामाजिक संस्थाओं के चरित्र का पर्दा हटाने के लिए वे तदनुकूल सत्ता प्रतिष्ठानों की समस्याओं को उठाते हैं। उपन्यास की विशिष्टता इसी में है। राजनीतिक हलचलों का चित्रण प्रत्यक्षतः नहीं करने के बावजूद यह एक गम्भीर राजनीतिक उपन्यास है और समाज के विकास के लिए अपेक्षित समस्याओं के प्रति प्रतिष्ठानों और उनके संचालकों का रुख़ इस तरह चित्रित किया गया है कि आज की राजनीति और सत्ता प्रतिष्ठान लेखक की क़लम के व्यंग्य के निशाना स्वभावतः बनते हैं। समाज का चरित्र ऐसा हो गया है कि कबीर की पंक्ति याद आती है—कूपहि में भंग पड़ी है। समाज का शक्ति-सन्तुलन जनतन्त्र के पक्ष में नहीं है, हालाँकि आवरण जनतन्त्र का ही है। पूरा समाज विषकुम्भपयोमुखम् जैसा है।

उपन्यास की भाषा व्यंग्य को और धारदार बनाती जाती है, पूरे उपन्यास में ऐसा है। एक उदाहरण देखिये—"पुनर्जन्म के सिद्धान्त की ईजाद दीवानी की अदालतों में हुई है, ताकि वादी और प्रतिवादी इस अफ़सोस को लेकर न मरें कि उनका मुक़दमा अधूरा ही पड़ा रहा। इसके सहारे वे सोचते हुए चैन से मर सकते हैं कि मुक़दमे का फ़ैसला सुनने के लिए अभी अगला जन्म तो पड़ा ही है।" (राग दरबारी, पृ. 33) इससे ज़्यादा गहरा व्यंग्य न्याय-प्रणाली पर और क्या होगा। भाषा का व्यंग्य किस तरह समाज की और सत्ता की असंगति को उभारता है, इसका एक और दृष्टान्त देखिये—"आज़ादी के मिलने के बाद इस देश में साइकिल-रिक्शा-चालकों का वर्ग जिस तेजी से पनपा है, उससे यही साबित होता है कि हमारी आर्थिक नीतियाँ बहुत बढ़िया हैं और यहाँ के घोड़े बहुत घटिया हैं। उससे यह भी साबित होता है कि समाजवादी समाज की स्थापना के सिलसिले में हमने पहले तो घोड़े और मनुष्य के बीच भेदभाव को मिटाया है और अब मनुष्य और मनुष्य के बीच भेदभाव को मिटाने की सोचेंगे।" (राग दरबारी, पृ. 200) छोटे पहलवान बद्री पहलवान से कहता है—"गुरु, किस सोच-विचार

में पड़ गये? सोचना काम चिड़िमार का है।'' (राग दरबारी, पृ. 239) विचारधारा से मुक्ति, बल्कि मस्तिष्क की क्रिया को ही स्थगित कर देने की योजना कितनी सहजता से बन जाती है। ऐसी भाषा के माध्यम से लेखक वैचारिक संघर्ष भी करता चलता है। लेकिन इसे ग़ौर से देखकर ही समझा जा सकता है, कि उपन्यास में वैचारिक संघर्ष किस तरह होता-चलता है। यह वैचारिक संघर्ष पात्रों के बीच प्रायः नहीं हैं, कथा-प्रसंग और उनकी असंगतियाँ जीवन और समाज को व्यंग्यपूर्ण बना देती हैं। अलग से इस उपन्यास की भाषा का अध्ययन किया जाये तो पता चलेगा कि इस उपन्यास की भाषा बेहद जीवन्त है। कुल मिलाकर हिन्दी का एक श्रेष्ठ उपन्यास है यह और इसकी यह श्रेष्ठता बनी रहेगी। इसकी कलात्मक विशिष्टता कभी ऐतिहासिक विशिष्टता बन जायेगी। इस अर्थ में यह स्वातन्त्र्योत्तर समाज के इतिहास जैसा समझा जायेगा।

●

'राग दरबारी' : राजनीति में मनुष्य की वापसी एक स्वप्न है

शम्भुनाथ

वह किसी गँवार आदमी की ऊब से
पैदा हुई थी और
एक पढ़े-लिखे, आदमी के साथ
शहर में चली गयी

—धूमिल

उपन्यास का जन्म ठोस इतिहास में हुआ था। यह आरम्भ में व्यक्ति के संघर्ष का महाकाव्य था। भारतीय स्थितियों में यह धारणा दूर तक नहीं चली। प्रेमचन्द ने शहर की जगह गाँव को और मध्यवर्गीय व्यक्ति की जगह साधारण वर्गों को उपन्यास के केन्द्र में लाकर इसकी धारणा में एक मौन क्रान्ति ला दी। महावीरप्रसाद द्विवेदी ने कहा था, 'उपन्यास को जातीय जीवन का मुकुट होना चाहिए।' इसलिए प्रेमचन्द का क़दम एक तरह से उपन्यास का जातीयकरण था। आज भले नहीं, एक समय ऐसा था जब गाँव के प्रसंगों के बिना उपन्यास लिखना कठिन था। भले इसका एक सिरा शहर-महानगर हो और चीज़ें शहरीकरण के झोंके में उधर ही भाग रही हों। राजनीति और उपन्यास में गाँव किसी तरह धीरे-धीरे हाशिये पर होते गये, यह एक अलग कहानी है। फिर भी आज़ादी के बाद के जिन उपन्यासकारों की नज़र में गाँव की अहमियत कम नहीं हुई, उनमें एक महत्त्वपूर्ण नाम श्रीलाल शुक्ल का है।

हाल के लेखकों और नागरिकों के बारे में कहा जा सकता है कि शहर में बस जाने के बाद गाँव से उनका रिश्ता अभी टूटा न था। यह सच है कि शहर में गाँव समाये हुए हैं और गाँव में शहर। फिर भी स्थिति कुछ ऐसी बनी है कि हर जगह भारतवासी अपने को विस्थापित महसूस करते हैं। यह एक अनोखा दर्द है। अपने देश में विस्थापित हो जाने का।

शहर में बसे आदमी को गाँव एक साथ खींचता है और गहरा झटका भी देता है। गाँव अब एक आत्मीय ऊब की जगह है। दरअसल देश की सरहदों पर ही नहीं, भीतर भी एक शान्तिपूर्ण विभाजन हो चुका था। स्वतन्त्रता और रोजी-रोटी की खोज में लोग बड़े पैमाने पर गाँव से शहर भागे आ रहे थे, गाँव एक रोमाण्टिक स्वप्न से कठोर दुःस्वप्न में बदल चुका था। हालाँकि इन लोगों ने शहर में बस जाने के बावजूद अपने गाँव के बारे में अभी सोचना नहीं छोड़ा था। वहशी शहरों में भी वे कहाँ खप पाये थे। भय, विलगाव और व्यर्थता का अहसास दोनों जगहों पर था, जीवन भी दोनों जगहों पर था।

श्रीलाल शुक्ल के औपन्यासिक मानस का निर्माण सन् साठ के दशक में एक बेहद उत्तेजनामय समय में हुआ था। चारों तरफ विद्रोह की आवाज़ें थीं। इनका निशाना सम्पूर्ण

व्यवस्था थी। वह बौद्धिक अराजकता का समय था। हर चीज़ से ऊब और हर चीज़ का विरोध उस ज़माने का दर्शन था। उस समय के निषेधवाद को सड़ी-गली व्यवस्था में अपने तरीक़े से अव्यवस्था पैदा करने की कोशिश भी कहा जा रहा था। रोमाण्टिक आदर्शवाद की दुनिया छिन्न-भिन्न हो चुकी थी। इतिहास और राजनीति से मोहभंग हो चुका था। वे उद्देश्यहीन भटकाव के दिन थे, जोखिम और दुस्साहसिकता के भी। आज उपभोक्ता संस्कृति के प्रति बढ़ते सम्मोहन और व्यवस्था के पीछे दौड़ने के अलग ही तरह के दृश्य हैं। उस ज़माने में नैतिकता के पाखण्ड ही नहीं, 'कृत्रिम' और 'नकली' के प्रति भी नौजवानों में एक आक्रोश था। उनके उद्देश्य की अस्पष्टता, कहीं-कहीं उद्देश्यविहीनता और अनैतिक-सी दिखायी देनेवाली चीज़ें भी व्यक्ति के स्तर पर व्यवस्था से टकराहट थीं। उन पर सहानुभूति से सोचना होगा। कई बार अराजकता भाषा और राजनीति दोनों में उर्वरता लाती है। वह एक सुगठित अन्तर्दृष्टि और आन्दोलन की ज़मीन तैयार करती है।

हालाँकि इस दौर में शासक वर्ग की स्वेच्छाचारिता और दुर्नीति से जनता के असन्तोष के परिणामस्वरूप जनतान्त्रिक आन्दोलन भी विविध शक्लों में उपस्थित थे। इनके पीछे कम ठोस सच्चाइयाँ नहीं थीं और क़ुर्बानियाँ भी थीं। ऐसे समय में साहित्य का परिदृश्य निषेधवादी था। लेखकों को लग रहा था कि कहीं कोई मानवीय और क्रान्तिकारी सम्भावना नहीं है। हिन्दी क्षेत्र में स्थितियाँ ज़्यादा विडम्बनापूर्ण थीं। दूर नक्सलवाद की गूँज थी; वे दुस्साहसी क्रान्तिकारी नौजवान कृषकों का सवाल उठा रहे थे। सबसे कठोर हालत में, पूँजीवाद और सामन्ती अपराध जगत् की साँठ-गाँठ की काली छाया में किसान ही थे। ऐसे कालखण्ड में श्रीलाल शुक्ल और धूमिल ने गँवई तेज के साथ विकृत होते जा रहे जनतन्त्र के ऐसे नाटकीय रूपक रचे, जो एक ख़ास समय के सारे यथार्थों को नहीं भी तो काफ़ी चीज़ों को अनावृत्त करनेवाले थे। इन्होंने साहित्यिक अभिजातवाद की चुनौती दी और नये क़िस्म के ठेठ मुहावरे दिये। एक ने उपन्यास में दूसरे ने कविता में।

श्रीलाल शुक्ल ने कम नहीं लिखा। इनकी श्रेष्ठ कृतियाँ हैं—राग दरबारी (1968) और बिस्रामपुर का सन्त (1998)। इन्हीं राजनीतिक उपन्यासों में उनका मन-मिजाज़ खुलकर व्यक्त हुआ है। एक में गाँव की गन्दी राजनीति देखकर खिन्नता के साथ शहर में वापसी है। दूसरे में शहर की संवेदनहीनता देखकर प्रतिशोध के साथ गाँव में वापसी है। दोनों ही उपन्यासों में उखड़ने की पीड़ा है। इसमें सन्देह नहीं कि रंगनाथ और कुँवर जयन्ती प्रसाद सिंह के जीवन में बहुस्तरीय फ़र्क़ है। एक फ़र्क़ यही है कि शोध छात्र रंगनाथ को अभी अपना जीवन जीना है, जबकि नौकरशाह राजनीतिज्ञ जयन्ती प्रसाद अपनी सफल और शानदार ज़िन्दगी की लम्बी पारी खेल चुके हैं। फिर भी दोनों समान निष्कर्ष पर पहुँचते हैं, 'रहना नहीं, देस बिराना है'। राग दरबारी में रंगनाथ की यह सोच आगे चलकर बिस्रामपुर का सन्त के जयन्ती प्रसाद में आत्म-निर्वासन का रूप ले लेती है और आत्ममन्थन भी घटित होता है। वह नदी में डूबकर आत्मघात कर लेते हैं। अतः प्रश्न उठता है कि ऊब और व्यर्थताबोध से आत्मघात तक की इस यात्रा में श्रीलाल शुक्ल कौन-सी कहानी सुनाते हैं?

कोई भी लेखक उपन्यास की रचना उसे दस्तावेज़ बनाने के उद्देश्य से नहीं करता, उसकी प्रतिभा से ऐसा हो जाये तो बात अलग है। उपन्यासकारों के सामने इस तरह के प्रश्न होते हैं—हम जनता के रूप में क्या हैं, हमारा लक्ष्य क्या है, इतिहास की सीमारेखाओं के भीतर

व्यक्ति को कैसे परिभाषित किया जा सकता है? निःसन्देह उपन्यास दुनिया और आसपास के जीवन की विडम्बनाओं और सम्भावनाओं की कथा है, जो व्यक्ति कहता है। उसमें यथार्थ और कभी व्यक्ति, कभी वर्ग की अविभाज्य जोड़ी होती है। यही वजह है कि श्रीलाल शुक्ल के उपन्यासों में 'देखा हुआ' और 'भोगा हुआ' दोनों हैं। उनका अपना जीवन साधारण और ऊँचे स्तर पर राजनीति, नौकरशाही और आम जीवन की अजीबोग़रीब घटनाओं से गुज़रा है। निःसन्देह उनकी दृष्टि पर पिछले साठ के दशक की आधुनिकतावादी विचारधाराएँ हावी रही हैं। इसलिए उनके साहित्य में निषेधवाद की टोन है। उसमें ऊब, व्यर्थताबोध और आत्मनिर्वासन के चित्र हैं। एक समय पूरी दुनिया में विच्छिन्नता और उन्मूलन का अनुभव आम था। यह विकास के दावे ठोंकनेवाली पूँजीवादी व्यवस्था का अनावरण करता था। भारत में भी एक पीढ़ी थी, जो पढ़े-लिखे होने की वजह से गाँव के नये वातावरण से ऊब चुकी थी, पर शहर भी बेगाना लगता था। निश्चय ही गाँव में ऊब के साथ आत्मीयता का भी अनुभव होता था, वह एक आत्मीय ऊब थी। श्रीलाल शुक्ल ने विच्छिन्नता और उन्मूलन का अनुभव किस तरह किया, उनके इस कथन से स्पष्ट होता है :

> प्रकटतः लखनऊ के हैसियतदार मुहल्ले में रहते हुए मैं एक मध्यवर्गीय सरकारी अफ़सर की ज़िन्दगी गुज़ार रहा हूँ। पर मेरा एक पैर ग़रीबी के खेमे में है जिसे मैं जीवन के पूर्वार्द्ध में जान चुका हूँ और दूसरा पैर सम्पन्नता के उस खेमे में है जो मेरे पास-पड़ोस में दिखायी देती है। और इन दोनों में से किसी खेमे में सुकून और अपनेपन का अनुभव नहीं कर पाता हूँ।

ग़रीब और सम्भ्रान्त, पब्लिक और नौकरशाह, गाँव और शहर—ऐसे कितने ही दोपाट हैं, जिनमें कथाकार फँसा है और पिसता है। उसे हर स्थान पर बिराना लगता है। उसे वह भाषा भी बिरानी लगती है, जिसमें उनके समय के नयी कहानीवाले लिख रहे थे। वह कुछ चिकनी और चुप्पियों से भरी थी।

उपन्यास के बारे में हजारीप्रसाद द्विवेदी ने दो मार्के की बातें कही हैं। उपन्यास क्या है? वह गप है और वह पॉकेट थिएटर है। उन्होंने उपन्यास में नाटकीयता के तत्त्व को असाधारण महत्त्व दिया था और बताया था कि उपन्यास सबसे पहले एक झूठ है। जबकि नये आधुनिक कथाकार सब-कुछ सच-सच और भोगा हुआ यथार्थ लिखने पर तुले हुए थे। प्रेमचन्द के कथा-साहित्य में बहुत-कुछ ऐसा था, जो 'थिएट्रिकल' था। कफ़न के पैसे लेकर घीसू-माधव का शराबख़ाने में घुस जाना, ब्राह्मण द्वारा दी गयी यातना से मर चुके दुखी चमार के पैर में रस्सी फँसाकर खींचना, होरी का ज़मींदार की रामलीला में जनक का माली बनना—यह सब थिएट्रिकल ही था। पिछले 60-70 के दशकों में कथाकार आम तौर पर सत्य को खोज रहे थे, सत्य ही लिख रहे थे, अनुभूति का सच। ऐसे समय में राग दरबारी झूठ, पाखण्ड और आतंक की ग्रामीण छवियाँ दिखाता हुआ आया। श्रीलाल शुक्ल ने यथार्थ को 'थिएट्रिकल' बनाकर उपन्यास की भाषा में जबर्दस्त हस्तक्षेप किया। उपन्यास की धारणा एक बार फिर टूटी। इसमें बदल चुके गाँव के रोचक और सूक्ष्म ब्यौरे थे, शिल्प की कसावट के साथ। यह उपन्यास काफ़ी लोकप्रिय हुआ, निःसन्देह श्रीलाल शुक्ल इस स्तर की कृति फिर न दे सके।

राग दरबारी सचमुच एक पॉकेट थिएटर है। यह गाँव के बारे में बनी रोमाण्टिक धारणाओं को ध्वस्त करता है। गाँव अब तमाशों से भरा एक दुःस्वप्न हो चुका था। इसे

अब न मैथिलीशरण गुप्त की 'अहा, ग्राम जीवन भी क्या है' की भाषा में दिखाना सम्भव था और न रेणु के 'मैला आँचल' और नागार्जुन के 'बलचनमा' की भाषा में। बलचनमा का काया-कल्प हो चुका था बद्री पहलवान में।

उपन्यास विडम्बनाओं की नाटकीय अभिव्यक्ति के साथ सम्भावनाओं की तलाश की भी जगह है। यह मान लेना कठिन हो सकता है कि राग दरबारी के ज़माने के भारत में कालीचरण, डॉक्टर प्रशान्त और बलचनमा—जैसे लोग बिलकुल न थे और कहीं भी समाज-परिवर्तन का आन्दोलन न था। सभी कृषक 'लंगड़' जैसे थे, उनकी कोशिशें अर्थहीन थीं। 60 के दशक में आदर्शवाद से मोह ज़रूर टूटा था। इसका यह अर्थ नहीं है कि आम लोग स्वप्नहीन हो चुके थे, कहीं भी आदर्शों की लड़ाई नहीं थी। विभिन्न तरीक़ों से चले राजनीतिक आन्दोलनों में अन्तर्विरोधों की कमी न हो, पर इनके बीच से इतिहास का पहिया घुमाने की ताक़त जनता के हाथों में अभी थी।

दरअसल राग दरबारी और बिस्रामपुर का सन्त में आम लोग उपन्यास के विषय नहीं हैं। उपन्यास के विषय हैं शासक महल के ऊँचे लोग। दोनों उपन्यासों की सार्थकता सामन्तवादी-पूँजीवादी साँठ-गाँठ के परिणामस्वरूप जनतन्त्र के विकृत होते जा रहे उस चेहरे के सन्दर्भ में है, जिसका मखौल दोनों में है। यह वैद्य जी और कुँवर जयन्ती प्रसाद सिंह का जनतन्त्र है, जिसमें जनतन्त्र का अर्थ ही है उन पर तन्त्र की सवारी। ऐसे माहौल में हर साहसिक विरोध या सुधार-कार्य एक-न-एक विडम्बना का शिकार हो जाता है और गीला पटाखा साबित होता है। स्वाभाविक है, इससे ज़िन्दगी में भरोसा ख़त्म होता है। राग दरबारी की नाटकीय व्यंजना के अतिरेक में ग़रीब और साधारण का भी मखौल है। इसमें एक घुप अँधेरे की तस्वीर है। खुद लंगड़ की एकाकी लड़ाई मखौल का ग्रास बनती है और निस्सहायता का परिदृश्य रचती है। ऐसा कथा पर शिल्प के वर्चस्व की वजह से है। आगे चलकर बिस्रामपुर का सन्त में इसका कुछ परिमार्जन कृषक रामलोटन के रूप में है। वह अपने खेत पर कब्ज़ा पाने के लिए साहस से लड़ता है और सम्भावनाओं का नया द्वार खोलता है।

इसमें सन्देह नहीं कि श्रीलाल शुक्ल के लिए नाटकीय व्यंजना मुख्यतः एक औज़ार है, मकसद नहीं। देश की राजनीतिक स्थितियाँ कुछ ऐसी विद्रूप होती जा रही थीं कि उन पर हँसा ही जा सकता था। बिस्रामपुर का सन्त के कुँवर जयन्ती प्रसाद राग दरबारी के वैद्य जी से कम 'थिएट्रिकल' और हास्यास्पद नहीं हैं और 'सन्त' में वैसे भी एक गहरी व्यंजना है। क्या जयन्ती प्रसाद वैद्य जी के ही वृहद् संस्करण हैं? दरअसल इस उपन्यास में नाटकीयता, सत्ता-विमर्श से लेकर एक हताश बूढ़े राजनेता के आत्म-निर्वासन तक विस्तृत है।

यह एक नया राजनीतिक युग था, जब ग्रेनाइट की पुरानी मूर्तियाँ टूट रही थीं और 'घटिया क़िस्म के बलुहे पत्थर की नयी मूर्तियाँ ये गढ़ी जा रही थीं। संदिग्ध अतीतवाले नये चेहरे त्याग और संघर्ष की गाथाओं के नायकों को मात दे रहे थे। बिस्रामपुर का सन्त में राजनीति शिवपालगंज की नहीं, दिल्ली-लखनऊ की है। यह ऊँचे स्तर की ही नहीं, ज़्यादा फ़ास्ट भी है। इसमें श्रीलाल शुक्ल चालाकी, टुच्चेपन और लम्पटता की देसी ठसक दिखाने की जगह बड़ी राजनीति के अभिजात ताने-बाने को 'एक्सपोज' करते हैं। निश्चय ही आधुनिक रंग के ऊब, अवसाद और आत्मपरायेपन के कुछ दृश्य रखने या व्यक्ति स्तर पर मनोवैज्ञानिक ग्रन्थियों के चित्र देने के बावजूद उनकी बुनियादी प्रवृत्ति राजनीतिक व्यवस्था के आलोचनात्मक अनावरण की है, अतियथार्थवाद की नहीं।

स्वाधीनता संग्राम के विश्वासों और संकल्पों के टूटने के उस ख़ास समय में भूमिहीन कृषकों की समस्या का एक छद्म समाधान सामने आया था भूदान आन्दोलन। यह विनोबा ने चलाया था और अन्ततः सामन्ती संस्कृति का अन्दरूनी मामला बन गया था। ज़मींदारी की ज़मीनें विनोबा की छाया में ज़्यादा सुरक्षित थीं। भूमिहीनों को कँकरीली-पथरीली ज़मीनें ही मिलीं। उन्हें ईंट-गारा ढोने या रिक्शा चलाने के काम के लिए शहर भागना पड़ा। राग दरबारी में सहकारिता आन्दोलन, ग्राम पंचायत व्यवस्था, गाँव में कॉलिज की शिक्षा जैसे विकासों की कथा है। ये सभी गाँव के आधुनिकीकरण के लक्षण थे। बिस्रामपुर का सन्त में भूदान आन्दोलन का वर्णन है। उसका लक्ष्य सामन्तवाद का समाधान देना था, ग्राम सुधार था। इन सभी का बुनियादी उद्देश्य स्वाधीनता का स्वप्न पूरा करना था। आधुनिक विकास और सुधार के ऐसे सभी उपाय किस तरह समिति पुनरुत्थान के शक्ति-केन्द्र बन गये, श्रीलाल शुक्ल ने इन उपन्यासों में पर्याप्त नाटकीय व्यंजनाओं के साथ यही दिखाया है।

निश्चय ही राग दरबारी और बिस्रामपुर का सन्त को साथ रखकर पढ़ना चाहिए, हालाँकि दोनों के रचनाकाल में तीस सालों का फ़र्क़ है। दोनों ही उपन्यास मानवीय ब्यौरों, वाक्पटुता और हास्यास्पद राजनीतिक दृश्यों की वजह से महत्त्वपूर्ण हैं। पहले में ब्यौरों की सूक्ष्मता है, दूसरे में विस्तृत कैनवास है। पहले में कथाकार लेखकीय दूरी के प्रति चौकस है, दूसरे में नहीं। फिर भी दोनों में समान रूप से निशाने पर सत्ता की राजनीति है। ये उपन्यास अच्छी तरह बताते हैं कि किस तरह राजनीति से संस्कृति निकलती जा रही है, हालाँकि इस पर चुप रहते हैं कि किस तरह संस्कृति में राजनीति घुसती जा रही है।

श्रीलाल शुक्ल शहरी जीवन बिताते हुए भी ग्राम जीवन को भारतीय जीवन की मूल धारा माननेवालों में हैं। उपर्युक्त दोनों ही उपन्यासों में गाँव ही केन्द्र में है। एक में शिवपालगंज, दूसरे में बिस्रामपुर। श्रीलाल शुक्ल का कहना है :

ग्राम्य जीवन की औसत कहानी मेरे लिये सामान्य जीवन के अनुभवों की कहानी है।

वे यह भी साफ़ कर देते हैं,

हिन्दी साहित्य में ग्रामीण जीवन के प्रति बनी या बनती रूढ़ियाँ मेरे लिये बर्दाश्त के बाहर हैं।

यह समझना कठिन नहीं है कि गाँव के प्रति रोमाण्टिक और क्रान्तिकारी दृष्टियाँ ही वे रूढ़ियाँ हैं। गाँव अब स्वार्थपरता, हिंसा और लम्पटता के मुक्तांचल हैं। अब वहाँ सिर्फ़ बर्बर रहते हैं। यह दृष्टि भी एक शहरी रूढ़ि है।

यह देखना होगा कि भारतीय गाँवों में बाहुबल पर आधारित राजनीति, बढ़ी हिंसा, शिक्षा का अपराधीकरण, भ्रष्टाचार और सांस्कृतिक फूहड़ता हवा से टपके मामले नहीं हैं। पहले से ही इनके आधार उस सामन्ती-जातिवादी संस्कृति में थे, जिसमें प्रेम, उदारता और न्याय पर आधारित सदियों पुरानी जन-संस्कृति को ख़ासकर औपनिवेशिक काल में मिटा देने की कोशिश की गयी थी। आज़ादी के बाद पूँजीवाद और सामन्ती-जातिवादी संस्कृति के गठजोड़ ने ग्रामीण वातावरण के परम्परागत उच्चतर तत्त्वों पर अधिक करारी चोट की। यही वजह है कि सारे नये विकास और इनके साथ न्याय, जनतन्त्र और नैतिकता भी प्रहसन बन गये। दरअसल गाँव में शहर की बुराइयाँ घुसती चली गयीं—संस्कृति, राजनीति, नौकरशाही, अपराधीकरण आदि सभी मामलों में राष्ट्रीय मुक्ति आन्दोलन के दौर में सामन्तवाद की जड़ें

उखड़ रही थीं, वे आज़ाद भारत के पूँजीवादी विकास के दौर में फिर मजबूत हो गयीं। वास्तविक भूमि-सुधार देश के जिन हिस्सों में नहीं हुआ है, वहाँ सामन्तवादी पुनरुत्थान कितना निरंकुश है और कैसे-कैसे गुल खिला रहा है, इससे कोई अनजान नहीं है।

श्रीलाल शुक्ल के इन दोनों उपन्यासों में हम देखते हैं कि सामन्ती आधारवाले महत्त्वाकांक्षी राजनेताओं के लिए राजनीति सम्भावनाओं का ऐसा खेल है, जिसमें आम लोगों की आकांक्षाओं के लिए कोई जगह नहीं है। ऐसे ही नेताओं की मुट्ठी में जनता का भविष्य है। नये युग की सबसे बड़ी विडम्बना यही है कि देश का भविष्य आम जनता के भविष्य से अलग हो गया है।

आज़ादी के बाद ग्राम जीवन में जैसी कुरूपताएँ फैलीं, और राजनीतिक गन्दगी सामने आयी, अब उसके प्रति भावुकता के प्रदर्शन की जगह नाटकीय व्यंजना ही ज़्यादा कारगर थी। अब सत्ता-केन्द्र सर्कस-से और सत्ताधारी व्यक्ति जोकरों-से दिखने लगे थे। ग्राम जीवन में निर्बुद्धिपरकताओं का भी तेजी से प्रवेश हुआ था। श्रीलाल शुक्ल के निकट व्यंग्य सामान्य प्रहार नहीं है। वह भाषा में एक सांस्कृतिक प्रतिरोध भी है, सम्पूर्ण व्यवस्था से व्यक्ति स्तर पर संघर्ष। इसलिए उनकी औपन्यासिक भाषा कुछ भिन्न-सी है, अलग तरह से मन में बजती हुई।

राग दरबारी में प्रबन्धक वैद्य जी स्वप्न देखते हैं और बिस्रामपुर का सन्त में गवर्नर कुँवर जयन्ती प्रसाद सिंह। सर्दी की रात में वैद्य जी के स्वप्न में लोकतन्त्र पंजों के बल बैठा है। इसने हाथ जोड़ रखे हैं। वह शुद्ध हिन्दी भी नहीं बोल पा रहा है, फिर भी गिड़गिड़ा रहा है :

> मेरे कपड़े फट गये हैं, मैं नंगा हो रहा हूँ। इस हाल में मुझे किसी के सामने निकलते हुए शर्म लगती है।... इन दिनों कॉलेज में हर चीज़ फल-फूल रही है, पर सिर्फ़ मैं ही एक कोने में पड़ा हुआ हूँ। एक बार क़ायदे से चुनाव करा दें। उससे मेरे जिस्म पर एक नया कपड़ा आ जायेगा। मेरी शर्म ढक जायेगी।

यह काफ़ी मँजी हुई शर्म है। चुनाव दिखाने के लिए हुआ, सत्ता रिवाल्वर की नोक से निकली। वैद्य जी ही पुनः प्रबन्धक हुए। वे सफ़ेदपोश माफ़िया का चरित्र लेकर उभरते दिखाये गये हैं। आज़ादी के बाद देश में माफ़िया समुदाय का तेजी से उदय हुआ और उसका वर्चस्व तोड़ना लगातार मुश्किल होता गया। राग दरबारी में देखा जा सकता है कि वैद्य जी के दरबार में भंग घोटने का कार्य करनेवाला विदूषक सनीचर ग्राम प्रधान हो गया। उसका काम था ग्रामीण विकास के लिए आयी रक़म अधिक-से-अधिक हज़म करना। वैद्य जी ऊपर के आदेश के कारण कोऑपरेटिव से हटे तो उनका बड़ा बेटा बद्री पहलवान उनकी जगह बैठ गया। वह बाहुबली है, उसके पास गुण्डों का गिरोह है। सर्वोदयी गयादीन शान्तिप्रिय है, यथास्थितिवादी भी। उपन्यास में यह भी दिखाया गया है कि प्रतिपक्ष कलुषित और कायर है। पूरे राजनीतिक परिदृश्य में धूर्तता ही परम मूल्य है, ऊँचे आदर्शों के गुब्बारे फट चुके हैं।

राग दरबारी में वर्णन की अतिरंजना मिल सकती है। बदलते भारत की राजनीतिक विडम्बना के व्यंग्यात्मक अनावरण में अतिरंजना इस उपन्यास के नाटकीय शिल्प के लिए एक ज़रूरी तत्त्व बनकर आती है। राग दरबारी वस्तुतः उपन्यास में एक राजनीतिक ड्रामा है। सभी चरित्र कार्टून-से लगते हैं, यहाँ तक कि प्रतिपक्षी रामाधीन भीखमखेड़वी और आम

आदमी लंगड़ भी। ये सभी एक से बढ़कर एक खेल दिखाते हुए सिर्फ़ स्थानीय नहीं एक सार्वभौम विडम्बना को उजागर करते प्रतीत होते हैं। कभी निशाने पर धर्म था, अब निशाने पर राजनीति थी।

बिस्रामपुर का सन्त की शुरुआत ही सपने से होती है :

जिस तरह राजभवन के दीवानख़ाने में राज्य के मुख्यमन्त्री महामहिम से मिलने का इन्तज़ार कर रहे थे ख़ुद महामहिम अपने शयनकक्ष में एक सपना देख रहे थे। ...आज के सपने में वह उनकी बाँहों में नहीं थी, वे ख़ुद उसकी बाँहों में थे। पर तय नहीं था कि वह कौन थी। वह शायद सुन्दरी थी, पर जयश्री भी हो सकती थी।

जयन्ती प्रसाद अब अस्सी साल के हो चुके थे। उनकी गवर्नरी के ये कुछ आख़िरी दिन थे। सुन्दरी की बाँहों में होना उनकी ज़िन्दगी के भावी मोड़ का संकेत दे रहा था। दरअसल कुँवर जयन्ती प्रसाद अभिजात सौन्दर्याभिरुचि के एक ताक़तवर राजनीतिज्ञ थे। वे बैरिस्टर के ओहदे से अपनी दबंगई के बल पर सफलता की सीढ़ियाँ चढ़ते हुए राज्यपाल की कुर्सी तक पहुँचे थे। उन्हें अपनी दुर्लभ प्रशासनिक योग्यता पर ग़ज़ब का विश्वास था। इसलिए बूढ़े हो जाने पर भी वे कुर्सी से अलग होना नहीं चाहते थे। उनकी नज़र में प्रभुता, ऐश्वर्य और तामझाम के बिना ज़िन्दगी का कोई अर्थ नहीं था।

आज़ादी के बाद राजनीति के मुख्य अंग हो गये—अपराध और कामुकता। राग दरबारी में अपराध का सरस ग्रामीण समाजशास्त्र दिखा देने के बाद सम्भवतः श्रीलाल शुक्ल का मकसद था—कामुकता का राजनीतिक मनोविज्ञान खोलना। इधर पूँजीवाद और अपराध के बीच साँठ-गाँठ बढ़ने के साथ-साथ राजनीतिक लम्पटता भी बढ़ी है। समाज में श्रेष्ठ माने जानेवाले राजनीतिक नेताओं के जब-तब प्रकाश में आते सेक्स-वृत्तान्त इसके सबूत हैं। अमेरिका में क्लिण्टन-लेविन्स्की प्रकरण ने एक ट्रेण्ड दिखाया। इस दृष्टि से देखा जाय तो कुँवर जयन्ती प्रसाद का विद्यार्थी जीवन में सहपाठी जयश्री से और प्रौढ़ावस्था में सर्वोदयी सुन्दरी के प्रति यौनाकर्षण कुछ भिन्न प्रकृति का है। कथाकार का जो ट्रीटमेण्ट है वह इन मामलों को भिन्न बनाता है। कथाकार इन्हें राजनीतिक विडम्बना से अधिक एक उच्च पदस्थ नौकरशाह और राजनीतिज्ञ के जीवन की वैयक्तिक त्रासदियाँ बनाकर उपस्थित करता है। वे स्त्रियाँ जयन्ती प्रसाद के लिए 'आब्सेशन' हैं।

उपन्यास इतिहास और राजनीति को दुहराकर नहीं रह जाता। आज अंग्रेज़ी उपन्यासों की दुनिया में ऐसा बहुत-कुछ लिखा जा रहा है, जो इतिहास और उपन्यास का मिश्रण है। उसका लक्ष्य इतिहास को निरर्थक बनाना या उसे चुनौती देना है। श्रीलाल शुक्ल की कोई राजनीतिक प्रतिबद्धता न हो, पर उन्होंने इतिहास को निरर्थक बनाने के लिए उपन्यास नहीं लिखे। मामला सिर्फ़ यह है कि उन्हें इतिहास के साथ व्यक्ति के मनोजगत् को समझना भी ज़रूरी लगा। दरअसल किसी राजनीतिक हस्ती के निजी जीवन की घटनाएँ और अनुभूतियाँ भी महत्त्वपूर्ण होती हैं। ये कई बार राजनीतिक जीवन को प्रभावित करती हैं। हालाँकि इतिहासकार, राजनीतिज्ञ के आन्तरिक जीवन में झाँकने में संकोच करते हैं। इतिहास और राजनीति के साथ व्यक्ति को पढ़ने की वजह से ही श्रीलाल शुक्ल कुँवर जयन्ती प्रसाद के अन्तः जीवन के ऐसे अनोखे पहलू सामने लाते हैं, जो उनके मन की तहों में छिपे होते हैं। मीडिया को भी बड़ी हस्तियों के अन्तर्मन की संवेदनशील तहों की फ़िक्र नहीं होती, यह उसकी

निष्ठुरता ही है। मीडिया की विडम्बना को उजागर करते हुए कथाकार ने एक जगह दिखाया है कि मीडिया जब कुँवर जयन्ती प्रसाद के त्याग और साधुता की ख़बरें प्रसारित कर रहा था, वे वस्तुतः तब सुन्दरी को लेकर आत्मग्लानि और अवसाद में डूबे हुए थे।

श्रीलाल शुक्ल ने बिस्रामपुर का सन्त में राजनीतिक विडम्बना की ऐतिहासिक स्थितियों को दिखाते हुए भी इसमें विविधता, वैयक्तिकता और तनाव को स्वीकृति दी है। राग दरबारी में एक ही ढंग की सोच की दुनिया है, जिसमें रुप्पन हो या रंगनाथ कोई व्यक्ति अर्थपूर्ण हस्तक्षेप नहीं करता। इसलिए राग दरबारी के कथा परिवेश में विविधता, वैयक्तिकता और तनाव के दर्शन नहीं होते। इसमें भारत का राजनीतिक पतन एक ऐतिहासिक नियति बनकर उपस्थित है, जो कभी बदल नहीं सकता। बिस्रामपुर का सन्त में सर्वोदयी सुन्दरी और कृषक रामलोटन विविधता लाते हैं। ख़ुद कुँवर जयन्ती प्रसाद का चरित्र वैद्य जी की तरह एकरेखीय नहीं है। वह एक 'हेट्रोजीनियस' चरित्र है। वह एक जटिल चरित्र है—एक साथ राजनीतिक और वैयक्तिक दोनों। उसे कथाकार ने हास्यास्पद के साथ पर्याप्त दुःखान्त बनाने की भी कोशिश की है, उसके तनावों को उद्घाटित किया है। क्या इसका यह अर्थ लगाया जाये कि राग दरबारी में उग्र ग़ैर-रोमाण्टिक रुख़ अपनाने के बाद श्रीलाल शुक्ल की नयी रचनाभूमि में एक ख़ास तरह की रोमाण्टिकता पुनः अंकुरित हो गयी और क्या यह इतनी बुरी चीज़ है?

बिस्रामपुर का सन्त भारत के राजनीतिक कुलीन वर्ग की कथा है :

> लगभग वे सभी आत्मकेन्द्रित होते हैं, सिर्फ़ अपने लिये रहते हैं, परिवारवालों को अपनी जीवन-शैली में ढला देखना चाहते हैं। वे अपने छोटे-छोटे अहंकारों के साथ आत्मतुष्ट जीवन बिताते हैं, छोटी-छोटी महत्त्वाकांक्षाएँ पालते हैं और जाने-अनजाने एक-दूसरे को ठेलते-धकियाते हुए उनसे आगे निकल जाना चाहते हैं।

देश का राजनीतिक एलीट सफलता और सुख की एक ऐसी ही अन्ध दौड़ में शामिल है। जयन्ती प्रसाद एक व्यक्ति नहीं राजनीतिक समुदाय है। आज़ादी के बाद एक ऐसा समय आया :

> राजनीति में चमकने के लिए अब जेलयात्रा का प्रमाण-पत्र ज़रूरी न था। आभिजात्य का बोलबाला था। ऊँचे नेताओं, बड़े औद्योगिक घरानों और महत्त्वपूर्ण अफ़सरशाहों की घनिष्ठता एक स्वतन्त्र मूल्य बन चुकी थी।

यह एक अलग ही वर्ग था भारत भाग्य विधाताओं का। कुँवर जयन्ती प्रसाद इन्हीं में एक हैं, लेकिन इनकी ज़िन्दगी की अन्तिम परिणति अकेलेपन, ऊब और अवसाद में होती है। इसमें सन्देह नहीं कि सफलता और सुख की अन्धी दौड़ इन्हीं सीढ़ियों से अन्ततः आत्मघात की ओर ले जाती हैं। इसकी थोड़ी-सी झलक बहुत पुरानी कृति 'कामायनी' के मनु में है। जयन्ती प्रसाद की निजी ट्रैजडी भूकम्प, जनसंहार या बलात्कार के मामलों की तरह झकझोरनेवाली भले न मानी जाये, वह एक विध्वंसक सभ्यता के आ चुकने की सूचना ज़रूर देती है।

जयन्ती प्रसाद के जीवन के सुख और पॉवर का सम्बन्ध थोड़ा-बहुत भूदान आन्दोलन से है। श्रीलाल शुक्ल ने बिस्रामपुर का सन्त में विनोबा भावे के भूदान आन्दोलन को बहुत प्रमुखता से एक विषय बनाया है और परिशिष्ट में इसका इतिहास भी दिया है। यह आदर्शवाद

की अन्तिम ढील है जो जल्दी ही फट गयी। निर्मल, सुशीला जैसे सर्वोदयी चरित्र आदर्शवाद के चमकीले चीथड़े के रूप में उपस्थित हैं। निर्मल ने नया अवतार लिया, वे अब पश्चिमी पोशाक में गाँधीवाद और मानवाधिकारों पर विदेशों में प्रवचन देने लगे। अब वे सोने की तस्करी के आरोप में तिहाड़ जेल में हैं। सुशीला ने सेवा और त्याग छोड़कर निर्मल से विवाह कर लिया था, अब वह एक तलाकशुदा सम्भ्रान्त महिला है। जयन्ती प्रसाद के होनहार बेटे विवेक की सिर्फ़ बहस में गाँव था, वह शोधकार्य के लिए लन्दन जाने की योजना बना रहा था। ख़ुद जयन्ती प्रसाद भूदान आन्दोलन की सीढ़ी चढ़कर ही राजदूत बने थे, उनकी सफलता के द्वार खुले थे, एक और सर्वोदयी है सुन्दरी, एक अच्छे गुजराती घर की पढ़ी-लिखी गाँधीवादी युवती। जयन्ती प्रसाद उसके प्रति मोहाविष्ट और उतावले हो गये। कहा जा सकता है कि वह प्रभुता के चेतक पर सवार प्रौढ़ जयन्ती प्रसाद की लम्पटता की ही नहीं, एक विराट् राजनीतिक ढकोसले और विडम्बना की 'विक्टिम' बनी। लम्बे समय बाद राज्यपाल के रूप में जयन्ती प्रसाद इसी सुन्दरी के सपने देखते हैं और दूसरे ही दिन बिस्रामपुर गाँव में जहाँ वह लम्बे समय से सेवा-कार्य कर रही थी, उसके मरने की सूचना पाते हैं।

प्रधानमन्त्री से बातचीत में अपने भविष्य का बढ़िया संकेत न पाकर कुँवर जयन्ती प्रसाद ने अचानक सुन्दरी की संस्था में काम करने के लिए बिस्रामपुर गाँव में ही बसने का फ़ैसला लिया। राजदूत और गवर्नर–जैसे पदों पर रहकर हुकूमत और ऐश्वर्य की ज़िन्दगी जीने के बाद अभावों और असुविधाओं के बीच रहने का उनका यह एक कठिन फ़ैसला था। उनका यह अपनी पार्टी पर उलटवार था यह उनके लिए व्यंग्यात्मक स्थिति थी, वे इस पर दुविधा में थे। इसके अलावा :

वे यह भी जानते थे कि बिस्रामपुर जाने के पीछे कुछ अनजाने कारण भी हैं।

उनके मन में सुन्दरी को लेकर एक मनोवैज्ञानिक गाँठ थी, जो बिस्रामपुर जाकर सेवाकार्य करने से कुछ खुल सकती थी और वे इस गाँठ से मुक्त हो सकते थे। आख़िरकार उन्हीं की लम्पटता की वजह से सुन्दरी ने उनके बेटे विवेक से विवाह नहीं किया था और सेवाव्रत में ही पूरी ज़िन्दगी बिता देने के अपने पुराने फ़ैसले पर चुपचाप लौट आयी थी।

श्रीलाल शुक्ल ने कुँवर जयन्ती प्रसाद को पूँजीवादी राजनीति के पुराने दौर के चरित्र के रूप में उपस्थित किया है। वृद्धावस्था में भी उनमें असीम महत्त्वाकांक्षा है, उच्च सौन्दर्य बोध है और बगुला-भगत-सी चालाकी है। किन्तु यह एक अन्तर्विभाजित चरित्र है, जिसकी कई परतें हैं। वे आत्म-सम्मोहित हैं तो अपने को प्रश्नों के कठघरे में भी ले जाते हैं। एक राजनीतिक चरित्र होते हुए भी उनकी अपनी कुछ मनोवैज्ञानिक परेशानियाँ हैं। वे आत्मरति में लीन होते हैं। उन्हें सुन्दरी में जयश्री दिखायी देती है, जो विद्यार्थी जीवन में उनकी प्रेयसी थी। कभी वे सुन्दरी के चिन्तन में डूबे होते हैं। उनमें अतृप्ति का एक समुन्दर है राजनीतिक ही नहीं यौन अतृप्ति का भी।

कुँवर जयन्ती प्रसाद के मन में प्रश्न है :

> क्या अपनी लम्पटता को गरिमामण्डित करने, उसे औचित्य देने का यह बहाना (सुन्दरी में जयश्री को खोजना) भर नहीं था? ...स्वीकार करो जयन्ती, अपनी उम्र के बेहूदा फ़र्क़ को भुलाकर ग्रामदानवाली उस दोपहरी में तुम उस छरहरी गुजराती लड़की को देखते हुए पागल हो गये थे। यह ग़लत रहा हो या सही, पर सुन्दरी को खुलकर चाहने के लिए क्या जयश्री के प्रेत का सहारा लेना ज़रूरी था?

राजनीतिक प्राणियों को उच्च आदर्शवादी भूमि पर न रखकर उन्होंने सामान्य इन्द्रियपराण प्राणी के रूप में देखना या उनकी पाखण्ड से भरी महानता और क्रूर दिलचस्पियों के बीच से उनके कोमल संवेदनशील मन का उद्घाटन एक पतित का महिमामण्डन होता, यदि कुँवर जयन्ती प्रसाद एक हास्यास्पद चीज़ बनाकर नहीं रखे जाते। यह भी ग़ौर करने की बात है कि कुँवर जयन्ती प्रसाद आज के नये मिजाज़ के राजनीतिक नौकरशाहों जैसे भी नहीं हैं जो स्मृतियों से हीन होते हैं तथा भोगो और भूल जाओ के सिद्धान्त पर चलते हैं। इसलिए वे कथाकार के व्यंग्यात्मक प्रहार के निशाने हैं और इसकी सहानुभूति के पात्र भी।

श्रीलाल शुक्ल के मन में कुँवर जयन्ती प्रसाद को लेकर सहानुभूति और निषेध का द्वैध स्वाभाविक है। वे रोमाण्टिकता और व्यर्थताबोध में एक साथ यात्रा करते हैं। कई बार ऐसी चीज़ें व्यर्थबोधता के रोमांस में बदल जाती हैं। कई साठोत्तरी कथाकारों में इस तरह का रोमांस मिलता है। सम्भवतः श्रीलाल शुक्ल ने अपने रचनात्मक जीवन में किसी दूसरे चरित्र के निर्माण में उतनी तल्लीनता का परिचय नहीं दिया होगा, जितना कुँवर जयन्ती प्रसाद के निर्माण में। तनाव के साथ तल्लीनता। राग दरबारी में तल्लीनता 'परिवेश' में थी, जबकि बिस्रामपुर का सन्त में चरित्र में। राग दरबारी की कथा और चरित्र अप्रधान थे, वह कथा-चरित्र के ह्रास का ज़माना था। वह निषेधवाद का दौर था। बिस्रामपुर का सन्त में चरित्र की वापसी है और 'निषेध का निषेध' एक अमूर्त ही सही आकार लेता दिखायी देता है।

राजनीति उस दौर में पहुँच चुकी थी, जब राजनेता नीति पर बहस करते हुए निर्भीकता के साथ अनीति पर चल रहे थे। ख़ासकर हिन्दी प्रदेशों में राजनीति माफ़िया दलों के ऐसे प्रतीकात्मक कर्मकाण्डों में बदलती जा रही थी, जो आम लोगों को सब्ज़बाग़ दिखाने के लिए थे। राजनीति में अधर्म, जातिवाद, क्षेत्रीयता, वंशवाद, अपराध, बड़ी-बड़ी कम्पनियाँ—सारी ताक़तवर चीज़ें आ चुकी थीं, सिर्फ़ मनुष्य बाहर था। कुँवर जयन्ती प्रसाद के सामन्ती मन-मिजाज़ को पूँजीवाद ने बारीक़ और चतुर बना दिया था। वे थोड़ा-बहुत 'गोदान' के राय साहब की याद दिलाते हैं। 'गोदान' में सामन्तवाद का ह्रास है, बिस्रामपुर का सन्त में सामन्तवाद का पुनर्यौवन। श्रीलाल शुक्ल ने कुँवर जयन्ती प्रसाद को एक घाघ राजनीतिज्ञ के रूप में उपस्थित किया है :

> हर जटिल मानवीय त्रासदी को सुलभ मुहावरों और सैद्धान्तिक शब्द-जाल में डुबो देने की जो सहज क्षमता हमारे सत्तारूढ़ राजनीतिज्ञों में आ जाती है, वह उनमें बहुत पहले आ चुकी थी। यह वही क्षमता है, जिसके सहारे हम आदिवासियों को सिर्फ़ लोककला के साथ, खेतिहार मजदूर को प्रजातन्त्र के प्रहरी के रूप में या शोषित महिला वर्ग को भविष्य की कृतिदर्शी चेतना बनाकर देखने लगते हैं और उनकी समस्याओं से निगाह फेर लेते हैं।

आम तौर पर समकालीन राजनीतिक परिदृश्य यही है। आज सत्ताधारी राजनीतिक माफ़िया और नव-धनाढ्य व्यापारी वर्ग में साँठ-गाँठ हो गयी है। निष्ठुर पूँजीवाद सहस्रों फन काढ़कर फैल रहा है। इस परिदृश्य में सादगी और उच्च विचारों की कोई इज़्ज़त नहीं है, मनुष्यता की कोई पूछ नहीं है। आदमी की प्रतिष्ठा के मानदण्ड हो गये हैं—सत्ता और ऐश्वर्य।

ज़ाहिर है, यही वह दौर है जब क्षेत्रीय और सामाजिक विषमताएँ भी बढ़ रही हैं। विकास और सुधार समाज से ग़रीबी हटा नहीं पा रहे हैं। देश के बड़े नगरों से दूर ग्रामीण इलाक़ों में निराशा छा गयी है। यह अब उम्मीद जगाकर रखनेवाले प्रतीकात्मक कर्मकाण्डों से भी दूर होती नज़र नहीं आती।

देश जब ग़रीबी, अशिक्षा और निराशा से विचलित है, राजनीतिक लड़ाइयाँ मुख्यतः डालर और ओहदे के लिए हो रही हैं। अब राजनीति में कुँवर जयन्ती प्रसाद जैसे व्यक्ति अनुपयोगी और बोझ हैं क्योंकि फ़ास्ट फ़ूड की तरह ही यह फ़ास्ट पॉलिटिक्स का ज़माना है। बिस्रामपुर का सन्त में वैश्वीकरण के युग की राजनीति का हलका-सा चित्र है :

> उनकी जगह चुस्त पोशाक पहननेवाले नये प्रबन्ध विशेषज्ञ आ गये हैं। वे बम्बई, कलकत्ता के सेठों तक ही चुनाव चन्दे को सीमित नहीं रखते। वे विदेशी-वाणिज्य-व्यापार में भी लूट की सम्भावनाओं पर अनुसन्धान कर रहे हैं। वे स्मार्ट हैं। वे पार्टी को और ख़ुद अपने को सरसब्ज़ कर रहे हैं। ध्रुव प्रदेशों और रेगिस्तान तक से पैसा निचोड़ने की नयी प्राविधिकी का वे आविष्कार कर रहे हैं। एक-एक दाँव में करोड़ों डालर बटोरकर वे राजनीति को एक अत्याधुनिक और .ख़तरनाक हथियार बना चुके हैं। कुछ बचे-खुचे सम्पातीनुमा बूढ़े हैं, जिन्हें भुलाया जा चुका है या सिर्फ़ बर्दाश्त किया जा रहा है।

राजनीति की दिशा बदल गयी है, बाज़ार और राजनीति का भेद मिटता जा रहा है। पेट्रोल हो या हथियार, अन्तरराष्ट्रीय सौदों में दलाली राजनीति का अब एक ज़रूरी हिस्सा है। जनता को तो सिर्फ़ दर्शक रहना है। इस परिदृश्य में कुँवर जयन्ती प्रसाद एक अप्रासंगिक राजनीतिज्ञ थे। उनके मन में अपनी स्थिति को लेकर क्षोभ था ही, बदलती राजनीति के प्रति एक वितृष्णा भी थी। हालाँकि राजनीति को इस नये मुकाम तक पहुँचाने में ख़ुद उनकी भूमिका कम नहीं थी, वे यह भी जानते थे। वे एक दागा हुआ कारतूस थे।

जयन्ती प्रसाद के प्रोफ़ेसर बेटे विवेक का किसी आदर्शवाद में भरोसा नहीं था। राजनीति से भी उसका मोहभंग हो चुका था :

> बाबू जी, इन राजनीतिक जन्तुओं में सचमुच ही अगर कोई ऐसा दिखे, जिसकी हैसियत कुत्ते से बेहतर हो तो मुझे बताइयेगा।

यह सन् साठ के दौर के निषेधवाद की भाषा है। एक धारणा यह है कि पूरी राजनीति ही सड़ गयी है। कभी संसद् को सूअरबाड़ा कहा गया था। इस सन्दर्भ में रघुवीर सहाय का एक अलग रुख़ था :

> राजनीति की ओर मेरा यही रवैया है, संकटकालीन रवैया कह लीजिये कि 'वह बहुत ज़रूरी है, या 'वह फिजूल है' दोनों फ़तवे संकट से भागने के बहाने हैं...।

साहित्य में राजनीति की ज़रूरत के साथ मनुष्य की गरिमा और स्वत्व का सवाल उठा था। यह भी कहा गया था कि लेखक की एक ज़िम्मेदारी 'साहित्यिकता' या साहित्यिक परम्परा का विकास है। सम्पूर्ण राजनीति को ही अछूत मानना और राजनीति के विकृत रूपों का विरोध—ये दो अलग-अलग मामले हैं। मनुष्य का एक बिलकुल राजनीतिक प्राणी बन जाना राजनीति की पतनावस्था का चिह्न है और उसका राजनीति से पूरी तरह सरोकारहीन होना मनुष्यता में किसी कमी का नतीजा।

आधुनिक युग में राजनीति को धर्म से अधिक गौरव हासिल हुआ, क्योंकि वह स्वतन्त्रता और सार्वजनिक ख़ुशहाली के लिए जनता का हथियार थी। वह जनजीवन की समस्याओं से मुक्ति के लिए थी। आज की फ़ास्ट पॉलिटिक्स या सत्ता की अन्ध-राजनीति कोई और ही चीज़ है। इसे श्रीलाल शुक्ल ने अत्याधुनिक और ख़तरनाक हथियार कहा है। किसका हथियार? निश्चय ही बाज़ार का। कुछ मुट्ठी भर माफ़िया लोगों ने जनता के हाथ से पहले

धर्म छीना, बाद में राजनीतिक और इन्हें अपना अत्याधुनिक और ख़तरनाक हथियार बना लिया। अब इनमें आम लोगों के लिए सिर्फ़ सब्ज़बाग़ थे। गहरी चिन्ता की बात है कि बदले राजनीतिक परिदृश्य में आम लोग, जो सत्ताहीन हैं, अपने को जनतान्त्रिक प्रक्रिया के हाशिये पर खड़ा महसूस करने लगे हैं। निराशावाद में इस तरह की धारणा का बनना भी आज कम ख़तरनाक नहीं है, 'सम्पूर्ण राजनीति बाहुबलियों और काले धनवालों के क़ब्ज़े में है' या 'राजनीति गन्दी हो गयी है।' इससे राजनीति के पुनर्मानवीयकरण के सारे रास्ते बन्द हो जायेंगे, दरअसल राजनीति के भीतर से ही राजनीति बदली जा सकेगी।

क्या बिस्रामपुर का सन्त में निराशावाद है? यह उपन्यास एक अनुपयोगी हो चुके बूढ़े राजनेता के आत्म-निर्वासन की ही कथा नहीं है। यह दिखाता है कि सत्ता की राजनीति किस तरह आदमी को अमानवीय बना देती है। श्रीलाल शुक्ल की दृष्टि वर्तमान युग की कुछ प्रमुख समस्याओं—साम्प्रदायिकता, जातिवाद, क्षेत्रीयतावाद जैसे सत्ता-विमर्शों की तरफ़ नहीं गयी है। उनके आक्रमण के निशाने में हुकूमत और ऐश्वर्य की आम भूख, जनता के धन की लूट, भ्रष्टाचार, दिखावटी वैभव, विकृत सत्ता-संघर्ष, नेताओं का ड्रामा और वैश्वीकरण युग की 'फास्ट पॉलिटिक्स' है। राजनीति में बढ़ी अमानवीयता श्रीलाल शुक्ल की केन्द्रीय समस्या है। वे कुँवर जयन्ती प्रसाद की ज़िन्दगी के दूसरे हिस्से को ट्रैजिक-कॉमिक ढंग से पेश कर आज की राजनीति के छिछलेपन और अमानवीयता को उजागर करते हैं। जयन्ती प्रसाद पर उनके मार्मिक व्यंग्य इस चरित्र के प्रति हमारे मन में करुणा और हास्य दोनों तरह के भाव पैदा करते हैं। सारी विडम्बनाओं के बीच में रह-रहकर यही प्रतिध्वनित होता है कि राजनीति 'डि-ह्यूमनाइज़्ड' हो गयी है और उसके पुनर्मानवीयकरण की ज़रूरत है, यह काम जितना भी कठिन हो। यह उपन्यास अपने निषेधवाची मुहावरों के बीच कुछ इसी तरह के अप्रत्यक्ष सकारात्मक नोट्स छोड़ता है।

जयन्ती प्रसाद उसी राजनीति के प्रतिशोध में गाँव आये थे, जिससे वे जुड़े हुए थे :

मैं पीछे के सारे पुल तोड़ता आया हूँ।...अपनी सारी नावें जला चुका हूँ।

इसका अर्थ यह नहीं है कि वे बदल चुके थे। यह एक तरह की मनोवैज्ञानिक लड़ाई थी। उन्हें ऐश्वर्य की आदत लग चुकी थी, जिससे जल्दी छुटकारा सम्भव नहीं था।

उन्हें लगा कि कमोड को छोड़कर सब-कुछ ग़लत है।...यह दुनिया उनकी नहीं है, यहाँ सब-कुछ अबूझ है। यहाँ कुछ भी नहीं दिख रहा है, जिससे वे अपने को जोड़ सकें, जिससे उनका अपनापन बन सके।'

गाँव में ज़्यादा चीज़ें ऐसी ही थीं, जिनसे उनके सौन्दर्यबोध को चोट लगती थी। उन्हें गाँव के सीधे-सादे बच्चे और खेतिहर लोग समझ में नहीं आते थे। हुकूमत और ऐश्वर्य ने उन्हें गाँव और आम जीवन से इस हद तक अलग कर दिया था। श्रीलाल शुक्ल ने एक बूढ़े राजनीतिक नौकरशाह की उन्मूलित ज़िन्दगी का चित्र खींचा है। वह हुकूमत और ऐश्वर्य से बाहर आने के बाद एक ऐसा उजड़ा व्यक्ति है, जो नशा टूटने पर भी दीर्घ 'हैंग ओवर' में जीता है।

दिल्ली में बेटे का बँगला छोड़कर गाँव आने के मूल में सर्वोदयी आदर्शवाद की सनक और सुन्दरी को लेकर पश्चात्ताप भावना भी थी। महानगरों के विकास और ऐश्वर्य के

समानान्तर गाँवों में क्षेत्रीय विषमता का नंगा नृत्य था। भूदान आन्दोलन की असलियत खोलते हुए श्रीलाल शुक्ल ने लिखा हैः

> जिन ज़मींदारों ने अपने किसानों के अँगूठे लगवाकर यह भूमि दान में दी थी, वे ही कई सालों से सहकारी फ़ार्म के अध्यक्ष बने हुए हैं। इसके बाद कहने को क्या रह जाता है?

हिन्दी पट्टी में कायदे से भूमि सुधार नहीं हुआ है, जो स्वाधीनता, सुधार और जनतन्त्र का मूल है। पंचायतों पर सामन्तवाद का क़ब्ज़ा है। किसानों को ज़मीनें खेती लायक़ बनाकर दिलाने के लिए कुँवर जयन्ती प्रसाद लिखा-पढ़ी शुरू करते हैं। उनके सेवाकार्य से गाँव में एक हलचल आती है। दुबे महाराज ने अपने सामन्ती स्वार्थों पर चोट देखकर उन्हें चुनौती दी, उनका अपमान भी किया। लेकिन जयन्ती प्रसाद को उनके सर्वोदयी आदर्शवाद ने चुप रखा, उन्हें क्षमाशीलता का अभिनय करना पड़ा। दुबे महाराज और कृषकों के बीच अधमरे आदर्शवाद की शक्ल में खड़े थे कुँवर जयन्ती प्रसाद। उनकी परवाह न करके रामलोटन और अन्य कृषकों ने विद्रोह कर दिया। उनकी हिम्मत बढ़ गयी थी। उन्होंने हिंसा का रास्ता अपनाकर अपनी-अपनी ज़मीन पर पुनः क़ब्ज़ा कर लिया। जयन्ती प्रसाद रामलोटन से :

फिर भी...किन्तु परन्तु कहने लगे। अचानक अब उन्हें शब्दों की कमी महसूस होने लगी थी। श्रीलाल शुक्ल ने भूदान आन्दोलन की विफलता का चित्र इस तरह खींचा है :

> इतिहास की यह कैसी विडम्बना है कि सारा आन्दोलन पूरे वृत्त का चक्कर काटकर फिर उसी बिन्दु पर आ गया है। जहाँ से तेलंगाना में सशस्त्र क्रान्ति की शुरुआत हुई थी जहाँ ग्राम दान के बावजूद—बिस्रामपुर के किसान फिर अपनी जोत के लिए हथियार तानकर खड़े थे।

विनोबा ने 1950-51 में तेलंगाना के कृषकों का सशस्त्र आन्दोलन देखकर उसी इलाक़े में भूदान की पहली यात्रा की थी, एक काट निकाली थी। बिस्रामपुर का सन्त भूदान आन्दोलन का पाखण्ड उजागर करते हुए दिखाता है कि किस तरह सूर्योदय स्वार्थोदय में तिरोहित हो गया और कृषकों को ख़ुद आगे आना पड़ा। यह अलग बात है कि गाँवों के वास्तविक विकास और कृषक हितों की लड़ाई की एक-न-एक काट लगातार लायी जाती रही और सब-कुछ पूँजीवाद की दया पर निर्भर हो गया।

फिर भी बिस्रामपुर का सन्त कृषकों के आन्दोलन और आम जीवन पर केन्द्रित उपन्यास नहीं है। यह ग़रीबी से जूझ रहे देश में ऐश्वर्य का जीवन बितानेवाले एक महत्त्वाकांक्षी कूटनीतिज्ञ की गहन अतृप्ति और उदासी की कथा है जो आम जीवन से कटा हुआ है गाँव के बच्चों और किसानों की तुलना में 'कमोड' को लेकर ज़्यादा चिन्तित है। उसकी 'सौन्दर्य-विषयक समस्याएँ' वस्तुतः उसकी जड़विहीनता है, जिसका अहसास वैसे-ही-वैसे गहराता गया जैसे-जैसे वह अपनी ज़िन्दगी को 'एब्सर्ड' मानने लगा और मृत्यु की तरफ बढ़ता गया। कुँवर जयन्ती प्रसाद को लगा कि विवेक और सुन्दरी के स्वाभाविक जीवन क्रम में आये तूफ़ान के मूल में वे स्वयं हैं और उनकी सुन्दरी में दिलचस्पी कितनी क्रूर है। श्रीलाल शुक्ल ने इतिहास और राजनीति के साथ व्यक्ति-मन को भी परखा। जयन्ती प्रसाद का प्रतिशोध और प्रायश्चित्त भावनाएँ उन्हें अन्ततः ज़िन्दगी के एक दर्दनाक मोड़ पर खड़ा कर देती हैं। वे यह नतीजा बहुत तटस्थता से स्वीकारते हैं, क्योंकि अब ऐसी कोई जगह नहीं बची थी जहाँ वे लौट सकें।

प्रधानमन्त्री कुँवर जयन्ती प्रसाद सिंह का दर्शन करने के लिए ख़ुद उनके पास आनेवाले थे। सफारी सूटवाले नये राजनीतिक वफ़ादारों को लाभपूर्ण राष्ट्रीय काम, विकास सम्बन्धी नीतियों के निर्धारण में उन्हीं से सलाह और कुँवर जयन्ती प्रसाद जैसे स्वतन्त्रता आन्दोलनवाले बुज़ुर्गों के सिर्फ़ दर्शन! कुँवर जयन्ती प्रसाद ने साफ़ मना कर दिया :

मैं इस सर्कस में शरीक नहीं हो सकता।...क्योंकि इससे मेरा कोई सरोकार नहीं है, क्योंकि मेरा अस्तित्व यहाँ ख़त्म हो चुका है।

उनकी ज़िन्दगी में अवसाद बढ़ गया था। उन्होंने जब सोचा कि अब जीने का कोई अर्थ नहीं है, उन्हें लगा कि वे दूसरे के बारे में सोच रहे हैं :

यह भावहीन टिप्पणी किसी अपरिचित के लिए भी हो सकती थी।

उनका आत्म-निर्वासन अब आत्म-परायेपन में बदल रहा था। दुनिया अब उनके लिए व्यर्थ हो चुकी थी। इसलिए 'माँ मैं डरो मत' के सूक्त की भी उन्हें ज़रूरत नहीं थी। उन्हें जीवन उतना ही व्यर्थ जान पड़ा, जितनी मृत्यु। वे बहाववाली दिशा में नदी के किनारे-किनारे चलते गये। मन में कोई आवेग नहीं था, पर अजीब-सा खालीपन था जैसे किसी परिचित की शवयात्रा से वे अकेले लौट रहे हैं। उन्हें ऐसा नहीं लग रहा था कि कुछ उनके साथ हो रहा है, यही जान पड़ता था कि कुछ किसी दूसरे के साथ होने जा रहा है और वे उसे सिर्फ़ देख रहे हैं। वे नदी में उतरते गये। यह मृत्यु का एक स्वेच्छया और ग़ैर-रोमाण्टिक वरण था राजनीतिक सर्कस से अन्तिम विदाई।

श्रीलाल शुक्ल अपने ढंग के अनोखे लेखक हैं, जिन्होंने 'एब्सर्डिटी' और व्यंग्य को जोड़कर राजनीति की विडम्बनाओं को दिखाया है। राग दरबारी में गाँव की निष्ठुर राजनीति का नंगा चित्र है, जो सम्भव है अति-सूक्ष्म पर्यवेक्षण और कथात्मक अन्विति की दृष्टि से ज़्यादा प्रभावकारी हो। उनमें अनावरण है, पर हस्तक्षेप नहीं है। बिस्रामपुर का सन्त में एक विस्तृत कैनवास है और कथा कई जगहों की घटनाओं से टकराती है। यह निषेधवादी टोन में ही सही, राजनीति की समकालीन विडम्बना को एक बड़े परिप्रेक्ष्य में उपस्थित करती है। इसका महत्त्व इसलिए है कि इसमें कुँवर जयन्ती प्रसाद का चरित्र इकहरा नहीं है, इससे राजनीति और वैयक्तिकता का रोचक तनाव है। इस उपन्यास में प्रायः चरित्र जैसे शुरू में होते हैं, अन्त तंक वैसे ही नहीं रह जाते। ज़ाहिर है, बिस्रामपुर का सन्त राजनीतिक विडम्बनाओं को एक व्यापक भूमि पर गतिशीलता में एक्सपोज़ करता है।

इन उपन्यासों से राजनीति की एक अँधेरी तस्वीर ज़रूर बनती है, वह कम अँधेरी है भी नहीं। लेकिन इन अँधेरे में ऊब, उदासी और आत्म-परायेपन का मार्मिक बोध किसी एक बिन्दु पर राजनीति के संसार को फिर से मानवीय बनाने का आह्वान करता है—शहर से गाँव तक।

बिस्रामपुर में दरबारी हूरें

मैत्रेयी पुष्पा

(सन्दर्भ : 'राग दरबारी' और 'बिस्रामपुर का सन्त')

बेला क्या जाने कि स्वतन्त्रता के बाद 'भारतीय विकास' के सुनहरे सपनों और पंचवर्षीय योजनाओं का तुरत-फुरत क्रियान्वयन हुआ था, जिसके नतीजे आने शुरू हो गये। बेला शिवपालगंज की ऐसी नवयुवती है, जैसी कि बारी-कुँवारी लड़कियाँ गाँव-कस्बों में हुआ करती हैं। वे स्कूल होने पर भी पढ़ने नहीं भेजी जातीं, क्योंकि उनकी शादी की फ़िक्र घरवालों को इस तरह घेरती हैं, जैसे अमरबेल वृक्षों को घेर लेती है।

बेला अल्हड़, निश्चिन्त-सी लड़की, उसे नहीं पता कि समाज का ऐसा चेहरा सामने आ चुका है ज्यों उषाकाल के आसमान में सुनहरे सूरज की जगह गोल काला धब्बा उग आया हो। लोग ऐसी बातें करते हैं, बेला की समझ में कुछ नहीं आता, क्योंकि उसका नाता केवल घरेलू कामों में मेहनत-मशक्कत से है। उसे कोई क्यों कुछ बताये, अनपढ़ लड़कियाँ अन्धी और बहरी की तरह होती हैं।

यह तो शिवपालगंज के चतुर सुजान लोग जानते हैं कि गाँव पर जो स्थिति उतरी है वह आज़ादी के बाद की गयी आकांक्षाओं पर तुषारापात है। यह तो शहर से गाँव आया रंगनाथ जानता है कि मोहभंग की इस स्थिति को साहित्य में फणीश्वरनाथ रेणु ने 'मैला आँचल' लिखकर उजागर किया है। इसके अलावा राही मासूम रज़ा ने भी अपने गंगौली नाम के पूरे गाँव को आधा गाँव करके ही लिखा। क्या करते, इतना लगाव था कि चटखने पर बेतहाशा दर्द हुआ। इतनी आशाएँ थीं कि मिट्टी में मिलीं तो सब-कुछ मटमैला-धुँधला होता चला गया।

श्रीलाल शुक्ल की क़लम का गाँव शिवपालगंज क्या बना 'राग दरबारी' हो गया। बेला को यह भी नहीं पता कि शिवपालगंज का नया नाम 'राग दरबारी' है और उसे इस नाम से ही पूरा देश जान गया है।

बेला का नाम बेला ही है। जिस तरह बेला लगाव भरी पीड़ा से बेख़बर है, वैसे ही लेखक भी यहाँ किन्हीं भावुक क्षणों का मोहताज़ होने को मजबूर नहीं। यहाँ हर कहीं धारदार तेवर दिखायी देते हैं, पैने व्यंग्यों के औज़ार अपने-आप में इतने तीखे हैं कि हर किसी के लिए बचना मुश्किल। यहाँ लेखक किसी डॉक्टर की तरह शल्यक्रिया करने में मशग़ूल है, काटता है, चीरता है, उससे पहले सुन्न कर देता है। बेला हर समय बचने का उपक्रम करती है, अँधेरे के परदे ढूँढ़ती है। वह सपनों के ख़ून-खच्चर नज़ारे से डरती है।

शून्य में विलाप गूँजता रहता है—हमने तो अपने बड़े-बुज़ुर्गों को सन्त माना और नौजवानों को सत्यनिष्ठा का पालनहार समझा। इसी दम पर पीढ़ी-दर-पीढ़ी ईमानदार और संवेदनशील बच्चों की फ़सलें उगाने के संकल्प उठाये। भारत माँ, आज तेरी क्या हालत है? हम शर्मिन्दा हों या यहाँ से पलायन कर जायें?

भारत माता बोलीं, जो बेला ने भी सुना, वह समझ कितना पायी, कहा नहीं जा सकता। जो था कुछ इस तरह—मेरी नादान औलाद, मत भूलना कि फिरंगियों से मेरा सौदा करनेवाले मेरे ही सपूत थे। तुम्हारे खास बन्धु-बान्धव, तुमसे कई गुना चतुर, कौशलवान्, प्रजातन्त्र के प्रहरी और पहचानकर्त्ता के रूप में जाने जाते रहे। वे ही तो थे, जो ज़मींदार-ताल्लुक़ेदार खद्दर के धोती-कुर्ता पहनकर, गाँधी टोपी लगाकर चुनाववाली नयी नीति अपनाकर ताजपोशी करा गये। वे ही तो हैं, भगवान् की कृपा से जिनकी वंश-बेल बढ़ी, खाये-पिये-अघाये हुए वे तन्दुरुस्त और बलिष्ठ हुए। उनका तन-मन चिकना-चुपड़ा कि वे बेचने-ख़रीदने और सट्टेबाज़ी में जी-जान से लग गये। जाँबाजी ऐसी कि दादा-सरगना बनकर ही दम लिया। आज़ादी ऐसी गंगा नदी बन गयी जिसमें तमाम बगुले डुबकी मार-मारकर हंस के चोले में आ गये।

बेला को आगे पता चलेगा कि शिवपालगंज में हंसरूपी बगुलों की दास्तान कैसे चलती है। वह देख तो रही है कि जिसमें जोर है, उसके पास लाठी ज़रूर है। कहते हैं कि जिसकी लाठी उसकी भैंस। हर भैंस किसी लाठीवाले की हो जायेगी? 'राग दरबारी' के लेखक ने खोखले आदर्शों को झाड़-बुहारकर एक कोने में इकट्ठा कर दिया। शिवपालगंज की जनता का गहरे तक जायजा लिया और सिद्ध कर दिया कि वे 'अहा ग्राम्य जीवन भी क्या है' के झाँसे में नहीं आयेंगे। वे मर्द और औरतों को अपनी नज़र से देखने के बाद उनके लिए ऊँचे-नीचे पायदान बनायेंगे।

बेशक शिवपालगंज से बिस्रामपुर का सफर करेंगे।

बेला अपने गाँव से बिस्रामपुर तक जाने का मन बना रही थी या लेखक उसे अपने साथ ले जाना चाह रहा था? समझना यह भी चाहती थी बेला कि इस रचनाकार का नज़रिया, मनःस्थिति या परिवेश अपने लगाव में बदलनेवाला है या ज्यों-का-त्यों रहनेवाला? निश्चित ही उसके कोण अलग-अलग हैं। लेखक अपने कौशल का धनी है। अब तक तो बेला यह समझ चुकी है कि यहाँ कौशल ताक़त के रूप में इस्तेमाल होकर खुद को पात्र में आत्मा की तरह स्थापित करने का दमखम दिखायेगा। लगेगा कि आत्मा के विभिन्न रूप ध्वनि, लाभ, धूप, छाया की तरह ज़िन्दगी के पन्नों पर फैल जायेंगे। पर कुछ व्यक्तिगत अनुभव भी तो होंगे, अन्तर के साथ दिखेंगे, वे अभिव्यक्तियों को सिकोड़ सकते हैं, विस्तार दे सकते हैं। फिर देखा जायेगा कि बूँद-बूँद ही धारा बनकर जल को प्रवहमान् करती है या नहीं। या ये बूँदें कणों में मिलकर जम जाती हैं और पहाड़ों में तब्दील हो जाती हैं।

श्रीलाल शुक्ल की रचना का मर्म बेला जाने या न जाने, इससे कोई फ़र्क़ नहीं पड़ता, बेला यहाँ किसी भी दशा में रहे, उसे दिशा बतानेवाला कोई नहीं, बस, यहाँ तो सुधीजनों की राय ही सार्वजनिक परिणाम के रूप में स्थापित है कि राग दरबारी ऐसी उग्र धार है कि पर्वतों को अपने साथ बहाकर ले जा सकती है। समीक्षाकारों और टिप्पणीकर्त्ताओं की मान्यता से इनकार भी कौन कर सकता है? और फिर बेला इस राग दरबारी के गाँव शिवपालगंज में रहती है, यही उसकी जन्मभूमि है, गाँव स्वतन्त्र भारत का हिस्सा है जिसकी अहमियत बेला के लिए भी है, इसकी ओर किसी का ध्यान ही नहीं।

यों तो इस उपन्यास में सत्तासम्पन्न अहंकारी समाज के वर्चस्व की कथा उन दबे-कुचले लोगों की भागीदारी से बुनी गयी है जो इस्तेमाल करने के लिए पाले जा रहे हैं। कुछ हारे हुए हैं तो कुछ जुझारू मगर अपंग हैं, जो अपने हक़ की लड़ाई में मगन हैं। कुछ बेसहारा जो सही-ग़लत का भेद करना अपने असुरक्षित होने से सीख रहे हैं।

स्त्री नहीं तो गाँव-समाज क्या? वह समाज क्या, जो स्त्री की ग़ुलामी का गढ़ न हो? और वह स्त्री भी क्या जो अपनी कसावट में छटपटा न रही हो। वह छटपटाहट ही क्या जो पुरुष द्वारा दी गयी कसावट से न पैदा हुई हो? और वह पुरुष ही क्या जो अपनी सत्ता में औरत के दर्द को सामान्य ज़िन्दगी की तरह देख न रहा हो। अतः—

'एक बाला, जिसका नाम बेला, गृहकार्य में दक्ष, सुन्दर, स्वस्थ और भोली-भाली, एकदम निरक्षर नहीं, रामायण का पाठ स्त्रियों की दिनचर्या से जुड़ना चाहिए, इसलिए थोड़ी-बहुत पढ़ी है। मगर वह तो मनोहर कहानियाँ पढ़ती है, इसलिए उसे दुश्चरित्र माना गया है। उसे क्या वेश्या का रोल निभाना है? उसका जन्म कन्या के रूप में हुआ, उसका जीवन विवाह के लिए है, यह उपन्यास में जड़ीभूत मान्यता है या अपरिवर्तनीय परम्परा के चलते पिता अपना फ़र्ज़ समझता आ रहा है कि उसके जन्म के समय से ही उसके विवाह की चिन्ता करे और वर की खोज चालू रखे।

'बेला तबीयत और जिस्म दोनों से प्रेम करने लायक़ है' यह बात बेला को मालूम ही नहीं है, यह बात तो उसके सामने चलायमान मन के पुरुष ज़ाहिर करते हैं। मासूम बेला और निष्ठुर पुरुष, लेखक यहाँ कहाँ है? यहाँ तो विधवा बुआ है जो घर में रहती है। वह बूढ़ी मानी जा रही है, क्योंकि अनुभवी है, लड़की होकर सालों से विधवा रही है। सो बहुत-कुछ जानती है। क्या उसी ने बेला को बहुत-कुछ सिखाया है? वह चुनौती देती है कि आसान नहीं है बेला को फाँसना। बेला के माथे के नीचे ही नहीं, सिर के पीछे भी दो आँखें लगी हैं। गड़बड़ आदमी देखकर वह तुरन्त रास्ता बदल देती है या मुस्कराकर पास बुला लेगी।

बेला को मालूम हुआ है कि ज़्यादातर मर्द उसे अपने लिये समझते हैं, क्योंकि लड़की हमेशा समझी ही जाती है मर्दों के लिए। रुप्पन बाबू ने 'राग दरबारी' में इसलिए ही अवतार लिया है कि वे रोज़ रात को सोने से पहले बेला के शरीर का ध्यान करें, वह भी बिन कपड़े के शरीर का। (बिना कपड़े के शरीर में औरत ज़रा निरीह और निर्बल लगती है) रुप्पन बाबू औरत का निरीह, निर्वस्त्र शरीर चाहते हैं। स्त्री का स्थान यहाँ यही है, चलो, यह अभी पकड़ में नहीं आयी तो एक ठो प्रेमपत्र लिख दिया जाये (पकड़ा जायेगा तो रुप्पन का क्या जायेगा? बेला की बदनामी होगी, बेला और भी निरीह हो जायेगी) रुप्पन बाबू दाँव-पेच खेलकर अपनी ताक़तवरी दिखाना चाहते हैं। लेखक को मालूम हो या न हो, बेला रुप्पन पर हँसती है।

बेला हँसे न तो क्या करे? उसका कुँवारापन यहाँ हर युवक को हरी घास का ऐसा छुट्टल मैदान दिखायी दे रहा है कि जो न सो मुँह मारने चला आ रहा है। रुप्पन को छोड़ो, यह रंगनाथ जो रिसर्च करने आया था, तन्दुरुस्ती बनाने में लगा था, बेला के आस-पास कबड्डी खेलने लगा।

'हाय मेरे लेखक का सोच-विचार!' बेला सोचती है, रंगनाथ पागल हो गया है। इसकी पढ़ाई-लिखाई का क्या हुआ? यह तो बेला के बारे में इतना सोचता है कि 'हर नाप के, हर वज़न के सैकड़ों स्तन और नितम्ब उसके दिमाग़ में उभरने या अस्त होने लगते हैं। वे जोड़ों (युग्मों) की शक्ल में प्रकट होते हैं, गुच्छों की शक्ल में फूले और एक-दूसरे को धक्का देकर भाग जाते हैं। रंगनाथ कितना जूझा कि एक भरी-पूरी लड़की की तस्वीर निकल आये, मगर ऐसा हुआ कहाँ? उसकी कल्पना एक बार पूरे धड़ को पकड़ लेती है, पर उससे कुछ न हुआ, क्योंकि उसका चेहरा ग़ैरहाज़िर बना रहा। कुछ देर में उसके दिमाग़ में कुछ छुटे हुए स्तनों के गोल दायरे भर रह गये...(तन्दुरुस्ती बनाने की नाक़ामयाब कोशिश) वह हर हालत में समूची

औरत को पकड़ना चाहता है और अपनी असमर्थता को बार-बार ललकारता है...पर सिर अलग, धड़ अलग—कटी हुई औरत!

निर्बल रंगनाथ, दयनीय रंगनाथ!

देख, बेला खुद ही आ गयी, अपनी कटी-फटी आज़ादी के साथ नहीं, समूची स्वतन्त्रता के साथ उसने अपना एक हाथ रंगनाथ के दूसरी ओर टिका लिया।

कुण्ठाओं का मारा-पछाड़ा रंगनाथ।

और अकुण्ठित किशोरी बेला, रंगनाथ को छाती पर दो स्तनों का दबाव महसूस हो रहा है, गर्म और विस्फोटक दबाव। गाल पर चिकने और रेशमी गाल का आ टिकना...एक क्षण के लिए उसकी छाती पर टिके स्तनों के अन्दर की धड़कन जैसे बन्द हो गयी। नारी पत्थर की हो गयी। वाह रे ऋषि गौतम!

बेला हँस पड़ी। बेचारा रंगनाथ, भारतीय कला में डॉक्टरेट लेने के बजाय सुर-सुन्दरीवाली मुद्रा में दो जीवन्त स्तनों का सहारा पा लेने को महान् उपलब्धि मान रहा है। रुप्पन हों या रंगनाथ, दोनों नादान चरित्र, जिनको लेखक ने बुद्धिजीवी और शक्तिजीवी बनाया है, निपट नादान, मूर्ख और कमज़ोर हैं। यह भी नहीं समझते कि बेला निरी लड़की नहीं, मनुष्य भी है। बहुत पढ़ी नहीं, मगर नासमझ नहीं। इसी से समझ लो कि प्रेमपत्र में सिनेमा के गाने इसलिए लिख देती है कि इस युक्ति से आशिकों को आसानी से बेवक़ूफ़ बनाया जा सकता है, यह बेला के स्त्री होने के कारण है। वह मन-ही-मन रंगनाथ-जैसे 'शिक्षितों और सभ्यों' पर हँसती है।

शिवपालगंज के युवक अपनी उमंगों-तरंगों और दादागिरी के तहत बेला को अपने दरबार की हूर मान बैठे हैं और पुरुषोचित धारणा बना ली है कि बेला जैसी मनभावन लड़कियों का जन्म उनकी ख़ातिर होता है और उसका जीवन उनके सुख और आनन्द के लिए नाचने भर हवाले रहेगा। शास्त्रों में क्या लिखा है, हमारे लेखक को अच्छी तरह याद है यहाँ कि औरत बदनामी की मौत मरे या अपनी मौत मर जाये, वह हर हाल में जीती या मरती पुरुष के लिए ही है। अगर ज़िन्दा रहती है तो अपना कर्त्तव्य और काम जानती हुई। वह कैसी भी हो सकती है। अगर पैंतालीस वर्ष की बूढ़ी और काली-कलूटी भी हो, चेहरा-मोहरा मुरझाया हुआ हो, चलेगी। निचले हिस्से में तो हरा-भरा मैदान ही मिलेगा। बहरहाल उसे अपने सलूके के बटनों का ध्यान रहे, न रहे, हम हैं न। पहली ही नज़र में आराम से प्राकृतिक दृश्य देखते हुए रंगनाथ जैसे 'स्कॉलर' स्वास्थ्य लाभ करते हैं।

अपने लेखक को प्रणाम करती है बेला। 'राग दरबारी' लिखकर वह अपने परिवेश से मुठभेड़ कर रहा है या औरतों की दुनिया में शिकारी छोड़ने निकला है। ऐसे शिकारी कि गाँव में रहने की कल्पना नहीं की जा सकती। कहीं कोई तो होता है कि औरतों के साथ संवेदना से पेश आता है। माना कि यहाँ स्वतन्त्रता के बाद देखे गये स्वप्न दिवास्वप्न ही साबित हुए और लेखक ने धुन्ध की छँटाई करके लोकतन्त्र और विकास की पोल खोल दी। कितनी आसान बोली, बानी में सारी बातें बता दीं कि अनपढ़-अशिक्षित और गँवई लोगों की भी समझ में आ जाये, क्योंकि यहाँ उनके अपने मुहावरे में बात हुई है। किताबी भाषा का चलता आ रहा बड़बोलापन कहीं नहीं है। समय के पत्थर पर जैसे दराँती-खुरपी व्यंग्य को पैनाया हो रचयिता ने।

मगर पैनाया एक ही ओर से। दूसरी ओर का पक्ष इसलिए छोड़ दिया होगा कि उधर जंग आज से नहीं, सदियों से लगती रही है। जंग को जंग ही रहने दो।

क्या इसलिए ही बेला ने अपने पक्ष से जंग छेड़ दी और रंगनाथ को धर पटका। वह नहीं देख रही कि एक अनदेखा अवरोध धरा में उभरकर टीले की मानिन्द आज खड़ा हुआ है या सदियों से अड़ा हुआ है? उसे तो जब दिखा, तब से ही नज़रअन्दाज़ नहीं कर पायी। यों तो 'राग दरबारी' अपनी कहन में भारतीय संस्कारों के हिसाब से कभी गान्धारी की पीढ़ी में डालकर आदरणीय और सम्मानजनक सूचियों में स्त्री का हिसाब रखता है या फिर पुरुष की आदिम तलब के लिए औरत को इस्तेमाल करता है और बड़े आराम से कुलटा, वेश्या और गणिका जैसे नामों से उसका 'अभिनन्दन' करते हुए सामाजिक बहिष्कार के हवाले छोड़ देता है।

अब बेला-जैसी अल्हड़ और कमसिन लड़की क्या जाने कि आज़ादी की लड़ाई में कितने मर्द और कितनी औरतें शामिल हुई थीं? बेला कमसिन या गँवई न होकर पढ़ी-लिखी और प्रबुद्ध होती और जानती होती कि आज़ादी की लड़ाई में स्त्रियों की भागीदारी उपेक्षणीय नहीं मानी जा सकती, तो भी बेला अपने लेखक का क्या कर लेती? नहीं समझा सकती थी बेला कि आज़ादी की लड़ाई में शरीक होने से भी आगे जा चुकी है स्त्री क्योंकि अब तक उसके लिए शिक्षा के दरवाज़े खुल गये थे और वे 1968-69 के समय में दिन-प्रतिदिन बन्द घरों के खुले दरवाज़ों की चोंखटें लाँघकर बाहरी क्षेत्र में क़दम रखने लगी थीं। और बराबर हस्तक्षेप कर रही थीं। आख़िर पंचवर्षीय योजनाओं के तहत समाज कल्याण, महिला मंगल योजना और खादी ग्रामोद्योग ने देहाती स्त्रियों के लिए शिक्षा और रोजगार के अवसर युद्धस्तर पर मुहैया कराये थे।

अब यह तो लेखक की मर्ज़ी है कि बेला को अपने दरबार की हूर के रूप में देखे और 'राग दरबारी' का आलाप ले।

हूर का भविष्य तय किया गया—खूँटे पर बँधी भैंस।

बेला और बद्री पहलवान का प्रेम-प्रसंग और सामाजिक दृष्टिकोण—

"नीम के पेड़ के नीचे भैंस बँधी हुई, खूँटे के आसपास चक्कर काट रही थी और मुँह से तरह-तरह की आवाज़ें निकाल रही थी। उसे एक प्रेमी की फ़ौरन ज़रूरत थी।"

सन्दर्भ बद्री—

"अतः जब बद्री ने निश्चय कर ही लिया है और पूरे समाज में बात फैल गयी है तो हमारा कर्त्तव्य है कि शान्तिपूर्वक इस प्रस्ताव को स्वीकार कर लें।"

दुहाई शास्त्रों की—

सोलह वर्ष की अवस्था पा लेने पर पुत्र के साथ मित्र जैसा व्यवहार करना पड़ता है। (बद्री के पिता का अपनी इज़्ज़त और बुढ़ियाती देह बचाओ संकल्प)

आगे का हाल कुछ इस तरह—

"सारा कुछ भैंस ने सुन लिया था...वह इतनी जोर से उछली कि लगा, वह खूँटा उखाड़कर आसमान में पहुँच जायेगी।"

विद्वान् लेखक के ऐसे वर्णन पर बेला का पिता आख़िर क्या सोचे? भौंहें अपने-आप सिकुड़ गयीं। समझने के लिए बाक़ी क्या रह गया था, बेटी को भैंस योनि में डालकर आख़िर पिता को क्या समझाया जा रहा है?

"तुम्हारी ये साँड़ मेरी बिटिया के बारे में क्या-क्या बातें उड़ाते हैं।"

भारतवर्ष के निवासी, बेटियों के पिताओं के नाम यह सन्देश है कि खन्ना मास्टर देख रहा है—"भैंस उछल-उछलकर खूँटे के इर्द-गिर्द चक्कर काट रही है...बराबर रँभाती जाती है। पेशाब का परनाला बह रहा है।"

खन्ना मास्टर का परिवार के आदमी की तरह आत्मीयता भरा बयान—

"भैंस गरम हो रही है। इसका इन्तज़ाम कराइये।"

"क्या इन्तज़ाम करें? इलाक़े के सारे भैंसे बधिया हो गये।" बेला के पिता उवाच।

एक आदमी नंगे बदन, अपने को आदमी साबित करनेवाले स्थान को एक अँगोछे से ढके हुए आया और ख़बर लाया—

"रमजानी घोसी दो रुपये पर अपना भैंसा लगाने को तैयार है।"

इशारा पाते ही उस आदमी ने भैंस को खूँटे से छुड़ा लिया। फिर भी एक दुश्चिन्ता बनी रही—कहीं भैंसा इनकार न करे दे।

यह क्रूर यथार्थ के रूप में दर्ज हुआ है। माना जा सकता है कि यह तब का पूरा सच और आज का आधा सच है, लेकिन यहाँ भैंस और लड़की की एक ही छवि लेखक की वीभत्सता से जोड़ी जाये? क्या कभी किसी युवती का मन टटोला है या अपनी ही धारणा बेला के ऊपर लाद दी? स्त्री के लिए इससे बड़ा अपमान और गाली-भरा बयान क्या होगा? नपुंसक लोगों की ऐसी भाषा गाँव-कस्बों में भी होती है क्या? हो सकता है शहरी नपुंसक ऐसे ही होते हों जिनकी तर्ज इस उपन्यास में व्याप्त है। और उस व्याप्ति की झनझनाहट में बेला सिर नहीं उठा पा रही, उसके सीने में धड़कती हुई एक-एक धड़कन कहती है—नहीं, यह मेरा चरित्र नहीं है, यह क़लम की स्याही का चरित्र है। यही स्याही मेरी देह को गुनाह के रूप में पेश कर रही है। मुझे मौक़ा मिलता तो क्या मैं ख़ुद को ऐसा रचती? क्या लड़की केवल सेक्स, सेक्स और सेक्स ही होती है? मगर क्या किया जाये मरदानी धुरी केवल सेक्स है और इससे कोई भी मर्द औरत को छूटने देना नहीं चाहता। शर्त भी यह होती है कि सेक्स का खेल भी उसी की शर्तों पर चलेगा। वही अपनी आँखों में औरत को गाय-भैंस की तरह पाले या हूर की तरह देखे, फ़ैसला उसका ही चलेगा, जैसा कि यहाँ चला। लेखक ने अपने पाठकों के साथ एक ऐसा दल बनाकर दिखा दिया है कि वे खूँटे पर बँधी भैंस के नंगेपन पर उतरती कामुकता को बेला के शरीर पर उतारने के दृश्य में बदलकर देख सकते हैं। कैसा अद्भुत रूपक है। समाज धन्य-धन्य हुआ। मरदानी दुनिया की चमकदार आँखें आज भी औरतों को उनकी औकात दिखा रही हैं। यह अलग बात है कि दिखायी गयी औकात को स्त्री आज ठेंगे पर धरकर आगे बढ़ गयी है और उन मर्दों को उनकी औकात दिखाने की ताक़त भी अर्जित कर चुकी है, जो नपुंसक हैं और भैंसे की तरह पलते हैं। उनकी आँखों की भाषा या इबारत पढ़ना ज़रूरी तो नहीं, मगर उस पर अंकुश लगाना बहुत ज़रूरी है, क्योंकि हम अपमानित और प्रताड़ित स्त्रियों को अपनी शक्ति का जयघोष करने का साहस देने की बात करना चाहते हैं कि अब वे अपनी शादी की बात नहीं, आज़ादी की बात करें। यही हमारे लिये बड़ी घटना होगी।

यह साल 1968 नहीं, 1998 का है (बिस्रामपुर का सन्त)

छह के अंक ने नौ की शक्ल अख़्तियार कर ली।

किसने सोचा था कि तीस साल बाद भी बेला की नियति का आतंक अपने बारूदी विस्फोटक रूप में प्रकट होगा? समाज को तहस-नहस कर डालेगा?

ऐसा होगा कि ताकतवर और असरदार निरंकुश पुरुष सत्ता चुनौती की नोक पर टाँग दी जायेगी। सपने की तरह यह कोई झूठी बात नहीं है और न बुलबुले की तरह एक क्षण में नष्ट हो जानेवाला मामला। अब तो बिसात पर औरत थी और दाँव भी उसे ही चलना था।

कहते हैं कि अग्निपक्षी अपनी राख से ही जन्म लेता है, स्त्री अपनी ग़ुलामी से मनुष्य के रूप में पैदा होती है। यह तो मरदाना रवैया है कि उसे मवेशी में तब्दील करके देखे कि अपने खूँटे बाँधने में आसानी रहे।

काश! स्त्री का मन भी टटोला जाता कि वह वाकई खूँटे में बँधकर रहने में .खुश है; जैसा कि माना जाता है या सुरक्षित है जैसा कि उसे समझाया जाता है? वह .खुश नहीं रहती, भयभीत होती है, क्योंकि सुरक्षा और संरक्षण के नाम पर उसे डराया जाता है। दहशत के कारण सिर झुक ही जाता है, ज़ुबान गुम हो ही जाती है और आप समझते हैं कि वह शिष्टता और शीलता निभा रही है। जबकि उसके लिए भय ही मर्यादा है और तथाकथित शील आचरण उसकी बेबसी। बेबसी को सौम्यता का प्रमाण-पत्र देकर शालीन अत्याचार किया जाता है, यह वह अच्छी तरह समझती है क्योंकि अपना मनुष्य होना भूल नहीं पाती।

आपके चलते यहाँ भैंस (बेला) बदहवास हो उठी। वह पागल होने लगी। समझिये कि दरबार की हूर का जिस्म बौराया नहीं, ऐंठने लगा। कमबख़्त कँटीली झाड़ियों और डरावने जंगलों को रौंदने पर आमादा हो गयी। न लहूलुहान होने का डर, न क्षत-विक्षत होने की चिन्ता और पुरुषों का तो क़तई लिहाज़ नहीं।

बिस्रामपुर क्या शिवपालगंज नहीं रहा?

शिवपालगंज इतनी आसानी से ग़ायब नहीं हो सकते। अपना धरम छोड़नेवाली नारी की कहीं गति नहीं होती। इस विश्वास को अब कहाँ उठाये, कहाँ धरें? यह प्रियदर्शिनी, रूपसी अपना रिझाने-उकसानेवाला लक्षण छोड़कर आख़िर कहाँ जायेगी? 'सपनेहु आन पुरुष मन नाहि' कहनेवाली पत्नी अपना धर्म छोड़कर आख़िर क्या होना चाहेगी?

'बेलाऽऽ...बेलाऽऽ...' दोनों बाँहें फैलाकर वृद्धावस्था का सन्त महात्मा जैसा पुरुष आगे बढ़ता है मानो।

तुम किसे बुला रहे हो महामहिम? बेला ने तो कब का चोला छोड़ दिया।

क्या सती हो गयी बेला? सती नहीं हुई तो मरेगी कैसे? औरत बड़ी सख़्तजान होती है, मरती नहीं, मारनी पड़ती है। धरम-करम का कोड़ा न चले तो वह किसी तरह मरे, न जले। तभी तो शिवपालगंज में वैद्य जी यह कहते-कहते रुआँसे हो जाते थे कि—सती धर्म की तो ऐसी-तैसी हो गयी। अजी, कहाँ रहा धर्म-कर्म। आज तो पति मरते ही अपने रोज़गार के लिए भागती हैं।

कुसहर बोला था—चुप रहो वैद्य जी! खुद ही तो कह रहे थे, अब राँड़ें रोती नहीं। और ख़ुद पुरानी राँड़ों की तरह रो रहे हो! बुलाओ अपनी सनीचर-फटीचर को, बड़ा गँजहा बना फिरता था। असली बात यह है कि आज सनीचर की कमर पर लात मारकर बेला शिवपालगंज के प्रधान पद की उम्मीदवार है। अरे, बुरे सपने की तरह इस कलजुग को देखने के लिए तुम उम्र का सैकड़ा पार कर गये।

"प्रभुमाया!" वैद्य जी कराहे। हाथ-पाँव निर्बल पड़े हैं, नहीं तो उठकर देखते। बदले हुए समय की मार देखो कि पहलवान के बाप को उठानेवाला कोई नहीं। बस, इतना बोले—लड़की गली तक में नहीं निकली थी।

कुसहर हँसा—बैद जी, रुप्पन और रंगनाथ तो छतों-छतों आकर ही चूस लिये।

—अरे भइया, उस साले गयादीन की बदमाशी है। लौंडिया को आगे खड़ी करके माथा उठाना चाहता है। भंगी-चमारों की तरह आजकल बेटी का बाप भी सीना फुलाकर चलने लगा है।

—वैद्य जी, सच्ची बताऊँ? नंगा आदमी नंगई पर खुल्लमखुल्ला आ गया है। बेला को खूँटे से छुड़ाकर क्या ले गया, पूरा सत्त निचोड़कर पी रहा है। वह बोला—बेला, प्रधानी हथिया ले, सम्हाल मैं लूँगा, जैसे तुझे सम्हाल लिया।

शिवपालगंज में क्या हो रहा है, लेखक भी सुनें। वहाँ भारत माता की जय तो बोली ही जाती है, लेकिन बड़े-बूढ़े बेला को गालियाँ भी जमकर देते हैं। कहते हैं—नकटी औरत, ऐसी निर्लज्ज हो गयी। कहाँ बदनामी के कारण घर में बैठी रोया करती थी, शरम के मारे ठोड़ी गर्दन से लगाये रहती थी। द्वार पर बुआ पहरा देती थी, यह कहाँ से और कैसे बाहर निकल गयी?

कोई क्या कहे? पहरा देनेवाली बुआओं की आँखों में अब मोतियाबिन्द उतर आया है। और पुरानी बूढ़ियों को औरत समझकर इलाज नहीं कराया जाता। उन्हें अन्धी ही छोड़ देते हैं कि नये ज़माने को न देखें। वे सचमुच की गान्धारी हैं, लोग उनकी ही जय-जयकार करते हैं। बेला अन्धी नहीं होना चाहती, जय-जयकार के झाँसे में नहीं आती। वह हर बीन की आवाज समझती है, उसने भैंस योनि में नहीं, मनुष्य योनि में जन्म लिया है।

रंगनथवा, तू पढ़ा-लिखा, बता तो सही यह ग़ज़ब कैसे हुआ?—वैद्य जी ने पूछा—मैं क्या बताऊँ मामा? मुझे तो अजब बीमारी लग गयी है—लड़कियों के स्तनों का ध्यान करते ही पेट में पानी हो जाता है। मुझे तो बाहरी दुनिया का कुछ पता नहीं, दिन-रात सण्डास में बैठे गुजरते हैं।

रंगनाथ की बात को सुनकर बड़े पहलवान ढीले होंठों से हँसे। बोले—जा साले, तू भी हमारी पीढ़ी को लजाता है। मंगू चमार की लौंडिया कूल्हे मटकाकर चलती है और हमारी निगाह बरजोर हो जाती है। पर वह हूर आँखें काढ़ने लगी। हमने कह दिया—तुझे पाकर मानेंगे। हम वो घोड़े हैं, जो बुढ़ापे में भी जवानी की हिनहिनाहट भरते हैं, आज के लौंडे नहीं। साले घोड़े की लीद।

—कमाल है साहब, दहेज जनानियों को चबा रहा है। मर्यादा भड़ककर चपेटती हुई पाँव पटक रही है। मर्द जाये भी पीछे पाँव नहीं खींच रहे, फिर भी औरतों के काफ़िले बढ़े चले आ रहे हैं। कुलटाएँ पैदा हो रही हैं, असल कलयुग तो अब आया है। एक ज़माना था, जब मेले-ठेले, ब्याह-काज, जश्न-उत्सवों में रंगीनियाँ दिखाने के वास्ते जनानी जात शामिल हो जाती थी, अब तो ग़ज़ब हो रहा है—कोर्ट-कचहरी, थाने-कोतवाली, रेल विभाग और अस्पतालों में औरतें घुसी पड़ी हैं।

रंगनाथ सण्डास में कराह रहा है—बद्री भइया, तब से सम्बन्ध व्यवस्था पूरी तरह गड़बड़ाने लगी, जब से बेला ने एक अदद पति पाने की ख़ातिर अपने जीवन का फैसला दूसरों के हाथों में सौंपने से इनकार कर दिया।

(काश! मरदाने दरबार में बेला का अपना राग गूँजता!)

बेला का इनकार और बिस्रामपुर का सन्त।

भूदान आन्दोलन से जुड़ी, शिक्षित, बौद्धिक स्तर पर सजग और जीवन में कुछ कर गुज़रने की इच्छा लिये स्त्री का उदय हुआ।

यह स्त्री, जिसका साक्षात्कार होना है कुँवर जयन्ती प्रसाद के माध्यम से। कुँवर जयन्ती प्रसाद का परिचय है कि वे अस्सीवें वर्ष के आसपास हैं उनकी गवर्नरी का दौर ख़त्म हो रहा है या हो गया? अभी किसी पद की उम्मीद नहीं है, सो प्रतिष्ठा की आस भी बुझ गयी है।

आस बुझ गयी, आकांक्षाएँ ज़िन्दा हैं। सपने देखते हैं। यदि इतना सब है तो बहुत-कुछ है। एक बड़ा ऊर्जा स्रोत ठाठें मारता है। इसी स्रोत के सहारे आदिवासियों की लोक कलाएँ, खेतिहर मजदूरों का लोकतन्त्र और शोषित महिला वर्ग के भविष्य की क्रान्तदर्शी चेतना के रूप में बहुत-कुछ देख सकते हैं।

अब कुँवर जयन्ती प्रसाद बनाम बिस्रामपुर का सन्त स्नान करने के लिए आ रहे हैं। उनके स्नानार्थ छत पर रखी हुई चौकी पर केवड़ा डालकर सजायी गयी पानी भरी बाल्टियाँ, सन्दल के चर्बीहीन सुगन्धित साबुन प्रस्तुत हैं। अब वे नौकरों से अपनी काया को धुलवा-मलवाकर तापमान नीचा करते-कराते हैं। उसके बाद अपनी कमर, नितम्ब, शिश्न और गुदा आदि पर लिपटी हुई गीली धोती से पानी टपकाते हुए धीरजसिंह के कन्धे का सहारा लिये हुए खड़े हो जाते हैं। पिछली ज़िन्दगी पर निगाह डालते हैं। किताबों में लिखा है—पीढ़ी या संस्कृति में लौटना कथाकार की मजबूरी है। वे लौटे या लेखक पलटकर देखता है?

सुन्दरी! या बीते समय में साथ छोड़ती बेला!!

इसी के मोह में सन्त अभी तक जीवित ही नहीं, ढीली त्वचा, लटकते मांस और झूलती स्थूलता के बावजूद भरपूर जवानी के अहसास के साथ खड़ा है। आश्चर्य कि रगों में काम की तरंगें ठाठें मार रही हैं। आँखों पर छाये सलेटी धुएँ के बीच ललामी उतर आती है। क्या यह ललामी आग की सिद्धि नहीं?

एक दृश्य : वे सुन्दरी को कमरे में उमस के बीच सोती हुई देख रहे हैं। उनका दिल धड़क उठा। इतना कि जैसे धड़कन कानों तक आ गयी हो।

यह सुन्दरी है या जयश्री?

बहुत साल पहले बिलकुल ऐसे ही जयश्री के कमरे की ओर गये थे। रात के अँधेरे में चोर की तरह कई बार गये थे। कमरे को अन्दर जाकर देख नहीं पाये, बाहर ताला पड़ा था। तो क्या? जयश्री के बाहर सूखते कपड़ों को देखकर उनकी धड़कन तेज हो गयी थी। चोली को झिझकती उँगलियों से छुआ। लगा कि खुली छत पर उसके खुले जिस्म को छू रहे हैं। कपड़ों को सूँघा, ब्लाउज़ को सहलाया। साड़ी को अपने बदन पर लपेटकर हवा में उड़ने दिया। इस उत्तेजक खेल को वे निंदियायी हुई और जागी हुई आँखों से देखते हुए दिन-रात खेलते रहे।

अचानक जयश्री अन्तर्धान हुई। उन्होंने अपने-आप को सुन्दरी के कमरे के द्वार पर खड़ा पाया। स्वचालित रोबो की तरह पलँग के पास पहुँच गये। ऊपर झुक आये। उनकी दायीं

हथेली सुन्दरी के उरोजों पर थी। हथेली का दबाव बढ़ाया। उँगलियाँ सक्रिय हो गयीं। सुन्दरी ने तभी ज़ोर से साँस छोड़ी और करवट बदली। भयानक उत्तेजना का अनुभव उन्हें बाहर की खुली हवा में हुआ। फिर अपने ख़िलाफ़ कटुता, हीनता और बदनामी का डर...मगर क्षणिक स्पर्श की याद के रूप में आज पुरुषत्व हासिल कर रहे हैं।

क्या ख़ूब नज़ारा है। मर्दानगी की सुलभता का दिलकश इशारा बौद्धिक समाज को किस कदर प्रभावित कर गया था, इसके साक्षी तो हम भी हैं, मगर थे ज़्यादातर बौद्धिक बूढ़े, ढीली त्वचा, लटकते मांस और बेजान मर्दानगी के मालिक बाग-बाग होने लगे थे, जैसे शिलाजीत और कुश्ते की ख़ुराक दे रहे हों। बिस्रामपुर के सन्त।

बेला से जयश्री, जयश्री से सुन्दरी तक को देह स्तरवाला सफ़र विकट बौद्धिक यात्रा का आध्यात्मिक अध्याय बनता चला गया।

मेरे मन में सवाल उठता है कि क्या कोई वृद्ध स्त्री अपनी वासनाओं को इस तरह उघाड़कर लिख सकती है? और ये सन्त लोग उसकी तारीफ में कसीदे काढ़ सकते हैं? या ये सिर्फ़ इस्तेमालकर्त्ता हैं, अपनी बुझी हुई ताक़त को उकसाने के ज़रिये तलाशते फिरते हैं, मिसाल पेश करते हैं कि बूढ़ा आदमी औरत के लिए कितना तरसता है!

कुँवर जयन्ती प्रसाद देह-से-देह तक के सफ़र में दर-दर भटकते रहे। यही नहीं, वे उस सुन्दरी को भी इसी सफ़र में घसीटने पर आमादा रहे। उसके उस भूदान आन्दोलन में शरीक होने के कारगर संकल्प को भी भुलाने पर उतर आये, जिसके लिए उसने पिता के घर और घर की सम्पन्नता का परित्याग किया था। वह चेतनासम्पन्न युवती शिक्षित और आधुनिकता से लैस है, यहाँ एक बूढ़े की असमर्थ काम ग्रन्थि के सन्त्रास की शिकार हो रही है। पुरुष की यौनिकता उसे तबाह करने पर आमादा है क्योंकि सदियों से स्त्री की ऐसी बरबादियाँ होती रही हैं, अतः अब भी जारी रहनी चाहिए, बदलाव क्यों हो? बस यों ही सोचते हुए बिस्रामपुर के सन्त ने अपने संस्कारों का पोषण किया।

ज़िन्दगी में अब कुछ होनेवाला है, शायद इसलिए ही सुन्दरी कहीं और नहीं, उनके अपने गाँव में, कोठी के एक हिस्से में आकर रहने लगी है।

'सुन्दरी जो जयश्री भी हो सकती थी!' कुँवर जयन्ती प्रसाद का नज़रिया इससे आगे नहीं जा सकता कि वे स्त्री की सुडौल और चिकनी देह देखकर अंग-अंग पिघलते रहें। स्त्री के पथरीले वर्तुल स्तन उनके सीने में विस्फोटक ऊष्मा के साथ गड़ रहे हैं। जागते में उनकी ढीली-ढीली काया इस समय अचानक धधकते हुए कोयलों में तब्दील हो गयी। एक अनूठी उत्तेजना उन्हें सुन्न करती जा रही है।

जो भी हो, जो भी हुआ, लेखक नें बड़ी ईमानदारी से बुड़भस की उत्तेजना का चित्रांकन किया है। और पूरी तरह स्त्री के शरीर को निर्वस्त्र करके देखा है।

वह क्यों समझे कि बेला ने चोला छोड़ दिया? कि वह सनीचर को हटाकर प्रधान के पद पर बैठ गयी? श्रीलाल शुक्ल के चलते औरत देह के सिवा कुछ हो ही नहीं सकती, कुछ है तो मर्द की निगाह में वह सेक्स है, मर्दानगी के लिए कुश्ता और शिलाजीत है।

बेला जब भैंस के रूप में थी, गर्भिणी होने के लिए कामातुर भैंस। अब उसी बेला ने अच्छे और सुन्दर कपड़े धारण कर लिये। वह जयश्री के रूप में आ गयी, मगर कामातुर कर

देनेवाली उत्तेजना का रूप जयश्री उसी नंगे आदमी की जोरू है जो अब धनी हो गया है, वह रेशम तो पहनेगी ही।

जयन्ती प्रसाद को याद आता है, रेशमी साड़ीवाली जयश्री अपने पति की ग़ैर-हाज़िरी में सास-ससुर से आँख बचाकर मौक़ा निकालकर नवयुवक जयन्ती प्रसाद को सम्भोग से अनुगृहीत करती रही है, उनके मन बस रही है।

मन में न बसी होती जयश्री तो सुन्दरी को देखकर उसी की छवि से क्यों घिर जाते? हर साँस जयश्री का जाप क्यों करते? आँखें खोलीं तो उन्हें जिसके दर्शन हुए वह जयश्री का रूप ही तो है—दो अदद स्तनों, कटावदार कमर, तनिक कम भारी नितम्बोंवाली वही...सुन्दरी में जयश्री!

क्या हुआ जो तिथियाँ बदलीं, महीने बदले, पत्रा-पंचांगों के ज़रिये संवत् गुज़रते गये, कैलेण्डरों में साल-दर-साल सन् बदले। मौसम के हिसाब से ऋतुएँ बदलती रहीं, आकाश से धरती तक सर्दी-गर्मी और बरसात के मंजर आते-जाते रहे। भारत भी ग़ुलाम देश से आज़ाद देश बना, आज़ाद देश ने शिक्षा के ज़रिये सभ्यता और चेतना के माध्यम से जड़ताएँ बदलने के प्रयास किये। तरक़्क़ी, विकास और मानव अधिकारों से परिचय हुआ, मगर एडवोकेट जनरल कुँवर जयन्ती प्रसाद के भीतर धँसे जाहिल और खूँखार बदनीयत रुप्पन, बद्री और रंगनाथ हुमक-हुमककर बाहर आने का एक भी मौक़ा नहीं छोड़ते। कोई मौक़ा हाथ से क्यों जाने दें, अपना जन्मसिद्ध अधिकार छोड़ना लोकतान्त्रिक देश के नागरिकों को शोभा नहीं देता।

बेशक एक ओर शिवपालगंज के इन गँजहों का वास है तो दूसरी ओर सरकारी सिंहासन पर विराज चुके अफ़सर की अपनी कामनाएँ-वासनाएँ हैं। अमेरिका और यूरोप की ऊँची यात्राओं-सा ऊँचाई छूता रक्तचाप मनमानी अवधि तक ज़िद्दी बीमारी के मानिन्द ठहरा रहता है तो दूसरी ओर उन्हें बदपरहेजी रोगी की तरह सुन्दरी को आगोश में भर लेने की तलब सताती है।

—सुन्दरी का जिस्म अब फोकस में था—आँखें, सुडौल दाँत-होंठ... और उसका आकर्षक वक्ष! कमनीयता का मनचाहा चित्र।

स्त्री अपनी इस सुन्दरता पर कितनी ख़ुश होती है, इसका अनुमान किसी पुरुष को नहीं हो सकता जैसे कि एक औरत नहीं सोच पाती कि कोई प्रबुद्ध व्यक्ति, सोचने-समझनेवाला रचनाकार खाली औरत की जवान देह में उलझकर रह जाता है या हर समय कच्चे गोश्त की तलाश में रहता है।

अगर सच पूछा जाये तो सीमा से ज़्यादा सजना-सँवरना किसी युवती की स्वाभाविकता नहीं होती, कभी मजबूरी होती है तो कभी पेशेगत ज़रूरत। आज के दौर में औरत ने अपनी सजावट को या खुलेपन को अक्सर पेशे से जोड़ा है जहाँ उसकी कामुकता नहीं, क्षमता और कार्य कुशलता होती है। अब यह अलग बात है कि पुरुष उसके दैहिक रूप को अपने लिये समझने का भ्रम पाले रहता है।

तभी तो स्वतन्त्रता प्राप्त इस देश में पुरुष स्त्री के लिए अपनी कलुषित भावनाओं को नहीं बदल सका। यों तो जयन्ती प्रसाद इस देश के विकास और व्यवस्था को फ़ाइलों और आँकड़ों के ज़रिये बख़ूबी जानते थे, मगर इन आँकड़ों में कहीं स्त्री के लिए अपना नज़रिया

बदलने की बात थी भी या नहीं? उन्होंने कुछ जानना ही नहीं चाहा या भारतीय शास्त्रों के वेत्ता सन्त का बिन बदला मन ही आड़े आता रहा।

सोती हुई सुन्दरी के साथ जेल जाने लायक़ अपराध कर बैठे। कहते तो यह भी हैं कि उनको ग्लानि हुई, आत्मभर्त्सना भी जागी, सालती रही...लेकिन कब तक? सन्त आदमी ठहरे, सब-कुछ धो-पोंछ डालने की क्षमता प्राप्त करके सुन्दरी को बाँहों में भर लिया—अब सुन्दरी मुझे देखो, नज़दीक से, और नज़दीक से...

यह आख़िर कैसा चरित्र है? अपनी कथा का नायक है, क्या कहना चाहता है?

बेला गँवई लड़की थी। सामाजिक तौर पर बहुत कमज़ोर थी, पर देह से काफ़ी मजबूत थी। रंगनाथ सरीखों की चटनी बना सकती थी। और उसका भय भी कहीं तक पहलवान को भी था।

लेकिन ये पढ़ी-लिखी औरतें, सोफेस्टीकेटेड जयश्री, नाजुक बदन सुन्दरी...अपनी जीवन्तता खोती चली गयी। वे वस्तु की तरह सन्त की गिरफ़्त में क़ैद होकर रहीं। सन्त तो रुप्पन और बद्री से चार क़दम आगे निकले कि इन चमकदार स्त्रियों के सामने काम कला के भेद खोलते रहे।

—प्लीज़ सुन्दरी/नहीं/बैठ जाओ प्लीज़/आप नॉर्मल हो जायें/मैं तुम्हारे साथ खेल कर रहा हूँ?/ नहीं, खेल तो मासूमियत से जुड़ा होता है/बैठ जाओ सुन्दरी...तुमसे ज़रूरी बात/मैं जा रही हूँ/मुझे ग़लत मत समझो, मैं तुम्हारे बिना नहीं रह सकता...मैं तुमसे शादी करना चाहता हूँ। तो अभी जो हुआ, वह शादी का रिहर्सल था?/तुम्हें मेरी उम्र से एतराज़ है?/नहीं, यह नामुमकिन है।

'नामुमकिन' में ताक़त थी। लगा कि बेला ने सुन्दरी का अवतार लेकर साहसपूर्ण रवैया अख़्तियार किया है। यहाँ हमने भी सन्तोष की साँस ली।

मगर स्त्री के साहस को पुरुष की दुनिया में जगह नहीं। पहले तो उन्होंने इस साहस को क़ाबिलेग़ौर ही नहीं समझा। जब सुन्दरी का साहस ज़िद के रूप में आकर अड़ गया, तब उन्होंने धैर्यपूर्वक शान्ति से काम लिया। सोचा—अगर सुन्दरी को यहीं भस्म कर दिया तो आगे का मौक़ा भी हाथ से निकल जायेगा। पत्थर हो जाने का शाप दे दिया तो जीती-जागती, मान-मनुहार करती औरत कहाँ से आयेगी?

वे बेवकूफ नहीं थे कि यह न जानें, सुन्दरी पढ़ी-लिखी है और उनके प्रभामण्डल से प्रभावित भी है।

सबूत सामने आ गया। सुन्दरी विदा लेने आयी। चरण छूने के वास्ते आयी, बोली—चरणों में जगह दे दो। सन्त की महिमा अनन्त होती है।

अब मर्ज़ी सन्त की थी कि कुँवारी सुन्दर से चरण छुआये या उसके कुँवारेपन का भोग लगाये। मगर ज्ञान चक्षु थे कि झूठे पड़ गये। सुन्दरी तो छुटकारा पाने के लिए आयी। यहाँ उनके अनुरागी मन में कलुष भर गया।

एक बार की बात है, उनका मन मचल उठा था जयश्री के लिए। उसी के लिए वे दिल्ली रुकने का कार्यक्रम बना बैठे थे। कभी-कभी संयोग भी सौभाग्य का साथ देते हैं, जयश्री के पति दिल्ली से बाहर थे। जयन्ती प्रसाद अतीत को एक ठस और ठोस स्वादहीन वर्तमान में थरथराती उत्कण्ठाओं के साथ आरोपित करने की पुरजोर कोशिश कर रहे हैं, यह लेखकीय

आकांक्षा का चरम है। मगर जो हुआ, वह देखने लायक़ हुआ। वे डाल-डाल तो जयश्री पात-पात। बेमुरौवत औरत ने बिजली के स्विच को छुआ और बड़ी आत्मीयता से कहा—"सवेरे कुछ देर से उठती हूँ। आपको बेड टी की ज़रूरत हो तो इस स्विच को दो बार दबाइये, खानसामाँ आ जायेगा।"

फिर भी उन्हें जयश्री पर प्यार आ गया, क्योंकि प्यार तो उनका अपना था। हाथ भी पकड़ लिया।—तुम कैसी हो?

प्रौढ़ और जीवन को गुन चुकी स्त्री ने न हाथ छुड़ाया, न वहाँ से हटने की जल्दबाज़ी की। रुककर उनकी ओर देखती रही। मगर कुँवर जयन्ती प्रसाद को गफलत रास आ रही थी, अपने अहम् को दबा गये। सोच रहे थे, जयश्री की नज़र में उदासी है (शायद मुझसे बिछुड़कर)! जयश्री कोमल स्वर में बोली—गुडनाइट।

वह कुछ नहीं समझ पायी या सब-कुछ जान गयी थी? जो भी हो, कुँवर जयन्ती प्रसाद के तन-बदन में आग लग रही थी।—मैं जल रहा हूँ।

उनकी मौन फुफकार से जयश्री का क्या बिगड़ना था? उन्होंने बद्दुआएँ दीं—"तू मेरी नहीं हुई तो तेरा यहाँ रहना मुझे गवारा नहीं। तू सात समुन्दर पार चली जाये। तेरा दाम्पत्य तहस-नहस हो जाये। तू पियक्कड़ क़िस्म की औरत के रूप में बदनाम हो। अब ज़्यादा सहन नहीं होता...तेरी मौत हो जाये।" उनकी कामुकता इस क़दर खूँखार हुई कि जयश्री के विनाश पर तुल गयी। पुरुष का यही रूप तो उसकी स्वाभाविक अवस्था है।

पता नहीं जयश्री के साथ कुछ अशुभ मारक विनाशक हुआ या नहीं हुआ, लेकिन सन्त ने घोषणा कर दी—वह निम्फोमैनिक थी और पति उसकी आदतों से आजिज आ गया था। एक दुर्घटना में उसकी मौत हो गयी, जिसके षड्यन्त्र का सेहरा उसके पति के सिर है। वह पति, जिसके प्रति जयश्री के पतिपरायणा होने की उन्हें बू आयी थी और अपनी मर्दानगी की तौहीन से उनका अहम् फनफना उठा था।

उपन्यास-द्वय, बेला से जयश्री, जयश्री से सुन्दरी की देहगाथा है, जिसमें पुरुष की अपनी कमज़ोरी और मर्दानगी का वर्चस्व बिखरा पड़ा है। आख़िर सुन्दरी के यहाँ तक आने के संघर्ष क्या थे? उसकी भूमिका का यहाँ व्यावहारिक स्वरूप क्या था? बेतवा के बीहड़ क्षेत्र में शिक्षा, बालकल्याण और महिला उद्योग की सूचनाएँ पाठकों के किस काम की हैं? भूदान और सर्वोदय का लक्ष्य जो सुन्दरी में घटित होता है, वही माना जाये तो तस्वीर क्या बनती है? कहना यह है कि हमारा समाज कुछ सही ढंग का बनता तो यहाँ स्त्रियों की शक्ति पूरे तौर पर विकास योजनाओं में लगती, न कि सेक्स के लिए उनका हर समय आखेट किया जाता। सुन्दरी का बौद्धिक स्तर व्यर्थ गया। उसके दो स्तन और कम भारी नितम्ब ही दिखायी देते रहे जिसे वे नटिनी की तरह तनी रस्सी पर इस नुमाइश के लिए सूझ-बूझ के साथ चलाते रहे।

हाँ, उनकी पीढ़ी से एक पीढ़ी बाद का युवक विवेक, जो उनका बेटा है, स्त्री शरीर के स्तर से कुछ ऊपर उठा है। हालाँकि इश्क का ज्वार यहाँ भी है, लेकिन यहाँ हम मानव-मन की कमज़ोरी या ताक़त के रूप में रखकर आगे की बात सोच सकते हैं। एक नमूना देखा जा सकता है—रात-रात भर मैं किताबें खोले बैठा रहता हूँ। आँखें छपे पन्नों पर होती हैं और सोचता तुम्हारे बारे में हूँ। इससे अच्छा हो कि हम शादी कर लें।

माना कि साथ रहने की शर्त विवाह माना जाता है। साथ ही गाँधीवाद और मार्क्सवाद के सैद्धान्तिक मिलन की दुहाई देता है, लेकिन उसमें स्त्री की देह के साथ नहीं बुद्धि के साथ देखने का विवेक है। वह स्त्री को जकड़ता नहीं, स्वतन्त्र छोड़कर उसकी राय जानना चाहता है। ठण्डे मन से सुनता है—कोर्टशिप, विवाह, यह सब मेरे एजेण्डे में नहीं।

यह संयोग ही था कि अपने-आप से झिझकते हुए सुन्दरी जब विवेक के प्रस्ताव को स्वीकार करने का मन बना ही रही थी, तभी विवेक के पिता कुँवर जयन्ती प्रसाद ने उसे अपनी बाँहों में भरकर घोषणा कर दी—'मैं तुमसे विवाह करना चाहता हूँ।'

इसके बाद सुन्दरी के निर्मम भविष्य का फ़ैसला सुन्दरी के हाथ में नहीं रहा। उपन्यास ने जता दिया कि स्त्री की स्वतन्त्रता का असल मुद्दा उसके आज़ाद होने का नहीं, उसके अपने फ़ैसले के जीवित रहने का है। विरोधाभास यह है कि 'राग दरबारी' से लेकर 'बिस्रामपुर का सन्त' तक हर फ़ैसला पुरुषों के हाथ में रहा है। पुरुष ने ही तय किया है कि स्त्री अपना देहदान किसके लिए करे?

नहीं तो सुशीलाबेन का अपनी ज़िन्दगी का फैसला लेने का भरम झूठा न पड़ जाता। विवाह के बाद निर्मल भाई ने सुशीलाबेन को न पत्नी समझा, न स्त्री। उन्होंने अपनी राह अलग चुनी जो सर्वोदय से लेकर विदेश तक गयी। और विदेश से तिहाड़ जेल तक।

सवाल-दर-सवाल उठते हैं कि यह कैसी रचनात्मक दुनिया है जहाँ गाँधीवाद और मार्क्सवाद की कवायद तो होती है, लेकिन नतीजा सिफर रहता है। समाज की नियमावली एक ओर अपने विधानों द्वारा मनुष्य को निरंकुश होने से रोकने की दुहाई देती है, तो दूसरी ओर उसे मनमौजी और स्वतन्त्रता से विचरने की छूट भी प्रदान करती है। विवेक पिता की बरजोर इच्छाओं के सामने क्यों दबता चला गया? लेखक का अपना मन्तव्य विवेक के पलायन के साथ दिखता है, इसलिए वहाँ पुरानी और नयी पीढ़ी की मुठभेड़ नहीं होती। आत्मबल और चरित्र की दृढ़ता यहाँ क्यों नदारद है? क्यों एक कामी पुरुष मदान्ध की तरह हुकूमत करने के लिए जोर आजमाता रहता है? या यह कहना चाहता है कि पुरानी पीढ़ी अपना शिकंजा इस कदर कसे रहना चाहती है कि न औलाद बच पाये, न औरत।

वैसे भी ज़्यादातर सन्तों का लक्ष्य जीवन का आनन्द ही रहता है। कुँवर जयन्ती प्रसाद को सन्त की पदवी यों ही नहीं मिली, भूदान और सर्वोदय के नाम पर उन्होंने बराबर अपना हक़ अदा किया है! जयश्री और सुन्दरी को बंजर बनाकर उत्सव मनाया तो क्या हुआ? पुरुष के जीवन में स्त्री की यही नियति चली आ रही है। जब भी औरत ने अपने तन-मन की मालकिन होने का गुमान पाला है, उसकी तबाही आयी है। स्त्री के इनकार को सन्त लोग बर्दाश्त नहीं करते, ये शास्त्रसम्मत बातें ही समाजसम्मत हैं। बूढ़ी पीढ़ी अभी तो इतनी ताक़तवर है कि अपनी ही सन्तान के रूप में ये सन्त पचास साला बेटी की इच्छा-आकांक्षाओं को खा-चबा जायें। आजाद भारत के ये तथाकथित महन्त वैचारिक तौर पर कुछ भी कहें, आचरण मनुस्मृति के सिद्धान्त पर ही आधारित रहता है। वे इस पूज्य और मान्य ग्रन्थ के खाँचे से निकली स्त्री की मूर्ति के सिवा किसी ऊलजलूल बला की तस्वीर क्यों देखें?

'यह सुन्दरी की नहीं मेरे अधूरे आहत अतीत की मौत है' सन्त सोचता है। और फिर बेतवा में कूदकर ख़ुद भी मृत्यु का वरण करता है। क्या सुन्दरी की मौत कुँवर जयन्ती प्रसाद के अधूरे अतीत की मौत थी। या उनके उजले भविष्य का भी यह अन्त ही था। यह विवेक

के शादी न करने और वंशबेल के जल जाने का मर्मान्तक शोक ज़्यादा था, विवेक और सुन्दरी के बीच व्यवधान बनने का प्रायश्चित्त कम।

सन्त बिस्रामपुर के, मन के राजा, तन के ग़ुलाम, इसी हिसाब से उन्होंने शास्त्रों को उलटा-पलटा है। अपने कृत्य का समानान्तर उपाय निकाल लिया। वे क्लेश-शोक और पापिष्ठा स्त्री की मृत्यु से बचकर निकलकर आध्यात्मिक दुनिया में प्रवेश कर गये, केवल एक सूक्त वाक्य के आधार पर, जो उन्होंने दो-तीन बार बोला, उन्हें वैतरणी पार करा ले गया। चाहे तो आप भी साथ बोल सकते हैं, क्योंकि लेखक ने यही उपहार अपने पाठकों को दिया है—

"जैसे पृथ्वी और आकाश न डरते हैं, न क्षीण होते हैं, वैसे ही मेरे प्राण! न तुम डरो, न क्षीण हो।"

बस, अब शर्मिन्दा होने की क्या ज़रूरत थी? सुन्दरी की मौत के लिए विचलित होने का भी तुक क्या था? अपने प्राचीन के प्रति गर्वित पुरुष मुखरित हुआ—मामैः।

कुँवर जयन्ती प्रसाद मौत के आतंक से तो छुटकारा पा गये, लेकिन दोगुने भयभीत होकर विक्षिप्तावस्था को प्राप्त हुए। बहरहाल माना तो यही गया कि उन्होंने अपने प्राण अपनी इच्छाशक्ति द्वारा अमरत्व में विलीन कर दिये। इच्छा-मृत्यु स्वर्ग का द्वार मानी गयी है, यह सन्त के मरण का मंगल उत्सव होती है।

कितना शानदार नज़ारा पेश हुआ! यह भी भूलनेवाली बात नहीं है कि सन्त को आकर्षित करनेवाली हूरों ने, चाहत में आनेवाली माननीयों ने और सम्मोहन पैदा करनेवाली उर्वशियों ने तरसा-तरसाकर दयनीयता में जीवित रखा। मरने के बाद भी उन्हीं चुड़ैलों ने ख़ौफ़नाक तरीक़े से बेतवा की मृत्युधारा के बीच खींच लिया...।

('तब्दील निगाहें' से साभार)

●

राग दरबारी

सुवास कुमार

अपने बारे में श्रीपत राय के इस मन्तव्य और भविष्यवाणी कि 'महाऊब का महाउपन्यास अपठित रहना ही जिसकी नियति है', को झुठलाते हुए 'गोदान' और 'मैला आँचल' की तरह 'राग दरबारी' भी हिन्दी का 'बेस्ट सेलर' अर्थात् बहुपठित और लोकप्रिय उपन्यास साबित हुआ है आज इसकी पठनीयता को लेकर किसी को शंका करने की गुंजाइश नहीं है पिछले पैंतीस सालों में इसका खुमार कम हुआ हो, ऐसा नहीं लगता। उलटे, इस बीच इसने लगभग 'क्लासिक' का दर्जा पा लिया है हर क्लासिक की भाँति इसकी नियति भी आलोचना के चढ़ाव-उतार से गुज़रने की रही है। 'गोदान' के स्थापत्य से नन्ददुलारे वाजपेयी-जैसे आलोचक बड़े नाखुश थे, 'मैला आँचल' की प्रतिकूल आलोचनाएँ रामविलास शर्मा और अन्य प्रगतिशील आलोचकों ने की थीं। पर इनसे कृतियाँ अप्रभावित ही रहीं। अभी हाल में डॉ. नामवर सिंह ने अपने आलोचकीय जीवन का सबसे बड़ा पछतावा 'मैला आँचल' के महत्त्व को सही वक़्त पर नहीं पहचान पाने को माना है। हिन्दी आलोचना में एक ओर जहाँ इस बात के ढेरों प्रमाण हैं कि अनेक कृतियाँ अपनी ताक़त से कम, मगर आलोचकों के प्रयत्नों से ज़्यादा उछली हैं, वहीं दूसरी ओर थोड़े-से ऐसे उदाहरण भी मिलते हैं जहाँ आलोचक चाहकर भी कृतियों को दबाये रखने में सफल नहीं हुए हैं। व्यक्तिगत और वैचारिक पूर्वाग्रह न केवल लेखकीय, अपितु आलोचकीय असफलता का सबसे बड़ा कारण होता है। ऐसे आलोचक की भीतर मन्शा के चलते न केवल उसकी व्याख्या और विवेचन ग़लत दिशा में होने लगते हैं। बल्कि कृति से उसकी अपेक्षाएँ और माँगें साहित्येतर होने लगती हैं। आलोचक के अकबकाने की एक स्थिति वह भी होती है जब वह किसी रचना को अपने आग्रह के बँधे-बँधाये फ्रेम के भीतर पूरी तरह से समेट नहीं पाता और संरचनात्मक नवीनता और प्रयोग की रचना की असफलता के रूप में देखता-दिखाता है। जैसा कि संकेत किया जा चुका है। 'राग दरबारी' अनपेक्षित-अतिरंजित आलोचनाओं का ख़ूब शिकार बना है। आलोचकों ने राग दरबारी को तरह-तरह के सवालों के घेरे में खड़ा करना चाहा लेकिन विवेचन में वे पूर्वाग्रह-मुक्त रह नहीं पाये। पूर्वाग्रह-मुक्त आलोचना ही कृतियों के साथ न्याय कर पाती है। आग्रही-दुराग्रही आलोचनाओं के सामने आकर 'राग दरबारी' का सामान्य रसग्राही पाठक ऊहापोह में पड़कर सोचने लगता है कि क्या इस उपन्यास में मानवीय संवेदना का अभाव है? क्या इसमें चित्रित जीवन सिर्फ़ भोंड़ा और कुरूप ही है? क्या यह उपन्यास सिर्फ़ ग़लत लोगों पर, या ग़लत कारणों से हँसता है? क्या यह किसी कलाकार-रचनाकार के द्वारा नहीं, बल्कि एक अभिजात सैन्दर्याभिरुचिवाले सत्तासुख-भोगी अधिकारी के द्वारा लिखा गया है? क्या यह ब्राह्मणवादी दृष्टिवाली धूर्तता और चालाकी से रचा गया है? क्या उपन्यासकार का 'एप्रोच' सम्पूर्णतः निषेधवादी है? क्या वह सिर्फ़ तमाशाई बनकर ही तमाशा नहीं देख-दिखा रहा? पाठक एक तरफ कृति से अभिभूत

होता है और दूसरी तरफ़ आलोचकीय विवेचनों से विचलित भी। कृति-विमुख आलोचनाएँ इसी तरह यथार्थ-विमुख भी होती हैं और विभ्रम पैदा कर देती हैं।

श्रीलाल शुक्ल लम्बे समय से लिखते रहे हैं और विस्मयजनक बात तो यह है कि कोई बीस बरस पहले सेवानिवृत्त होने के बाद से लेखन में और भी अधिक सक्रिय रहे हैं। नौकरी और लेखन दोनों में वे 'मध्यवर्गीय सफलता' का जीवन जीते रहे हैं। यों अपने बारे में उनका कहना है कि उन्होंने कभी आर्थिक सुरक्षा का अनुभव नहीं किया। 'अभावग्रस्त बचपन, मेहनत और चिन्ताओं से भरा विद्यार्थी जीवन' रहा उनका। गाँव और ग़रीबी का उन्होंने व्यक्तिगत रूप से तो साक्षात्कार किया ही, उनका तटस्थ अध्ययन-विश्लेषण करने के अवसर भी उन्हें .खूब मिले। भले ही निजी तौर पर किसानी नहीं करते हों लेकिन उन्होंने किसान-.खासतौर से 'अवध के किसान' की ज़िन्दगी को बहुत निकट से और खुली आँखों से देखा है। बच्चों को ग़रीबी जल्दी ही सयाना बना देती हैं। छह साल की उम्र में उन्होंने भी जान लिया था कि गन्ना पैदा करनेवाले और गुड़ बनानेवाले किसान के बच्चों के खाने के लिए गुड़ नहीं होता—वह सारा-का-सारा बिक जाने के लिए होता है। फिर भी किसान का लगान नहीं चुक पाता और खेत हाथ से निकल जाते हैं। 'अवध के वे किसान' नामक अपने निजी अनुभवों और आँकड़ों के आधार पर लिखे गये लेख में श्रीलाल शुक्ल बताते हैं कि रबी और खरीफ़ मिलाकर किसी तरह लगान निकल भी जाये तो उधार लिये बिना जीवित रहना और सामाजिक दायित्वों का निर्वाह करना अर्थशास्त्र और प्राणिशास्त्र का चमत्कार ही समझा जाना चाहिए। वे मानते हैं कि 'इतिहास शोध का ही नहीं, प्रतिशोध का भी विषय है।' उनको इस बात की थोड़ी आश्वस्ति भी है कि 1932 में एक किसान परिवार की दुर्दशा के प्रत्यक्ष द्रष्टा और भोक्ता इस व्यक्ति ने 1952 में एक वेतनजीवी अफ़सर की हैसियत से ज़मींदारी उन्मूलन की प्रक्रिया में विनम्र योगदान भी किया। 'बिस्रामपुर का सन्त' उपन्यास के परिशिष्ट में भी श्रीलाल शुक्ल किसानों और भूमि से सम्बन्धित अपने विचारों की जानकारी देते हैं। वे मानते हैं कि भूदान आन्दोलन से भूमि-समस्या का कोई 'व्यावहारिक और स्थायी समाधान' नहीं मिल पाया। इसके दूसरे छोर पर कुछेक वामपन्थी हिंसक संगठन भी उभरे। समस्या फिर भी जस-की-तस रही। व्यक्ति और नौकरशाह श्रीलाल ने इस प्रकार से सामन्ती-पूँजीवादी तन्त्र की लगातार बनी रहनेवाली आतंकप्रद उपस्थिति में अपने कार्य की सार्थकता का अनुभव भले न किया हो, लेकिन रचनाकार के रूप में सामाजिक प्रतिबद्धता रखनेवाले किसी कलाकार के लिए 'राग दरबारी'-जैसे लेखन की सार्थकता के अनुभव से बढ़कर और क्या हो सकता है?

गाँव और ग़रीबी का चोली-दामन का सम्बन्ध हिन्दी और हिन्दुस्तान के अधिकांश कथा-लेखकों के टेसुआ-बहाऊ वर्णनों का आधार रहा किया है। प्रेमचन्द ने जहाँ गहन संवेदना के साथ इसके व्यापक परिप्रेक्ष्य को देखा-दिखाया था, वहीं स्वातन्त्र्योत्तर ग्राम कथा लेखन में रेणु ने कृषक जीवन में भौतिक अभावों के बावजूद उस जीवन में मौजूद सांस्कृतिक समृद्धि से जुड़ी ख़ुशियों को बटोर लिया था। श्रीलाल शुक्ल ने गाँव और ग़रीबी के चित्रण के प्रति प्रेमचन्द और रेणु के मॉडलों से अलग ही रुख़ दिखाया। उन्होंने शल्य-चिकित्सावाली ऐसी निर्ममता से काम लिया है जो अत्यन्त करुणोत्पादक स्थितियों में भी भावुकता को दूर झटक देता है। 'मैला आँचल' का गाँव 'गोदान' के गाँव से, समय के लिहाज़ से, लगभग एक दशक

की दूरी पर है तो 'राग दरबारी' का गाँव 'मैला आँचल' के गाँव से कोई दो दशकों की दूरी पर। गाँवों में होनेवाले परिवर्तनों और परिवर्तनों की तह में छिपी हुई प्राणधारा को पकड़ने की रेणु और शुक्ल ने अपने-अपने ढंग से ईमानदार कोशिशें की हैं। 'गोदान' और 'मैला आँचल' की भाँति ही राग दरबारी की रचना की अपनी मौलिकता और अपना औचित्य है।

ग्रामीण भारतीय परम्परा के सकारात्मक व नकारात्मक पहलुओं में श्रीलाल शुक्ल की आरम्भ से ही दिलचस्पी रही है। बहुत पहले उन्होंने वी. एस. नायपॉल की उन दिनों विवादास्पद रूप से चर्चित पुस्तक 'एन एरिया ऑफ डार्कनेस' की समीक्षा 'मि. नैपाल और अन्धकार का एक प्रान्तर शीर्षक से लिखी थी। नायपॉल भारत और ट्रिनिडाड को लेकर खरी-खरी और दो-टूक बातें कहने के लिए ख़ासे बदनाम रहे हैं लेकिन यह उनके आत्मालोचन की शैली रही है। 'एन एरिया ऑफ डार्कनेस' में भारतीयों की बुरी आदतों की आलोचना (दे हैव फैण्टास्टिक कैपेसिटी फॉर इनेक्टिविटी) उनकी अन्य रचनाओं में भी ख़ूब हुई है। उनके उपन्यास 'ए हाउस फॉर मि. विस्वास' में ट्रिनिडाडवासी भारतीय मूल के लोगों की लतों की आलोचना भी ख़ूब है। भारतवंशी ट्रिनिडाडवासी (हालाँकि वे ट्रिनिडाड में बहुत कम ही होते हैं, लेकिन वैसे भी सच्चा कलाकार विश्व-नागरिक होता ही है!) नायपॉल के लिए ऐसी आलोचना करना उनका अधिकार है, इसलिए भी कि इस आलोचना के पीछे अपनी परम्परा और वर्तमान को सही परिप्रेक्ष्य में समझने-परखने की उनकी मन्शा थी। विद्याधर नायपॉल की उक्त पुस्तक में हालाँकि बेलाग और दो-टूक बातें कही गयी थीं, लेकिन भारतीय बुद्धिजीवियों ने उन्हें एक ऐसे विदेशी शख़्स के रूप में ही देखा। जिसे मानो भारत के बारे में बोलने का कोई हक़ नहीं है, ख़ासकर घूस लेनेवाले, ख़ुशामद करनेवाले या खुले में मल-त्याग करनेवाले भारतीयों के बारे में। आलोचकों ने लगभग एक स्वर से बेहद तीखी और प्रतिकूल प्रतिक्रियाएँ व्यक्त की थीं। सच तो यह था कि नायपॉल 'बाहरी' व्यक्ति होने के बावजूद भारतीयता को अपनी धमनियों में भी महसूस कर सकते थे जबकि उनकी तुलना में नीरद चौधरी ऐसे 'भीतरी' व्यक्ति थे जिन्हें अपनी स्वतःप्राप्त भारतीयता के ठप्पे से बेहद चिढ़ थी। इस तरह ये दोनों भारत के कटु आलोचक विपरीत ध्रुवों पर भी थे। श्रीलाल शुक्ल ने नायपॉल के विचारों को 'एक कलाकार की खीझ' के रूप में अधिक देखा और ईमानदार 'आत्म-आक्रोश' के रूप में कम। फलस्वरूप वे इस सन्देहपरक निष्कर्ष पर पहुँचे थे कि "कहीं नैपाल भी चेतन-अचेतन रूप से उन देशी और विदेशी लेखकों के अकेन्द्रित वर्ग के तो नहीं हैं जो भारत की दुरावस्था को केवल एक तथ्य जैसा वर्णित करके ऐसी कृतियों की सृष्टि करते हैं, जो न साहित्य है, न सूचना-संग्रह का माध्यम।" क्या वे नहीं जानते कि अपने जिस औपन्यासिक शिल्प की नवीनता और प्रयोग के लिए नायपॉल जाने जाते हैं वह निबन्ध, संस्मरण और कथातत्त्व के अत्यन्त पठनीय सम्मिश्रण से बना है? अपनी मान्यता को स्पष्ट करते हुए वे बताते हैं कि "नैपाल एक समाजशास्त्रीय निबन्ध नहीं लिख रहे थे, पर कलाकार की हैसियत से ही उनसे यह अपेक्षा की जा सकती थी कि वे समाज के उस बृहत्तम अंग को अपना विश्लेषण नहीं, तो कम-से-कम अपनी समझ देते जो देखने में आकर्षक भले ही न हो, पर जिसकी संस्कृति नृशास्त्रीय अर्थ में नहीं बल्कि समाजशास्त्रीय अर्थ में अपने स्वतन्त्र और पूर्ण संस्कृति है। उन्होंने भारतीयों के लिए लिखा है कि वे इतिहास-बोध से शून्य हैं, पर उन्हें स्वयं इस समाज को समझने के लिए अपने इतिहास-बोध को ब्रिटिश राज से पहले से चले आते हुए इतिहास की पृष्ठभूमि को, नज़रअन्दाज़ नहीं करना चाहिए था।"

जो लोग सरसरी तौर पर या फिसलती निगाहों से 'राग दरबारी' पढ़ेंगे, वे कुछ ऐसी ही सलाह स्वयं श्रीलाल शुक्ल को देने की हिमाकत कर सकते हैं। किया भी है। मुद्राराक्षस के बहाने इतिहास ने श्रीलाल शुक्ल से मानो प्रतिशोध किया है। मुद्रा ने 'राग दरबारी' को उपन्यास नहीं, 'व्यंग्य लेख संग्रह' कहा है। कहना न होगा कि जहाँ नायपॉल के बारे में श्रीलाल शुक्ल के विचार पूरी तरह सही नहीं थे, वहीं 'राग दरबारी' के बारे में मुद्राराक्षस की धारणा बेबुनियाद थी। इतिहास का प्रतिशोध ऐसा ही करुण होता है! भारत-जैसे पुराने देश की सुदीर्घ समृद्ध संस्कृति और सभ्यता-समीक्षा की बात बहुत सीधी और सरल नहीं हो सकती। नायपॉल और श्रीलाल शुक्ल में थोड़ा अन्तर है। नायपॉल चाहे ट्रिनिडाड की बात करें चाहे भारत की, दोनों ही देशों में वे आउटसाइडर और ऑब्जर्वर की ही भूमिका में रहते हैं (दोनों देशों में उनकी हैसियत टूरिस्ट-जैसी हो गयी है!) श्रीलाल शुक्ल देश में ही ज़्यादातर रहते हुए भी आउटसाइडर और ऑब्जर्वर बने रहते हैं, साक्षी और भोक्ता कभी-कभार ही। उनकी आत्मस्वीकृति है कि "प्रकटतः लखनऊ के हैसियतदार मुहल्ले में, एक मध्यमवर्गीय मुहल्ले में रहते हुए मैं एक मध्यमवर्गीय सरकारी अफ़सर की ज़िन्दगी गुजार रहा हूँ। पर मेरा एक पैर ग़रीबी के खेमे में है जिसे मैं जीवन के पूवार्द्ध में जान चुका हूँ और दूसरा पैर सम्पन्नता के उस खेमे में है जो मेरे पास-पड़ोस में दिखायी देती है। और उन दोनों में से किसी भी खेमे में सुकून और अपनेपन का अनुभव नहीं कर पाता हूँ।" नायपॉल और श्रीलाल शुक्ल दोनों के लिए बेघर होने की व्यथा और अपनापन से भरे सुकूनदेह घर की तलाश महत्त्वपूर्ण हैं। यह केवल संयोग नहीं है कि दोनों रचनाकारों के लेखन में घर और मकान के बिम्ब ख़ासी अहमियत रखते हैं और बार-बार आते हैं। नायपॉल का क्लासिक बन चुका उपन्यास 'ए हाउस फॉर मिस्टर विस्वास' भौतिक और आध्यात्मिक-आत्मिक दोनों ही स्तरों पर घर की तलाश की महागाथा है। श्रीलाल शुक्ल की कुछ पुस्तकों के नाम 'मकान' और 'यह घर मेरा नहीं' इसी बिम्ब से सम्बन्धित हैं। दोनों लेखकों का दर्द एक-जैसा होते हुए भी अलग शिल्प और शैली में व्यक्त होता है। नायपॉल इस दर्द और आक्रोश को निबन्धात्मकता की गम्भीर गरिमा में रचते हैं। श्रीलाल शुक्ल का बेहद निर्मम और ईमानदार 'आत्म-आक्रोश' जब व्यंग्य-विनोद-विरूप और कटुता से घुल-मिलकर निकलता है तो हमेशा महसूस होता है कि यह जो ऊपर से झाड़-झंखाड़ और दिगंत-प्रसरित बालुका-राशि ही दिखायी देती है उसके नीचे ऐसी अन्तःसलिला निरन्तर प्रवाहित है जो मधुर आत्मीयता से सराबोर है। रचना के भीतर की इस अन्तर्धारा को यदि पाठक महसूस नहीं करता तो 'राग दरबारी' कभी इतना लोकप्रिय नहीं हो पाता। रचना में जो यह तीव्र आत्मालोचना है वह गहन आत्मीयता के कारण-स्वरूप है, गोया कोई अपने ही पारिवारिक बन्धु-स्वजन के उघड़े हुए दुर्गुणों को छिपाने अथवा उनका बचाव कर पाने की स्थिति में ख़ुद को न पाकर भीतर की चिढ़, कुढ़न, आक्रोश को हँसकर दबा रहा हो!

श्रीलाल शुक्ल बताते हैं कि उनकी आरम्भिक साहित्यिक यात्रा 'कविता की कोशिश' वाली थी, मगर "1945 तक मुझमें यह समझ आ गयी थी कि मैं पद्य लिख सकता हूँ...पर कविता नहीं लिख सकता।" कहना न होगा कि 'पद्य' में भी वे व्यंग्य ही लिख रहे थे—'क्या करिश्मा है ऐ रामाधीन भीखमखेड़वी/खोलने कॉलिज चले आटे की चक्की खुल गयी!' 'मैला आँचल' के होली-गीतों और जोगीड़ों के द्वारा रेणु ने भी अपनी व्यंग्यात्मक 'कवि-प्रतिभा' का

अच्छा प्रमाण दिया था!) 'गोदान' और 'मैला आँचल' के गाँवों से राग दरबारी का गाँव इस अर्थ में 'आगे' बढ़ा है कि ''हाकिम बोला कि हम किसानों में किसानों की तरह खायेंगे अर्थात् सिर्फ़ मटर की घुँघनी से काम चल जायेगा, ''लेकिन यहाँ हालत यह है कि ''मटर शहर से मँगानी पड़ेगी। यहाँ मटर कहाँ?'' लगभग उन्हीं दिनों दिये गये एक साक्षात्कार में रेणु ने कहा था कि मुर्ग़ी गाँव में बोलती है लेकिन अण्डा शहर में बिकता है। जैसे उनका अंचल पूर्णिया ज़िले में ही सिमटा नहीं था, वैसे ही श्रीलाल शुक्ल का शिवपालगंज पूरे देश में पसरा हुआ था। दोनों के लेखकों को आंचलिक भी कहा गया है लेकिन यह आंचलिकता गहरे अर्थोंवाली है। किसी रचना के आंचलिक होने का अर्थ यह नहीं कि वह राष्ट्रीय नहीं है, बल्कि वह इस अर्थ में कहीं ज़्यादा ही 'राष्ट्रीय' होती है कि प्रतीकात्मक रूप में अंचल में सम्पूर्ण राष्ट्र को और सम्पूर्ण राष्ट्र के भीतर अंचल को देखती-दिखाती है। 'राग दरबारी' बताता है कि आज़ादी के पहले और आसपास के यानी प्रेमचन्द और रेणु के गाँवों के विकास की दर और दिशा क्या थी।

'मैला आँचल' और 'राग दरबारी' दोनों में जो एक ख़ास चीज़ रेखांकित करने योग्य है वह है रसजीविता। 'राग दरबारी' ने अपने ख़ास अन्दाज़ में मामूलीपन और सपाट जीवन को रसमय बना दिया है और यह अलग ही प्रकार का जीवन-रस है। यह दबे-कुचले, असहाय, विरूप लोगों के उस अतर्कित जीवट को पहचानने की कोशिश है जो तमाम भयंकर अभावों, आपदाओं और भ्रष्टताओं के बावजूद उस जिजीविषा को बचाये रखता है जो अपने-आप में शहरी अमानवीयता और बनावटीपन के ख़िलाफ़ जेहाद जैसा है। यहाँ रंगनाथ के रूप में एक ऐसे शहरी बुद्धिजीवी की आँखों से देखा गया गाँव है जिसे गाँव-शहर दोनों की स्थितियों का पता है और दोनों की तुलना में से व्यंग्य उभरकर और खुलकर सामने आ जाता है। कथानक, शिल्प, शैली आदि के लिहाज़ से 'राग दरबारी' 'गोदान' के बनिस्बत 'मैला आँचल' और 'परतीः परिकथा' से कहीं अधिक प्रभावित है। व्यंग्य को भी जोड़ लें तो रेणु और परसाई का योगफल भी यहाँ है। चूँकि श्रीलाल शुक्ल यहाँ विलक्षण (Fantastic) यथार्थ की रचना फैण्टेसी में गये बगैर करने में समर्थ हुए हैं अतः इसका व्यंग्य गाँव की अभिधेयात्मक ज़िन्दगी का डिटेल्स नहीं प्रस्तुत करता, बल्कि गाँव की ज़िन्दगी की तीव्रतम आलोचना करता है। इसे शिवपालगंज का हू-ब-हू फ़ोटोग्राफ़ नहीं बनाकर शिवपालगंज के एनीमेटेड कार्टून का रूप दिया गया है। यह एनीमेशन विस्तीर्ण नहीं होते हुए भी जितना प्रहारात्मक है, उतना ही तटस्थ और निष्पक्ष भी रखता है। शैली और संरचना की दृष्टि से 'राग दरबारी' स्वयं श्रीलाल शुक्ल के दूसरे उपन्यासों से भी काफ़ी अलग हटकर है।

व्यंग्य यथार्थवादी शिल्प में हमेशा फन्तासी की निर्मिति ही नहीं होता, लेकिन वह तब भी विलक्षण, आकर्षक और कारगर हो सकता है। 'राग दरबारी' में व्यंग्य नंगे यथार्थ की एब्सर्डिटी को चतुराई से पकड़ने से अधिक उपजा है। ऊपर से देखने पर कथा के ढेरों प्रसंग, घटनाएँ और क्रियाएँ अभद्र, निन्दनीय और निरर्थक जान पड़ सकती हैं किन्तु उनका अन्तिम लक्ष्य जहाँ व्यंग्य का सूक्ष्म संकेत हमें पहुँचाना चाहता है, अत्यन्त मानवीय है। लंगड़ का संघर्ष भी वैसे तो निरर्थक जान पड़ेगा, ख़ास तौर से 'मैला आँचल' के बावनदास के बलिदान में पर्यवसित होनेवाले गाँधीवादी संघर्ष की तुलना में, लेकिन इसके व्यंग्यात्मक अंकन के पीछे रचनाकार का 'एप्रोच' कितना मानवीय है इसे पाठक सहज ही भाँप लेता है। बड़े युद्धों की

छाया से भरी छोटी-छोटी लड़ाइयों का बेलाग विवरण 'राग दरबारी' हमारे आगे इस प्रकार से धर देता है कि आप ऊब नहीं सकते—अपनी बेडौल-भौंड़ी तस्वीर सामने पाकर चिढ़ या तिलमिला भले ही सकते हैं।

व्यंग्य, हास्य, विनोद, प्रहसन आदि उस तत्त्व से सीधे जुड़ते हैं जिसे कलाओं और साहित्य में सामान्यतः मनोरंजन और विशेषतः नन्दन-तत्त्व कहा जाता है। लेकिन जिससे कोई कथा-रचना वास्तव में कला बनती है वह चीज़ है क़िस्सागोई, जिसकी अपनी ही शर्तें होती हैं और कम ही कथाकार जिसे आदि से अन्त तक इकसार-धाराप्रवाह-रूप से निबाह ले जाते हैं। कथावाचक में इतने धैर्य और संयम की अपेक्षा होती है कि वह श्रोताओं के धैर्य की परीक्षा तो न ले परन्तु उसकी उत्सुकता को, गोया अनजाने ही बहुत धीरे से जगाये, उसे निरन्तर उकसाता चला जाये और बड़ी स्वाभाविक गति से शमन की ओर बढ़े या फिर झटके देता चले। लेकिन इस क्रम में कभी भी श्रोता की दिलचस्पी को कम न होने दे। यह अपने-आप में बड़ी साधना है। श्रीलाल शुक्ल क़िस्सागोई की भारतीय परम्परा से परिचित ही नहीं हैं बल्कि उसे नये सन्दर्भ और आयाम देते हुए भी प्रतीत होते हैं। सन्दर्भ कुसहर-प्रसाद के झगड़े और पंचायत का हो, जोगनाथ के मुक़दमे का या कार्तिक पूर्णिमा में 'देवी मन्दिर' के मेले का, पूरा 'राग दरबारी' कथारस से ओत-प्रोत है लेकिन हिन्दी के तर्क-बुद्धि-प्रवण आलोचक की मुसीबत यह होती है कि 'कथा' नहीं, 'कथा-दृष्टि' ढूँढ़ता है। उसे तो ठोस 'वैचारिकता' चाहिए। ताकि कथाकार की 'प्रतिबद्धता' स्थापित की या उखाड़ी जा सके। सवाल है, कथा-दृष्टि बँधी होनी चाहिए या खुली? अथवा लेखक का अपना 'जीवन-दर्शन' रचना में 'प्रकट' होना चाहिए या नहीं? 'प्रतिबद्ध' आलोचक भी आलोचना करते वक़्त मार्क्स-एंगेल्स की यह राय भुला देना पसन्द करते हैं कि जो लेखक रचना में अपने निजी विचारों को जितना ही अधिक छिपा सके वह उतना ही महान् होता है। ट्रैजेडी यह है कि ऐसे 'प्रतिबद्ध' आलोचक में वैचारिक बद्धमूलता या कठमुल्लापन जितना ही अधिक मिलता है, 'सेन्स ऑफ ह्यूमर' उतना ही कम। ऐसे आलोचकों को 'दृष्टि' से जितनी प्रीति है, 'लीलाभाव' से उतनी ही चिढ़। वे 'लेखकीय धर्म' की बार-बार दुहाई देते हैं और उनका यह 'धर्म' स्वभाव के अर्थवाला नहीं होता, बल्कि 'रिलिजन' वाला अर्थ रखता है। अतः ऐसे में पिटे-पिटाये यथार्थ की एकायामिता को ही वे चरम कलात्मक अभिप्रेत शामिल कर दें तो क्या आश्चर्य। 'सेन्स ऑफ ह्यूमर' से उनकी एलर्जी का आलम यह है कि अक्सर वे व्यंग्य को उपहास और मखौल का पर्याय समझ बैठते हैं या तीनों को आपस में गड्डमड्ड कर देते हैं। वे बार-बार शिकायत करते हैं कि व्यंग्यकार हमेशा व्यंग्य ही क्यों करता है, वह गाहे-बगाहे गम्भीर और अभिधेयात्मक क्यों नहीं होता? शायद उन्हें पाठक की बड़ी परवाह होती है जिससे वे आमतौर पर 'समान बुद्धि' का मानकर चला करते हैं और सोचते हैं कि वह सूक्ष्मातिसूक्ष्म व्यंजनाओं में जाने की अकल नहीं रखता। ऐसा आलोचक अगर पाठक को उसके हाल पर ही छोड़ दे तो दोनों का भला हो। ऐसे आलोचक का अभिधेयार्थ-प्रेमी स्वभाव भला क़िस्सागोई की रसावहता से ही क्यों न परहेज करे! सो वह बड़ी गम्भीरता के साथ 'लीला' में वस्तु की खोज करता फिरता है। वह बकवत् ध्यान लगाये रचना में लेखक की जीवन-दृष्टि को गणित के अंकों की भाँति हासिल कर लेने की ताक में रहता है और इसी नजरिये से रचना की विवेचना और विमोचन करता है। 'जीवन-दृष्टि' को वह रचना

में से नोच-निकालकर कहता है—लो-यह निकल आयी कथाकार की ठोस, मछली जैसी, 'दृष्टि'। और इस प्रदर्शन के वक़्त उसके अन्दाज़ का आलम ऐसा, गोया कि पानी में तैरती सारी-की-सारी मछलियों को ही उन्होंने हासिल कर लिया हो। होता यह है कि उन्हें श्रेष्ठ लेखक नेपथ्य में रहते हुए बेमालूम तरीक़े से अपने निजी संकेत पूरी रचना में व्यक्त-विन्यस्त कर देते हैं, जिन्हें ढूँढ़-छान पाना बड़ा कठिन होता है। लेकिन 'जीवन-दृष्टि' हासिल करने के नाम पर उपन्यास को इतिहास और समाजशास्त्र में रिड्यूस कर देना सही आलोचना का काम नहीं है। उपन्यास के अध्ययन के फलस्वरूप समाजशास्त्र भले ही तैयार किया जा सकता हो, लेकिन समाजशास्त्र के अध्ययन के द्वारा श्रेष्ठ उपन्यास नहीं रचा जाता।

'राग दरबारी' किस विधा की रचना है, इसको लेकर ऊहापोह में पड़ने की कोई ज़रूरत नहीं है। यह उपन्यास है और उपन्यास जाहिर तौर पर एक सर्वाधिक मिश्रित और सर्वाधिक लचीली विधा है। उपन्यास का कोई स्थिर और पूर्णतः सुनिश्चित-सुनिर्धारित ढाँचा नहीं होता और यदि होता भी तो देखा गया है कि श्रेष्ठ कथा-रचनाएँ प्रायः अपनी विधात्मक सीमाओं को तोड़ती-फोड़ती भी विकसित होती हैं। 'राग दरबारी' नयी ज़मीन तोड़नेवाली रचना भी है क्योंकि उससे पहले हिन्दी में व्यंग्य के शिल्प में कोई सम्पूर्ण यथार्थपरक उपन्यास नहीं लिखा गया। इस दिशा में हरिशंकर परसाई के औपन्यासिक प्रयत्न भी सम्पूर्ण नहीं कहे जा सकते। परसाई के आरम्भिक व औपन्यासिक प्रयास 'तट की खोज' में बेहद कच्चापन है। वहाँ व्यंग्य भी आघात नहीं वह जो भी है वह भाषा की सतह पर ज़्यादा है। 'रानी नागफनी की कहानी' अवश्य परिपक्व-प्रौढ़ औपन्यासिक रचना है लेकिन 'रानी केतकी की कहानी' (इन्शा अल्ला ख़ाँ) की पैरोडी होने के चलते वहाँ मध्यकालीन वातावरण का उपस्थापन कथाकार की विवशता हो गयी और इस मजबूरी से बँधे होने के चलते वह वर्तमान का बिलकुल सीधा और दो-टूक साक्षात्कार नहीं कर सका। परसाई की अन्य कथात्मक रचनाओं, जैसे 'लंका विजय के बाद', 'सुदामा के चावल', 'इन्स्पेक्टर मातादीन चाँद पर', 'भोलाराम का जीव' आदि में भी उनका व्यंग्य वर्तमान की विरूपता को उजागर करने के लिए पैरोडी और फैण्टेसी का सहारा लेता है। जीवन-यथार्थ का सीधे साक्षात्कार करते हुए उस पर लगातार व्यंग्य करते चले जाना और कथा-प्रवाह को रोचक बनाये रखना कम जीवट का काम नहीं है। किस प्रकार से पूँजीवादी प्रजातन्त्र में अवशिष्ट सामन्ती व्यवस्था की मानसिकता अभाव और अशिक्षा के कारणों से भेष बदलकर गुटबन्दी, भाई-भतीजावाद, ख़ुशामदीपने और अनेकविध भ्रष्टाचार के रूप में सारे जीवन-सन्दर्भों पर काबिज हो गयी है, 'राग दरबारी' की यह शिनाख़्त ही मोटे तौर पर इसका मूल कथ्य है। यहाँ गाँव या कस्बा-या नगर-महानगर का विभाजन फिजूल है क्योंकि दिगन्तव्यापी इस विसंस्कृतीकरण के तमाशे का पूरा देश ही हिस्सा बना हुआ है। इस सारगर्भित पतन के माहौल में कथाकार पाता है कि हर स्तर पर स्वस्थ प्रवृत्ति और मानसिकता के दर्शन दुर्लभ हो गये हैं, और 'ठीक आदम क़द कोई नहीं है।' रचनाकार परिवेश के भयंकर प्रदूषण और दबाव को उसकी पूरी भयावहता के साथ व्यंग्य की मार्फत उपस्थित करने में सक्षम है। शिल्प और शैली का कसाव और सन्तुलन ऐसा है कि उसका अपना स्वर अलग से मुखरित नहीं होता। कुछ लोगों का यह सुझाव कि 'राग दरबारी' के संजयनुमा पात्र रंगनाथ 'पॉजिटिव कैरेक्टर' होना चाहिए था (जो कि अगर होता भी तो क्या और कितना फ़र्क़ पड़ जाता), वस्तुतः कलात्मकता में कृत्रिमकता के ग़ैर ज़रूरी

हस्तक्षेप से अधिक कुछ नहीं। मूल्यहीनता, संस्कारहीनता, क्रियाहीनता, ज्ञानहीनता और क्षुद्रताओं पर कठोर व्यंग्यात्मक प्रहार और तीखी-सजग आलोचना करता है 'राग दरबारी' और इससे आगे बढ़कर हल प्रस्तुत करने की अपेक्षा रखना साहित्य के स्वभाव के प्रति एक क़िस्म की ज़्यादती ही कही जायेगी।

यहाँ ध्यान देने की बात यह है कि सामाजिक प्रश्नों से कोई रचनाकार भले ही खुद को अछूता रख ले, मगर किसी व्यंग्यकार के लिए ऐसा कर पाना सम्भव नहीं है। इसलिए अगर श्रीलाल शुक्ल मानते हैं कि उनका कथा-लेखन उनके लिए 'लेखनी विलास' नहीं, बल्कि 'लिखने की मजबूरी' है तो इसमें सच्चाई है। वे तो यह भी मानते हैं कि 'सूनी घाटी का सूरज' (1957) और 'अज्ञातवास' (1963) दरअसल स्वतन्त्र उपन्यास नहीं होकर 'राग दरबारी' लिखने की तैयारी मात्र थे। यह कल्पना करना कठिन नहीं कि 'असन्तोष का खटराग' (बकौल नेमिचन्द्र जैन) और 'महाऊब का महाउपन्यास' (बकौल श्रीपत राय) रचने के लिए सरकारी अधिकारी श्रीलाल शुक्ल को कितनी जद्दोजहद करनी पड़ी होगी—"इसने छह साल मुझे बीमारी की हालत में रखा। उन गँवार चरित्रों के साथ दिन-रात रहते हुए मेरी जबान ख़राब हो गयी।" कथाकार गँवार लोगों के प्रति आत्मीयता का इजहार कभी और कहीं भूलकर भी, विज्ञापनीय लहज़े में, नहीं करता मगर जिस लाग-डॉट शैली का वह प्रयोग करता है उसमें आम आदमी की सेहत की गहरी फिकर है (जैसी डॉक्टर में होती है), इसीलिए एक अलग क़िस्म का बेइन्तहा, यद्यपि अप्रकट, अपनापन है। श्रीलाल शुक्ल के व्यंग्य में एक ऐसी ओढ़ी हुई निस्संगता है जिसकी आड़ में वे करुणा भाव को प्रच्छन्न रखने का प्रयत्न करते हैं। उनके औपन्यासिक की स्थापत्य की भीतरी बनावट में जीवन के प्रति गहरी आस्था झलक मारती है। यह गहन मानवीयता ही इस कृति को क्लासिक का दर्जा दिलाती है। वैसे वक्ती साहित्य बनाम शाश्वत/शास्त्रीय साहित्य का द्वन्द्व बड़ा जटिल मामला है। जिनमें अर्थ-संकेतों का असीम खुलापन होता है वैसी वक्ती रचनाएँ भी क्लासिक का ओहदा हासिल कर लेती हैं। कबीर के साखी सबद में यही बात है और 'राग दरबारी' में भी। श्रीलाल शुक्ल के शिल्प का तकाजा था कि रचना में 'गम्भीरता' न आने पाये। व्यंग्य रचना 'राग दरबारी' का लेखक जानता है कि ग्रामीण संस्कृति में बिम्ब सर्वाधिक महत्त्व के होते हैं और इसलिए उसने बिम्बात्मक भाषा के ज़रिये इनका पूरा-का-पूरा और सार्थक व्यवहार और उपयोग किया है। ग्रामीण जीवन की प्रहसन-प्रियता को व्यंग्य के घड़ीसाज़वाले बारीक चिमटे से बड़ी कुशलता और ख़ूबी से पकड़ा गया है। विचारणीय है कि 'राग दरबारी' में शुद्ध हास्य, शुद्ध विनोद या शुद्ध प्रहसन नहीं मिलते। ये सर्वत्र प्रमुखतः व्यंग्य सम्मिश्रित हैं।

'राग दरबारी' का व्यंग्य कहीं भी सतही और भोथरा नहीं है। सफल व्यंग्य बुद्धि की तीक्ष्णता का प्रमाण होता ही है। 'राग दरबारी' के व्यंग्य में छिपी हुई व्याजस्तुतियों और अप्रस्तुत प्रशंसाओं से उसके आकर्षण की तीव्रता महसूस की जा सकती है। गाँव की गन्दगी और जहालत, अन्धविश्वास और भोली चालाकियाँ अपनी ऊपरी वास्तविकता में जितनी अपराजेय दिखायी देती हैं उनकी जड़ों को श्रीलाल शुक्ल व्यंग्य की उतनी ही पैनी नोक से इस कदर कुरेद देते हैं कि ठस समस्याओं की भेद्यताएँ और कमजोरियाँ साफ-साफ उघड़ आती हैं। शिवपालगंज में कॉलिज, थाना, डाक-बँगला, कोऑपरेटिव जैसे शहरी चिह्न भी गँवई-गँवार रूप धारण कर लेते हैं। भ्रष्टता का वहाँ एक ऐसा सर्वग्रासी प्रसार है कि गाँव, कस्बा, शहर

तीनों ही कथा-भूमियों की सीमाएँ मिटती-सी घुल-मिल जाती हैं। एक पढ़े-लिखे किन्तु व्यावहारिकता की दृष्टि से अनुभवहीन नवयुवक रंगनाथ की नज़रों से ज़्यादातर भ्रष्टता और फूहड़ता के 'दर्शन' किये गये हैं और यह साक्षात्कार इतना उत्तेजक होता जाता है कि अपनी उत्कट भावप्रवणता में आकर लेखक खुद भी जब-तब छोटी-मोटी टिप्पणियाँ देने का लोभ संवरण नहीं कर पाता। श्रीलाल शुक्ल शोषक या शिकारी के मनोभावों और प्रवृत्तियों को व्यंग्य का जितना निशाना बनाते हैं उतना ही शिकार अथवा शोषित होनेवाले के पराजित मनोविज्ञान और लतों-आदतों को भी। इस बात को उनके व्यंग्य के किंचित् नयेपन के रूप में देखा जा सकता है, जिससे यह तथ्य सामने आता है कि 'राग दरबारी' एकपक्षीय लेखन नहीं है। दरअसल यह महाभारत की भाँति सभी सम्बन्धित पक्षों की अनैतिकता, भ्रष्टता और फूहड़ता की तीखी व्यंग्य दृष्टि से तार-तार करता है, यहाँ तक कि जो पात्र कथा-विकास का माध्यम होने का भ्रम पैदा करता है, खुद उसकी क्षुद्रताओं को भी बख़्शा नहीं जाता। इस तरह का उपन्यास व्यंग्यपूर्ण आत्मालोचन का जीवन्त दस्तावेज़ बनता है और उसके इस 'आत्म' में समाज का हर पक्ष शामिल है। अर्थात् 'राग दरबारी' साफ तौर पर वर्गीय लेखन नहीं है। इससे सही के प्रति लेखकीय पक्षधरता बाधित नहीं होती, बल्कि अधिक मानवीय बनती है। अपनी प्रकृति में से ही व्यंग्य यथास्थितिविरोधी और परिवर्तनकामी होता है, हास्य की प्रवृत्ति भले ही यथास्थितिवादी भी हो सकती है।

वास्तव में उपन्यास में निषेध-नकार-जैसा जान पड़नेवाले 'एप्रोच' की अन्तर्धारा यही मानवीय प्रतिबद्धता है। बात यह है कि ऊपरी तौर पर व्यंग्य हालाँकि 'नकार का दर्शन' होता है, लेकिन वह निषेध के लिए निषेध नहीं होता, या निषेध के प्रचलित अर्थों में पूरी तरह नकारवादी नहीं होता, क्योंकि उसका नकार हमेशा गृहीत के अस्वीकार से ही सम्बन्धित होता है, जिसमें बड़े सूक्ष्म स्तरों पर परिवर्तन एवं नवनिर्माण के सुझाव व चिन्ता जुड़ी होती है। यहाँ यह भी ध्यातव्य है कि व्यंग्य में लेखकीय दृष्टि अपने विषय को उसके परिदृश्य-दिक् और काल-की जद में लाकर देखती है। इसके लिए लाजिमी तौर पर उसे विषय से अलग कुछ दूरी पर (दूरी बनाकर) खड़े होकर दृश्य-स्थिति का जायजा लेना होता है—राम-झरोखे बैठकर जग का मुजरा लेय। इस सापेक्षिक दूरी के चलते ही वह कार्य, कारण और प्रक्रिया, सब-कुछ को देख और महसूस कर सकता है।

'राग दरबारी' अनेक स्थलों पर 'असंयमित-सी' प्रतीत होनेवाली व्यंजक भाषा दरअसल वर्णन की और वर्ण वस्तु की माँग है। वैसे यह भाषा गँवई जीवन में जो खुलापन है उसके समक्ष कहीं नहीं ठहरती। गाली-गलौजवाले अभिव्यक्तियों की बात की जाय तो इस लिहाज़ से 'आधा गाँव' की भाषा अधिक 'असंयमित' लगेगी। फिर भी श्रीलाल शुक्ल की भाषा ग्रामीण अभिव्यक्तियों की बेजोड़ ताक़त से अभिभूत हो उनका अनुसरण करने की रचनात्मक कोशिशें करती नज़र आती हैं। व्यंग्य भाषा की सक्रियता का यह अप्रतिम उदाहरण है, भले ही व्यंग्य शब्द-व्यंजना पर ही क्यों न निर्भर करता हो। व्यंग्य रचनाओं में व्यंग्य की लक्ष्य-वस्तुओं, स्थितियों या व्यक्तियों को उनकी सम्पूर्णता में नहीं, अधूरेपन या इकहरेपन में देखा जाता है अर्थात् चोट वहीं की जाती है जहाँ विकृति या अभावात्मक पक्ष होते हैं—मारसि मोहि कुठाँव। लेकिन व्यंग्य के क्षण-विशेष में यह विशिष्ट पक्ष ही प्रतिनिधि हो उठता है। इसी में व्यंग्य की पूर्णता प्रकट होती है। हास्य, व्यंग्य, विनोद, प्रहसन आदि स्तरीय होने पर

ही सफल होते हैं अन्यथा वे आत्मविरोधी और खुद ही हास्यास्पद हो जाते हैं। इसलिए सही-सच्चे व्यंग्य को किसी सीमित दृष्टि, जैसे 'अभिजात मूल्य' या 'पाश्चात्य मूल्य' से जोड़कर देखना उचित नहीं है। सच्चे व्यंग्य की मूल प्रकृति देशज होने के बावजूद अनिवार्यतः वैश्विक और मानवीय होती है।

ऐसा नहीं है कि व्यंग्य की या 'राग दरबारी' की कोई सीमा नहीं। व्यंग्य की सीमाएँ 'राग दरबारी' की सीमाएँ बनी हैं, मगर उनसे रचना का औचित्य और प्रभाव बहुत बाधित नहीं होता। व्यंग्य के औजार से कथानक के डिटेल्स का काम लेना महा कठिन है। शिल्प के रूप में व्यंग्य को लेकर चलने से कथाभूमि पर डगमगाना और कभी-कभी रपटना कोई आश्चर्य की बात नहीं। यही कारण है कि वैष्णव की फिसलन की तरह लेखक से व्यंग्य के जोम में छोटी-मोटी, क्षम्य क़िस्म की चूकें होती रही हैं। एक उदाहरण तो रंगनाथ के वैद्य जी से 'सही' सम्बन्ध स्थापित करने में हुई भूल का ही है। आरम्भ में वैद्य जी को रंगनाथ का 'मामा' बताया जाता है। (अर्थात् वैद्य जी रंगनाथ की माँ के भाई हुए, राग दरबारी, पृ. 197) फिर बताया जाता है कि रंगनाथ रुप्पन के ममेरे भाई (अर्थात् रुप्पन की माँ के भाई के बेटे, राग दरबारी, पृ. 31) हैं। पूरी किताब में रंगनाथ वैद्य जी को 'मामा जी' कहता है। विद्वान् लेखक के लिए यह तुच्छ मामला कुछ वैसा ही है जैसे न्यूटन ने अपनी छोटी-बड़ी दो बिल्लियों के कमरे में आने-जाने के लिए दीवार में छोटे-बड़े दो छेद बनवाये थे।

उपन्यास में एकाध स्थल पर व्यंग्य का आक्रोश अस्पष्ट-अबूझ-सा भी रहता है। आक्रोश का पात्र कौन और क्या है, खुल नहीं पाता। जात-पाँत, चुनाव, भारतीय जीवन प्रणाली, जनता की लतों, नेतागिरी आदि अनेक बातों को कहीं-कहीं लेखक एक साथ व्यंग्य की जद में ले लेता है तो पता नहीं चल पाता कि कब किस पर कहाँ चोटें पड़ रही हैं। लगता यही है कि सामूहिकता पर अन्धाधुन्ध प्रहार करने से चोटों का प्रभाव या तो बिखरने लगता है या चोटें निशानों पर नहीं पड़तीं।

सम्भवतः विस्तृत कथाभूमि की स्तरबहुलता एवं विविध पहलुओं के कारण भी व्यंग्य का खुला और व्यापक प्रयोग नहीं मिलता। हो सकता है कि व्यंग्य की सीमाओं के कारण भी 'राग दरबारी' में पुरुष पात्रों की तुलना में सजीव स्त्री पात्रों की लगभग अनुपस्थिति मिलती है। यह और बात है कि तल्ख व्यंग्य के द्वारा नारी की पारिवारिक सामाजिक दैन्य स्थिति पर टिप्पणियाँ की गयी हैं। जीवन के हर पक्ष को संकीर्ण स्वार्थपूर्ण राजनीति विकृत करती जा रही है, चाहे वह प्रेम हो, विवाह या परिवार। यह व्यंग्य ग़रीबी, संघर्ष और दुःख के अतिरंजित ग्लैमराइजेशन के ख़िलाफ़ है और यह अराजकता का तीव्र प्रतिवाद करता है। 'राग दरबारी' का गाँव-देहात के रो न पाने की मजबूरी से पैदा होनेवाली कड़वी मुस्कुराहट है। दूसरी तरफ वह वैसी चालाकियों को भी नोट करता चलता है जब गाँव का शातिर भोलेपन से कचहरी में हलफ़नामा देता है कि "हम तो देहाती आदमी हैं सरकार, पढ़े-लिखे नहीं हैं।" व्यंग्य कथाकार नोट करता है कि आज़ादी मिलने के बाद लोभ-लालच, स्वार्थ, ख़ुशामद, अन्धभक्ति, गुटबाज़ी ख़ूब बढ़ी और साइकिल-रिक्शा चलानेवालों का एक वर्ग तेजी से पनपा। चाहे रिक्शाचालक हों या ट्रक ड्राइवर, गाड़ीवान हों या ठेलेवाले, मजदूर हों या किसान या छोटे दुकानदार, इनमें वर्ग-चेतना विकसित नहीं हुई या नहीं होने दी गयी। कथा में स्थान-स्थान पर दलित प्रसंग आते रहे हैं, जिनके विषय में बहुत संक्षेप में कहा जाये तो साठ के दशक

की सामाजिक स्थिति का तीखा बयान करते हैं, यथा ''ज़मींदारी टूटने का यह नतीजा तो नहीं निकला कि चमरही गाँव के भीतर समा जाती या वहाँ ढंग के दो-चार कुएँ और मकान बन जाते, पर इतना तो हो ही गया कि किसी बाँभन के निकलने पर पहले जैसा 'गार्ड ऑफ ऑनर' न दिया जाये। इसीलिए 'हाय, कहाँ वे दिन और कहाँ आज के दिन' की दीनता के भाव से बचने के लिए बाँभनों ने और ख़ासतौर से वैद्य जी ने यथासम्भव उधर से निकलना बन्द कर दिया था।'' करवटें लेते दलित जीवन की यह बानगी सामाजिक, आर्थिक शोषण का पर्दाफाश करती ही है। नियोजित ढंग की गन्दगी (जो खुले में मलत्याग से लेकर धर्मशाला, मन्दिर, बस अड्डे और हमारे तरह-तरह के विचारों तक में उपस्थित है) को व्यंग्य कथाकार जीवन पर इस कदर आरोपित पाता है कि बरबस अपने भीतर का क्रुद्ध आक्रोश प्रकट करता रहता है—'वातावरण बदबू और धार्मिक सम्भावनाओं से भरा-पूरा था।' परिवर्तन और विकास के आधुनिक चिह्नों को भी मध्यकालीन भ्रष्टता में जो व्यवस्था बदल रही है वस्तुतः वह बद्धमूल सामन्ती मानसिकतावाली है और वह मानो सम्पूर्ण राष्ट्रीय परिदृश्य को बड़े से बेडौल आईने में तब्दील किये दे रही है। ऐसी हालत में व्यंग्यकार अपना तीव्र असन्तोष ज़ाहिर करते हुए इस व्यवस्था को लगातार मुँह बिराता जा रहा है।

चाहे वह आम नागरिक हो या लेखक-पाठक, देश और देशवासियों की सारी हालत-जहालत के लिए किसी मूर्त-अमूर्त व्यवस्था को पूरी तरह से ज़िम्मेदार ठहराकर खुद अपने निष्क्रिय, निरपेक्ष और अनुत्तरदायी होने पर पर्दा नहीं डाल सकता। इस लिहाज़ से उपन्यास के अन्त में नाटकीय अन्दाज़ में 'गाया' जानेवाला विडम्बना-भरा 'पलायन संगीत' अत्यन्त महत्त्वपूर्ण है। रंगनाथ उर्फ मोटे तौर पर लेखकीय प्रवक्ता का अपने ऊपर किया जानेवाला व्यंग्य और हँसी-मज़ाक़ पलायन के क्रूर यथार्थ की ट्रेजिक गम्भीरता को तनिक भी कम नहीं कर पाता, उलटे गहराता है। जो 'बाहरी' व्यक्ति (लेखक या रंगनाथ) तमाशबीन था। उसका उस तमाशे से खासा मनोरंजन हो रहा था, लेकिन पाँच महीनों में उसने देख लिया कि ''जो खेल मज़ाक़ में शुरू हुआ, उसमें लोगों के हाथ-पाँव टूटने लगे हैं और हँसकर जो धूल दूसरों की आँखों में झोंकी गयी, उससे उनकी आँखें फूट गयी हैं।'' फिर वह 'साक्षी' भाव में आकर पाता है कि अविश्वसनीय जान पड़नेवाले फूहड़ मज़ाक़ ही गम्भीर तथ्य बनने लगे—जोगनाथ जेल से छूट जाता है, उसे पकड़नेवाला दारोग़ा दर-दर गिड़गिड़ाता और 'जुर्माने' भरता है, सनीचर सचमुच गाँव सभा का प्रधान हो जाता है। यह 'साक्षी', जो अब तक 'यथार्थ का प्रदर्शन करता था, 'अब उसके जीवन में यथार्थ के दर्शन की शुरुआत हुई।' अब उसने समझ लिया कि आदमी मनुष्य नहीं बन जाता—'वे होने के लिए...कुछ और भी करना होता है।' मगर यह समझ और ज्ञान, सक्रिय बनने का भाव, सामयिक ही रहता है, स्थायी नहीं होने पाता और जैसे ही कर्म का कुरुक्षेत्र सामने नज़र आता है, हमारा बुद्धिजीवी पलायन के बहाने ढूँढ़ने लगता है—''कीचड़ से बचो। यह जगह छोड़ो। यहाँ से पलायन करो।...यहाँ के झंझटों में मत फँसो। भागो-भागो-भागो।...यथार्थ तुम्हारा पीछा कर रहा है।'' बुद्धिजीवियों की विडम्बना पर यह तल्ख़ व्यंग्य इसलिए महत्त्वपूर्ण है कि यह किसी को नहीं बख्शता—अपने-आप को भी नहीं। शहर से गाँव और गाँव से शहर तक कुसंस्कारों का ही प्रसार और बोलबाला होता गया है। ऐसे में 'पलायन संगीत' का व्यंग्य वस्तुतः हताशामूलक नहीं होकर हताशातोड़क होने का

संकेत करता है। यह सिर्फ़ हमारे बुद्धिजीवियों के ही नहीं, शासकों-प्रशासकों के 'विचारहीन विचारों' की भी पोल खोलता है।

'राग दरबारी' बीसवीं सदी के महत्त्वपूर्ण हिन्दी उपन्यासों में इसलिए आता है क्योंकि इसने हमारे राष्ट्रीय जीवन की निरर्थकता के विशाल बंजर में हँसी-मुस्कराहट के रूप में जिजीविषा बोने की भरपूर कोशिश की थी। इसी में इसकी सार्थकता है और महत्त्व भी।

●

आधुनिकता का सन्दर्भ और 'राग दरबारी'

अतुलवीर अरोड़ा

ग्रामीण जीवन के नये यथार्थ को अंकित करनेवाले उपन्यास 'अलग-अलग वैतरणी' और 'आधा गाँव' की तरह ही 'राग दरबारी' की भूमिका भी, आज के हिन्दी उपन्यास को एक विशिष्ट ध्रुव की ओर ले जाने की प्रक्रिया की अभिव्यंजक है। यह भूमिका शिवसागर मिश्र के शब्दों में यूँ व्यक्त की जा सकती है—ये वे कृतियाँ हैं, जिनमें आंचलिक रूप-रंगों की तुलना में वास्तविकता से ठोस धरातल अधिक प्रगल्भ होकर उभरे हैं, जिनमें आज के ग्रामीण जीवन को उसके समूचे संक्रान्तिपूर्ण परिवेश एवं स्थितियों की टकराहट के बीच से उभरती एक नये क़िस्म की ज़िन्दगी और उसे जीने तथा महज़ झेलनेवाले व्यक्ति चित्रित और विश्लेषण मुद्राओं में फँसा हुआ एक छल मात्र बन गया है, उसका छल इतना क्रूर है कि वह उसे स्वयं को भी छलता है, जबकि हर बार उसकी कोशिश बिन्दो को छलने की ही रही है।

उपन्यास में कथावाचक और बिन्दो के बीच एक अतीत लटकता है। एक बार ये दोनों एक-दूसरे से अलग हो चुके हैं और इस अलगाव से पहले इनके सम्बन्धों की शारीरिकता के कई चरम मुखर हैं। सम्बन्धों के अलगाव में सम्भवतः ये चरम ही वे बिन्दु हैं, जिन्होंने अलगाव क़ायम किया है। बिन्दो का यह सोचना कि 'मैं' ने उसे इस्तेमाल किया है। इसी की ओर इंगित करता है। 'मैं' ने भी सबसे पहले यही बात रेखांकित की है कि बिन्दो को छोड़कर जाने पर उसे गर्व था कि वह इतनी सुन्दर स्त्री से भी असम्पृक्त हो सकता है। बढ़िया धूप और लान में खड़ी बिन्दो को दुबारा देखकर, उसके प्रति जो तीखा आकर्षण उसे होता है, वह अन्दर-ही-अन्दर एक मीठे सुख की अनुभूति भी देता है कि यह शरीर बरसों उसका रहा है और इसे उसने नग्न देखा है। ये दोनों बिन्दु शरीर के सम्बन्धों के चरम के पर्याय हैं और अलगाव के कारण जुटाते हैं। अलगाव की यह स्थिति बिन्दो और 'मैं' के मध्य एक तरह से जड़ रूप में है, लेकिन इस स्थिति में भी वे दोनों पूरी तरह अलगाव के पक्षों को नहीं जीते, क्योंकि उपन्यास का आरम्भ इस अलगाव को एक-दूसरे की चुप्पी तोड़ने की क्षमता को अंकित करता है। 'मैं' को एक आत्मविश्वास मिलता है कि उसने बिन्दो को चुप्पी तोड़ने पर विवश किया है। लेकिन, 'मैं' का यह आत्मविश्वास एक तरह का छल है, जो स्वयं उसे भी छलता है। वह मानता है कि वह बिन्दो के समक्ष मुँहामुँह नहीं, बल्कि उसे छोड़कर एक दूसरी मेज पर जा बैठा है। बिन्दो का आत्मविश्वास अधिक सधा हुआ है। उसने चुप्पी तोड़कर जिस अलगाव को अपने और 'मैं' के बीच से अलग किया है, उसमें 'मैं' को खिंचे चले जाने पर भी बाधित किया है। 'मैं' की यह अक्षमता है कि वह जिसे आत्मविश्वास मानकर और छल रूप में पालते हुए उसे अपनी सूझ मानता था, स्वयं ही उसमें फँस गया है। बिन्दो उसे एक पत्र लिखकर उसके जीवन में दुबारा उपस्थित है, जिसे वह चाहकर भी अनुपस्थित नहीं कर पाता। बिन्दो के समक्ष वह ओछा पड़ जाता है और इस ओछेपन से निजात पाने के लिए ही वह अपने तौर पर जाले बुनता है, बिन्दो को छलने के लिए। छलावे और प्रतिहिंसा

के अन्तिम बिन्दुओं पर पहुँचकर जब वह बिन्दो को दुबारा नग्न होने पर विवश कर देता है तो एक विजय की दृष्टि से अपने भीतर झाँकता है, लेकिन सम्भोग में शीघ्र स्खलन उसे भीतर तक खण्डित कर देता है, पुनः अपनी हीनता से उबरने के लिए वह बिन्दो को फिर तैयार करता है और इस बार अपने में सन्तुष्ट होने के बावजूद उसे एहसास होता है कि वह स्वयं छला गया है। मदान्ध होकर उसने बिन्दो के पाँव छुए हैं, उससे मिन्नत माँगी है और यह समूची अवस्था चेतन रूप में उसे झकझोरती है, क्योंकि जिस 'होने' को वह 'ने होने' तक बाँधना चाहता था, वह 'होना' ही उसकी यथार्थ नियति बन जाता है। वह इसे स्वीकारता है—मुझे जहाँ नहीं पहुँचना था, मैं वहीं पहुँचा, मुझे जो नहीं होना था, मैं वही किये गये हैं। 'अलग-अलग वैतरणी' ग्रामीण जीवन का एक यथार्थ है और 'राग दरबारी' दूसरा। 'राग दरबारी' पर आलोचकों ने यह आपत्ति की है कि यह उपन्यास सहज रूप में पढ़ा नहीं जा सकता। इसे पढ़ने के लिए यत्नशील होना पड़ता है। वस्तुतः ऐसी आपत्तियाँ व्यक्ति से व्यक्ति तक भिन्न होती हैं, अतः उपन्यास को मनोरंजन अथवा ऐसी ही किसी दृष्टि से देखना असंगत भी हो सकता है। यद्यपि इस उपन्यास में 'अलग-अलग वैतरणी' की संवेदना की गहराई नहीं है, फिर भी इसका महत्त्व इसके कथ्य की सिद्ध व्यंजना और यथार्थ की गहरी पकड़ के कारण कुछ कम नहीं है। 'अलग-अलग वैतरणी' की तुलना में इस उपन्यास में आधुनिकता के भाव-बोध की व्यंजन तो है, लेकिन यह व्यंग्य और करुणा के मिश्रण में उभरती है। 'राग दरबारी' इस दृष्टि से ही 'अलग-अलग वैतरणी' में अंकित यथार्थ से दूर जा पड़ता है, अतः दोनों को तुलनात्मक दृष्टि से देखना एक सीमा तक ही सम्भव है।

आधुनिकता के सन्दर्भ में इस उपन्यास की रचना-भूमि प्रयोगधर्मिता की सूचक भी है क्योंकि यहाँ वस्तु-शिल्प के पंजे अनायास हर कहीं फैल गये हैं और उपन्यास का कथ्य केवल व्यंग्य और विद्रूप की शक्लों में उभरता है। यही कारण है कि वस्तु में से कथा-भाव लुप्त होता गया है जो इस उपन्यास की औपन्यासिक अपेक्षा भी है। परमानन्द श्रीवास्तव का यह कथन इस सन्दर्भ में बहुत संगत दीख पड़ता है कि अगर उपन्यास के साहित्यिक मानदण्डों के सहारे श्रीलाल शुक्ल के उपन्यास 'राग दरबारी' की जाँच-पड़ताल की जाये, तो यही लगेगा कि यह उपन्यास अधिक प्रासंगिक और अधिक सार्थक बनने की प्रक्रिया में उपन्यास के ढाँचे से बाहर चला गया है। यहाँ यह जान लेना आवश्यक है कि आधुनिकता का भाव-बोध रचना के प्रयोग-धर्म से जुड़ने के बाद रचना को अधिक प्रासंगिक और अधिक सार्थक ही बनाता है, उपन्यास के ढाँचे की परवाह नहीं करता।

जहाँ तक उपन्यास की पृष्ठभूमि का सवाल है, वह एक गाँव की ज़िन्दगी को केन्द्र में लेकर सँवारी गयी है। यह गाँव शहर के काफ़ी नज़दीक और उस सड़क से जुड़ा हुआ है, जो शहर की तरफ़ जाती है। यहाँ गाँव के शहरीकरण की प्रक्रिया का बोध तो है, लेकिन शिवपालगंज शहर की संवेदना नहीं जगाता, इसका ग्रामीण-यथार्थ शहर के नज़दीक रहते भी बराबर बना रहता है। शहर और गाँव का यह नज़दीकी बोध आधुनिकता की नींवें संश्लिष्ट करता है, क्योंकि आधुनिकता के सन्दर्भ ग्राम और शहर, दोनों के संश्लिष्ट यथार्थ के आयाम जुटाते हैं। जिस रूप में शिवपालगंज के आन्तरिक व्यवस्था-तन्त्र के चेहरे को उपन्यास में उभारा गया है, वह गाँव की सामाजिक, आर्थिक, सांस्कृतिक और राजनीतिक भूमिका को बहुत हद तक प्रतीकात्मक भंगिमा प्रदान करता है, और यह भंगिमा प्रकारान्तर से देश के समूचे

व्यवस्था-तन्त्र की पर्याय बन जाती है। 'राग दरबारी' इस सन्दर्भ में किसी तरह के चिकने-चुपड़े भावनात्मक कथ्य को लेकर नहीं चलता, बल्कि गाँव के विघटन और इस विघटन के यथार्थ को प्रामाणिक रूप में अंकित करता है। यह अंकन एक नयी शैली में हुआ है जो कई बार हेनरी मिलर की-सी लगती है। 'ट्रापिक आफ कैंसर' में यद्यपि यौन 'स्लैंग्ज़' बहुतायत में इस्तेमाल हुए हैं फिर भी उसकी संश्लिष्ट वर्णनात्मकता बनी रही है। इसी तरह 'राग दरबारी' में 'स्लैंग्ज़' का प्रयोग तो है, लेकिन यह प्रायः सपाट होता गया है। सम्भवतः यही कारण है कि इसमें संवेदना की उतनी गहराई नहीं जितनी 'ट्रापिक आफ कैंसर' में है। इस सन्दर्भ में 'राग दरबारी' ग्रामीण-यथार्थ का विद्रूप खड़ा करता है। यहाँ आधुनिकता के प्रत्यय ने लेखक को रचना की अपनी अपेक्षाओं से जोड़ा है। अपने सम्पूर्ण प्रभाव में यह उपन्यास न सिर्फ़ व्यंग्य है, न सिर्फ़ करुणा है, न सिर्फ़ विद्रूप है, बल्कि इन सब चीज़ों के परे वह एक विशेष प्रकार की 'लिथारजी' का अंकन है जो हमारी समष्टि की बेचारगी बन चुकी है। इसमें चीज़ों के प्रति एक प्रकार के जान-बूझकर किये गये अवहेलना मात्र की व्यथा अंकित है, जिसमें एक विशेष प्रकार का पीड़ा-बोध निहित है, जिसके कारण इसकी संवेदना दरबारी 'राग' से जुड़ती है। रंगनाथ इसकी केवल एक सीमा है और शिवपालगंज इसका एक घेरा।

आधुनिकता के सन्दर्भ में प्रायः मूल्यहीनता और संस्कारहीनता की बात आधुनिकता के पर्याय के तौर पर इस्तेमाल की जाती है, जो असंगत है। मूल्यहीनता और संस्कारहीनता केवल वे स्थितियाँ हैं जो आधुनिक जीवन की संक्रान्त दिशा का बोध करवाती हैं। आधुनिकता इन्हें स्तम्भ रूप में खड़ा नहीं करती, वह तो इनकी गवाही देती है कि ये मौजूद हैं और इन्हें पहचानना ज़रूरी है, अतः 'राग दरबारी' में इन्हें पहचानने का प्रयास, आधुनिकता की प्रकृति ने कृति को जोड़ने का प्रयास किया है जो प्रायः आज के लेखन की अनिवार्यता बन चुकी है। 'राग दरबारी' में मूल्यहीनता और संस्कारहीनता को गहराने की कोशिश डॉ. परमानन्द श्रीवास्तव ने भी की है, लेकिन उन्होंने क़रीब-क़रीब इसे उपलब्धि के तौर पर देखा है, जबकि उपन्यास में इनकी भंगिमा उपलब्धि की न होकर सम्भावनाओं की है और इससे भी परे कई बार ये दोनों स्थितियाँ उपन्यासकार की टिप्पणियों में तब्दील होकर अपनी कलात्मकता खो बैठी हैं। इस स्तर पर ये कथ्य की संवेदना में से न उपजकर आधुनिकता की वैचारिक अपेक्षाएँ बन गयी हैं। यह स्थिति प्रायः ऐसी है, जैसे किसी मरी हुई चीज़ पर बराबर कोड़े बरसाये जा रहे हों और कोड़े बरसानेवाला थककर चूर हो गया हो और अन्ततः एक क्षण ऐसा आये कि वह कोड़ा मारते-मारते खुद ढेर हो जाये, प्रायः उपन्यासकार की ऐसी तस्वीर उपन्यास में कई बार उभरती है, जो उपन्यास के प्रभाव को कम करती है और सहसा उपन्यास विचारों का उपन्यास बन जाता है।

अपनी उक्त सीमाओं के परे रचना के आभासों में 'राग दरबारी' ज़िन्दगी से निपट साक्षात्कार है। इसमें ज़िन्दगी के बौनेपन की खरोंच है। जीने, जिये जाने और न जी पाते हुए भी जी जाने का एक विवश भाव है और इस विवश भाव का भी एक पैना डंक है। यही विद्रूप का पहला आभास है। जीने और जिये जाने की उक्त कड़ी में उपन्यास के प्रायः सभी पात्र तीखे अन्दाज़ों में सामने आते हैं। वैद्य जी जीने की एक बनैली आकांक्षा से प्रेरित हैं अतः वे गाँव की समूची गतिविधियों के केन्द्र हैं। उनकी इसी परिधि में दारोग़ा प्रिन्सिपल साहब और गयादीन भी हैं। लंगड़ जिये जाने की अलग कड़ी जोड़ता है। रंगनाथ न जी पाते

हुए भी जी जाने की विवशता से जुड़ा हुआ है। रुप्पन, बद्री, मास्टर खन्ना, मालवीय, मास्टर मोतीराम में जीने की महज़ आकांक्षाएँ हैं। सनीचर अपने-आप जीये जा रहा है। उसका इस सुविधा से जी जाना ही उपन्यास में भयंकर विद्रूप है। वह एक दुबले-पतले जिस्म का आदमी है जिसके तन पर बनियान और धारीदार अण्डरवियर उपन्यास के आदि से अन्त तक उसकी संस्कृति बनकर जुड़ा है, और जिसका असल काम भाँग घोटना और पीना-पिलाना है लेकिन जो गाँव की पंचायत का मुखिया चुन लिया जाता है।

उपन्यास में जीने की एक भूख को उसके नंगेज में व्याख्यायित किया गया है और यह व्याख्या राजनीतिक हथकण्डों की परतें खोलती हैं। छंगामल कॉलिज की पृष्ठभूमि में वैद्य जी और उनके चेले-चमाटों की असलियत को खोलने के बाद भी उनकी जीत का भदेस जिस रूप में लेखक ने खड़ा किया है, वह वस्तुस्थिति का बेलौस मुहावरा है। यह विद्यालय के हितों और समाज के हितों की ठोस या यथार्थिक भंगिमा है, जिसमें वैद्य जी का 'खानदानी हरामीपन' स्पष्ट हो जाता है। यह भूख इतनी भयानक है कि इसमें अपने सगे बेटे की भी परवाह नहीं है, क्योंकि वह राजनीतिक स्तर पर विरोधी दल का अंग है।

उपन्यास में भदेस को एक अतिरिक्त विशिष्टता देने की कोशिश ने लेखक को लेखन की रूढ़ियों में ला पटका है और इसीलिए भंग घोटने के विस्तृत चित्रण और वस्तुस्थितियों के कुछ नाटकीय विद्रूप भी उपलब्ध होते हैं। मास्टर मोतीराम का 'आपेक्षिक घनत्व' अथवा दारोग़ा का 'साम्यवाद का अर्थ' अथवा 'थाने का इतिहास' आदि व्यंग्य को अधिक पैना करने की कोशिश में जड़-चित्रण बनते चले गये हैं, फिर भी उपन्यास में वर्णित वारदातें विद्रूप की भीतरी सच्चाइयों की भूमिकाएँ हैं। उपन्यास के पात्र किसी को मज़ाकिया अथवा सपाट भी लग सकते हैं, लेकिन इन्हें ध्यान से देखा जाये तो इनका एक संसार है, जिसमें सम्भवतः हमारी 'इन्वाल्वमेण्ट' इतनी तीव्र नहीं है। इन व्यक्तियों की असलियत को हाथों-हाथ लेने के लिए हमारी 'इन्वाल्वमेण्ट' ज़रूरी है और यह 'इन्वाल्वमेण्ट' तभी हो सकती है जब हम इनकी विकृतियों को इनका परिचय समझें। ऐसी अवस्था में ये सारे पात्र एक बेचारगी उभारते हैं, एक दयनीयता से चिपके हुए लगते हैं। इनकी दयनीय स्थिति में ही इनकी संवेदना है। विद्रूप ने इन्हें अति-महत्ता से बचाया है, और ये सभी अपनी-अपनी काई के रंग में रँगे लगते हैं। रंगनाथ इस दृष्टि से ध्यान देने योग्य है। यह पात्र शुरू ही से एक मीडियाकर क़िस्म में उभरता है और अन्ततः अपनी मीडियाकर प्रकृति का घना परिचय देता है। प्रश्न यह नहीं कि रंगनाथ 'कुछ करना चाहिए' की भावना को क्रियारूप क्यों नहीं देता? प्रश्न यह भी नहीं कि रंगनाथ की क़िस्म 'कुछ करना चाहिए' की भाषा को क्यों अपनाती है, बल्कि प्रश्न इस समूची क़िस्म को एक ऐसी भाषा में पकड़ने का है जो इस क़िस्म की सारी नपुंसकता, सारी जड़ता को कुरेद-कुरेदकर साफ़ सतह पर ला दे। श्रीलाल शुक्ल ने यह कार्य सम्पन्न किया है और पलायन संगीत में इसका स्वर बहुत स्पष्ट है। रंगनाथ की मँझौली क़िस्म अथवा हैसियत और उसकी आत्मा के तारों पर गूँजनेवाला पलायन संगीत आज की तथाकथित बुद्धिजीवी पीढ़ी का पर्याय है जिसे सर्वेश्वर ने अपनी एक कविता में 'एक थे' 'हाँ हाँ' 'एक थे', 'नहीं-नहीं' जैसी प्रवृत्ति में खोजा है। यह प्रवृत्ति यथार्थ से भागने की है और आज की औसत अवसरवादी क़िस्म का परिचय हो सकती है।

'राग दरबारी' का कथ्य वस्तुशिल्प के जिस विविध-कोणी अन्तरंग और बहिरंग का परिचय करवाता है, वह सृजन के स्तर पर औसतन रचना की संज्ञा को ही पहुँचता है। अन्ततः यह उपन्यास प्रकारान्तर से एक प्रतीक-कथा बन गया है जो एक व्यवस्था-तन्त्र की खोखल की परिव्याख्या है। मदारी की डुगडुगी में व्यवस्था-तन्त्र की खोखल का बजना अंकित है और बन्दरों के नाच में जनतन्त्र का बिम्ब उभरता है जो रचना की आन्तरिक संगति से जुड़ा हुआ है।

छुद्रताओं के महावृत्तान्त से महानताओं की छुद्रता तक

वीरेन्द्र यादव

स्वातन्त्र्योत्तर हिन्दी उपन्यास में श्रीलाल शुक्ल सम्भवतः उन चन्द इने-गिने उपन्यासकारों में से एक हैं, जिन्होंने 'साहित्यिक' और 'लोकप्रिय' के अन्तर को मिटाते हुए औपन्यासिक आस्वाद की मौलिक शैली विकसित की है। लेकिन यह करते हुए वे अकेले ऐसे उपन्यासकार हैं, जिन्होंने आलोचकों के समक्ष एक संकट व असमंजस की स्थिति भी पैदा की। शायद 'राग दरबारी' द्वारा हिन्दी उपन्यास में यह पहली बार हुआ है कि आलोचकीय हिचक व संशय के बावजूद महज़ पाठकों की प्रशंसा के बल पर किसी औपन्यासिक कृति ने अपनी स्वीकृति कुछ इस तरह करायी है कि आज गम्भीर साहित्यिकों से लेकर समाजशास्त्रियों के बड़े समुदाय तक, यह अधिकांश की प्रथम कोटि की औपन्यासिक पसन्द है। यद्यपि इस पसन्द के अपने अलग-अलग कारण हैं, क्योंकि निर्मल वर्मा की 'कलात्मक' और डॉ. श्यामा चरण दुबे की 'समाजशास्त्री' पसन्द के छोर भिन्न हैं। यदि उपन्यास की पसन्द के इस ग्राफ में मार्क टुली जैसे प्रबुद्ध पाठकों को भी शामिल कर लिया जाये, जो इसे इण्टरटेनिंग हिन्दी नावेल' क़रार देते हैं तो यह दायरा आम पाठकीय पसन्द को भी छूने लगता है।

यहाँ यह तथ्य दिलचस्प है कि तीन दशक पूर्व राग दरबारी के प्रकाशन (1968) के तत्काल बाद श्रीपत राय ने अपने आलोचनात्मक लेख (कथा, सितम्बर 69) में इसे 'बहुत बड़ी ऊब का महाग्रन्थ' व 'अतिशय उबानेवाली कुरुचिपूर्ण और कुरचित कृति' करार देते हुए यह भविष्यवाणी की थी कि 'यह अपठित रह जायेगी'। नेमिचन्द्र जैन ने इसे 'असन्तुष्ट, क्षुब्ध व्यक्ति की बेशुमार शिकायतों और खीझ भरे आक्षेपों का अन्तहीन सिलसिला' करार दिया था। आज तीन दशकों के अन्तराल के बाद इन आलोचकीय मन्तव्यों को झुठलाते हुए जब इस उपन्यास ने एक साथ पाठकीय प्रशंसा, पठनीयता एवं साहित्यिक स्वीकृति के विरल कीर्तिमान स्थापित किये हैं तो श्रीलाल शुक्ल की कथा-दृष्टि की विवेचना निश्चित रूप से एक जटिल व दुविधाजन्य कार्य है और इसीलिए चुनौतीपूर्ण भी। निर्विवाद पठनीयता व साहित्यिक मूल्यवत्ता के बावजूद 'राग दरबारी' को लेकर आलोचकीय दुविधा आज भी दरपेश है, जिससे टकराये बिना 'राग दरबारी' और श्रीलाल शुक्ल के 'फेनामेना' को समझा नहीं जा सकता।

'राग दरबारी' मूलतः नकारवादी मुहावरे की रचना है, लेकिन उसका नकारवाद व्यक्तिगत कुण्ठा व निराशा का परिणाम न होकर उन सामाजिक विद्रूपताओं व कुरूपताओं का परिणाम है, जिनकी भारतीय समाज में गहरी जड़ें हैं। इनका उद्घाटन करने के लिए श्रीलाल शुक्ल छुद्र व साधारण की सामाजिक पड़ताल करते हैं। छुद्रताओं का महावृत्तान्त रचते हुए ही वे तन्त्र की विकृतियों की पहचान करते हैं। जिस राजनीतिक समय में 'राग दरबारी' की रचना हुई थी, वह सम्पूर्ण नकार का दौर था। राजनीति के स्तर पर जहाँ डॉ. राममनोहर

लोहिया इस नकारवाद के मुखर प्रवक्ता थे, वहीं साहित्य के स्तर पर राजकमल चौधरी व धूमिल सहित युवा रचनाकारों की बड़ी जमात इसे अपनी रचनाओं में अभिव्यक्त कर रही थी।

नेहरू-युग से राजनीतिक मोहभंग, व्यक्तिगत कुण्ठा, संत्रास और हताशा के इसी दौर में अकहानी, श्मशानी व भूखी पीढ़ी जैसी साहित्यिक हलचलों का उदय हुआ। अमेरिकी बीटनिक पीढ़ी के साहित्यिक पुरोधा व परम्परा द्रोही कवि ऐलन गिन्सबर्ग की युवा हिन्दी साहित्यिकों के बीच नायक पूजा का दौर भी यही था। उत्तर नेहरूवाद के इस आरम्भिक दौर में जनतन्त्र कठघरे में था, कांग्रेस का एकाधिकार समाप्त हो रहा था, केन्द्रीयताएँ टूट रही थीं, नैतिकता, सदाचार, सच्चाई, कर्त्तव्यनिष्ठा, ईमानदारी, परोपकार जैसे मानवीय व सामाजिक मूल्यों के प्रति अवज्ञा एवं अनास्था का भाव प्रबल हो रहा था। 'राग दरबारी' ऐसे ही सर्वनकारवादी व अनास्था के दौर की उपज है।

व्यापक अर्थों में 'राग दरबारी' नेहरूयुगीन जनतन्त्र का कामिक शैली में रचा गया 'क्रिटीक' है। यदि कामदी तत्त्व को थोड़ा परे रखकर इसका पाठ किया जा सके तो जनतन्त्र की समालोचना के रूप में श्रीलाल शुक्ल की कथा-दृष्टि राजकमल चौधरी और धूमिल के आसपास कहीं टिकती है। जनतन्त्र के बारे में धूमिल की यह काव्य चिन्ता 'जनतन्त्र, जिसकी रोज सैकड़ों बार हत्या होती है और हर बार वह भेड़ियों की जुबान पर जिन्दा है' (संसद् से सड़क तक) और राजकमल चौधरी का 'मुक्ति प्रसंग' में यह उद्बोधन 'आदमी लिखे एबसर्डिटी का दर्शन विधान' 'राग दरबारी' में कथात्मक सम्पूर्णता प्राप्त करता है। व्यवस्था की सड़ाँध, जनतान्त्रिक मूल्यों का विघटन एवं नैतिक व सामाजिक अधःपतन का सर्वनकारवादी विमर्श राजकमल चौधरी, धूमिल व श्रीलाल शुक्ल की रचना-दृष्टि में अन्तर्धारा के रूप में उपस्थित है। लेकिन इस अन्तर के साथ कि जहाँ धूमिल और राजकमल चौधरी 'एंग्री यंग मैन' की शैली में जनतन्त्र की समालोचना करते हुए जिस 'एक अदद आदमी' को अपनी रचनात्मक सहानुभूति के केन्द्र में रखते हैं, वहीं श्रीलाल शुक्ल कौतुक मुद्रा अपनाते हुए अपने 'सिनिकल' मुहावरे में उसी 'एक अदद आदमी' को अपने व्यंग्य बाणों का लक्ष्य बनाने से नहीं चूकते। यहीं से श्रीलाल शुक्ल और धूमिल के सादृश्य समाप्त होते हैं और पार्थक्य बिन्दु प्रारम्भ होते हैं।

यहाँ यह विरोधाभास दिलचस्प है कि 'भदेस' और 'नागरिक' तत्त्व श्रीलाल शुक्ल और धूमिल के रचनात्मक मुहावरे के अन्तर्सूत्र के रूप में लगातार उपस्थित हैं, लेकिन दोनों के सन्दर्भ भिन्न और विरोधी हैं। जहाँ धूमिल 'भदेस' को रचनात्मक शक्ति के रूप में इस्तेमाल करते हुए 'नागरिकता' को कठघरे में खड़ा करते हैं, वहीं श्रीलाल शुक्ल नागरिकता के धरातल पर खड़े होकर 'भदेस' की कपाल क्रिया करते हैं। धूमिल 'दुनिया के व्याकरण के ख़िलाफ़' खड़े होकर जहाँ यह बयान देते हैं कि 'जेल के बगल की नागरिकता/और बूचड़खाने के सामने की सज्जनता' मुझे विरासत में मिली थी, वहीं श्रीलाल शुक्ल नागरिक व्याकरण की उपेक्षा को कुछ यूँ रेखांकित करते हैं, "सूअरों के झुण्ड सड़क पर निकलते समय आदमियों की नकल करते। वे दायें-बायें चलने का ख्याल न करके सड़क पर निकलनेवाली हर सवारी के ठीक आगे चलते हुए नज़र आते और आपसी ठेलठाल में कॉलिज के लड़कों को भी मात देते।" (राग दरबारी, पृ. 310)

श्रीलाल शुक्ल की कथादृष्टि की सर्वाधिक चौंकानेवाली बात उसमें कई विरुद्धों के सामंजस्य की उपस्थिति है। आभिजात्य व भदेस, नागरिकता व गँवारूपन, सार्वदेशिकता व स्थानिकता जिस खिलन्दड़ेपन के साथ उनकी कथादृष्टि में विलयित है, वह उनकी अपनी विशेषता है। दरअसल सच तो यह है कि आभिजात्य, नागरिक और सार्वदेशिक तत्त्व ही उनकी कथादृष्टि की रचना करते हैं भदेस, गँवई और देशज तत्त्व इस कथादृष्टि की विषयवस्तु भर हैं। 'राग दरबारी' को लेकर जो आलोचकीय दुविधा है, उसके मूल में दृष्टि और विषयवस्तु की यह फाँक ही है। उनके दो अन्य उपन्यास 'पहला पड़ाव' और 'सूनी घाटी का सूरज' भी कमोबेश इसी दुविधा से ग्रस्त हैं। श्रीलाल शुक्ल के नवीनतम उपन्यास 'बिस्रामपुर का सन्त' को लेकर यह आलोचकीय संशय इसीलिए नहीं है कि इसकी कथावस्तु और लेखकीय कथा-दृष्टि में पूर्ण समन्वय है।

यहाँ यह तथ्य बेझिझक स्वीकार किया जाना चाहिए कि 'राग दरबारी' की पाठकीय स्वीकृति व प्रशंसा 'हाई कामेडी' के जिस मुहावरे पर टिकी है, वही इस उपन्यास की सबसे बड़ी बाधा है। अवध की वाक्पटुता व व्यंग्य-विनोद में रची-पगी इस उपन्यास की भाषा 'हाई कामेडी' का ऐसा रूप ग्रहण करती है, जहाँ सब-कुछ प्रहसन में बदल जाता है। उपन्यासकार जीवन की हर स्थिति व परिस्थिति में कामदी तलाशता है, भूख, ग़रीबी, भ्रष्टाचार, बेरोज़गारी, अशिक्षा, खान-पान, पहनावा, आचार-व्यवहार सभी-कुछ इसके व्यंग्य-विनोद के लक्ष्य हैं। जहाँ विनोदी स्थितियाँ नहीं हैं, वहाँ वह उन्हें गढ़ता है। इस प्रकार यह उपन्यास व्यंग्य-विनोद का ऐसा प्रति-संसार रचता है, जहाँ दुःख, करुणा, सहानुभूति और सामाजिक सरोकार दृश्य ओझल हैं, यहाँ यह तथ्य भी ध्यान देने योग्य है कि 'राग दरबारी' मात्र रूप के स्तर पर प्रहसन न होकर अपने कथ्य को भी प्रहसनात्मक बनाता है। उपन्यास में छोटे पहलवान और कुसहर-प्रसाद प्रसंग में बेटे द्वारा बाप की पिटाई को 'परिवार के सनातन धर्म' के रूप में प्रतिष्ठित करना कथ्य को प्रहसन में तब्दील करने का एक उदाहरण है।

क्षोभ और आक्रोश पैदा करनेवाली जीवन-स्थितियों को भी हँसोड़ बनाती 'राग दरबारी' की शैली 'हाई कामेडी' में अन्तर्निहित उस त्रासद करुणा का विलोप कर देती है, जो इसे सार्थक व सकारात्मक रूप देते हुए सामाजिक विसंगतियों को चिह्नित करने का सशक्त माध्यम बन सकती है। इसी सन्दर्भ में पुश्किन ने कहा था, "हाई कामेडी सिर्फ़ हास्य में ही नहीं होती, बल्कि यह चरित्रों के विकास में होती है और अक्सर यह त्रासदी के सन्निकट होती है।" गोगोल ने अपने उपन्यास 'डेड सोल्स' और चार्ली चैपलिन ने अपनी फ़िल्मों में इसी त्रासद हास्य का मुहावरा अपनाया है। प्रेमचन्द के कथा-संसार में भी हास्यजनित करुणा की भरपूर उपस्थिति है। होली के अवसर पर गाँव में सारी रात चले व्यंग्य-विनोद के बारे में 'गोदान' में प्रेमचन्द यूँ टिप्पणी करते हैं—"...इसी तरह नोखेराम और पटेश्वरी और दातादीन की बारी-बारी से सबकी ख़बर ली गयी और फबतियों में चाहे कोई नयापन न हो और नकलें पुरानी हों, लेकिन गिरधारी का ढंग ऐसा हास्यजनक था, दर्शक इतने सरल हृदय थे कि बेबात कि बात में भी हँसते थे। रातभर भँड़ैती होती रही और सताये हुए दिल, कल्पना में प्रतिशोध पाकर प्रसन्न होते रहे।" दरअसल यही है वह सामाजिक परिप्रेक्ष्य जहां से 'हाई कामेडी' का सौन्दर्यशास्त्र निर्मित होता है। निराला के 'बिल्लेसुर बकरिहा' और 'कुल्ली भाट'

के त्रासद हास्य का परिप्रेक्ष्य भी यही है, जहाँ बकौल डॉ. रामविलास शर्मा 'हास्य में संयम है, अट्टहास नहीं है, अधिकतर होंठों पर खेलती हुई मुस्कान है।' (निराला की साहित्य साधना-भाग दो)

'राग दरबारी' का हास्य संयमविहीन हास्य है, जहाँ उपन्यासकार स्थितियों को हस्य के अनुकूल बनाने में असमर्थ होने पर, भाषा से हास्य की रचना करता है। 'राग दरबारी' में लहूलुहान चोट खाये विलाप करते बूढ़े का शब्द-चित्र देखिये, ''अचानक 'हाउ-हाउ' सामने आ गया। वह लगभग साठ साल का एक बुड्ढा आदमी था। देह से मजबूत। नंगे बदन। पहलवानी ढंग से घुटनों तक धोती बाँधे हुए। उसके सिर पर तीन चोटें थीं और तीनों से अलग-अलग दिशाओं में ख़ून बहकर दिखा रहा था कि यह एक तरह का ख़ून भी आपस में मिलना पसन्द नहीं करता। वह ज़ोर-ज़ोर से 'हाउ-हाउ' करता हुआ, दोनों हाथ उठाकर हमदर्दी की भीख माँग रहा था। ... 'हाउ-हाउ' अब द्रुत लय छोड़कर विलम्बित की तरफ़ आने लगा और बाद में बड़े ही ठस-क़िस्म की ताल में अटक गया। ऐसी बात गायकी की पद्धति के हिसाब से उलटी पड़ती थी, पर मतलब साफ़ था कि वे उखड़ नहीं रहे हैं बल्कि जमकर बैठ रहे हैं।'' (राग दरबारी, पृ. 90)

भाषा से उपजी संयमविहीन व्यंग्य की एक बानगी कुछ यूँ है, ''वे महिलाएँ पाखाने की कार्रवाई को एकदम से स्थगित कर सीधी खड़ी हो गयीं और उन्हें 'गॉर्ड ऑफ़ ऑनर' जैसा देने लगीं।'' (राग दरबारी, पृ. 191) यहाँ श्रीलाल शुक्ल की कथा भाषा मात्र संवाहक की भूमिका न अदा कर स्वयं में कथ्य बन जाती है, वह एक नया 'एक्टिविज़्म' (सक्रियता) धारण कर लेती है। भाषा की यह अतिरिक्त सक्रियता लेखकीय अतिकथन की माँग करती है, जिसकी पूर्ति हेतु उपन्यासकार ने 'राग दरबारी' में रंगनाथ के रूप में सूत्रधार का सृजन किया है। लेखकीय अतिकथन की डोर जहाँ सूत्रधार के हाथ से छूटती दिखती है, वहाँ लेखक नेपथ्य में उपस्थित होकर कथासूत्र को स्वयं सँभाल लेता है। यह प्रविधि उनके अन्य उपन्यासों में भी है। 'पहला पड़ाव' में सूत्रधार और लेखक का यह द्वैत समाप्त हो जाता है और उपन्यास का केन्द्रीय पात्र सत्ते उर्फ सन्तोष कुमार इन दोनों भूमिकाओं का निर्वाह एक साथ करता है। 'सूनी घाटी का सूरज' का रामदास तो उपन्यास लेखक की ही भूमिका में उतरकर आत्मकथात्मक औपन्यासिक वृत्तान्त लिख डालता है। वास्तविकता तो यह है कि 'राग दरबारी' का रंगनाथ, 'पहला पड़ाव' का सत्ते और 'सूनी घाटी का सूरज' का रामदास ये तीनों ही औपन्यासिक पात्र के आवरण में लेखकीय उपस्थिति हैं। यह अकारण नहीं है कि ये तीनों ही अंग्रेज़ी के मुहावरे में रचे-पगे और संस्कृत बोलने में सक्षम हैं और क्रमशः इतिहास, राजनीतिशास्त्र और अर्थशास्त्र में एम. ए. करने के बाद उच्च शिक्षाकांक्षी हैं।

इन तीनों कथानायकों की कल्पनाएँ महत्त्वाकांक्षाएँ व निराशाएँ इतनी उच्च व वैश्विक हैं कि यह उनकी सामाजिक स्थिति व बौद्धिक संरचना से बेमेल है। रंगनाथ ''सोफिया लारेन और एलिज़ाबेथ का ध्यान'' करता है (राग दरबारी, पृ. 84) रविशंकर का संगीत सुनता है और इण्डोलाजी में शोध करते हुए 'मार्शल, कनिंघम, विण्टरनित्ज़, कीथ, परसी ब्राउन, काशीप्रसाद जायसवाल व भण्डारकर का अध्ययन करता है।' 'पहला पड़ाव' का सत्ते यूँ तो अपने झोले में 'भाँग की पकौड़ी' नामक एक फटी हुई किताब रखता है जिसमें 'एक नाजनीं हसीना को भाँग की पकौड़ी खिलाकर उसके साथ की गयी लीलाओं का

सचित्र वर्णन था' लेकिन वह उपमाएँ नीत्से व कालिदास की देता है और शेक्सपियर के हैमलेट की तरह संशयालु होता है, "मैं अपना ही हैमलेट बन गया और यह करूँ या वह करूँ या न करूँ के झमेले में डूबने लगा।" ठेकेदार की मेठगिरी करते हुए भी सत्ते किसी आई. ए. एस. सरीखा व्यवहार करता है, "मेरी कोशिश होती थी कि मैं ... उन्हें वैसी ही हिकारत से देखूँ, जो एक नये आई. ए. एस. अफ़सर को किसी पुराने घिसे-पिटे टेक्नोक्रेट के लिए दिखानी चाहिए।" और उसे 'विदेशी कारों में ब्यूक, मर्सिडीज, क्रिसलर, टायोटा, डाटसुन आदि के नाम याद' थे पर उसने देखी 'सिर्फ़ एक ही गाड़ी थी, जिसका नाम इम्पाला था।' सत्ते की कुण्ठाएँ भी साधारण न होकर आभिजात्य और भव्य थीं। सत्ते के ही शब्दों में, "अपने पर बड़ी ग्लानि हुई। एक वे हैं जिनके बाप अस्सी साल की उम्र में गवर्नर बन जाते हैं, खुद प्लानिंग कमीशन की मेम्बरी हथिया लेते हैं, बीवी राज्यसभा की सदस्य हो जाती है। होटल की लकदक नौकरी करते-करते कोई मोहतरमा अचानक विधायक बन जाती हैं और उसी के दूसरे दिन मन्त्री बनकर हमें देश की अखण्डता और एकता की सीख देने लगती हैं। विलायत से लौटते ही कोई अचानक दिल्ली में किसी संस्था का चेयरमैन हो जाता है... इण्डिया इण्टरनेशनल सेण्टर में लंच खाते-खाते कोई कूदकर कहीं राजदूत बन जाता है..." 'सूनी घाटी का सूरज' के रामदास की कुण्ठा है "अपने मित्रों में सब अपने-अपने वंश की प्रतिभा और क्षमता के सहारे बढ़ रहे हैं।... श्याम मोहन की कम्पनी की मोटरें दिन-पर-दिन बिकती जाती हैं... उसने ट्रैक्टरों की एक नयी एजेन्सी भी ले रखी है।" "राजधर अपने पिता की जनप्रियता से लाभान्वित होकर विधानसभा में पहुँचनेवाला है। मन्त्रिमण्डल में पहुँचने की आशा करता है।" दरअसल रंगनाथ, सत्ते और रामदास की ये कुण्ठाएँ एवं उच्च व आभिजात्यवर्गीय महत्त्वाकांक्षाएँ पात्रों की अपनी सामाजिक स्थितियों का परिणाम न होकर उपन्यासकार की अपनी वर्ग अभिव्यक्तियाँ हैं, जो इन पात्रों के माध्यम से अभिव्यक्त होती हैं। इन पात्रों की अति बौद्धिकता, सर्वज्ञता और सार्वदेशिकता के मूल में पात्रों के भीतर लेखकीय काया प्रवेश ही है। इसी लेखकीय काया प्रवेश का परिणाम है कि इन तीनों ही उपन्यासों में साहित्यिक सन्दर्भ, अंग्रेज़ी मुहावरे, वैश्विक सरोकार और आभिजात्य अभिव्यक्तियाँ जहाँ-तहाँ बिखरी पड़ी हैं।

यहाँ यह स्वीकार करना होगा कि श्रीलाल शुक्ल अंग्रेज़ी मुहावरे के कथाकार हैं और उनकी पसन्द आभिजात्यवर्गीय है। देशज यथार्थ के प्रति वे एक आलोचनात्मक दृष्टि रखते हैं, जो अन्ततः निन्दात्मक स्तर को छूने लगता है। आभिजात्यवर्गीय रुख़ अपनाते हुए अंग्रेज़ी मुहावरे में निन्दात्मक नकार के जिस धरातल पर खड़े होकर वे भारतीय यथार्थ को देखते हैं वह रुड्यार्ड किपलिंग, ई. एम. फार्स्टर, नीरद सी. चौधरी और वी. एस. नायपॉल के काफ़ी-कुछ सन्निकट है। श्रीलाल शुक्ल भारतीय यथार्थ के प्रति अपने इस दृष्टिकोण से अनभिज्ञ भी नहीं हैं। अपने इस दृष्टिकोण को कथात्मक तार्किकता देने हेतु ही वे 'राग दरबारी' के सूत्रधार रंगनाथ को इण्डोलाजी के शोध छात्र के रूप में प्रस्तुत करते हुए यह टिप्पणी करते हैं "रंगनाथ का रवैया उन टूरिस्टों का-सा हो गया था, जो सड़कें, हवा, इमारतें, पानी, धूप, देश-प्रेम, पेड़-पौधे, कमीनापन, शराब, कर्मनिष्ठा, लड़कियाँ और विश्वविद्यालय आदि वस्तुएँ अपने देश में नहीं पहचान पाते और उन्हें विदेशों में जाने पर ही देख पाते हैं।" (राग दरबारी, पृ. 88)

यदि यहाँ 'रंगनाथ' 'टूरिस्ट दृष्टि' तथा 'इण्डोलाजी' का विखण्डन किया जाये तो जिस ओरियण्टल दृष्टि की रचना होती है, उससे यह देश 'एन एरिया आफ डार्कनेस' यहाँ की

सभ्यता 'एन वुण्डेड सिविलाइजेशन' और यहाँ का व्यक्ति 'अग्ली इण्डियन' ही दिखेगा। नायपॉल को इस बात का हमेशा मलाल रहा है कि उनकी निगाह जिस भारतीय यथार्थ पर टिकती है, "उसकी चर्चा भारत में नहीं की जाती, उसके बारे में कभी लिखा नहीं जाता, उसका उल्लेख उपन्यासों, कहानियों में नहीं किया जाता, फ़ीचर फ़िल्मों या वृत्त चित्रों में उन्हें कभी नहीं दिखाया जाता।" (एन एरिया आफ डार्कनेस) श्रीलाल शुक्ल नायपॉल के इस मलाल को काफ़ी हद तक दूर करते हैं। यहाँ नायपॉल और श्रीलाल शुक्ल के लेखन में निम्न सादृश्य काफ़ी दिलचस्प और अर्थपूर्ण हैं : "सबके दिमाग़ पर जो समस्या सबसे ज़्यादा हावी है, वह टट्टी है। उसके अनेक नाम हैं। दिसा, मैदान, जंगल झाड़ी, टट्टी। यानी जहाँ भी ओट मिल जाये उसी के पीछे मल विसर्जन कर दो।" (पहला पड़ाव)

वी. एस. नायपॉल अपनी पुस्तक 'एन एरिया आफ डार्कनेस' में इसी दृश्य को यूँ प्रस्तुत करते हैं : "भारतीय हर कहीं मल विसर्जन करते हैं। अधिकतर वे रेल लाइनों के किनारे मल विसर्जन करते हैं। लेकिन वे इसे समुद्र तटों, पहाड़ियों, नदी किनारे और सड़कों पर भी करते हैं और कभी आड़ नहीं तलाशते।" दोनों ही मल विसर्जन का रिश्ता कविता से जोड़ते हैं। नायपॉल इसे उत्तर प्रदेश के एक उर्दू शायर के हवाले से यूँ प्रस्तुत करते हैं : "हिन्दुस्तानी शायराना तबीयत के लोग होते हैं, वे हमेशा खुला आसमान पसन्द करते हैं क्योंकि वे प्रकृति-प्रेमी होते हैं... और अलस्सुबह नदी के किनारे खुले में उकड़ूँ बैठने से ज़्यादा शायराना चीज़ और क्या होगी।" (एन एरिया आफ डार्कनेस) श्रीलाल शुक्ल इसे कुछ यूँ अभिव्यक्त करते हैं..."वह वीरान इलाक़ा शुरू हो गया था जहाँ आदमी कविता, राहज़नी और पाख़ाना तक कर सकता था। परिणामस्वरूप कई-एक बच्चे, कविता और राहज़नी के मामले में असमर्थ, सड़क के दोनों किनारों पर बैठे हुए पाख़ाना कर रहे थे और एक-दूसरे पर ढेले फेंक रहे थे।" (राग दरबारी, पृ. 191)

भारतीय गाँव और कस्बे को देखने का नज़रिया भी नायपॉल और श्रीलाल शुक्ल का लगभग एक-सा ही है। 'राग दरबारी' में शिवपालगंज बाज़ार का वर्णन इस प्रकार है, "दुकान पर जलेबी, पेड़े और गट्टे रखे थे। उन्हीं की बग़ल में शीशे के छोटे-छोटे कण्टेनरों में कुछ रूखे-सूखे लकड़ी के टुकड़े-से पड़े थे जो बिस्कुट, केक और मस्क इत्यादि की परम्परा में बने हुए स्थानीय पदार्थ थे। जैसे शहर में, वैसे यहाँ पर भी, ये पदार्थ बता रहे थे कि पूरब पूरब है और पश्चिम पश्चिम है और दोनों मिठाइयों की माफ़र्त शिवपालगंज में मिलते हैं।" (राग दरबारी, पृ. 259) इसी सन्दर्भ में नायपॉल की टिप्पणी इस प्रकार है, "...मिठाई की दुकानों पर शीशों के बन्द केस रखने का नियम है, इसलिए शीशे के केस भी हैं, लेकिन वे खाली रहते हैं और बग़ल में मिठाइयों के ढेर खुले पड़े रहते हैं।" (एन एरिया आफ डार्कनेस)

श्रीलाल शुक्ल और वी. एस. नायपॉल की समान टिप्पणियों के विपुल उदाहरण इन दोनों के लेखन में भरे पड़े हैं। दरअसल विचारणीय है कि श्रीलाल शुक्ल की वह दृष्टि जो पूरब पश्चिम, गोरे काले, भद्र व भदेस का विमर्श करती हुई भारतीय यथार्थ पर यह वक्रोक्ति करती है, "रुडयार्ड किप्लिंग का धड़ ऊपर और सिर नीचे लटकाकर पूर्व और पश्चिम की संस्कृतियाँ विराट् रूप से मिल रही थीं।" (राग दरबारी, पृ. 250) यथार्थ को देखने की यह दृष्टि भारतीय समाज में गन्दगी, भ्रष्टाचार, अज्ञानता, निरक्षरता, ग़रीबी, धर्म, गँवई रंग-ढंग सभी कुछ को असभ्यता, पिछड़ेपन और पूरब के विमर्श में ढालकर सभ्यता और आधुनिकता

के आवरण में आभिजात्य व पश्चिमी मूल्यों का उदात्तीकरण करती है। भारत जैसे पारम्परिक एवं कृषक समाज को देखने की यह सीमित और अपर्याप्त दृष्टि है। इसी ग्राम दृष्टि का परिणाम है कि मेले में जाती लोकगीत गाती स्त्रियों के बारे में उपन्यासकार की टिप्पणी यूँ है : "वे सब मेले में जा रही थीं। भारतीय नारीत्व इस समय फनफनाकर अपने खोल के बाहर आ गया था। वे बड़ी तेजी से आगे बढ़ रही थीं, मुँह पर न घूँघट था, न लगाम थी। फेफड़े, गले और ज़बान को चीरती हुई आवाज़ में वे चीख़ रही थीं और एक ऐसी चिचियाहट निकाल रही थीं जिसे शहराती विद्वान् और रेडियो-विभाग के नौकर ग्राम-गीत कहते हैं।" (राग दरबारी, पृ. 110)

राग दरबारी को ग्राम्य उपन्यास के रूप में विश्लेषित करने की सबसे बड़ी दुविधा ग्राम्य जीवन के प्रति यह उपहास दृष्टि ही है। यह दुविधा तब और बढ़ जाती है जब 'भारतीय ग्राम' जैसी महत्त्वपूर्ण पुस्तक के लेखक प्रख्यात समाजशास्त्री डॉ. श्यामाचरण दुबे 'राग दरबारी' का उल्लेख करते हुए यह कहते हों कि 'विराट् समाजशास्त्रीय कल्पनावाले बीस विद्वान् ग्रामीण यथार्थ के बारे में जो नहीं कह सकते, वह इस उपन्यास में श्रीलाल शुक्ल ने कह दिया है।" डॉ. श्यामाचरण दुबे के इस कथन के बावजूद 'राग दरबारी' स्वीकृत अर्थों में ग्राम केन्द्रित उपन्यास नहीं है। 'राग दरबारी' का कस्बाई वातावरण गाँव व नगर का अन्तर मिटाते हुए, उन कुप्रवृत्तियों को रेखांकित करता है, जो भारतीय जनतन्त्र व विकास के मॉडल को खोखला बना रही है। यहाँ 'राग दरबारी' में प्रकाशित यह लेखकीय घोषणा द्रष्टव्य है कि 'राग दरबारी' का सम्बन्ध एक बड़े नगर से कुछ दूर बसे हुए गाँव की ज़िन्दगी से है जो आज़ादी के बाद की प्रगति और विकास के नारों के बावजूद निहित स्वार्थों और अनेक अवांछनीय तत्त्वों के आघातों के सामने घिसट रही है। यह उसी ज़िन्दगी का दस्तावेज़ है। इस लेखकीय घोषणा के बावजूद सच यह है कि 'राग दरबारी' गाँव की ज़िन्दगी का उतना बड़ा दस्तावेज़ नहीं है जितना उन 'निहित स्वार्थों एवं अवांछनीय तत्त्वों' का जो शहर और गाँव का फ़र्क़ मिटाते हुए हर कहीं मौजूद हैं। इसे राग दरबारी के ही इस उद्धरण से बेहतर समझा जा सकता है : "रंगनाथ को शिवपालगंज के बारे में ऐसा लगने लगा कि महाभारत की तरह, जो कहीं नहीं है वह यहाँ है और जो यहाँ नहीं है, वह कहीं नहीं है।" (राग दरबारी, पृ. 51)

श्रीलाल शुक्ल 'राग दरबारी' में एक ऐसे खल-समाज की रचना करते हैं, जहाँ स्वतन्त्रता, जनतन्त्र, न्यायपालिका, विकास, पंचायत राज, सहकारिता तथा अन्य जनतान्त्रिक संस्थाएँ 'निहित स्वार्थों एवं अवांछनीय तत्त्वों' के हाथ की कठपुतली भर बनकर रह जाती हैं। भारत जैसे अर्द्ध सामन्ती और विकासशील देश में जनतन्त्र को कैसे निहित स्वार्थों के लूटतन्त्र में बदला जा सकता है, शिवपालगंज इसकी छोटी-मोटी प्रयोगशाला है। अपनी सम्पूर्णता में यह उपन्यास नेहरू-युग की 'माइक्रो आलोचना' है। स्वातन्त्र्योत्तर भारत में 'वैद्य जी' सरीखे परजीवी वर्ग द्वारा जनतान्त्रिक संस्थाएँ एवं विकास योजनाएँ किस प्रकार व्यक्तिगत हित साधन हेतु अपहृत कर ली गयीं, राग दरबारी इसकी मनोरंजक औपन्यासिक पैरोडी है। शिवपालगंज एक ऐसा 'प्रिज्म' है, जहाँ से आधुनिक जनतन्त्र का विकृत यथार्थ सैकड़ों किरणों के माध्यम से अपने विरूपित व कुरूपित रूप में कभी दीखता है तो कभी विलुप्त हो जाता है। 'राग दरबारी' के केन्द्र में वैद्य जी की बैठक, छंगामल कॉलिज, कोऑपरेटिव सोसाइटी एवं ग्राम पंचायत सरीखी संस्थाएँ हैं, जिन पर स्वातन्त्र्योत्तर भारतीय समाज के विकास की

अवधारणाएँ टिकी हैं। इन संस्थाओं की विकृतियों को चिह्नित करते हुए उपन्यासकार 'विलायती तालीम में पाये हुए जनतन्त्र' को कठघरे में खड़ा करता है।

'राग दरबारी' में रचित शिवपालगंज के खल-समाज का नायकत्व वैद्य जी, उनके कुनबे और उनके संगी साथियों का है जो परजीवी बिचौलिया संस्कृति के प्रतिनिधि हैं, जो हर युग में रहे हैं। उपन्यासकार के ही शब्दों में, "वैद्य जी थे, हैं और रहेंगे। अंग्रेज़ों के ज़माने में वे अंग्रेज़ों के लिए श्रद्धा दिखाते थे। देसी हुकूमत के दिनों में वे देसी हाकिमों के लिए श्रद्धा दिखाने लगे। वे देश के पुराने सेवक थे। पिछले महायुद्ध के दिनों में, जब देश को जापान से ख़तरा पैदा हो गया था, उन्होंने सुदूर-पूर्व में लड़ने के लिए बहुत-से सिपाही भरती कराये। अब ज़रूरत पड़ने पर रातोंरात वे अपने राजनीतिक गुट में सैकड़ों सदस्य भरती करा देते थे। पहले भी वे जनता की सेवा जज की इजलास में जूरी और असेसर बनकर, दीवानी के मुक़दमों में जायदादों के सिपुर्ददार होकर और गाँव के ज़मींदारों में लम्बरदार के रूप में करते थे। अब वे कोऑपरेटिव यूनियन के मैनेजिंग डाइरेक्टर और कॉलिज के मैनेजर थे।" (राग दरबारी, पृ. 31-32) यह मात्र संयोग नहीं है कि श्रीलाल शुक्ल वैद्य जी के जिस कुनबे के माध्यम से इस परजीवी बिचौलिया वर्ग को उपस्थित करते हैं वह भारतीय सामन्ती वर्णाश्रमी व्यवस्था का उच्च पदस्थ कुलीन सवर्ण समुदाय है। यह परजीवी कुलीन सवर्ण समुदाय प्रकृति से कितना चालाक व धूर्त है, इसका वर्णन उपन्यास में निम्नवत है : "उनका पूरा कर्मयोग सरकारी स्कीमों की फिलासफी पर टिका था। मुर्ग़ीपालन के लिए ग्राण्ट मिलने का नियम बना तो उन्होंने मुर्ग़ियाँ पालने का ऐलान कर दिया। एक दिन उन्होंने कहा कि जाति-पाँति बिलकुल बेकार की चीज़ है और हम बाँभन और चमार एक हैं। यह उन्होंने इसलिए कहा कि चमड़ा उद्योग की ग्राण्ट मिलनेवाली थी। चमार देखते ही रह गये और उन्होंने चमड़ा कमाने की ग्राण्ट लेकर अपने चमड़े को ज़्यादा चिकना बनाने में ख़र्च भी कर डाली...उनका ज्ञान विशद था। ग्राण्ट या क़र्ज़ देनेवाली किसी नयी स्कीम के बारे में योजना आयोग के सोचने-भर की देर थी, वे उसके बारे में सब-कुछ जान जाते थे।" (राग दरबारी, पृ. 149-150)

प्रजातन्त्र का मखौल उड़ाते 'जिसकी लाठी उसकी भैंस' के सिद्धान्त का अनुपालन करते इस परजीवी वर्ग में सामन्ती अकड़ है तो वर्णाश्रमी व्यवस्था की ब्राह्मणवादी अन्तर्धारा भी, स्वार्थी गिरगिटी प्रवृत्ति है तो रीढ़हीन केंचुआपन भी। वैद्य जी की बैठक इन सभी तरह की प्रवृत्तियों की जन्मस्थली और शरणस्थली है। वंशवाद, कुनबापरस्ती, जाति प्रेम, राजनीति का अपराधीकरण और अपराध का राजनीतिकरण आदि वे सभी विकृतियाँ जो आज भारतीय जनतन्त्र के लिए एक बड़ी चुनौती बन गयी हैं, 'राग दरबारी' में उनकी पहचान की गयी है। वर्तमान राजनीतिक माफिया जिस उर्वर भूमि की उपज है, शिवपालगंज उसका एक लघु प्रतिरूप है। उपन्यास के रुप्पन के अनुसार : "सारे मुल्क में यह शिवपालगंज ही फैला हुआ है।" (राग दरबारी, पृ. 319) और "असली शिवपालगंज वैद्य जी की बैठक में था।"...(राग दरबारी, पृ. 28) बकौल उपन्यास "बैठक का मतलब ईंट और गारे की बनी हुई इमारत-भर नहीं है। न. 10 डाउनिंग स्ट्रीट, व्हाइट हाउस, क्रेमलिन आदि मकानों के नहीं, ताक़तों के नाम हैं।" (राग दरबारी, पृ. 29) 'राग दरबारी' इसी ताक़त का विमर्श है जो चोरी, लूट, डकैती, भ्रष्टाचार, न्यायपालिका और कार्यपालिका के मनमाने दुरुपयोग पर टिकी है। 'राग दरबारी' के वैद्य जी उनका कुनबा और उनके संगी-साथी लूट तन्त्र की इसी ताक़त के

प्रतिनिधि हैं। राजनीति की नकेल आज जिस अर्द्ध शिक्षित, अराजक, स्वार्थी तत्त्वों के हाथों में है : "रुप्पन बाबू सरीखे 'एंग्री युवक' उसकी शैशवावस्था के प्रतिनिधि हैं।"

श्रीलाल शुक्ल के अन्य उपन्यासों में भी लूट तन्त्र की इसी ताक़त का विमर्श अन्तर्सूत्र के रूप में उपस्थित है। 'सूनी घाटी का सूरज' का नन्हू सिंह "घर पर रहकर किसानी का काम करता है। चुराकर शराब बनाता है। छिपाकर चोरी की बन्दूक़ें और पिस्तौल रखता है। डकैतों से और प्रतिष्ठित आदमियों से साथ-साथ मेल बढ़ाता है। गाँव का मुखिया है। उसके दरवाज़े सात जोड़ी बैल जुगाली करते हैं। हज़ार रुपये का घोड़ा भी बँधा है। जवार में उसकी इज़्ज़त है। सत्तर जानवर पले हैं जो दूसरों की फ़सल खाकर जीते हैं। बीसों नौकर हैं। वे राहज़नी और चोरी के सहारे पलते हैं।" 'पहला पड़ाव' उपन्यास में लूट तन्त्र की यह ताक़त शहरी परिप्रेक्ष्य लिये हुए है। इसके केन्द्र में हैं वकील, डॉक्टर, इंजीनियर और ठेकेदार का वह परजीवी वर्ग जो कृष्ण को बलराम बनाने यानी काले पैसे को सफ़ेद करने में हुनरमन्द है।

शहरी परजीवी वर्ग के ये 'ताक़तवर' प्रतिनिधि 'राग दरबारी' के वैद्य जी की ही तरह राजनीतिक सत्ता के भी मुखापेक्षी एवं कृपाकांक्षी हैं। 'पहला पड़ाव' के वकील परमात्मा जी 'इन्दिरा जी के नूरेचश्म के अपने चुनाव क्षेत्र जाने' के दौरान सड़क पर फाटक बनवाते हैं तो इंजीनियर साहब विश्व हिन्दू परिषद् और इंका दोनों को चन्दा देकर साधते हैं। 'राग दरबारी' और 'पहला पड़ाव' दोनों ही उपन्यासों में लूट तन्त्र के खलनायकों के चित्रण में श्रीलाल शुक्ल की जो दक्षता दिखती है, वह तन्त्र के पीड़ितों के वर्णन में नहीं है। दरअसल आभिजात्य के जिस धरातल पर खड़े होकर वे नकार की कामिक शैली अपनाते हैं उसमें खल पात्रों की ही उत्कृष्ट रचना हो सकती है। यही कारण है कि ग्राम्य पृष्ठभूमि के बावजूद 'राग दरबारी' में होरी, धनिया, गोबर, दुखी चमार, घीसू, माधव, शंकर, हल्कू सरीखे दुःखी व उत्पीड़ित पात्र नहीं हैं। 'राग दरबारी' का किसान पं. कालिका प्रसाद सरीखा है जिसका पेशा "सरकारी ग्राण्ट और क़र्ज़े खाना था। वे सरकारी पैसे के द्वारा सरकारी पैसे के लिए जीते थे।" (राग दरबारी, पृ. 149) स्वयं उपन्यासकार के शब्दों में "कालिका प्रसाद प्रेमचन्द के उन कथानायकों में न थे जो लगान वसूलनेवाले अमीन को देखते ही घर के भीतर घुस जाते थे और बीवी से घबराहट में कहने लगते थे, "दरवाज़े पर सहना खड़ा है।" वे उनमें थे कि हज़ार रुपये की कुर्की लिये अमीन चबूतरे के नीचे खड़ा हुआ ख़ुशामद कर रहा है और वे चबूतरे के ऊपर बैठे हुए निश्चिन्त भाव से कह रहे हैं, "आपको कार्रवाई रोकने में दिक़्क़त हो तो कहिये, ऊपर से लिखा लाऊँ।" (राग दरबारी, पृ. 149)

यहाँ यह समझने की भूल न करनी चाहिए कि गोदान के होरी व 'पूस की रात' के हल्कू का स्वातन्त्र्योत्तर भारत में 'राग दरबारी' के 'कालिका प्रसाद' के रूप में कायान्तरण हो गया है। सच तो यह है कि प्रेमचन्द के होरी व हल्कू ही सन्तानें आज भी विपन्नता की मार व दमन-शोषण के दुश्चक्र से मुक्त नहीं हैं। अन्तर इतना है कि प्रेमचन्द के रचना-संसार में होरी व हल्कू के साथ-साथ 'राग दरबारी' के कालिका प्रसाद के पूर्वज पण्डित दातादीन सरीखे लोग भी थे, 'जिन्होंने लगान की एक पाई न दी थी, कुर्की आती तो कुएँ में गिरने चलते मगर असामियों को सूद पर रुपये उधार देते।' (गोदान) 'गोदान' के पण्डित दातादीन के साथ यदि इसी उपन्यास के लाला पटेश्वरी को मिला दिया जाय तो 'राग दरबारी' के वैद्य जी का चित्र

मुकम्मल हो जाता है। इसी तरह यदि 'राग दरबारी' के वैद्य जी और गयादीन बनिया के चरित्र को मिला दिया जाय तो 'गोदान' के लाला पटेश्वरी का चित्र उभर आता है, जो "गाँव में पुण्यात्मा मशहूर थे। पूर्णमासी को नित्य कथा सुनते, पटवारी होने के नाते खेत; बेगार में जुतवाते थे, सिंचाई बेगार में करवाते थे। सारा गाँव उनसे काँपता था। गरीबों को दस-दस पाँच-पाँच क़र्ज़ देकर उन्होंने कई हज़ार की सम्पत्ति बना ली थी। फ़सल की चीज़ें असामियों से लेकर कचहरी और पुलिस के अमलों की भेंट करते रहते थे। इससे इलाक़े में उनकी अच्छी धाक थी।...परमार्थी भी थे। बुखार के दिनों में सरकारी कुनैन बाँटकर यश कमाते थे..."(गोदान)

यहाँ प्रेमचन्द और श्रीलाल शुक्ल का यह अन्तर स्पष्ट है कि प्रेमचन्द के रचना-संसार में राग दरबारी के वैद्य जी, पं. कालिका प्रसाद, गयादीन और रुप्पन सरीखे परजीवी वर्ग के खल पात्र तो मौजूद हैं, लेकिन श्रीलाल शुक्ल के रचना-संसार में होरी, धनिया, मनोहर, बलराज, झिनकू, सूरदास सरीखे संघर्षशील दुःखी उत्पीड़ित पात्र लगभग नदारद हैं। इसीलिए 'राग दरबारी' ग्राम्य जीवन की अधूरी तस्वीर है। समूचे 'राग दरबारी' में लंगड़ एकमात्र ऐसा चरित्र है, जो संघर्षशील होने का आभास देता है, उपन्यास में उसके दलित पृष्ठभूमि के होने का संकेत भी है। लंगड़ "भगत आदमी है। कबीर और दादू के भजन गाया करता था। गाते-गाते थक गया तो बैठे-ठाले एक दीवानी का मुक़दमा दायर कर बैठा" (राग दरबारी, पृ. 36) बैठे-ठाले दीवानी का मुक़दमा दायर करनेवाला लंगड़, निराला के उस 'चतुरी चमार' से भिन्न है जो 'किसानों पर एक साल के हरी भूसे की तीन साल की बाकी बनाकर' ज़मींदार द्वारा दायर किये गये मुक़दमे की मार झेलता है। निराला चतुरी चमार के माध्यम से ग्राम्य समाज में दलित की सम्पूर्ण सामाजिक स्थिति को उद्घाटित करते हैं, जबकि 'राग दरबारी' के लंगड़ का दलित होना महज एक संयोग है। 'मुक़दमे की नकल प्राप्त करने का उसका संघर्ष अत्यन्त प्रहसननुमा है, क्योंकि इसके मूल में किसी अन्याय या शोषण के प्रतिकार व प्रतिरोध का संकल्प न होकर 'लंगड़ और नकल बाबू के बीच (घूस के रेट पर) चलनेवाला धर्मयुद्ध' है। "नक़लनवीस चिड़ीमार निकला, उसने पाँच रुपये माँगे। लंगड़ बोला कि रेट दो रुपये का है। इसी पर बहस हो गयी। (राग दरबारी, पृ. 36) लंगड़ को भी गुस्सा आ गया। उसने अपनी कण्ठी छूकर कहा—"जाओ बाबू, तुम क़ायदे से ही काम करोगे तो हम भी क़ायदे से ही काम करेंगे। अब तुमको एक कानी कौड़ी न मिलेगी। हमने दरख़्वास्त लगा दी है, कभी-न-कभी तो नम्बर आयेगा ही।" (राग दरबारी, पृ. 37) यानी चतुरी चमार के मुक़दमे की तरह लंगड़ के लिए यह अस्तित्व का संकट न होकर महज़ एक सनक है। लंगड़ का 'धर्मयुद्ध' चतुरी चमार के संघर्ष की तरह किसी सामाजिक अन्तर्विरोध का उद्घाटन न करके निम्न स्तर की अदालती संस्कृति व घूसखोरी को उद्घाटित करता है, जिसके लिए लंगड़ के दलित होने की कोई औपन्यासिक ज़रूरत नहीं है! लेकिन इसके बावजूद यह स्वीकार करना होगा कि उपन्यास में लंगड़-अदालत प्रसंग व्यवस्था के समक्ष आम आदमी की लाचारी की गहरी अर्थ ध्वनियाँ देता है जो अपने-आप में कम महत्त्वपूर्ण नहीं है।

यहाँ यह प्रश्न भी विचारणीय है कि ग्रामीण पृष्ठभूमि के उपन्यास होने के बावजूद 'राग दरबारी' और 'सूनी घाटी का सूरज' उपन्यासों में दलित व किसान जातियों की केन्द्रीय भूमिका क्यों नहीं है? सम्भवतः इसके मूल में यह विडम्बना ही अन्तर्निहित है कि श्रीलाल शुक्ल

नेहरू-युग का आलोचनात्मक भाष्य नेहरूवादी धरातल से ही करते हैं। लोहिया का 'सिनिकल' नकारवादी मुहावरा अपनाने के बावजूद नेहरूवादी धारणाएँ उनका पीछा नहीं छोड़तीं। लोहिया 'हल की मूठ बनाम जनेऊ' के विमर्श के माध्यम से भारतीय समाज में जाति व्यवस्था की जकड़न को रेखांकित करते थे, जबकि नेहरू के दर्शन में इस विमर्श का कोई स्थान नहीं था। लेकिन यह श्रीलाल शुक्ल की सीमा न होकर स्वातन्त्र्योत्तर भारत के उस आदर्शवादी वैज्ञानिक चिन्तन का परिणाम है, जो युग-दर्शन का ही रूप ले चुका था।

'सूनी घाटी का सूरज' उपन्यास में श्रीलाल शुक्ल नेहरूवादी अवधारणा को अपनाते हुए वर्ण भेद की अनदेखी करते हैं और दलित व पिछड़ों की त्रासद नियति को ठाकुर परिवार में जन्मे रामदास सिंह की दुर्दिन गाथा से प्रतिस्थापित करते हैं, जिसमें हलवाही, ग़ुलामी, गोबर उठाना, बैल चराना, चारा काटना, पानी खींचना व मालिश करने से लेकर बेगारी की मार झेलते-झेलते कोल्हू में ईख लगाते समय बाप द्वारा अपने दोनों हाथ गँवा देना तक शामिल है। यह अजब विडम्बना है कि जहाँ 'राग दरबारी' ग्राम पृष्ठभूमि के बावजूद 'गाँव की ज़िन्दगी' की कहानी नहीं बन पाता, वहीं 'सूनी घाटी का सूरज' गाँव की ज़िन्दगी के भरपूर चित्रण के बावजूद ग्रामीण जीवन का प्रतिनिधि यथार्थ नहीं बन पाता, क्योंकि ठाकुर रामदास के रमदरसा बनने की कहाऩी नागार्जुन के उपन्यास 'बलचनमा' में बालचन्द्र से बलचनमा बनने की कहानी की तरह विश्वसनीय ग्राम्य यथार्थ नहीं है। 'बलचनमा' की नियति और यातना भारतीय ग्राम्य समाज की वर्णाश्रमी सामन्ती व्यवस्था में जी रहे कमोबेश हर दलित व पिछड़े की यातना कथा है। जबकि ठाकुर बाप-बेटे रामनाथ और रामदास की दुर्दिन कथा एक परिवार की अकेली त्रासदी है। यहाँ इतिहासकार कपिल कुमार के अवध केन्द्रित अध्ययन का यह निष्कर्ष प्रासंगिक है कि "समाज में खेतिहर मजदूर गिरे हुए वर्ग के रूप में सिर्फ इसलिए नहीं माने जाते थे कि उनका पेशा उन्हें निचले आर्थिक धरातल पर रखता था, बल्कि जाति संरचना के कारण भी। ग्रामीण सर्वहारा की वृहत्तर संख्या उन 'नीची जातियों' से आती थी जो सदियों से सामन्ती आभिजात्य द्वारा भूमि एवं खेती के अधिकारों से वंचित किये जाते रहे थे ताकि मजदूरों की आपूर्ति बनी रहे। वे निर्धन और गुलाम ही नहीं थे, बल्कि 'अछूत' भी थे।" (एस्सेज इन कालोनियल हिस्ट्री—रिकास्टिंग वुमेन) दरअसल भारती ग्राम्य समाज की जटिल संरचना को महज़ धनी व निर्धन के विमर्श से नहीं समझा जा सकता।

यहाँ यह स्पष्ट करना आवश्यक है कि श्रीलाल शुक्ल भारतीय ग्रामीण समाज की वर्णाश्रमी सामन्ती संरचना से बेखबर नहीं हैं उनकी औपन्यासिक रचनाओं में जहाँ-तहाँ यह विमर्श हाशिये की टिप्पणियों के रूप में आता रहता है, निम्न उद्धरणों से जिसकी पुष्टि भी होती है—

"टिनेन्सी ऐक्ट लग गया है। अब कोई बेदख़ल नहीं हो सकता। अब गंगापुर के पासी चमार तक महाराज हो जायेंगे। ख़राब दिन आये हैं।".....(सूनी घाटी का सूरज)

"बेटा, जाकर अपनी भैंस दुहो और बैलों की पूँछ उमेठो; शेली और कीट्स तुम्हारे लिये नहीं हैं।"(राग दरबारी, पृ. 24)

"लंगड़ दरवाज़े पर आ गया। शास्त्रों में शूद्रों के लिए जिस आचरण का विधान है, उसके अनुसार चौखट पर मुर्ग़ी बनकर उसने वैद्य जी को प्रणाम किया। इससे प्रकट हुआ कि हमारे

यहाँ आज भी शास्त्र सर्वोपरि है और जाति-प्रथा मिटाने की सारी कोशिशें अगर फ़रेब नहीं हैं तो रोमाण्टिक कार्रवाइयाँ हैं।'' (राग दरबारी, पृ. 35)

यहाँ यह स्पष्ट है कि श्रीलाल शुक्ल दलित-विमर्श को केन्द्रीयता न प्रदान करते हुए भी प्रभुत्ववादी अवधारणाओं के बीच से ही अपना क्रिटीक तैयार करते हैं। वे वर्णभेद और जातिगत उत्पीड़न का सीधे विमर्श न कर कुलीनवर्गीय जातिगत गौरव को कठघरे में रखते हुए भारतीय समाज में जाति की उपस्थिति को रेखांकित करते हैं। यही कारण है कि 'सूनी घाटी का सूरज' उपन्यास में जो रामदास अपने 'खानदानी' ठाकुर के उत्पीड़न का शिकार होकर बँधुआ मजदूरी की यातना झेलता है, वही अपनी क्षत्रिय पृष्ठभूमि के कारण क्षत्रियों का कृपापात्र होकर विपन्नता के दुश्चक्र से मुक्त होता है। उपन्यास के उत्तरार्द्ध में रामदास की टिप्पणी : ''जीवन में पहली बार मैंने जाति-प्रथा की जी भरकर प्रंशसा की। यही एक बन्धन था जो मुझे ठाकुर अम्बिकेश सिंह के पुत्र के पद पर आरूढ़ किये हुए था। (सूनी घाटी का सूरज) दरअसल यह उपन्यास पर यथार्थवाद की जीत है, वर्ग भेद लेखक का अभीष्ट है, जबकि जाति गौरव कुलीन समाज का यथार्थ। लेकिन इसके बावजूद रामदास 'किसानों की क़र्ज़ समस्या' पर शोध करता है और अन्त में अपने गाँव वापस जाता है, 'दलितों की शक्ति बनने' 'अशिक्षितों को विद्या देने' हेतु।

'सूनी घाटी का सूरज' का यह आदर्शवाद नेहरूयुगीन वह स्वप्न गाथा है जो 'राग दरबारी' के बदरंग यथार्थ से टकराकर ऐसी वास्तविकता से साक्षात् कराता है, जहाँ सब 'छुद्र' और 'छिप्र' होकर 'उत्तर आधुनिक' होने को बेचैन है। यहाँ सच्चाई, ईमानदारी, नैतिकता आदि के महावृत्तान्त तिरोहित हो जाते हैं और बचा रह जाता है, शिवपालगंज का वह बदरंग यथार्थ जहाँ ''आदमी का सम्मान उसकी अच्छाई के कारण नहीं, उसकी उपयोगिता के कारण होता है।'' (राग दरबारी, पृ. 173) जहाँ यह अनबूझ पहेली है कि ''सच्चाई किस चिड़िया का नाम है? यहाँ यह बताना मुश्किल है कि क्या सच है, क्या झूठ है?'' (राग दरबारी, पृ. 318) जहाँ नैतिकता कुछ यूँ परिभाषित की जाती है : ''नैतिकता, समझ लो कि यही चौकी है। एक कोने में पड़ी है। सभा-सोसाइटी के वक़्त इस पर चादर बिछा दी जाती है। तब बड़ी बढ़िया दिखती है। इस पर चढ़कर लेक्चर फटकार दिया जाता है। यह उसी के लिए है।'' (राग दरबारी, पृ. 101) ''इन्सानियत का प्रयोग शिवपालगंज में उसी तरह चुस्ती और चालाकी का लक्षण माना जाता था, जिस तरह राजनीति में नैतिकता का।'' (राग दरबारी, पृ. 83)

सच, नैतिकता, ईमानदारी, इन्सानियत और प्रजातन्त्र को धता बताकर लोभ, मोह, उपयोगितावाद और ताक़त लाठीतन्त्र की प्रतिष्ठा का यह 'दरबारी राग' भ्रष्ट सत्ता तन्त्र का 'माइक्रो स्तर' पर विखण्डन है, क्योंकि उपन्यासकार की मान्यता है कि ''दिल्ली से लेकर शिवपालगंज तक काम करनेवाली देसी बुद्धि सब जगह एक-सी है'' (राग दरबारी, पृ. 29) 'राग दरबारी' का महत्त्व और मौलिकता इस भ्रष्ट सत्ता तन्त्र की विकृतियों की देशज कथात्मक प्रस्तुति में है। निश्चित रूप से स्वाधीन भारत में नेहरू-युग का यह निर्मम निन्दात्मक कथात्मक आख्यान है। 'सूनी घाटी का सूरज' का नेहरूवादी मोह 'राग दरबारी' तक आते-आते लोहियावादी अनास्था में तब्दील हो जाता है। इस अन्तर के साथ कि जहाँ लोहियावादी अनास्था सत्ता तन्त्र को लक्ष्य करते हुए लंगड़, सनीचर और 'सिर पर गन्दी-सी पोटली रखे काली-कलूटी औरत' की दुर्दशा और ग़रीबी के प्रति सहानुभूति रखती थी, वहीं

'राग दरबारी' की अनास्था सत्ता तन्त्र की विकृतियों को लक्ष्य करने की प्रक्रिया में अपने इन दुर्दशाग्रस्त पात्रों को भी नहीं बख़्शती।

श्रीलाल शुक्ल 'वेदना का फ़ोटोग्राफ़ नहीं, बल्कि वेदना का कार्टून' (राग दरबारी, पृ. 41) रचते हैं। इसी रचना-दृष्टि के चलते सनीचर का शब्द-चित्र निर्मित करते हुए उनकी निगाह कुछ यूँ टिकती है, "उसका अण्डरवियर कुछ महत्त्वपूर्ण स्थानों पर फट गया था, बदन नंगा था, पर बालों में कड़वा तेल चुचुवा रहा था और चेहरा प्रसन्न था। पता लगना मुश्किल था कि उसका मुँह ज़्यादा फटा हुआ है या अण्डरवियर।" (राग दरबारी, पृ. 151)

दरअसल यहीं उठता है सौन्दर्य दृष्टि का प्रश्न और इसीलिए प्रेमचन्द ने कहा था: "सुन्दरता की कसौटी बदलनी होगी।" यहीं श्रीलाल शुक्ल का प्रेमचन्द की परम्परा से पार्थक्य है। उनकी आभिजात्य सौन्दर्य दृष्टि का ही परिणाम है कि 'पहला पड़ाव' की ईंट-गारा ढोनेवाली जसोदा का नख-शिख वर्णन वे इस तरह करते हैं : "मेमसाहब का दिल ही मुलायम नहीं था, उनमें और भी बहुत-कुछ था। उनकी आँखें बड़ी-बड़ी और बेझिझक थीं, भौंहें बिलकुल वैसी जैसी फ़ैशनेबुल लड़कियाँ बड़ी मेहनत से बाल प्लक करके और पेन्सिल की मदद लेकर तैयार करती हैं। रंग गोरा, गाल देखने में चिकने छूने में न जाने और कितने चिकने होंगे, क़द औसत से ऊँचा, पीठ तनी हुई, और दाँत, जो मुझे ख़ासतौर से अच्छे लगते—उजले और सुडौल। उनके बाल कुछ भूरे थे। मेमसाहब की उपाधि उन्हें अपनी बातचीत के हाकिमाना अन्दाज़ से नहीं, गोरे चेहरे और इन लम्बे घने बालों के कारण मिली थी।" (पहला पड़ाव) यानी श्रीलाल शुक्ल मजदूरनी में भी आभिजात्य सौन्दर्य प्रतिस्थापित करते हैं। जसोदा भिन्न है निराला की 'तोड़ती पत्थर' की उस मजदूरनी से 'जो मार खा रोयी नहीं'। निराला की आँख भी उसके 'श्याम तन, भर बँधा यौवन' को देखती है, लेकिन उनकी 'दृष्टि' देह की मांसलता का अतिक्रमण करते हुए 'नत नयन प्रिय/कर्म रत मन/गुरु हथौड़ा हाथ' पर टिकती है, इसीलिए वे कविता का अन्त इस प्रकार करते हैं: 'ढुलक माथे से गिरे सीकर/लीन होते कर्म में, फिर ज्यों कहा—मैं तोड़ती पत्थर।' निराला की अपने कथ्य, परिवेश और चरित्र के प्रति गहरी संलग्नता और सहानुभूति से पूर्ण रचनादृष्टि के विपरीत श्रीलाल शुक्ल की खिलन्दड़ी दृष्टि उन प्रभुत्ववादी मूल्यों से निःसृत है जो श्रमिक समुदाय, हाशिये के लोगों व दलित जन के प्रति सहानुभूति के स्थान पर मनोविनोद का भाव रखती है। यह मनोविनोद जब स्त्री केन्द्रित हो तो पुरुषवादी रतिक दृष्टि स्वाभाविक ही है। 'राग दरबारी' और 'पहला पड़ाव' दोनों ही उपन्यासों में इस रतिक दृष्टि को जहाँ-तहाँ देखा जा सकता है।

श्रीलाल शुक्ल की कठिनाई यह है कि वे अपनी आभिजात्य सौन्दर्य दृष्टि, पुरुष रतिकवाद और वर्ग स्थिति का अतिक्रमण नहीं कर पाते। यद्यपि जब-तब वे ऐसे प्रयास करते दीखते अवश्य हैं। उपन्यास 'पहला पड़ाव' में अपनी वर्ग स्थिति के 'लौह जाल तोड़ने की' उनकी बेचैनी दीखती है, लेकिन वे लौट-लौटकर फिर अपनी उसी ज़मीन पर खड़े दीखते हैं। अपने वर्गीय लौह जाल को तोड़ने की प्रक्रिया में वे असंगठित मजदूरों व बेरोज़गार युवा पीढ़ी को 'पहला पड़ाव' का कथ्य तो बनाते हैं, लेकिन दृष्टि के बन्धन के कारण इसी वर्ग को कठघरे में भी खड़ा करते हैं। 'राग दरबारी' में जिस दृष्टि के चलते वे यह कहते हैं कि, "यह वही तेली है, जो शहर में खरीदे हुए मशीन के तेल को कोल्हू में पेरा हुआ शुद्ध सरसों का तेल कहकर देहात में बेचता है।" (राग दरबारी, पृ. 332) उसी दृष्टि की पुनर्प्रस्तुति करते

हुए समाज के असंगठित पेशा वर्गों के प्रति वे 'पहला पड़ाव' में निम्न टिप्पणियाँ करते हैं : "अब मानसिंह, मलखान सिंह जैसे डकैत राइफल लेकर नहीं घूमते, इन नयी कॉलोनियों में बढ़ई, प्लम्बर, इलेक्ट्रीशियन के रूप में औजारों का झोला लेकर चलते हैं।" "सीधे-साधे आदमी को नौ साल का छोकरा तक बकरा बनाकर खम्भे में बाँध सकता है। दस पैसे की धनिया तक खरीदो तो कोई तुम्हारे हाथ में सड़ी पत्तियों का गुच्छा पकड़ाकर चलता बनेगा। कुछ बोलो तो गाली-गलौज छूरेबाजी तक की नौबत।"

उपन्यास के नायक सत्ते की उपर्युक्त टिप्पणियाँ उपन्यासकार की वर्ग सीमा का ही उद्‌घाटन करती हैं जिसके चलते वह मध्यवर्गीय सोच को निम्नवर्गीय सोच में तब्दील करता है। वर्ग दृष्टि की इन सीमाओं के बावजूद यह तथ्य स्वीकार किया जाना चाहिए कि 'पहला पड़ाव' अपेक्षाकृत रूप से वैचारिक सम्पन्नता का उपन्यास है। श्रीलाल शुक्ल की यह वैचारिक विकास-यात्रा भी है लेकिन इसकी सबसे बड़ी सीमा इसका 'राग दरबारी' की छाया से मुक्त न हो पाना है। यह छायाग्रस्तता भाषा-शैली और पात्रों के चित्रण तक कुछ इस तरह से विस्तृत है कि कई बार वे 'राग दरबारी' के प्रसंगों को ज्यों-का-त्यों दुहराते दिखते हैं। 'राग दरबारी' में सर्फरी बोली "किर्फ़िस सर्फलि ने यर्फहाँ कर्फटि गर्फड़े हैं?" (राग दरबारी, पृ. 232) का रूपान्तरण 'पहला पड़ाव' की 'पस्पेक ता बीन मा ने बस्सा, ओदेत ना के पुसीत' में होता है। 'राग दरबारी' में नकल बाबू और लंगड़ के बीच घूस के रेट को लेकर छिड़ा 'धर्मयुद्ध', 'पहला पड़ाव' में 'एक घूसखोर क्लर्क और टिकिया चोर वकील' के बीच घूस वापसी से शुरू होकर बाबुओं और वकीलों की हड़ताल में बदल जाता है।

भ्रष्टाचार की यह अन्तर्धारा 'पहला पड़ाव' में 'राग दरबारी' की ही तर्ज़ पर कथावस्तु में उपस्थित है। यहाँ यह तथ्य ध्यान देने योग्य है कि नवप्राच्यवादी विमर्श में भारत की जो तस्वीर विश्व के पैमाने पर प्रस्तुत की जाती है, भ्रष्टाचार उसका प्रमुख तत्त्व है। 'राग दरबारी' और 'पहला पड़ाव' में सरकारी दफ्तरों से लेकर नागरिक समाज तक जिस तरह घूस की व्याप्ति को दर्शाया गया है, वह सामाजिक विकार के रूप में कम सामाजिक चलन के रूप में अधिक प्रस्तुत होता है। यह सामाजिक चलन घूस का सिद्धान्तीकरण भी करता है, जैसे, "जहाँ घूस चलती है, वहाँ सिफ़ारिश नहीं चलेगी" (पहला पड़ाव), "दीर्घगामी रिश्ते भलमनसाहत और एहसास के तो रहे नहीं, घूस या लेन-देन के भले हों।" "घूस लेना भी अब बड़ी ज़लालत का काम है। उसमें कुछ बचा नहीं है। लेनेवाले और न लेनेवाले अब समझ लो, बराबर ही हैं। सबकी हालत ख़राब है।" (राग दरबारी, पृ. 124) यानी रिश्ते-नाते, आशा-आकांक्षा, कुण्ठा-निराशा सभी-कुछ केन्द्रित है घूस के मुद्दे पर। सारी व्यंग्यात्मकता और शैली की वक्रता के बावजूद 'राग दरबारी' और 'पहला पड़ाव' की निष्पत्तियाँ भारतीय समाज में घूस की वर्ण और वर्ग से मुक्त सर्व स्वीकृति को रेखांकित ही करती हैं। यह करते हुए वह उस वृहत्तर नागरिक समाज (सिविल सोसाइटी) की अनदेखी करती है, जहाँ घूस और भ्रष्टाचार के प्रति अभी भी सम्मान व स्वीकृति का भाव नहीं है। 'सिविल सोसाइटी' के इस प्रतिपक्ष की अनुपस्थिति व भ्रष्टतन्त्र में व्यक्ति व व्यवस्था का सहमेल भारतीय समाज में सब-कुछ समाप्त हो जाने जैसा निराशाजनक भाव पैदा करता है। यद्यपि 'राग दरबारी' के लंगड़ और 'पहला पड़ाव' के सत्ते सीमित सन्दर्भों में प्रतिरोध का प्रतीक अवश्य बनते हैं।

सत्ते 'लौहजाल तोड़ने' के अपने संकल्प के प्रति संशयालु भी होता है, लेकिन यहाँ उपन्यासकार अपनी वर्गीय दृष्टि के लौहजाल को तोड़ते हुए उसे संशय मुक्त कर समाज की

बेहतरी की लड़ाई के लिए संकल्पबद्ध करता है। 'पहला पड़ाव' का यह अन्त श्रीलाल शुक्ल के नकारवादी मुहावरे का अन्त होने के साथ-साथ नया वैचारिक प्रस्थान बिन्दु भी है, 'बिस्रामपुर का सन्त' जिसका अगला पड़ाव है।

कई दृष्टियों से 'बिस्रामपुर का सन्त' श्रीलाल शुक्ल द्वारा अपनी ही रचनात्मक रूढ़ियों से मुक्ति का उत्कृष्टतम उदाहरण है। इस उपन्यास का सतर्क पाठ करते हुए जो बात चौंकाने व सर्वाधिक आकृष्ट करनेवाली है वह उपन्यासकार का अपनी पूर्व औपन्यासिक परम्परा से मुक्त होना है। यहाँ यह तथ्य भी महत्त्वपूर्ण है कि श्रीलाल शुक्ल की औपन्यासिक परम्परा के निर्धारण में 'राग दरबारी' और 'पहला पड़ाव' की केन्द्रीय भूमिका है। इन उपन्यासों में ताक़त का जो विमर्श भ्रष्टाचार और तन्त्र की अन्य विकृतियों तक सीमित है, 'बिस्रामपुर का सन्त' में वह सत्ता विमर्श तक पहुँचता है। कुँवर जयन्ती प्रसाद सिंह इस सत्ता विमर्श में यदि अन्तर्सूत्र के रूप में विद्यमान हैं तो भूदान आन्दोलन इसकी पृष्ठभूमि के रूप में उपस्थित है। विषयवस्तु की इस नवीनता के साथ एक और अन्तर यह भी है कि जहाँ 'राग दरबारी', 'पहला पड़ाव' और 'सूनी घाटी का सूरज', व्यक्ति, तन्त्र और समाज के बहिरंग तक सीमित है। वहीं 'बिस्रामपुर का सन्त' इसके अन्तरंग का भी भेदन करता है।

'बिस्रामपुर का सन्त' का उनके पूर्व उपन्यासों से एक पार्थक्य बिन्दु यह भी है कि यह बदले कथा मुहावरे व समन्वित औपन्यासिक दृष्टि का उपन्यास है। सर्वाधिक महत्त्वपूर्ण तथ्य तो यह है कि उनके पूर्व व उपन्यासों में जो विसंगतियाँ रचनात्मक कमजोरी के रूप में रेखांकित होकर चर्चित होती रही हैं; इस उपन्यास में श्रीलाल शुक्ल उनमें से अधिकांश से मुक्त होकर उन्हें अपनी रचनात्मक शक्ति के रूप में इस्तेमाल करते हैं। उन्मुक्त व्यंग्य और आभिजात्य सौन्दर्य दृष्टि का परित्याग इस उपन्यास की सबसे बड़ी शक्ति है। 'राग दरबारी' की तरह न यहाँ व्यंग्य का उन्मुक्त ठहाका है और न 'वेदना का कार्टून'। व्यंग्य यहाँ अतिकथन में न होकर इस तरह के मित-कथनों में है : 'उस मौसम में इस गाँव ने लगभग आधा दर्जन रिक्शाचालकों का निर्यात किया' ...अब यह आश्रम राजभवन में तब्दील होने जा रहा है।' यहाँ व्यंग्य सिर्फ भाषा तक सीमित न होकर स्थितियों एवं व्यक्तियों के अन्तर्विरोधों तक विस्तृत है। उपन्यास में सामाजिक परिप्रेक्ष्य की सकारात्मकता भी है।

'राग दरबारी' की तर्ज़ पर यहाँ वेदना की अभिव्यक्ति 'कार्टून' के रूप में न होकर काव्यात्मक संवेदना की ऊँचाइयों को छूती हैः "...आज तीस वर्षों बाद जब उनकी गोद में फटी बिवाईवाले किसानों की ज़िन्दगी पर सुन्दरी की किताब खुली पड़ी है, सुन्दरी की एड़ियों की त्वचा की तरह उनका मन भी दरक रहा है, दर्द की आड़ी-तिरछी रेखाएँ एक-दूसरे को काट रही हैं।" श्रीलाल शुक्ल का यह संवेदनात्मक परिष्कार 'राग दरबारी' की रचना-भूमि से एक लम्बी छलाँग है। यह उनकी सौन्दर्य दृष्टि में गुणात्मक बदलाव का भी सूचक है। यह सुखद विरोधाभास है कि 'राग दरबारी' और 'पहला पड़ाव' में वे जिस आभिजात्य सौन्दर्य दृष्टि को अपनाते हैं, 'बिस्रामपुर का सन्त' में उसी को लक्ष्य करते हुए वे कहते हैंः "बहुतों के मन में सामाजिक विषमता और लाचार व्यवस्था के ख़िलाफ़ आक्रोश नहीं पैदा होता, उन्हें देखते ही सबसे पहले हमारे सौन्दर्यबोध को चोट लगती है।" यह अनायास नहीं है कि बिस्रामपुर के 'सन्त' कुँवर जयन्ती प्रसाद को 'फूहड़पन के किसी भी प्रदर्शन से उनकी सुरुचि को पहले जैसा आघात न पहुँचता था।' उपन्यास में कुँवर जयन्ती प्रसाद सिंह का 'सौन्दर्य

विषयक' समस्याओं से एक झटके से मुक्ति पाना भले ही उतना सहज व स्वाभाविक न बन पड़ा हो, लेकिन यह उपन्यासकार की दृष्टि में आये सकारात्मक परिवर्तन को अवश्य इंगित करता है।

उपन्यासकार की सौन्दर्य दृष्टि का यह बदलाव सामाजिक व आर्थिक विषयवस्तु तक ही केन्द्रित नहीं है यह सौन्दर्य दृष्टि का सम्पूर्ण बदलाव है, नारी विषयक प्रसंगों में अब उपन्यासकार की निगाह 'सलूके के खुले बटनों' पर न टिककर 'पैर में फटती बिवाइयों' को देखती है। यह 'राग दरबारी' और 'पहला पड़ाव' की सौन्दर्य दृष्टि का लेखकीय प्रत्याख्यान है। 'पहला पड़ाव' का मजदूरनी जसोदा की मेमसाहबी छवि की तुलना भद्र सुसंस्कृत भूदान कार्यकर्तृ सुन्दरी की इस श्रमिक छवि से करने पर यह बदलाव लक्षित किया जा सकता है—

"सुन्दरी के चेहरे से उसके पाँवों के सुनहरेपन और सुकुमारता का जो ख्वाब बनता था, महीनों से चला आनेवाला धूल और मिट्टी का संसर्ग उसे निर्दयता से चकनाचूर कर रहा था। एड़ियाँ काली पड़ गयी थीं, उनमें झलकती हुई लकीरें बिवाइयों की शुरुआत का पता दे रही थीं। ये पाँव दिन भर खेतों में खटनेवाली किसी अधेड़ मजदूरनी के थे।" निराला का 'तोड़ती पत्थर' और प्रेमचन्द का 'उलझे हुए बालों, पपड़ियाँ पड़े हुए होंठों और कुम्हलाये हुए गालों' का सौन्दर्य बिम्ब यहाँ पूर्णता प्राप्त कर रहा है। सुन्दरता की बदली हुई कसौटी यही है।

कथा दृष्टि सम्बन्धी उपर्युक्त परिवर्तन जहाँ श्रीलाल शुक्ल को उनकी अपनी ही कथा-रूढ़ियों से मुक्त करते हैं, वहीं उनकी कुछ अन्य कथा-रूढ़ियाँ सकारात्मक सन्दर्भों के साथ 'बिस्रामपुर का सन्त' में नयी अर्थ छवियाँ पैदा करती हैं। 'राग दरबारी', 'पहला पड़ाव' और 'सूनी घाटी का सूरज' की तरह अंग्रेज़ी मुहावरा यहाँ भी यत्र-तत्र उपस्थित है, लेकिन इस अन्तर के साथ कि यहाँ 'ओरियण्टल' दृष्टि की सुखद अनुपस्थिति है। यह तथ्य भी दिलचस्प है कि जब-तब इस अंग्रेज़ी मुहावरे का इस्तेमाल लेखक ने पश्चिम का उपहास करने के लिए किया है। सुन्दरी के साथ कुँवर साहब के कामुक प्रसंग का यह वर्णन कुछ ऐसा ही हैः "सुन्दरी के साथ बत्तीस साल पहले की वह घटना इतनी पुरानी हो गयी थी कि उन्हें जान पड़ने लगा था, वह उनके साथ नहीं किसी दूसरे के साथ घटी है। उसे लेकर अब उनका मन यह मानने के लिए भी तैयार हो गया था कि वह कोई गम्भीर घटना नहीं, स्वभाव के हलकेपन का क्षणिक प्रदर्शन भर था जिसे पश्चिम के सभ्य समाज में हँसकर और 'नो हार्ड फीलिंग्स' कहकर भुलाया जा सकता था।" एक अन्य प्रसंग कुछ यूँ है : "...तब योग की जगह 'योगा' शब्द की ईजाद नहीं हुई थी, इसलिए इन क्रियाओं के साथ ध्यान, मनन और चिन्तन के भी कुछ तत्त्व जुड़े थे"।

उपन्यास में जहाँ-तहाँ अंग्रेज़ी मुहावरे का प्रयोग अंग्रेज़ी मुहावरे के ही रूप में किया गया है। जैसे 'मैं पीछे के सारे पुल तोड़ता आया हूँ...' 'अपनी सारी नावें जला चुका हूँ', 'पुटिंग योर बेस्ट फुट फारवर्ड', 'यह चाय का प्याला मेरे लिये नहीं है' (दिस इज़ नाट माई कप आफ टी) आदि। इन अंग्रेज़ी मुहावरों का प्रयोग उपन्यास की विषयवस्तु में बेमेल इसलिए नहीं लगता कि या तो ये आभिजात्य पृष्ठभूमि के पात्रों द्वारा बोले गये हैं या लेखकीय वर्णनात्मकता के हिस्से हैं। 'बिस्रामपुर का सन्त' उपन्यास की सफलता की सबसे बड़ी कुंजी यही है कि यहाँ लेखकीय आभिजात्य पात्रों के आभिजात्य से घुल-मिलकर 'आभिजात्यवादी'

दृष्टिकोण के प्रति अति सजग है। इस लेखकीय अतिसजगता का ही परिणाम है कि कुँवर जयन्ती प्रसाद सिंह का व्यक्तित्वान्तरण या बच्चे छबिलाल के प्रसंग में अति मानवीयकरण कभी-कभी लेखकीय प्रक्षेपण सरीखा लगने लगता है। लेकिन यदि उपन्यासकार की तर्ज़ पर अंग्रेज़ी मुहावरा इस्तेमाल करने की छूट ली जाय तो कहा जा सकता है कि लेखक ने "ग़लती सही पाले में की है।"

'बिस्रामपुर का सन्त' कथा की एक-रैखिकता के बावजूद कई उपकथाओं की केन्द्रीयता लिये हुए है। इस कथा में कई युग्म हैं; कुँवर जयन्ती प्रसाद-जयश्री, जयश्री-सुन्दरी, सुन्दरी-सुशीला। इन सभी युग्मों का कोई-न-कोई तार कुँवर जयन्ती प्रसाद सिंह और भूदान आन्दोलन से जुड़ा हुआ है। और भूदान व कुँवर साहब के बीच जो एक समानधर्मी तत्त्व है वह है पाखण्ड। सत्ता, लिप्सा, धन, भूमि, ल़म्पटता की यह पाखण्ड कथा बन्द-सी दीखने के बावजूद खुले अन्त की कथा है, क्योंकि उपन्यासकार ने कुँवर जयन्ती प्रसाद सिंह की लिप्सा गाथा का जो उदात्तीकरण आत्महत्या की प्रायश्चित्त गाथा के माध्यम से किया है वह प्रायश्चित्त न होकर नेमेसिस (प्राकृतिक प्रतिशोध) सरीखा है। 'बिस्रामपुर का सन्त' के रूप में कुँवर जयन्ती प्रसाद सिंह का चरित्र अलग-अलग प्रसंगों में टाल्सटाय के 'पुनरुत्थान' (रिसरेक्शन) के नेख्लुदोव एवं 'मैला आँचल' के तहसीलदार हरगौरी सिंह का स्मरण करा जाता है। इन तीनों ही सन्दर्भों में जिन दो तत्त्वों की सम्मिलित उपस्थिति है वे हृदय परिवर्तन एवं भूमि सम्बन्ध हैं। नेख्लुदोव और कुँवर जयन्ती प्रसाद सिंह में एक सादृश्य और भी है वह है सुन्दरी की तरह मास्लोवा द्वारा नेख्लुदोव के विवाह प्रस्ताव का इन्कार। अन्तर बस इतना है कि जहाँ नेख्लुदोव को बाइबिल के पृष्ठों में प्रायश्चित्त का सन्तोष प्राप्त होता है, वहीं कुँवर जयन्ती प्रसाद सिंह को गीता के पृष्ठों के बीच वह पत्र प्राप्त होता है, जो उनके जीवन का नेमेसिस (प्रतिशोध) सिद्ध होता है।

यूँ तो 'बिस्रामपुर का सन्त' की प्रायश्चित्त गाथा के केन्द्र में सुन्दरी, विवेक और कुँवर जयन्ती प्रसाद का त्रिकोण है, लेकिन सत्ता और भूमि सम्बन्धों का विमर्श जिस गहरी अन्तर्दृष्टि के साथ इस उपन्यास में उपस्थित हुआ है, वह इसे अतिरिक्त महत्त्व प्रदान करता है। उपन्यास के अन्तिम प्रसंगों में कुँवर जयन्ती प्रसाद सिंह के चरित्र में लेखकीय आरोपण एवं किंचित् नाटकीयता के बावजूद महानता की यह पतन-गाथा श्रीलाल शुक्ल की रचनात्मकता का उत्कृष्टतम है। कई अर्थों में यह 'राग दरबारी' और 'पहला पड़ाव' से आगे की औपन्यासिक यात्रा है। 'राग दरबारी' यदि स्वातन्त्र्योत्तर भारतीय समाज की भदेस गाथा थी, तो 'बिस्रामपुर का सन्त' सत्ता के भद्र जनों की पतन-गाथा है। छुद्रताओं के महावृत्तान्त से लेकर महानताओं की छुद्रता तक विस्तृत श्रीलाल शुक्ल की यह औपन्यासिक यात्रा जिस अगले पड़ाव तक पहुँचनी है, लगता है उसका सूत्र 'बिस्रामपुर का सन्त' के इस अन्तिम वाक्य में अन्तर्निहित है, "ट्रैजडी को लेकर अब मुझसे कभी ऐसी हलकी बात मत करना।"

कहीं यह रेणु के 'तीसरी क़सम उर्फ मारे गये गुलफाम' के हीरामन की तरह श्रीलाल शुक्ल के रचनाकार द्वारा व्यक्ति श्रीलाल शुक्ल को दिलायी गयी क़सम तो नहीं!!!

●

राग दरबारी : नाट्य रूपान्तरण से प्रस्तुतीकरण तक

गिरीश रस्तोगी

'राग दरबारी' उपन्यास नाट्य रूपान्तर और प्रस्तुति शृंखलाओं के बाद 'रंगनाथ की वापसी' नाम से राजकमल प्रकाशन से प्रकाशित नाटक के रूप में मेरे सामने है। चित्रों में, दृश्यों में बहुत-कुछ है जो चलचित्र की तरह आँखों के सामने आता जाता है। आज से बाईस-तेईस वर्ष पहले शायद बंसी कौल से बातचीत के दौरान 'राग दरबारी' उपन्यास के मंचन के प्रसंग आये थे। मुझे उसकी धुन-सी लग गयी और बस 76 से 78 तक का समय मेरे लिये एक रोमांचक रचना यात्रा बन गया। उस समय हर गम्भीर रंगकर्मी/निर्देशक कुछ अधिक मौलिक, नया, देशव्यापी रंगान्दोलन और नाट्यान्दोलन से जुड़ा कार्य करने के लिए बेचैन था। यह आकुलता नयी सम्भावनाओं की तलाश की उत्सुकता से भरी थी, दो साल लग गये थे। लगने भी चाहिए थे क्योंकि यह एक सर्जनात्मक खोज थी। नाटक होने में समय नहीं लगा, नाटक बनने में समय लगा। शायद सही नाटक बनने की प्रक्रिया में ही नाटक होने लगता है। श्रीलाल शुक्ल से पत्र व्यवहार मिलना-जुलना शुरू हुआ। बिना लेखक की अनुमति के नाट्य रूपान्तर का सवाल ही नहीं था। अनुमति मिलना बहुत आसान भी नहीं था। अक्सर श्रीलाल शुक्ल ने 'राग दरबारी' की जटिलता और उस पर फ़िल्म बनने की बात बतायी। शायद शमा जैदी के प्रसंग आये और 'राग दरबारी' की पटकथा आदि के भी। मुझे लगता कि मैं क्यों इसका नाट्य रूपान्तर करना चाहती हूँ? आख़िर इतने बड़े उपन्यास का गोरखपुर जैसे शहर में मैं क्या कर पाऊँगी? जोखिम और चुनौती मेरे लिये हमेशा प्रेरक रहे, आतंककारी नहीं, न नगर की सीमाओं या संस्कृति ने या रंगकर्म की साधनहीनता ने कभी निराश किया। 'राग दरबारी' होना है यह ज़िद मैंने छोड़ी नहीं। वे पत्र आज भी कहीं रखे हैं ज़रूर, जो मुझे श्रीलाल जी से मिलते रहे। उस संघर्ष के साथ-साथ उपन्यास पढ़ने का क्रम भी चलता रहा। हिन्दी में साहित्य और रंगमंच की दूरियाँ वैसे भी हमेशा रही हैं। साहित्य-जगत् रंगमंच को गौण और हीन मानकर चलता है। सातवें-आठवें दशक में विभिन्न विधाओं और कलाओं के इतने सूक्ष्म और अन्तरंग रिश्ते बने भी नहीं थे या उजागर होने की प्रक्रिया में थे। किसी प्रकार अनुमति मिल गयी थी नाट्य रूपान्तर की और 76-78 तक का समय मेरे लिये रचना-प्रक्रिया और फिर प्रस्तुतीकरण प्रक्रिया का था। श्रीलाल जी उत्साहित थे और चिन्तित भी थे कि उपन्यास का क्या होगा? बेहद लोकप्रिय उपन्यास था। जिसे देखो वही कहता, "अच्छा? राग दरबारी?" कम-से-कम हर अफ़सर और कम्पटीशन में बैठनेवालों ने, यह चौंकना महसूस कराया (मैं साहित्य प्रेमियों की बात नहीं कह रही, उपन्यास के आम पाठक की बात कर रही हूँ)। कितनों ने पुस्तकालयों से, मित्रों से (मेरी निजी प्रति तो घूमते-घूमते लौटी ही नहीं), बाज़ार से ले-लेकर पढ़ा। कुछ महीने एक चर्चा थी, पूरी सरगर्मी थी नगर में, प्रदेश में, देश भर की पत्रिकाओं में।

'राग दरबारी' पढ़ने में बड़ा आनन्द देता था। बतरस, पठनीयता, आस्वाद, चुटकियाँ और शोखी। सब बड़ा नाटकीय लगता। व्यंग्य, वर्णन शैली, मुहावरे, बलाघात से भरे शब्द और जीवन्त भाषा बहुत प्रभावित करती पर 'नाटक' बनना है। कोई मोह नहीं चलेगा, कोई रस नहीं। बस एक ही रस चाहिए, जो नाटक का हो और नाटक के ज़रिये सभी का हो सके। बातूनी पाठक को रसज्ञ दर्शक में बदलना एक चुनौती थी। रचनात्मक संकट इसलिए भी था क्योंकि 'राग दरबारी' उपन्यास बेतरतीब घटना प्रसंगों का, असम्बद्ध कथानक का और बहुत-सारे पात्रों का वृहद् उपन्यास है। न कोई क्रम, न आरम्भ, अन्त या पात्रों का बना-बनाया निजी व्यक्तित्व भी नहीं। देशव्यापी परिस्थितियों से, व्यंग्य से, राजनीति, धर्म, शिक्षा, समाज, अदालत, चोरी, डकैती, थानेदारी और प्रेम आदि के प्रसंगों से देश का चरित्र उभरता है, पात्र स्वयं अपने में सम्पूर्ण व्यक्तित्व मात्र नहीं रह जाते। इसलिए एक ओर इसका नाट्य रूपान्तर असम्भव-सा काम भी लगा और रह-रहकर उसका देशव्यापी व्यंग्य और मानवीय संवेदना आकृष्ट भी करती रही। एक बार नहीं, उपन्यास को कई-कई बार पढ़ा। कम-से-कम दस बार। उसके लक्ष्य को, और उसे दर्शकों के सामने पहुँचाने की दृष्टि के साथ नाटक की रूपरेखा पहले मेरे दिल-दिमाग़ में बनी, फिर काग़ज़ पर। एक ड्राफ्ट तैयार हुआ बहुत-सी काट-पीट, हाशिये पर टिप्पणियों, दृश्यों के साथ। फिर उपन्यास पढ़ना, फिर कुछ और बिन्दु, फिर दूसरा ड्राफ्ट।

सबसे कठिन था इस कथाविहीन उपन्यास के साथ दर्शक की एकाग्र मानसिकता को बनाये रखना, चलचित्र या डाक्यूमेण्ट्री से, उपन्यास के संसार से बचाये रखना और एक मौलिक नाटक लगने देना। उस समय भी यह सवाल उठ चुके थे कि उपन्यास या कहानी अपने मूल रूप में महत्त्वपूर्ण होते हुए भी नाट्य रूप और प्रस्तुति में सिर्फ़ वही नहीं है, वह सर्वथा एक नयी सृष्टि है, दृश्य है। हालाँकि मेरे दिमाग़ में—सम्भवतः साहित्य और शिक्षा से जुड़े होने के कारण उपन्यास के मूल रूप की सुरक्षा और लेखक के व्यक्तित्व का दबाव ज़्यादा था। यह एक प्रकार की ईमानदारी की शर्त थी। आज रूपान्तरण और निर्देशन दोनों में मैं ज़्यादा निर्मम हो सकती हूँ—एक अच्छी 'रचना' के लिए। बार-बार पढ़ने पर भी सबसे कठिन थी 'राग दरबारी' के पूरे दृश्यबन्ध की कल्पना, क्योंकि बड़ा फैलाव था। इसलिए मैंने सोचना शुरू किया कि इस उपन्यास की मूल संवेदना क्या है? और उस संवेदना से जुड़े केन्द्रीय स्थल, केन्द्रीय पात्र कौन-कौन से हैं? इस तरह सोचने पर वैद्य जी की हवेली से सम्बद्ध, उपन्यास के लक्ष्य से सीधे जुड़े तीन केन्द्र उजागर हुए—कॉलिज, कोऑपरेटिव यूनियन, गाँवसभा। उपन्यास में मुझे कॉलिज पक्ष पर ज़्यादा बल लगा। सम्भवतः देश के निर्माण और पतन दोनों में शिक्षा संस्थाओं की महत्त्वपूर्ण भूमिका शुक्ल जी दिखाना भी चाहते हैं। वैद्य जी की सारी योजनाएँ उनके चबूतरे पर बनती हैं और उनका विरोध पुलिया पर ही होता है इसलिए नाट्यरूप में वैद्य जी का चबूतरा केन्द्रीय दृश्य स्थल बन गया और पुलिया विरोध, निराशा, आक्रोश, मानवीय पीड़ा और प्रतिक्रियाओं का स्थल। फिर आसानी से पात्र भी वर्गों में बँट गये—वैद्य जी के इर्द-गिर्द घूमनेवाले पात्र, विरोधी वर्ग के पात्र, आम जनता क़े प्रतिनिधि पात्र, युवा वर्ग। बहुत-से घटना प्रसंग, बहुत-से पात्र छोड़ने भी पड़े और बहुत-से दृश्यों का क्रम भी बदलना पड़ा, कई दृश्यों का सम्पादन भी ज़रूरी था—मसलन अदालत के लम्बे स्थल। मंचीय ज़रूरतों को भी ध्यान में रखा गया और चुस्ती एवं व्यंग्यार्थों को भी। वकील और

जज के स्वर नेपथ्य से, केवल गवाह या मुजरिम प्रत्यक्ष कठघरे में। सनीचर के प्रधान बनने की विडम्बना और मनःस्थिति के लम्बे-चौड़े वर्णन उपन्यास में हैं जिन्हें समेटकर सांकेतिक और संगीतात्मक ढंग से कीर्त्तन द्वारा दिखाया गया। उपन्यास में प्रिन्सिपल के चरित्र की कुछ कमज़ोरियों के संकेत मिलते हैं जिन्हें दृश्य माध्यम या संकेतों के द्वारा मूर्त किया गया। उपन्यास की बेला हमारी प्रस्तुति में तो अपनी ध्वन्यात्मकता, रोमाण्टिक फुसफुसाहट, चूड़ियों की आवाज़ और टाइमिंग की ख़ूबसूरती के संयोजन के कारण दर्शकों को कभी भूली ही नहीं। 'राग दरबारी' में वर्णित मेले-ठेले, मन्दिर के प्रसंगों के आधार पर तीन नारी पात्रों की कल्पना भी की गयी। रुप्पन जैसे युवक की मानसिकता, फूहड़ रोमांस और सनीचर की कमज़ोरी को विकसित और मूर्त करने के लिए दृश्य मूर्त किये गये। श्रीलाल जी के पास वर्णन चित्रों की अद्भुत क्षमता है और विलक्षण भाषा संवेदना है। उसी के भीतर से गाली-गलौज, मार-पीट, चोरी-डकैती, शंकर वन्दना, सभी एब्सर्ड स्थितियों को नाट्यरूप में एक साथ दिखाकर आज की घचपच स्थिति को सम्प्रेषित किया था। नाट्यालेख में चोरी के प्रसंग इतने तीव्र गति और चुस्त दृश्यात्मक ढंग से लिये गये कि उनका सौन्दर्य, व्यंग्यार्थ, गत्यात्मकता प्रस्तुतीकरण में पूरे माहौल में छा गये। सारी परिस्थितियों को, भीड़, नारों आदि के स्थलों को, यूनियन के जलसे—चुनाव आदि के दृश्यों को कल्पना द्वारा अधिक संक्षिप्त, सांकेतिक और दृश्य क्रियाओं का अनिवार्य अंग बनाकर रचने की कोशिश की गयी। नाटकीय दृष्टि से आलेख और प्रस्तुति अधिक सघन लगे, कम बातूनी लगे। हालाँकि वह 'ब्रातूनीपन' बार-बार मोहग्रस्त करता है। उपन्यासकार क्या-क्या दिखाना चाहता है और नाटक में क्या और कैसे सम्प्रेषित हो सकता है, यह जद्दोजहद शुरू से ही थी।

प्रायः उपन्यासों के नाट्यान्तर में मुख्य समस्या आती है, दर्शकों की मानसिक भूमि तैयार करने की, उपन्यास के कथ्य और वैविध्य को समेटने की, और इसके लिए प्रायः सूत्रधार का उपयोग किया जाता है। मैं अपने मन में पता नहीं क्यों, सूत्रधार का उपयोग बहुत स्वीकार नहीं कर पाती थी। मुझे वह विवश युक्ति जैसी लगती थी। पहले सूत्रधार रखा भी पर एक महीने की रिहर्सल के दौरान बार-बार लगा कि सूत्रधार की उपस्थिति से नाटक में व्यंग्य और अनेकायामी स्थितियों से बनता चला आता वातावरण जैसे टूट रहा है। बाद में उसके स्थान पर आवश्यक प्रसंग पृष्ठभूमि से कमेण्ट्री द्वारा दिये गये। नाट्यालेख तब सीधे शिवपालगंज से शुरू हुआ। कमेण्ट्री में उपन्यास के वर्ण्य स्थलों और शब्दावली में से ही बहुत-कुछ लिया गया, इससे वह उपन्यास के स्वभाव का ही अंग लगी। वही लय, वही मुहावरा, वही तीखापन और नाटकीय आनन्द। इस रूप में ही हमने 'राग दरबारी' की कई प्रस्तुतियाँ कीं, देवरिया, गोरखपुर, लखनऊ, कानपुर आदि में। कमेण्ट्री प्रायः बहुत पसन्द की गयी क्योंकि वह बहुत सप्राण थी। पर कुछ प्रतिक्रियाएँ ऐसी भी उभरीं कि थिएटर और कमेण्ट्री? बहुत-सारे अनुभवों को भीतर समेटते हुए हम चलते रहे और फिर कई प्रस्तुतियों के बाद नाट्यालेख का यह प्रारूप नटरंग पत्रिका में छपा। काफ़ी पढ़ा गया तब और प्रतिक्रियाएँ भी आयीं। 'राग दरबारी' के नाट्यालेख के प्रकाशन की बात भी राजकमल प्रकाशन से आरम्भ हुई। पुस्तक रूप में प्रकाशन के सन्दर्भ में फिर श्रीलाल शुक्ल से बातचीत हुई और अचानक यह बात उठी कि उपन्यास और विशेषकर उसके नाट्यालेख में रंगनाथ ही तो द्रष्टा, भोक्ता हैं। उससे अच्छा और विश्वसनीय पात्र कौन हो सकता है जिससे सूत्रधार या उद्घोषक का काम लिया जाये

और तब रंगनाथ को केन्द्र में रखकर सारी स्थिति ज़्यादा सार्थक सहज आत्मीय लगी। यह अन्तिम परिवर्तन हुआ। श्रीलाल जी 'राग दरबारी' नाम नहीं चाहते थे। प्रसंग आया नाट्य रूपान्तर में नाम बदलने का। कई नाम बदले। मुझे लगा कि 'रंगनाथ की वापसी' में व्यंग्य भी है और मानवीय करुणा, संवेदना भी, आज की त्रासदी भी और नाट्यालेख 'रंगनाथ की वापसी' नाम से छपा। यह 'नाट्यालेख' अपने में पूर्ण है, यह सोचना ही ग़लत है। मेरी दृष्टि में कोई भी नाट्यालेख पूर्ण नहीं होता। मैं इसमें विरोधी पक्ष के रूप में रामाधीन के चरित्र को उभारकर मंच पर लाना चाहती थी पर सम्भव नहीं हुआ। पुस्तक छपने के बाद कई पत्रिकाओं में समीक्षाएँ हुईं। समीक्षकों की दृष्टि का भी अन्तर होता है। अभी भी 'नाटक' को समझकर, 'रंगमंच' को अनुभूत कर सन्तुलित, समग्र समीक्षा नहीं है।

उपन्यास का अन्त नाट्यालेख में एक बहुत बड़ी समस्या थी। उपन्यास जिस जगह समाप्त होता है, मंच पर वह दर्शकों के लिए हास्य का उदाहरण बन सकता था, इसलिए उसमें भी थोड़ा हेर-फेर करके रंगनाथ के लम्बे स्वगत कथन के बाद देश की समूची स्थिति और मानवीय करुणा दोनों को एक साथ सामूहिक दृश्य सकेतों द्वारा उभारा गया। उपन्यास के अन्त को लेकर मैं कभी भी आश्वस्त नहीं थी। रंगनाथ के पलायनवाद और उसके अनुभवों के बयान की मैं पक्षधर नहीं थी पर श्रीलाल शुक्ल उस अन्त को ज्यों-का-त्यों रखना चाहते थे 'पुस्तक' में। 'पलायन' को ही वह यथार्थ अनुभव के रूप में रखने का आग्रह करते रहे। पुस्तक छपनी थी। मुझे लगा कि छपना ज़रूरी है। उसके बाद तो निर्देशक स्वतन्त्र है इण्टरप्रिटेशन के लिए। वही हुआ भी। बाद में राजा बुन्देला और अन्य नये निर्देशकों ने इस नाट्य रूपान्तर को मंचित किया लेकिन सभी ने उसके अन्त में परिवर्तन किये। मैं तब नयी, उत्साही और जिज्ञासु थी। आज से 20-22 वर्ष पहले 'राग दरबारी' के नाट्यान्तर और प्रस्तुति शृंखलाओं ने बहुत बड़े मोड़ उपस्थित किये। बहुत-से मुद्दे भी उठाये साहित्य, रूपान्तरण और प्रस्तुतीकरण को लेकर। 'नाट्य रूपान्तर' स्वयं एक मौलिक और सर्जनात्मक कृति है, केवल लिखित साहित्य को वाचिक रूप में बदल देना मात्र नहीं। यह एक सूक्ष्म, जटिल, गम्भीर प्रक्रिया से, सृजन से गुज़रना है। इसके लिए साहित्य के प्रति ज़िम्मेदार होना ज़रूरी शर्त है, उतना ही रंगमंच के सर्जनात्मक पक्ष की नज़र से उसी के प्रति निर्मम होना भी। शायद आज मैं पुनः 'राग दरबारी' को करना चाहूँ तो उसका रूप कुछ और हो। वह बहुत अच्छा भी हो सकता है, बुरा भी।

जैसा कि पूरी यात्रा से पता चल रहा है कि मेरे लिये रूपान्तरण की रचना-प्रक्रिया और प्रस्तुतीकरण प्रक्रिया अलग-अलग नहीं रही कभी। आलेख बनाते समय ही उसका मंचविधान, शैली शिल्प, पात्रों की रूपरेखा ढलती जाती है। पहली बार हमने गोरखपुर क्लब में यहाँ से वहाँ तक फैले मुक्ताकाशी मंच की परिकल्पना की। बिखरे प्राकृतिक वातावरण को विशेष अर्थ, जीवन्त सौन्दर्य दे देना। एक पुरानी इमारत, रेलिंग, सीढ़ियाँ वैद्य जी की हवेली बन गयी। बस उसके बा़हर एक बड़ा चबूतरा और बिल्डिंग पर पोस्टरें। पास का बड़ा छायादार पेड़ कॉलिज स्थल बन गया। न जाने कितनी मिट्टी डलवाकर गोल चबूतरा बना। पीछे की ओर एक और इमारत झाँकती दिखी तो बोर्ड लगा दिया कोऑपरेटिव यूनियन का। कुछ हटकर ग्राम सभा के दृश्य की कल्पना और पूरी मंचीय कल्पना के दो छोरों पर अदालत

के दृश्य। जहाँ-जहाँ हमने इस खुले मंच की कल्पना में 'राग दरबारी' किया वहाँ अपने उन्मुक्त, चुस्त, नाटकीय माहौल के कारण वह बेहद सफल रहा। खुले आसमान के नीचे भरे जाड़े में जो परिवार सदस्य बच्चों को छोड़ने आये, वे फिर बिना कुर्सी के खड़े देखते ही रह गये। जब भी प्रोसीनियम मंच पर इसी दृश्य परिकल्पना को समेटा लखनऊ में, कानपुर में तो वह प्रभाव सृष्टि नहीं हुई। यद्यपि पचास कलाकारों जिसमें 9वीं, 11वीं कक्षा के बच्चे भी थे—के साथ भ्रमणशील परम्परा में प्रतिदिन नये स्थान पर शो करना एक रोमांचक संघर्ष यात्रा थी। लखनऊ रवीन्द्रालय खचाखच भरा। सभी रंगकर्मी थे, साहित्यकार थे। श्रीलाल जी नहीं थे, पर एक माहौल था, उत्सुकता थी, प्रतिक्रियाएँ थीं, शो करके उसी रात कानपुर निकल गये। कानपुर का शो गिरिराज किशोर जी की सहायता से सम्भव हुआ। लखनऊ की तरह कानपुर में वह सरगर्मी नहीं थी पर शो अच्छा हुआ। हमारी प्रस्तुति में छोटे पहलवान और बद्री पहलवान अपने डील-डौल, उच्चारण, अभिनय से इतने प्रभावित कर गये कि लोगों ने पूछा कि ये वाकई पहलवान हैं? वह समय नये-नये कलाकारों के आने का था, एक निष्ठा थी, एक उमंग थी। 'राग दरबारी' के बाद 'बाणभट्ट की आत्मकथा', 'छिन्नमस्ता' उपन्यास किये। मेरे लिये ये रचनाएँ एक शोध थीं, एक तलाश थीं सृजन का। पाठक समुदाय के लिए 'राग दरबारी' के नाट्य रूपान्तर से लेकर नाट्य प्रस्तुति तक की यात्रा कितनी विचारोत्तेजक हो सकेगी, कहना मुश्किल है पर मेरे लिये यह यात्रा बहुत दिलचस्प और संवेदनात्मक रही और उसने बहुत-कुछ सिखाया। हर सृजन एक अभिव्यक्ति है, अभिव्यक्ति का मौलिक आस्वाद है, नयी भाषा की तलाश है और अपने समय के साथ, समय के बीच और समय के आगे देखना है। 1982 तक 'रंगनाथ की वापसी' प्रकाशित हुई। बम्बई में प्रदर्शन भी होने लगे और नटरंग में 'राग दरबारी' का नाट्य रूपान्तर पढ़ कर श्री शरयू आ. पेडणेकर का पत्र आया कि वह इसे मराठी में अनूदित करना चाहते हैं। श्रीलाल जी से अनुमति ली गयी। फिर मराठी अनुवाद छपकर आया। यह एक सर्जनात्मक प्रक्रिया का रोमांचक अंग है।

●

राग दरबारी में स्त्री-पात्र

लता शर्मा

प्रथम दृष्ट्या राग दरबार में स्त्री-पात्र उतने ही नज़र आते हैं जैसे दाल में नमक! लगभग नगण्य!

व्यंग्य उपन्यासों में स्त्री-पात्रों की सार्थक भूमिका शोध का रोचक विषय हो सकती है। एक उदाहरण याद आ रहा है। ज्ञान चतुर्वेदी के उपन्यास 'मरीचिका' में राजकवि राज्य के पतन के कारण इतने दुःखी हैं कि लिख नहीं पा रहे। अपनी पत्नी से कहते हैं कि ऐसे समय में कोई कैसे लिखे! पत्नी कहती है, यही तो समय है लिखने का।

श्रीलाल शुक्ल-जैसा कद्दावर लेखक क्या वस्तुतः स्त्री-पात्रों की उपेक्षा कर रहा था? नहीं! यह सम्भव नहीं। उनका विषय 'शिवपालगंज' था (औसत भारतीय ग्राम) और वहाँ स्त्री-पात्र उतने ही हैं, जितने होने चाहिए। वह विशाल हिमखण्ड की तरह हैं। सतह पर केवल शिखर मात्र दिखता है, असली आकार गहराई में गोता लगाकर ढूँढ़नेवालों को मिलता है।

राग दरबारी के सब स्त्री-पात्र अपने वर्ग के प्रतिनिधि हैं। कोई भी पात्र देश-काल-समाज द्वारा स्थापित (अप) मूल्यों को तोड़ने का प्रयत्न करता नहीं दिखता।

"...कुछ गठरियाँ-सी रखी हुई नज़र आयी। ये औरतें थीं, जो क़तार बाँधकर बैठी हुई थीं। वे इत्मीनान से बातचीत करती हुई वायु-सेवन कर रही थीं और लगे-हाथ मल-मूत्र का विसर्जन भी।"...यह है स्त्री-पात्रों का प्रथम आभास।

गठरी जैसे औरतें...क़तार बाँधे...और इत्मीनान से वायुसेवन...लगे हाथ ...भारतीय समाज में औरतें गठरियाँ ही हैं। हाथ-पाँव बँधे, इधर-से-उधर सरकायी जानेवाली वस्तु। पिता के यहाँ से पति के यहाँ, वहाँ से मरघट और उन्हें इत्मीनान से बैठने का अवसर भी तब ही मिलता है जब वह चरम नैसर्गिक आवश्यकता हो। आज भी हर गाँव खेड़े में "यहाँ ठण्डी बीयर मिलती है का सूचना पट्ट तो दिखता है, जल युक्त शौचालय दुर्लभ है। कारण? स्त्री का जन्म पुरुष की सुविधा के लिए हुआ है, उसकी सुविधा-असुविधा के बारे में क्या सोचना?

प्रेम और प्रेम विवाह समाज को कभी मान्य न था।

"...न जाने वह काना इस कुतिया को कहाँ से घसीट लाया है। जब निकलती है तो कोई-न-कोई इसे छेड़ ही देता है।" यह इशारा पण्डित राधेलाल की पत्नी की ओर है। वह 'भाग' कर आयी है, इसलिए कुतिया है। 'गठरी' ने अपनी मर्ज़ी से चौखट लाँघी और मानव-समाज से ख़ारिज हुई। वह जब भी घर से निकलती है शोहदे अश्लील इशारे करते हैं। जनसाधारण का विश्वास है कि वह 'छेड़ा जाना' पसन्द करती है। उसे तसल्ली होती है कि वह अब भी 'छेड़े जाने' लायक़ है।... आज भी मात्र 'लड़की होना' बलात्कार का आमन्त्रण माना जाता है। उपन्यास 1968 में प्रकाशित हुआ था। आज हालात कहाँ पहुँचे हैं, विषयान्तर

होगा। खाप पंचायत के अतार्किक निर्णय, कन्या भ्रूण हत्या और बलात्कार आम बात है। क्या चालीस वर्षों में समाज के सोच में कोई अन्तर आया है? नहीं! रंचमात्र भी नहीं!

गली से झाँकने पर रंगनाथ को बकरी चराती लड़की दिखती है। ठेठ देहात की लड़की, निहायत गन्दी और निरन्तर 'हले-हले' करती बकरियों को हाँकती हुई। रंगनाथ ने उसे देखा और स्त्री-दर्शन से वंचित युवक को लड़की ख़ूबसूरत लगी। "...सच्चाई यह है कि बकरियाँ लड़की से ज़्यादा ख़ूबसूरत थीं।" क्यों न हों। उन पर श्रम किया जाता था, उनके खान-पान की व्यवस्था की जाती थी। उधर, औसत ग्रामीण लड़की को दिन भर श्रम करना पड़ता है। खान-पान की बात न करें तो ही अच्छा है। वह घर के लड़कों के लिए सुरक्षित है।

नयी पीढ़ी को निरन्तर धिक्कारने और सज़ा देनेवाली पुरानी पीढ़ी ने चारित्रिक दृढ़ता के कौन-से आदर्श नयी पीढ़ी के सामने रखे हैं, यह भी देख लें।

छोटे पहलवान के बूढ़े बाप के कारण कहारिन, महरी तक घर में नहीं आती। बद्री पहलवान अपने परबाबा के लिए कहते हैं कि वो रघुबरा की महतारी से फँसे थे। अपने पिता के भी अनेक क़िस्सों का ज़िक्र करते हैं। यह है कॉलिज के संरक्षक, नेता के घर में स्त्री का स्थान!

बारहवें अध्याय में राग दरबारी की नायिका (?) की झलक मिलती है। गयादीन की बेटी बेला। रुप्पन बाबू बेला का 'ध्यान' करते थे और स्वयं बेला बद्री पहलवान का। बेला की बुआ उसे घर से बाहर नहीं निकलने देती थी। बेला को घर से बाहर निकलने की ज़रूरत भी नहीं थी। उसे जहाँ भी जाना होता अपनी छत से जुड़ी दूसरी छत से जाती थी। यहीं बेला रात के अँधेरे में रंगनाथ की चारपाई पर आ गिरी। वह रजाई ओढ़े रंगनाथ को बद्री पहलवान समझ बैठी थी।

डाकुओं ने धावा बोला। पुलिस और जनता के सम्मिलित प्रयासों से डाका नहीं पड़ा। हाँ, गयादीन के घर में चोरी हो गयी। बेला और बेला की बुआ, दोनों ने चोर को देखा था। शिनाख़्त के लिए जितने चोर पुलिस ने हाजिर किये, वे दोनों एक को भी पहचान न पायीं। निष्कर्ष! वो चोर नहीं, कोई और था। उसे घर की स्त्रियों ने ही 'शय्या लाभ' के लिए बुलाया था। पकड़ी गयीं तो चोर...चोर चिल्लाने लगी।

इस प्रकरण में पुलिस, अपराधी और सत्ता के सुविधाजनक गठबन्धन का सटीक विश्लेषण है। पुलिस गश्त लगाती रही, गाँववाले हल्ला करते रहे और फिर भी चोरी हो गयी। चोरी का माल जोगनाथ के यहाँ से बरामद हुआ। लेकिन अदालत पहुँचने पर बात यह बनी कि उसे तो घर की स्त्रियों ने बुलाया था और बेला है ही 'इस तरह' की लड़की।

इस शाश्वत नियम का आज तक पालन हो रहा है। आज भी बलात्कार के अभियुक्त यही दलील देते हैं। सहमति से हुए यौन सम्बन्ध को बलात्कार नहीं माना जा सकता। असहमति को भी सहमति सिद्ध करना कोई कठिन कार्य नहीं।

अब जब चोरी हुई है तो बात पुलिस-कचहरी तक पहुँचेगी ही। और मामला-मुक़दमा कोई भी हो, घर की स्त्रियों का चरित्र बीच में घसीट लिया जाता है। यही वह आतंक है जिसके कारण पीड़ित पुलिस के पास नहीं जाता। आज भी नहीं।

छोटे पहलवान अदालत में गवाही देते हैं कि जोगनाथ गयादीन के घर में चोरी करने नहीं, उनकी बेटी बेला के बुलावे पर, उससे मिलने गये थे। बद्री उनसे सवाल-जवाब करते हैं।

...''तुमने बेला को जोगनाथ के साथ सटर-पटरवाली हालत में देखा है।''

''कहा क्यों नहीं था, गुरू!... अदालत की गवाही का मामला। जो मुँह में आया, कहते चले गये। कौन सच बोलता है?''

लीजिये! जहाँ गीता पर हाथ रख, सच और केवल सच बोलने की क़सम खायी जाती है, वहाँ ''कौन सच बोलता है।'' तो सहज प्रश्न उठता है, आख़िर सच कहाँ बोला जाता है। 'राग दरबारी' की पृष्ठभूमि देखें तो उत्तर होगा, ''कहीं नहीं, कभी नहीं''।

''तुमने एक भले घर की लड़की की इज़्ज़त फींचकर सारी दुनिया के आगे रख दी। तुम्हारे लिये यह कुछ हुआ ही नहीं। बद्री के दबाव में वैद्य जी गयादीन के घर गये। वो बद्री का विवाह बेला से करने के लिए तैयार थे। लेकिन गयादीन ने मना कर दिया। उन्होंने बेला का विवाह कहीं और तय कर दिया था। वैद्य जी इस सूचना से बड़े प्रसन्न हुए। वो कहाँ चाहते थे कि उनका पुत्र बद्री अन्तर्जातीय प्रेम विवाह करे।

बेला प्रसंग यहीं समाप्त हो गया। उसका विवाह हुआ या नहीं, इसका कोई ज़िक्र नहीं। दहेज के मोल-भाव और खींचतान पर ही बात समाप्त हो गयी। कहाँ उपलब्ध होंगे यह आँकड़े कि इस देवी पूजक देश में कितनी लड़कियाँ अविवाहित रह जाती हैं, बेमेल ब्याह में बाँध दी जाती हैं, बेच दी जाती हैं और दहेज की भट्टी में झोंक, जला दी जाती हैं।

बात यहाँ तक पहुँचती है कि ''गयादीन लड़की का ब्याह किये बिना ही सात-आठ महीने बाद नाना बननेवाले हैं।''

गाँव में आनेवाले अफ़सरों को मुर्ग़ा-दारू के साथ 'रमचन्ना की लड़की' भी परोसी जाती है।

आज भी जो घोटाले होते हैं, उनका वर्णन भी बहुत-कुछ ऐसा ही होता है। चाहे वह राडिया टेप काण्ड हो या क्रिकेट में सट्टेबाज़ी।

शिवपालगंज का विस्तार या कहें प्रतिच्छवि ही भारत का औसत गाँव है। हर जगह स्त्रियों के साथ वैसा ही व्यवहार होता है और वो अनपढ़ औरतें, 'गठरी' की तरह बँधी औरतें भी ऐसा ही आचरण करती हैं। दरवाज़े की चौखट नहीं लाँघती, छत से कूदकर यानी चोरी-छिपे ही इधर-उधर जाती हैं, मनचाहे रिश्ते बनाने का प्रयत्न करती हैं। ऐसे रिश्ते, जिनका कोई भविष्य नहीं।

जहाँ औरतें 'गठरी' की तरह बाँधकर रखी जायें, वहाँ किसी तरह के बहुआयामी स्त्री चरित्र की कल्पना कैसे की जा सकती है। और जहाँ स्त्री बहुआयामी, सम्पूर्ण नहीं होगी, वह गाँव, वह देश कैसे दलदल से निकल सकेगा।

राग दरबारी में वैद्य जी या अन्य प्रमुख चरित्रों के समकक्ष किसी सबल-सशक्त सक्षम स्त्री चरित्र का न होना लगता है, सायास है। शिवपालगंज (भारत का औसत गाँव आज भी)

और वहाँ के निवासी—गँजहे कभी स्त्री को उबरने न देंगे। उसका सम्मान नहीं करेंगे। वह मानवी है ही नहीं, केवल भोग्या है, मनोरंजन का सामान है।

उसकी मुखर-सार्थक अनुपस्थिति ही उसकी सशक्त उपस्थिति की आवश्यकता को रेखांकित करती है।

नमक जैसी उपस्थिति! क्या चुटकी भर नमक के बिना कोई व्यंजन रससिद्ध हो सकता है? श्रीलाल शुक्ल का यही मन्तव्य था।

''रुद्रप्रियम''
1-ग-9, विज्ञान नगर,
कोटा-324005, भारत
मो. 9828265227

राग दरबारी : राष्ट्रीय जीवन और संस्कृति का रूपक

सत्यकाम

आज़ादी के बाद गाँवों की दुर्दशा का चित्रण उपन्यासों में लगातार होता रहा है। 'राग दरबारी' नायाब कलाकृति और भारतीय उपन्यास संसार में एक अप्रतिम और अपूर्व प्रतिमान है। यह मात्र एक उपन्यास नहीं है, मात्र एक कथा नहीं है, मात्र एक जीवन नहीं है, मात्र आज़ाद भारत की दुर्दशा की रुदाली नहीं है, न ही यह कुछ समस्याओं और प्रश्नों से जूझते सरोकारों तक सीमित है—यह एक ऐसा अनूठा रूपक है, जिसमें अभिधात्मकता है ही नहीं। लक्षणा और व्यंजना ने प्रत्यंचा तान रखी है और उससे निकले व्यंग्यबाणों ने किसी के साथ रियायत नहीं की है। ग़ज़ब है कि व्यंग्य के इतने दीर्घ वितान के बावजूद राग कहीं खण्डित नहीं होता और राग दरबारी 'राष्ट्र गाथा' बन जाता है और दरबार से निकलकर दरो-दीवार पर क्रान्ति के नारों की तरह चस्पाँ हो जाता है।

'राग दरबारी' का प्रथम प्रकाशन 1968 में हुआ था। इस समय तक प्रेमचन्द, जैनेन्द्र, अज्ञेय, यशपाल, हजारीप्रसाद द्विवेदी, वृन्दावनलाल वर्मा, रांगेय राघव, नागार्जुन, अमृतलाल नागर, फणीश्वरनाथ रेणु, कमलेश्वर और कृष्ण बलदेव वैद जैसे उपन्यासकारों ने हिन्दी उपन्यास को पुष्पित और पल्लवित ही नहीं कर दिया था, बल्कि इसकी कई शाखा-प्रशाखाएँ भी फूट पड़ी थीं और इस वटवृक्ष से झूलकर कई जड़ें भी बन रही थीं और नये पेड़ भी बन रहे थे। इसी वटवृक्ष से एक वृक्ष बना 'राग दरबारी'। यह एक ऐसा 'उपन्यास' है, जिसने उपन्यास विधा की चली आ रही परम्पराओं, मान्यताओं और रूढ़ियों को ध्वस्त कर दिया। इसलिए कुछ आलोचकों को यह 'असफल कृति' लगी, क्योंकि इसमें 'उपन्यास और व्यंग्य' जैसे दो परस्पर विरोधी अनुशासनों को जोड़ने का प्रयास है।

असल में उपन्यास एक ऐसी विधा है, जिसने (अनुशासन और मर्यादा की कभी चिन्ता ही नहीं की। यह 'नॉवेल' इसलिए है, क्योंकि इसमें हर बार एक नयापन होता है, एक ताज़गी होती है। विश्व उपन्यास पर भी दृष्टिपात करें तो पायेंगे कि टाल्सटाय से मार्खेज तक उपन्यास ने कितने कूल-किनारों को ध्वस्त किया। हिन्दी में ही देखें तो प्रेमचन्द, जैनेन्द, अज्ञेय, हजारीप्रसाद द्विवेदी और रेणु की मिसाल दी जा सकती है, जिन्होंने उपन्यास को अलग-अलग ढंग से गढ़ा। उपन्यास तो जीवन का अक्स है तो फिर यह एक जैसा कैसे हो सकता है? क्या जीवन दुहराया जा सकता है, क्या जीवन को घाटों में बाँधा जा सकता है, उपन्यास और जीवन तो बहती हुई नदी हैं, जो कभी साँचों में कैद नहीं होतीं। उपन्यास का कोई 'फ्रेम' हो ही नहीं सकता। यह 'फ्रेमलेस' विधा है। इसे खूँटे में भी बाँधकर नहीं रखा जा सकता। यह एक नवोन्मेषी और प्रयोगधर्मी विधा रही है। अंग्रेज़ी ढंग के उपन्यासों के साँचे को विश्व पटल पर ही नहीं, भारतीय रंगमंच पर भी चुनौती मिल चुकी है, जिसमें कुछ बने-बनाये नियमों पर उपन्यास की कथा बनती थी। तो 'राग दरबारी' ने भी उपन्यास की मुक्तता को एक और आयाम दिया और उपन्यास को अभिव्यक्ति से आगे ले जाकर अभिव्यंजना का

माध्यम बना दिया। यह असंख्य रूपकों का कोलाज है, जिससे बनता है एक राष्ट्रीय रूपक, "राग दरबारी का सम्बन्ध एक बड़े नगर से कुछ दूर बसे हुए गाँव की ज़िन्दगी से है, जो पिछले बीस वर्षों की प्रगति और विकास के नारों के बावजूद निहित स्वार्थों और अनेक अवांछनीय तत्त्वों के आघातों के सामने घिसट रही है। यह उसी ज़िन्दगी का दस्तावेज़ है।" बस यह कथन ही अभिधा में है, बाक़ी तो सब लक्षणा और व्यंजना है। कहना न होगा कि यह हिन्दी का एकमात्र उपन्यास है, जिसमें व्यंग्य है, वक्रोक्ति है, पर अभिधा को पैर रखने तक की जगह नहीं मिली है और कमाल तो यह है कि पूरे उपन्यास में इसका निर्वाह है। कहीं भी चूक नहीं, दरार नहीं, लड़खड़ाहट नहीं। यह कथा अभिधा में कही ही नहीं जा सकती थी, क्योंकि यह तो मोहभंग की कथा है। मोहभंग आज़ादी पाने के सपने से, मोहभंग भारत के विकास से, मोहभंग नेहरूवादी विकास और सोच से, मोहभंग लोकतन्त्र से, मोहभंग अदालत और न्याय-प्रक्रिया से, मोहभंग गाँव के विकास स्वप्न से, मोहभंग भारत के समाजवादी विकास से, मोहभंग नयी पीढ़ी से, मोहभंग बुद्धिजीवियों से, मोहभंग आधुनिक होने से और जब मोहभंग के इतने कारण मौजूद हों तो वेदना का यह अट्टहास अनिवार्य परिणति है। व्यंग्य तो होता ही है आक्रोश की चरम परिणति। 'राग दरबारी' की विशेषता यही है कि इसका हास्य भी व्यंग्य में परिणत हो जाता है, क्योंकि इसमें भारत की बर्बादी और दुर्दशा के दर्द की अन्तर्धारा लगातार प्रवाहित होती रहती है।

मानसिक यातना के विस्फोट से मुक्त होने के लिए कथाकार कभी-कभी ठेठ ग्रामीण अन्दाज़ में भी कथा कहने लगता है तो कुलीन आलोचकों और पाठकों को फूहड़, गँवारू और भदेस लगने लगता है। जब गाँव हैं ही फूहड़, गँवारू और भदेस तो कहाँ से आये शहराती शिष्टता। यह शिष्टता और अशिष्टता, ऊँच-नीच आदि की अवधारणा ही आभिजात्य दर्शन की देन है, जो 'जन' को हमेशा से फूहड़ और ग़लीज़ मानता आया है। भारत में अछूत और अस्पृश्य प्रथा इसी आभिजात्य संस्कृति की उपज है। 'राग दरबारी' इसी आभिजात्य और कुलीन व्यवस्था का मखौल उड़ाता हुआ भदेस ज़बान में कहानी कहता है, सुनाता है, दिखाता है। यह भी भ्रम फैलाया गया कि 'राग दरबारी' एक क़स्बे की कथा है। यह भी बहस का विषय बनता है कि ग्रामीण कथा है या क़स्बे की कथा है। असल में, इसमें ऐसा कुछ भी नहीं है। यह सब तो कथा का अपना आवरण है, रूपक है, जिसमें निकलती है भारत की व्यथा-गाथा। उपन्यास के एक पात्र रुप्पन से श्रीलाल शुक्ल कहलाते भी हैं, "मुझे तो लगता है दादा सारे मुल्क में यह शिवपालगंज ही फैला हुआ है।" शिवपालगंज शहर से सटा क़स्बा है, जो न पूरी तरह क़स्बा बन पाया है, न शहर। न यहाँ आधुनिकता पूरी तरह आ सकी है, न मध्यकालीनता अपनी केंचुल उतार पायी है। अधकचरे विकास का प्रतीक है शिवपालगंज, जो मात्र एक क़स्बा नहीं, पूरा भारत है।

'राग दरबारी' रात में गाया जानेवाला राग है। अँधेरेपन की भयावहता को दूर करने और सुखद सुबह और नयी किरण का आह्वान करता है यह राग। श्रीलाल शुक्ल ने भी राग दरबारी का आलाप लिया है, क्योंकि चारों ओर अँधेरा है, अराजकता है, लूट है, अव्यवस्था है, भ्रष्टाचार है, जहाँ हाथ रखो, वहीं लिजलिजापन है। आज़ाद भारत के 20 वर्षों की यह कथा हास्य और व्यंग्य का लावा बनकर फूट पड़ी है, जो अन्दर तक झुलसा डालती है। व्यंग्यकार इसी लिहाज़ से दूसरे रचनाकार से भिन्न होता है कि उसकी 'अगम्भीर' में भी गम्भीरता छिपी

होती है और उसके हँसोड़पन में भी यथार्थ का दंश होता है। भारतेन्दु हरिश्चन्द्र, बालमुकुन्द गुप्त, हरिशंकर परसाई जैसे रचनाकार इस 'कहन' का इस्तेमाल नाटकों, निबन्धों, कहानियों और उपन्यासों में कर चुके थे, पर इतने बड़े फलक पर व्यंग्य के इस्तेमाल का श्रेय श्रीलाल शुक्ल को ही जाता है और सबसे बड़ी बात यह कि 'अन्धेर नगरी' और 'भोला राम का जीव' की ही तरह 'राग दरबारी' भी रोज़-रोज़ प्रासंगिक होता जा रहा है, क्योंकि जिस व्यवस्था पर इन रचनाओं में प्रहार किया गया है, वह और भी सुदृढ़ हो रही है।

'राग दरबारी' नेहरू के सपनों के भारत के खण्डित होने की कथा है। आज़ादी के बाद जो लोकतन्त्र भारत में विकसित हुआ, वह 'सामन्ती लोकतन्त्र' है, जिसके प्रतिनिधि, मुखिया और सिरमौर वैद्य जी हैं। लोकतन्त्र, नौकरशाही, पुलिस, क़ानून-व्यवस्था, शिक्षा, राजनीति सब इनकी मुट्ठी में है। इस कथा में सामन्ती मानसिकता पर वल्गा कसी गयी है, दिखाया गया है कि हम अपने विचारों में, कर्म में, सोच में अभी तक 'आधुनिक' नहीं हो पाये हैं। हम जातियों में विभाजित हैं, धर्मों में विभाजित हैं, कर्म से ज़्यादा व्यक्ति पूजा को महत्त्व देते हैं, धर्म निरपेक्षता और लोकतन्त्र को ठेंगे पर रखते हैं और उसका ढोंग रचते हैं।

'राग दरबारी' एक राजनीतिक कटाक्ष है, जो ट्रक के रूपक से आरम्भ होकर बन्दर-बँदरिया के नाच पर जाकर समाप्त होता है। कथा के आरम्भ और अन्त का इतना सुन्दर आयोजन उपन्यास को 'कहन' के लिहाज़ से भी कालजयी बना देता है। 'ट्रक' की जो-जो विशेषताएँ गिनायी गयी हैं, वह किसी भी दबंग रंगदार में देखी जा सकती हैं और इस फेहरिस्त में राजनीति शीर्ष पर है। वैसे भी आज गुण्डों और राजनीतिज्ञों की सीमा-रेखा मिटती जा रही है। यह ट्रक भारत के 'लोकतन्त्र' का मखौल उड़ाता है, जिसमें अव्यवस्था और अराजकता हावी है। इस लोकतन्त्र में जंगल राज है, जो जितना मजबूत, जो जितना प्रभावशाली, जो जितना दबंग, उसकी उतनी ही चलती है।

शिवपालगंज आधुनिक युग का मध्ययुगीन संस्करण है। यह सब-कुछ मध्ययुगीन है, ख़ासतौर पर मानसिकता। शिवपालगंज का थाना इसका जीता-जागता उदाहरण है, "आरामकुर्सी ही नहीं, सभी कुछ मध्यकालीन था। तख़्त, उसके ऊपर पड़ा हुआ दरी का चीथड़ा, कलमदान, सूखी हुई स्याही की दवातें, मटमैले, मुड़े हुए कोनोंवाले रजिस्टर, सभी-कुछ कई शताब्दी पुराने दिख रहे थे। थाने के अन्दर आते ही आदमी को लगता था कि उसे किसी ने उठाकर कई सौ साल पहले फेंक दिया है।"

शिवपालगंज में 'शतरंज के खिलाड़ी' की-सी मस्ती है। सब खेल-तमाशे में मस्त हैं। राष्ट्र की चिन्ता किसी को नहीं है। सारा शिवपालगंज मस्ती में डूबा हुआ है। सिपाही से लेकर सिपहसालार तक और सन्तरी से लेकर मन्त्री तक सब अलमस्त, मदमस्त। देश की चिन्ता से महरूम वैद्य जी के दरबार में भंग घुटती है, क्योंकि "असली शिवपालगंज वैद्य जी की बैठक में था। यह शिवपालगंज का नं. 110 डाउनिंग स्ट्रीट, ह्वाइट हाउस, क्रेमलिन है और यह मकानों के नहीं, ताक़तों के नाम हैं।"

शिवपालगंज भूदान और सहकारिता की ही खिल्ली नहीं उड़ाता, बल्कि आज़ादी के बाद हुए 'ग्रामीण विकास' की भी औकात बताता है। शिवपालगंज गाँधी चबूतरे के पास फैली हुई 'बू' है। शिवपालगंज के लोग गँजहा के नाम से प्रसिद्ध हैं। गंज में रहनेवाला गँजहा, परन्तु यहाँ गँजहा परले दर्जे के कमीनेपन और काँइयेपन का पर्याय है।

गँजहों के बारे में प्रसिद्ध था—रंगनाथ की मानें तो "तुम इसके मुँह न लगो। तुम जानते नहीं हो, यह साला गँजहा है।" रंगनाथ से ट्रक ड्राइवर ने 2 रुपये ऐंठ लिये, यह बहस का मुद्दा बन जाता है, क्योंकि वहाँ और कोई मुद्दा है ही नहीं। मुद्दा है तो स्वार्थ का, मुद्दा है तो क़ब्ज़ा जमाने का, मुद्दा है तो सब-कुछ हड़प लेने का, मुद्दा है तो हुक्मरान बनने की तिकड़मों का। तिकड़मों के सिरमौर हैं वैद्य जी, जिनका परिचय व्याख्या की गुंजाइश नहीं छोड़ता, क्योंकि वैद्य जी व्यक्ति नहीं, प्रवृत्ति हैं, प्रतीक हैं वैद्य जी, थे और रहेंगे। अंग्रेज़ों के ज़माने में वे अंग्रेज़ों के लिए श्रद्धा दिखाते थे। देसी हुकूमत के दिनों में वे देसी हाकिमों के लिए श्रद्धा दिखाने लगे। वे देश के पुराने सेवक थे। पिछले महायुद्ध के दिनों में, जब देश को जापान से ख़तरा हो गया था, उन्होंने सुदूर-पूर्व में लड़ने के लिए बहुत-से सिपाही भरती कराये। अब ज़रूरत पड़ने पर रातोंरात वे राजनीतिक गुट में सैकड़ों सदस्य भरती करा देते थे। पहले भी वे जनता की सेवा जज के इजलास में जूरी और अफ़सर बनकर, दीवानी के मुक़दमों में जायदादों के सुपुर्ददार होकर और गाँव के ज़मींदारों में लम्बरदार के रूप में करते थे। अब वे कोऑपरेटिव यूनियन के मैनेजिंग डाइरेक्टर और कॉलिज के मैनेजर थे। वास्तव में इन पदों पर काम नहीं करना चाहते थे, क्योंकि उन्हें पदों को लालच न था, पर इस क्षेत्र में ज़िम्मेदारी के इन कामों को निभानेवाला कोई आदमी ही न था और वहाँ जितने नवयुवक थे, वे पूरे देश के नवयुवकों की तरह निकम्मे थे। इसलिए उन्हें बुढ़ापे में इन पदों को सम्हालना पड़ा था।"

'राग दरबारी' का राजनीतिक कटाक्ष सनीचर की कथा के माध्यम से आगे बढ़ता है। सच कहें तो सनीचर की कथा से ही राजनीतिक रूपक का ताना-बाना खड़ा होता है और भारतीय लोकतन्त्र और राजनीति के 'जनतन्त्रीकरण' की असलियत से रू-ब-रू होने का मौक़ा मिलता है, पर एक नये अन्दाज़ में। यह भारतीय लोकतन्त्र पर नहीं, अपने कलेज पर कशाघात है, क्योंकि हमने ही तो इस लोकतन्त्र को सींचा और पल्लवित-पुष्पित किया। सनीचर, यानी श्री मंगल प्रसाद इस लोकतन्त्र का प्रमुख पहिया है, जिसकी धुरी वैद्य जी हैं। सत्ता किस प्रकार बाज़ार से जुड़कर मुनाफ़ा कमाने में जुट जाती है, इसका खुलासा करता है सनीचर, जिसे वैद्य जी गाँव का प्रधान बना देते हैं, "देखे जाओ, रंगनाथ बाबू, कुछ दिन में अच्छा लगने लगेगा। पहले राजा-महाराजा तथा ताल्लुक़ेदारों का ज़माना था। अब देखना, दुकानदारी का ही बोलबाला होगा। इस वक़्त भी है।" वह यही कहता है, "जानते हो? वहाँ का चलन है कि जिसके हाथ में ओहदा हो, वह ख़ुद व्यापार नहीं करता। व्यापार करने के लिए भाई-भतीजों को लगाने का चलन है। वे मुँह लटकाकर व्यापार करते रहते हैं। राजनीति के चक्कर में अपना समय नहीं ख़राब करते। जिसके हाथ में ओहदा है, वह उनसे अलग रहकर चुपचाप अपना ओहदा सम्हाले रहता है। चाहे चुंगी का चुनाव हो, चाहे असेम्बली का, हर एक के बाद चुनाव की लड़ाई से थके-थकाये भाई-भतीजे बेचारे एक कोने में बैठकर इसी तरह चुपचाप व्यापार करने लगते हैं।"

सनीचर का प्रधान बनना दलितों के राजनीति में प्रवेश करने की कहानी है, क्योंकि अब दलित भी सचेत होने लगे हैं और वे पहले की तरह 'गार्ड ऑफ ऑनर' नहीं देते। सनीचर एक प्रवृत्ति है भारतीय राजनीति की, जिसमें दलितों को मुखौटा बनाया गया, पर शासन अगड़ों के हाथ में ही रहा। सनीचर स्वीकार करता है—

"प्रधान कौन साला बनता है? सनीचर ने जोर से रंगनाथ की बात काटी, हम तो बैद जी को ही प्रधान मानते हैं। समझ लो यह दुकान उन्हीं की है, बैठ मैं रहा हूँ। समझ लो, मैं उनका जिम्मी हूँ।"

जिसे सनीचर सहजता से स्वीकार कर लेता है, वह भारतीय राजनीति का बहुत बड़ा यथार्थ था, अब नहीं है, हालाँकि अब भी यह पूरी तरह समाप्त नहीं हो सका है, पर जिम्मी की परम्परा अब भी जारी है, "यही हमारी परम्परा है। रामचन्द्र की खड़ाऊँ पूजकर भरत ने उनके नाम से चौदह साल हुकूमत चलायी थी।"

आज भी यह सच भारतीय राजनीति में प्रखरता और प्रचण्डता के साथ मौजूद है। अधिकांश राजनीतिक दलों में यह खड़ाऊँ पूजा जारी है, उदाहरण देने की ज़रूरत नहीं।

खड़ाऊँ पूजन ही लोकतन्त्र है, क्योंकि हमारा लोकतन्त्र 'सामन्ती लोकतन्त्र' है। हर दल के नेता सामन्त और बाक़ी उनके जिम्मी। भारतीय लोकतन्त्र का ऐसा बेबाक चित्रण अभी तक मुझे किसी भी भारतीय उपन्यास में नहीं मिला। भारतीय राजनीति का इससे बेहतर रूपक हो ही नहीं सकता। भारतीय राजनीति का यह आख्यान यहीं की ज़मीन पर खड़ा है, यहीं से उसे रस-पानी मिला है और इसीलिए इतना मजबूत और टिकाऊ है। जब तक भारतीय राजनीति और भारत राष्ट्र स्वार्थपरता, लोलुपता, भ्रष्टाचार, भाई-भतीजावाद से मुक्त नहीं होता, तब तक यह कथा प्रासंगिक रहेगी और यह उपन्यास कालजयी और क्लासिक रचनाओं की क़तार में अग्रणी बना रहेगा।

'राग दरबारी' औपनिवेशिक और सामन्ती मानसिकता तथा व्यवस्था के ख़िलाफ़ शंखनाद है। भारत अभी तक औपनिवेशिक ग़ुलामी में ही जी रहा है। भारतीय न्याय-व्यवस्था इसका जीता-जागता उदाहरण है, जो औपनिवेशिक काल में बनाये गये क़ानून पर घिसट रही है। भारतीय अदालतें फ़ैसले के स्थगन के लिए विख्यात हैं और इसी सच का बयान है लंगड़ की कथा। लंगड़ अदालत से नकल निकलवाने के लिए अदालत के दरोदीवार की एक-एक ईंट से सिर लड़ा चुका है, पर उसे नकल नहीं मिलती, क्योंकि वह रिश्वत नहीं देने का हठ कर बैठता है, क्योंकि वह 'सत्त की लड़ाई' लड़ रहा है। 'नकल न मिलना' 'राग दरबारी' में एक महत्त्वपूर्ण मुद्दा और बहस का विषय बन जाता है और लंगड़ 'नक़ल न मिलने' का पर्याय। लंगड़, शरीर से तो विकलांग है ही, निर्धन और दलित भी है, जिसे 'औपनिवेशिक अदालत' से न्याय नहीं मिलता।

बुद्धिजीवी, शिक्षक तथा शिक्षा-व्यवस्था किसी भी आधुनिक समाज और राष्ट्र की नींव होते हैं। भारत की नींव को खोखला बनाने में इनका योगदान सर्वोपरि मानते हुए श्रीलाल शुक्ल ने 'राग दरबारी' में इनकी जमकर खिंचायी की है। छंगामल विद्यालय इण्टरमीडिएट कॉलिज, शिवपालगंज को श्रीलाल शुक्ल अस्तबल, दुकान, गुमटी, सामुदायिक मिलन केन्द्र जैसे नायाब विशेषणों से नवाजते हैं, जहाँ शिक्षा के अलावा सब-कुछ हासिल किया जा सकता है। कॉलिज का प्रिन्सिपल शोले का जेलर है, जो 'मैं अंग्रेज़ के ज़माने का जेलर हूँ।' के मानिन्द विदूषक के रूप में चित्रित है। यह कॉलिज कथा के केन्द्र में बना रहता है। इस कॉलिज पर वैद्य जी का कब्जा है। प्रिन्सिपल वैद्य जी का एक प्रमुख दरबारी है, जिसे कभी रुप्पन बाबू लतियाते हैं तो कभी बद्री गरियाता है, पर वह पिल्ले की तरह कें-कें करता हुआ वैद्य जी की धोती में घुसा रहता है। साइन्स टीचर मोतीराम साइन्स कम पढ़ाते हैं, अपनी आटा-चक्की

के नफ़े-नुकसान की फ़िक्र उन्हें ज़्यादा सताती है। खन्ना इतिहास के मास्टर हैं, पर अंग्रेज़ी पढ़ाते हैं, यानी जिस शिक्षा-व्यवस्था पर पूरे देश का भविष्य टिका है, उसे भी राजनीतिज्ञों ने किस प्रकार ध्वस्त किया है, इसका नज़ारा छंगालाल विद्यालय में देखने को मिलता है। राजनीतिक दाँवपेच और औपनिवेशिक मानसिकता के काँटे में फँसी शिक्षा-व्यवस्था को ध्वस्त होते दिखाया गया है। इस उपन्यास में श्रीलाल शुक्ल ने इस पर जमकर प्रहार किया है। ग़ौरतलब है कि व्यंग्य से मजबूत प्रहार कोई हो ही नहीं सकता, क्योंकि यह भितरघात करता है और छाती बेध डालता है। ग़ौरतलब है कि व्यंग्य इतना तीक्ष्ण और मारक होता है कि यह महाभारत की नींव भी बन सकता है। प्रेमचन्द ने भी कई स्थानों पर ख़ासकर 'बड़े भाई साहब' में औपनिवेशिक और अंग्रेज़ी शिक्षा-पद्धति की आलोचना की है और उसी को आगे बढ़ाते हुए श्रीलाल शुक्ल ने उसके ताबूत में कील जड़ दी है।

जब पीड़ा घनीभूत हो जाती है तो व्यंग्य का जन्म होता है। व्यंग्य अग्निगर्भा है, जिसकी आँच और ताप का दायरा विस्तृत और बहुआयामी होता है। 'राग दरबारी' घनीभूत वेदना से जन्मा उपन्यास है, जो व्यंग्य के लावे के रूप में फूटा है। हमने अपनी और अपने देश की जो दुर्गत कर ली है, उसी पर हल्ला बोलती है यह कृति। राजनीति, शिक्षा-व्यवस्था, पुलिस, नौकरशाही आदि तो हैं ही निशाने पर, विकृत हो रहा व्यक्तिगत और सामाजिक सम्बन्ध भी लहूलुहान दिखायी पड़ते हैं। वैद्य जी के पुत्र हैं रुप्पन बाबू। ये नयी पीढ़ी के प्रतीक हैं, जिन्हें श्रीलाल शुक्ल ने प्रिन्सिपल की ही तरह विदूषक बनाकर प्रस्तुत किया है। 'राग दरबारी' में विदूषकों की भरमार है, ऐसा लगता है कि यही विदूषक समाज को '(कु) राह' पर ले जा रहे हैं। रुप्पन बाबू का चरित्र हास्यास्पद है, पर अपने पिता के प्रति उनका जो रागात्मक सम्बन्ध है, वह पिता के अपमान के रूप में प्रकट होता है। रुप्पन बाबू के ख़ानदान में कुसहर-प्रसाद के परिबार की तरह बाप को पीटने की परम्परा तो नहीं थी, पर इससे बिखरते पारिवारिक सम्बन्धों की झलक तो मिलती है, जो मात्र स्वार्थ और बाप की मिल्कियत हथियाने पर टिका है।

भारत में प्रेम करना आज भी दुस्साहस माना जाता है। प्रेमी-प्रेमिकाओं को सरेआम मारे जाने की ख़बर अख़बारों में छपती रहती है। भारत में अब भी प्रेम करने को नैतिक मान्यता प्राप्त नहीं है। महानगरों में भी प्रेम सम्बन्ध नज़रें तो उठवा ही देता है, भले ही सार्वजनिक रूप से कोई टीका-टिप्पणी न करे। छोटे शहरों, क़स्बों और गाँव में तो यह बड़ा 'स्कैण्डल' बन जाता है और कभी-कभी प्रेमी-प्रेमिका को जान से हाथ धोना पड़ता है। इसी भारतीय मानसिकता पर रुप्पन-बद्री-बेला के त्रिकोणीय प्रेम प्रहसन द्वारा चोट की गयी है। भारतीय परम्परा के अनुसार अन्ततः बेला ही बदनाम होती है। रुप्पन बद्री एक-दूसरे को सन्देह से देखते हुए बेदाग़ निकल जाते हैं। अन्त में यह ख़बर ग़ौरतलब है, "उसी के दूसरे दिन शिवपालगंज में कई ख़बरें फैलीं। एक ख़बर यह थी कि खन्ना मास्टर के दल के किसी लड़के ने बेला को एक प्रेम-पत्र लिखा है और उसमें झूठमूठ रुप्पन का नाम जोड़ दिया है।

दूसरी ख़बर यह थी कि बेला ने रुप्पन को एक प्रेम-पत्र लिखा था, जिसका जवाब रुप्पन ने भेजा था, पर यह जवाबी पत्र गयादीन के हाथों पकड़ा गया और बेइज़्ज़ती से मारा गया।

तीसरी ख़बर, जो सबसे ज़्यादा प्रसिद्ध हुई, यह थी कि बेला एक बदचलन लड़की है। साम्प्रदायिकता एक बड़ा रोग है, जो भारत की नस-नस में बसा है। इस वायरल की कोई

दवा नहीं। श्रीलाल शुक्ल कबीर और प्रेमचन्द की परम्परा के लेखक हैं, जो धर्म का मज़ाक़ उड़ाने का साहस रखते हैं। बद्री पहलवान के मन्दिर दर्शन प्रहसन में धार्मिक ढकोसले की पोल खुलती है और पुजारियों की प्रतिक्रिया उनकी स्वार्थपरता को उजागर करती है, क्योंकि धर्म उनका धन्धा है और रंगनाथ उनके पेट पर ही लात मारना चाहता है और यहाँ रुप्पन बाबू की टिप्पणी सटीक बैठती है, "कसूर तुम्हारा नहीं, तुम्हारी पढ़ाई का है, पढ़-लिखकर आदमी पढ़े-लिखे लोगों की तरह बोलने लगता है। बात करने का असली ढंग भूल जाता है।" अन्धविश्वास और अन्धआस्था पर श्रीलाल शुक्ल का यह जबरदस्त व्यंग्य-प्रहार एक ऐसा आधुनिक लेजर ऑपरेशन है कि कब छुरी चली, पता ही नहीं चला, क्योंकि इसमें हास्य रस का अनीस्थिसिया लगा होता है। गाँधी के नाम पर जो भी अनाप-शनाप काम आज़ादी के बाद हुआ और अब भी हो रहा है, उसे गुण्डागिरी की तर्ज़ पर श्रीलाल शुक्ल ने गाँधीगिरी कहा है, "महाराज, यह ज्ञान अपने पास रखो। यहाँ ख़ून की नदी बह गयी और तुम हम पर गाँधीगिरी ठाँस रहे हो। यही बद्दरी पहलवान तुम्हारी छाती पर चढ़ बैठे तो देखूँगा। इश्लोक बाँचकर कैसे अपने मन को समझाते हो।" गाँधी के विचारों के अवमूल्यन को दर्शाने के लिए यहाँ 'गाँधीगिरी' का इस्तेमाल लोकगृहीत है। यह पूरा उपन्यास ही जनता की आवाज़ है, जो केवल गाँधी के विचारों के ही अप्रासंगिक बना दिये जाने की बात नहीं करता, बल्कि सहकारिता जैसी ग्रामीण विकास योजनाओं के भहराने के कारणों की तफ़्तीश करता है और पाता है कि रुप्पन बाबू के शब्दों में 'यह सब पॉलिटिकल है।'

घूस लेना प्रतिष्ठा का मानदण्ड है, ग़बन करने से महिमा बढ़ती है, पिता को पीटना सम्मान की बात है, भूदान के नाम पर छल करना अभिमान माना जाता है। यहाँ कालिका प्रसाद जैसे लोग हैं, जो ग्राण्ट गड़प लेते हैं और समाज के प्रतिष्ठित व्यक्तियों में शुमार होते हैं। यह है भारत का असली चेहरा, जहाँ प्रजातन्त्र रिरिया रहा है और सनीचर की तरह वैद्य जी के चौखटे पर नाक रगड़ रहा है, चिरौरी कर रहा है।

श्रीलाल शुक्ल ने सनीचर का चरित्र रच के गढ़ा है। वह प्रजातन्त्र है, वह वैद्य जी का ग़ुलाम है। उसके तार-तार कपड़े प्रजातन्त्र की दुर्दशा का बयान है। ग्राम पंचायत वैद्य जी की दास है। अदालत अमीरों की पैरोकार है। चुनाव फ़र्जी है। यहाँ शिक्षा के नाम पर लूट है, रिसर्च के नाम पर खुदौअल। 'राग दरबारी' आज का भारत है जो भूमण्डलीकरण, उदारीकरण और बाज़ारीकरण की चक्की में पिस रहा है। यहाँ इण्डिया है, यहीं भारत है। 'राग दरबारी' में बाज़ारीकरण की पदचाप स्पष्ट सुनायी देती है। रुप्पन बाबू, वैद्य जी, प्रिन्सिपल साहब का बाज़ार भ्रमण इसी ओर इशारा करता है और कथाकार का कथन है :

"आज भी हिन्दुस्तानी शहरों में दो तरह के बाज़ार होते हैं। एक काले यानी नेटिव लोगों का और दूसरा गोराशाही बाज़ार।"

आज गोरा बाज़ार इतना पसर गया है कि नेटिव बाज़ार को अजगर की तरह निगल रहा है।

रोज़-रोज़ खुल रहे मॉल इसी गोरा बाज़ार का संस्करण है, जहाँ एक ख़ास तबके के लोग ही ख़रीदारी करने जाते हैं। यह इण्डिया का बाज़ार है।

'राग दरबारी' मध्ययुगीन मानसिकता पर आघात करता है और भारत को आधुनिक बताने के पाखण्ड पर चोट है। जिस देश में करोड़ों लोगों को शौच करने की सुविधा नहीं,

वह देश तो मध्ययुगीन ही होगा। लोगों के और .खासकर महिलाओं के खुले में शौच करने का दृश्यांकन इस लिहाज़ से 'क्लासिक' है कि इसमें भारत की भारतीयता और इसकी महानता पर प्रश्नचिह्न लगता है। इस या इस प्रकार के वर्णनों को पढ़कर सम्भ्रान्त और कुलीन आलोचकों/पाठकों को भदेसपन की बू आ सकती है, पर जब यही सच है तो है, जिनके घर में पाखाने हैं वे तो नाक-भौं सिकोड़ेंगे ही। जिन्हें बरसात में घर से बाहर शौचादि के लिए निकलना पड़ता है, उनका ही दर्द इस उपन्यास में व्यक्त हुआ है और भलेमानुस की भलमनसियत की मलामत की गयी है।

'राग दरबारी' अतिशयोक्ति में लिखा गया उपन्यास है, क्योंकि यह 'ग्राम कथा' है और गाँव की जुबानी की यह कहानी कही गयी है, क्योंकि ग्रामीण भांजू भी होता है और ज़्यादातर अतिशयोक्ति में बात करता है। गाली-गलौज नित्य क्रियाओं, तथाकथित अश्लील शब्दावलियों का प्रयोग धड़ल्ले से करता है। इसे 'सभ्य' समाज में 'भदेस' माना जाता है, पर भारत में इसी 'भदेस' से लोक बनता है। इन्हीं से निकलती हैं लोकोक्तियाँ और मुहावरे। ग्रामीण भाषा के इस रूप का सर्जनात्मक प्रयोग राही मासूम रज़ा के उपन्यास 'आधा गाँव' (1966) और श्रीलाल शुक्ल के 'राग दरबारी' में हुआ है।

संयोग से दोनों ही उपन्यासों का रचनाकाल और विवेच्यकाल लगभग एक ही है। 'आधा गाँव' और 'राग दरबारी' दोनों ही उपन्यासों पर अश्लीलता का आरोप लगा, पर ये दोनों ही उपन्यास अपनी दृष्टि और कथ्य में इतने बड़े हैं कि इन्हें अश्लील कहनेवाले ही ओछे और छोटे नज़र आने लगते हैं। अश्लीलता का मानदण्ड शिष्ट समाज करता है, जो अश्लीलता को पर्दे के पीछे ले जाता है और उसे ढाँप-तोपकर रखता है और उसका मनमर्जी उपयोग करता है। ग्रामीण मन खुलेआम और सहज रूप से अपने को अभिव्यक्त करते हैं। इसलिए वे अश्लील माने जाते हैं। गालियाँ मनुष्य की सहज अभिव्यक्ति हैं, जिसके साथ कई गुबार निकल जाते हैं, गालियाँ यौनाकांक्षा की अभिव्यक्ति है, गालियाँ अपने को उन्मुक्त करने का प्रयास है। महिलाओं द्वारा शादी-विवाह के अवसरों पर गालियाँ गाना इसी मनोवृत्ति का उच्छ्वास है। गालियाँ मन के गँदलेपन को, कुण्ठा को, दबी भावनाओं को निकालने का एक 'सेफ्टी वाल्व' है, जिससे मन तनावमुक्त हो जाता है। निश्चित रूप से गालियाँ किसी भी समाज में 'सभ्य' नहीं मानी जातीं, पर यह 'असभ्य अभिव्यक्ति' हर सभ्यता, हर संस्कृति का एक हिस्सा है। वैसे ही जैसे खजुराहो के मन्दिरों में उत्कीर्ण यौन क्रीड़ाओं का दृश्यांकन। एक नज़र से वह भी अश्लील है, क्योंकि सभ्यता यौन-क्रिया को निजी दायरे में रखने की माँग करती है।

फिर यौन-क्रियाओं के इस सार्वजनिक प्रदर्शन को किस रूप में व्याख्यायित करें? इसलिए गालियों और अश्लीलता के नाम पर इन उपन्यासों की महत्ता कम नहीं हो जाती, बल्कि इससे इन कथाओं के साहस का परिचय मिलता है, जिन्होंने यथार्थ की अभिव्यक्ति के लिए और अपनी बात पाठक तक पहुँचाने में कोई लुका-छिपी नहीं खेली। जो जैसा है, उसे उसी रूप में पेश ही नहीं किया, सच को ऐसा तरकश बनाया कि अन्तर तक बिंध गया।

इसी कारण 'राग दरबारी' का एक-एक प्रसंग, एक-एक वाक़िया, एक-एक कथन ऐसे नुकीले और धारदार हैं कि छलनी-छलनी कर देते हैं, पर वे क़त्ल भी करते हैं और चर्चा नहीं होती। क्योंकि उनके पास व्यंग्य बाण है, जिसका सन्धान सात्त्विक क्रोध और बेचैनी के

धनुष से होता है। व्यंग्य हँसकर समस्याओं को टालता नहीं, बल्कि उन्हें तीक्ष्ण और बेधक बनाकर पेश करता है। व्यंग्य हास्य तो पैदा करते हैं, पर हास्यास्पद नहीं होते।

'राग दरबारी' में कई बार ऐसा लगता है कि इस प्रकार के प्रसंग की क्या ज़रूरत है जैसे वैद्य जी का प्रजातन्त्र का सपना, "थोड़ी देर शान्ति रही, पर कुछ देर बाद ही पेट के अन्दर हवा ने क्रान्ति मचानी शुरू कर दी। जिस्म के ऊपरी और निचले हिस्सों से यह बार-बार विस्फोटक आवाज़ों में निकलने लगी। उन्होंने लिहाफ दबाकर करवट बदली और अन्त में क्रान्ति का एक अन्तिम विस्फोट सुनते हुए, वे फिर तन्द्रालीन हो गये। देखते-देखते क्रान्ति की हवा कुतिया की तरह दुम हिलाती हुई सिर्फ़ उनके नथुनों से खर्राटों के रूप में आने लगी, जाने लगी। वे सो गये। तब उन्होंने प्रजातन्त्र का सपना देखा।" प्रजातन्त्र की दुर्गति का इससे बेहतरीन चित्रण हो सकता है क्या?

'राग दरबारी' प्रहसन, रामलीला, भँड़ैत, नौटंकी, जैसी लोक नाट्यशैलियों का समुच्चय है। इसमें कई 'प्रहसन' एक के बाद एक चलते हैं और मिलकर एक 'महानाट्य' तैयार होता है, जो अन्ततः राष्ट्रीय रूपक में तब्दील हो जाता है। रूप और संरचना की दृष्टि से 'राग दरबारी' हिन्दी का अप्रतिम और अकेला उपन्यास है, जिसमें लोक नाट्यरूपों को महारूपक और महाआख्यान में रूपान्तरित किया गया है।

'राग दरबारी' में खड़ीबोली, अवधी और भोजपुरी मिश्रित हिन्दी का विस्फोटक उपयोग और प्रयोग किया गया है। व्यंग्य को भाषा में ढालना बड़ा कठिन होता है। इसका आसानी से फूहड़ मज़ाक़ में तब्दील होने का ख़तरा बना रहता है, पर यदि कथ्य और दृष्टि में गहराई हो, उसमें कोई चिन्ता और सरोकार हो, उसका कोई लक्ष्य हो, तो फिर फूहड़ता उसमें से छूमन्तर हो जाती है, इसलिए 'राग दरबारी' के फूहड़ से लगनेवाले प्रसंग भी गहरी अर्थवत्ता दे जाते हैं, क्योंकि यह एक बड़े दृष्टिकोण, चिन्ता और सरोकार से सम्पृक्त है और यह है राष्ट्र निर्माण की चिन्ता, राष्ट्र को जर्जर होने से बचाने की चिन्ता। किसी को तो बताना ही पड़ेगा कि 'राजा नंगा है' किसी को तो पर्दाफ़ाश करना ही होगा कि 'अन्धेर नगरी है' और यह बात अभिधा में तो नहीं कही जा सकती है, इसके लिए तो व्यंजना की संजीवनी चाहिए जो केवल व्यंग्य के पास है।

'राग दरबारी' जैसी महान् कृतियाँ बार-बार पुनर्पाठ की माँग करती हैं, क्योंकि यह हर युग में प्रासंगिक होती हैं। यह कृति एक पतनोन्मुख और ह्रासोन्मुख व्यक्ति, समाज और राष्ट्र की 'करुण गाथा' है, जिसे बड़े दर्द, पीड़ा और क्रोध के साथ प्रस्तुत किया गया है और जिसका विस्फोट व्यंग्य के रूप में हुआ है। व्यंग्य को इतने बड़े फलक पर सँभालकर रखना भी अपने आपमें एक मिसाल है। वक्रोक्ति और उलटबाँसी शैली में लिखा यह उपन्यास भारतीय मानसिकता को सही परिप्रेक्ष्य में और पूर्णता से परोसता है। यह एक राजनीतिक व्यंग्य रचना है, जो इस प्रहसन के साथ समाप्त होती है।

'राग दरबारी' का शैलीवैज्ञानिक विश्लेषण

कश्मीरी लाल

'राग दरबारी' श्रीलाल शुक्ल के कथा-साहित्य का एक सर्वाधिक शैली सम्पन्न व्यंग्यात्मक उपन्यास है जिसमें देश में व्याप्त भ्रष्टाचार, शोषण, अन्याय, अनैतिकता और दबंगई का कई दशक पूर्व ऐसा व्यापक खाका प्रस्तुत किया है जिसकी चर्चा कई वर्षों के बाद का साहित्य व मीडिया करने लगा है। व्यंग्य इसमें मुख्य अस्त्र है जिसमें अद्‌भुत मारक शक्ति है।

शैलीवैज्ञानिक प्रतिमान द्वारा किसी भी कृति को वैज्ञानिक और वस्तुनिष्ठ ढंग से समझा-समझाया जा सकता है। इसके अन्तर्गत विचलन, विपथन, समान्तरता, विरलता, संकेतार्थिकी शैली चिह्नक, चयन-संयोजन आदि विविध प्रतिमानों के अतिरिक्त रूपान्तरक प्रजनक व्याकरणाधृत प्रतिमान, व्यवस्थामूलक व्याकरणाधृत प्रतिमान और प्रकार्यमूलक व्याकरणाधृत प्रतिमान कारगर माने जाते हैं। अवधारणा और व्याकरण के संयोग पर आधारित प्रतिमान सर्जनात्मकता को उन्मूलित करने हेतु पर्याप्त सफल सिद्ध हुए हैं। यहाँ इन सभी प्रतिमानों को लेकर चलने की बजाय (लेखे के आकार को देखते हुए) केवल विरलतामूलक प्रतिमान की बात करना चाहूँगा।

विरलता (रेयरनेस) शैलीवैज्ञानिक विश्लेषण में एक ऐसा प्रतिमान है जिसमें प्रतिपाद्य से सीधी प्रतिबद्धता होती है। कृति में कई ऐसे मुख्य शब्द या वाक्य (की सेण्टन्सेज) होते हैं जिनका एकाध बार ही प्रयोग होता है परन्तु उनकी गहन संरचना के धरातल पर साभिप्रायता मिलती है जो रचना के प्रतिपाद्य से जोड़ती है। कई लोग इसे सूत्र शब्द या वाक्य भी कह लेते हैं परन्तु यह एक भिन्न शैलीवैज्ञानिक प्रतिमान है। पी. गैरो ने प्रतिपाद्य शब्द (थीम वड) और उन्मीलक शब्द (की वड) नामक दो कोटियाँ बनायी हैं जिनके द्वारा प्रयोग की दृष्टि से शब्दों को विभक्त किया जा सकता है। प्रतिपाद्य शब्द वे होते हैं, जो सर्जनात्मक संसार के प्रतिपाद्य (कथ्य) से जुड़ते हैं। ये कृति में एकाधिक बार उभरते हैं जिनकी क्रियाशीलता को समान्तरता के अभिकरण द्वारा विश्लेषित किया जाता है। दूसरी ओर उन्मीलक शब्द कृति में आवर्तित नहीं होते। इनका प्रयोग सम्पूर्ण कृति या पाठ में विरल (रेयर) होता है।

कहा जा सकता है कि विरलता को विचलन, विपथन, समान्तरता आदि अभिकरणों द्वारा उद्‌घाटित नहीं किया जा सकता क्योंकि यह अभिकरण अवयवभूतार्थता को प्रस्तुत करता है। इस प्रकार की स्थिति में प्रमुखता केवल विरलता पर आधारित होती है।

'राग दरबारी' को विरलता के अभिकरण द्वारा कई स्तरों पर परखा व विश्लेषित किया जा सकता है जैसे शब्द स्तर, वाक्य स्तर और प्रोक्ति (डिस्कोसी) स्तर। सर्वप्रथम इन तीनों स्तरों पर होनेवाले विश्लेषण पर विचार करते हैं।

शब्द स्तर पर 'राग दरबारी' में कई ऐसे शब्द हैं, जो न तो विचलित हैं, न विपथित और न ही समान्तरित हैं, तथापि अग्रप्रस्तुत होकर अर्थ-गाम्भीर्य को द्योतित करते हैं। इसमें

प्रयुक्त 'शोषण' शब्द ऐसा ही एक उन्मीलक शब्द है जो छंगामल विद्यालय इण्टर कॉलिज की चर्चा के सन्दर्भ में आता है। यह एक विरल प्रयोग है—"उनका मुख्य कार्य कुछ मास्टरों और सरकारी अनुदानों का शोषण करना था।" यह शोषण शब्द कॉलिज के सन्दर्भ में ही नहीं वरन् सम्पूर्ण उपन्यास के सन्दर्भ व परिवेश को केन्द्र में रखकर अग्रप्रस्तुत होता है। पंक्ति में सन्दर्भित मास्टरों और अनुदान के दोहन के अतिरिक्त यह कई अन्य प्रकार के व्याप्त शोषण-बिन्दुओं और उनकी दशा-दिशा को अभिव्यक्त करता है। लेखक ने बार-बार संकेत दिये हैं कि शोषण का बहुमुखी आधार विकराल रूप में सामने आता है। मास्टरों के शोषण में सबसे महत्त्वपूर्ण है—आर्थिक शोषण। तय वेतन से आधी राशि देकर पूरी रकम की रसीद लेना इसका मुख्य उदाहरण है। यह तो हुई आर्थिक शोषण की बात। अब एक दूसरे बिन्दु की ओर चलते हैं।

उक्त विद्यालय के मास्टरों का राजनीतिक शोषण आर्थिक शोषण की तरह ही त्रासद है। अध्यापकों के दो गुट हैं—एक में प्रिन्सिपल के पक्षधर (प्रो. प्रिन्सिपल) और दूसरे में विरोधी (एण्टी प्रिन्सिपल) अध्यापक आते हैं। प्रिन्सिपल अपने वर्ग के अध्यापकों का उपयोग अपने पक्ष को सुदृढ़ करने के लिए करता है। इससे विपक्ष की हर उचित माँग को दबाया जा सकता है। न्याय की ओर उठती आवाज़ को दबाया जा सकता है और अपनी ओर आनेवाले हर संकट का डटकर मुक़ाबला किया जा सकता है। इसके लिए तरह-तरह के जाल फेंके जाते हैं।

अब अनुदान की बात कर ली जाय। उपन्यासकार की पीड़ा इस दुःखद प्रवृत्ति को लेकर है कि विद्यालय को जो अनुदान मिलता है, वह प्रिन्सिपल और वैद्य जी (मैनेजर) के निजी उपयोग में आता है। कॉलिज के किसी मास्टर की आर्थिक दशा ठीक न हो तो इन अनुदानों से उसकी आर्थिक सहायता की जा सकती है बशर्ते वह वैद्य जी के गुट का प्रिय सदस्य हो। प्रिन्सिपल फर्जीवाड़े में इतना काँइयाँ है कि उसके बनाये नक़ली बिलों और ख़र्चों पर बड़े-से-बड़ा सरकारी ऑडिटर भी क़लम नहीं चला सकता। वैद्य जी एक ऐसी शक्ति हैं जिनकी बैठक से सारी व्यवस्था तय होती है और उन्हीं की इच्छा और निर्देश पर अनुदानों का शोषण एक स्वस्थ परम्परा के रूप में प्रचलित है।

देश में छात्रों के शोषण का सन्दर्भ लेखक ने गम्भीरता से उठाया है। वे इस कॉलिज के छात्रों के बहुमुखी शोषण का संकेत देते हैं। पढ़ाई से कोई सीधा सम्बन्ध न जोड़कर उनके उपयोग की योजनाएँ प्रचलित हो रही हैं। इसके लिए परीक्षाओं में नक़ल कराने और पास कराने की गारण्टी का हवाला देकर छात्रों का मनमाना शोषण करने की प्रथा लोकप्रिय बतायी गयी है। राजनीतिक शोषण का उदाहरण कॉलिज की वार्षिक बैठक के आयोजन में मिल जाता है। उन्हें प्रतिरक्षा हेतु या विरोधियों के लिए आतंक फैलाने के लिए प्रयुक्त किया जा रहा है। चुनाव की दृष्टि से भी ये छात्र अपना शोषण करवाने में चर्चित हुए हैं। मालवीय-जैसे मास्टर छात्रों का शोषण करने के लिए उन्हें पेपर लीक जैसे हथकण्डों से समर्पण (देह-स्तर पर) के लिए लालायित करते हैं।

उपन्यास में शोषण का एक महत्त्वपूर्ण स्रोत सहकारी संघ (कोऑपरेटिव यूनियन) के रूप में उभरता है। वैद्य जी सहकारी संघ व उससे प्राप्त हर सुविधा व धन को निजी समझते हैं। वे पदों पर अपने मोहरें बैठाकर संघ का शोषण करते हैं। सबसे बड़ा उदाहरण सुपरवाइज़र

रामसरूप के ग़बन और उसके पीछे छिपे षड्यन्त्र के रूप में उभरता है। वैद्य जी रामसरूप के माध्यम से सहकारी संघ में मोटा ग़बन करवाकर माल स्वयं हड़प जाते हैं। यही उनका पेशा भी है। नया सुपरवाइज़र आता है तो उसकी ईमानदारी वैद्य जी को तंग करने लगती है। बद्री का सहकारी संघ का प्रधान चुना जाना दूसरी ओर संकेत करता है कि वैद्य जी जैसे नेता किसी-न-किसी को आगे करके अपना पेट भरते जा रहे हैं और जनता के अधिकारों और सुविधाओं का शोषण कर रहे हैं।

ग्राम-पंचायत शोषण का एक और महत्त्वपूर्ण स्तम्भ बनकर उभरता है। पंचायत सभा एक ऐसा सरकारी चोंचला बनकर उभरती है जिसका प्रधान लक्ष्य सरकारी अनुदानों को हड़पना है। इसीलिए लोग इसे तिरस्कार की दृष्टि से देखते हैं। वैद्य जी सनीचर के रूप में एक ऐसा प्रधान चाहते हैं जिसके माध्यम से सहकारी खेती के लिए अनुदान प्राप्त करके निजी उपयोग के लिए ख़र्च किया जा सके। इसी पंचायत को मोहरा बनाकर दारोग़ा पर दावा दायर किया जाता है और समझौते के रूप में मिलनेवाले धन का उपयोग वैद्य जी के गुट के हित में किया जाता है।

उपन्यासकार का ध्यान इस बिन्दु पर अधिक गया है कि शोषण के हाथ बहुत-बहुत लम्बे हो चुके हैं। स्थानीय स्कूल व चिकित्सालय भी इससे अछूते नहीं हैं। स्कूलों में बच्चों को दिया जानेवाला पाउडरवाला दूध ग़ायब होकर सनीचर की दुकान पर बिकता है। स्थानीय चिकित्सालय की ओषधियाँ भी इसी प्रचलन के अनुसार सनीचर की दुकान पर बिकने के लिए आ जाती हैं। यह सारी व्यवस्था स्वचालित (ऑटोमेटिक) है। कोई कुछ नहीं करता और फिर भी सारी शोषण-व्यवस्था अक्षुण्ण रूप से चलती जाती है। अतः कॉलिज, मास्टर, अनुदान, छात्र-वर्ग, गाँव-पंचायत, सहकारी संघ, सहकारी खेती, चिकित्सालय, मिड-डे मील आदि से जुड़ा शोषण श्रीलाल शुक्ल के लेखन-क्षण से लेकर आज तक अव्यवहित रूप में यथावत् है।

''‘मित्रता’ शब्द भी उपन्यास में प्रयुक्त एक विरल शब्द है जो अपनी उन्मीलक शक्ति द्वारा अग्रप्रस्तुत होकर वैद्य जी की कार्यप्रणाली (स्ट्रेटेजी) को निर्दिष्ट करता है। ‘एक दिन वैद्य जी अकेले ही मित्रता की यात्रा पर निकल पड़े।'' मित्रता को आज की व्यवस्था में एक अचूक व्यापारिक समझौते के रूप में मान्यता दी जाने लगी है जिसे उपन्यास में वैद्य जी के माध्यम से बहुत साल पहले ही उद्घाटित किया जा चुका है।

वैद्य जी एक बहुमुखी प्रतिभासम्पन्न शोषक राजनेता हैं जिनकी बड़े-बड़े अधिकारियों और व्यवस्था के कर्णधारों से मैत्री है। यह मित्रता राजनीतिक क्षेत्र में उनके लिए अनुकूल और निष्कण्टक परिवेश तैयार करती है। प्रत्येक संकट-काल में यही मित्रता उनके काम आती है जो येन-केन-प्रकारेण उनको अभयदान देकर उन्हें सुरक्षित निकाल लाती है। यही कारण है कि वे समय-समय पर शहर का चक्कर लगाकर अपने कष्टों के निवारण का स्रोत संजीवित करते रहते हैं। ऐसे समय पर भेंट चढ़ाना भी नहीं भूलते क्योंकि अंशदान आज की व्यवस्था की केन्द्रीभूत पहचान है।

‘मित्रता’ शब्द द्वारा लेखक ने वैद्य जी के शोषण पर आधारित समर्थ संसार को द्योतित किया है। अनुदान प्राप्त करने, स्थानान्तरण करवाने, मुक़दमे की पैरवी करने, अपराधी की जमानत करवाने, दोषी को निर्दोष (बाइज़्ज़त) घोषित करवाने आदि के लिए यही मित्रता-अभियान

कारगर सिद्ध होता है। वे जानते हैं कि किस मित्र (अधिकारी) के पास क्या लेकर जाना होगा। घी का पीपा, घड़ी का दान आदि ऐसे ही समर्थ व सार्थक संकेत हैं।

अब 'ग़ुलाम' शब्द के विरल प्रयोग की बात करते हैं। वाक्य देखिये–"तभी ये अध्यापक, जो मेरे ही ग़ुलाम हैं–मेरा विरोध करते हुए घूम रहे हैं।" यह शब्द पूरे उपन्यास में अपनी व्यापकता में विविधधर्मी दासता को समाहित किये हुए है। वैद्य जी कॉलिज के मैनेजर हैं और अध्यापकों को रखना-निकालना इन्हीं की मर्ज़ी पर आधारित है। वे स्वयं को एक निरंकुश सम्राट् और अध्यापकों को अपना क्रीतदास समझते हैं जो उनके हर संकेत को महत्त्वपूर्ण समझकर उसका पालन करने से परहेज़ न करते हों। अतः यह शब्द देश के कर्णधारों की मनोवृत्ति और उनकी कार्य-प्रणाली की ओर इंगित करता है। इसी प्रणाली के तहत वे अपने विरोधियों को निकाल बाहर करते हैं।

'ग़ुलाम' शब्द की सार्थकता का प्रामाणिक स्रोत है–गाँव पंचायत सभा का प्रधान। सनीचर वैद्य जी का ग़ुलाम है जो इस पृथ्वी पर केवल वैद्य जी को एकमात्र मनुष्य मानता है। वह परम श्रद्धा व निष्ठा से उनकी सेवा में लगा रहता है। यह सेवा एक प्रकार की अन्धभक्ति है। वैद्य जी इससे जो भी और जैसे भी काम करवाना चाहते हैं, करवा लेते हैं। जो बात कहलवाना चाहते हैं, कहलवा सकते हैं। लेखक ने संकेत दिया है कि स्वतन्त्र भारत में ऐसे राजनीतिक ग़ुलामों की अपनी एक संस्कृति है जो यत्किंचित् परिवर्तन के साथ नये अवतार में सक्रिय होने लगी है। आज के नेता अपने अनुचरों से जो भी चाहते हैं, बयानबाज़ी करवा लेते हैं और दूर खड़े होकर अपने खेल का आनन्द व प्रभाव देखते रहते हैं। अंग्रेज़ों के जाने से या मुग़लों की संस्कृति के अलक्षित होने से कुछ भी नहीं बदला। न ग़ुलाम-संस्कृति बदली और न ही क्रीतदासवत् मोहरे सजाने की मानसिकता को कोई क्षति पहुँची। इस संक्रमण से अछूता समझा जानेवाला शिक्षा का क्षेत्र आजकल सर्वाधिक प्रभावित हो चुका है। निजी शिक्षा-केन्द्र और उनकी कार्य-शैली आये दिन इसकी ओर संकेत कर रहे हैं। नियुक्ति-पत्र से लेकर प्रोन्नति के अवसरों का आवण्टन इसका सबूत है।

चलिये अब 'संग्राम' शब्द के विरलतामूलक प्रभाव की बात करते हैं–'फिर संग्राम शुरू हो गया।' कहने को तो यह शब्द प्रिन्सिपल और खन्ना मास्टर के बीच होनेवाले निरन्तर विवाद का संकेतक है परन्तु इसका वास्तविक प्रभाव बहुत व्यापक होकर उभरता है। इसके द्वारा लेखक ने उपन्यास में चित्रित एक ऐसे निरन्तर युद्ध की ओर ध्यान दिलाया है जो अपने-अपने क्षेत्रों में मारक भूमिका निभा रहा है। यह संग्राम नीति और अनीति, नैतिकता और अनैतिकता, सत्य और असत्य, सदाचार और अनाचार, अधिकार और अधिकार-हनन, शासक और शासित के बीच चल रहा है। लेखक ने वैद्य जी के रूप में जिस शासक को शिवपालगंज के एक छोटे-से क्षेत्र को आधार बनाकर रूपायित किया है, वह आज अनेकानेक शक्तियों द्वारा राजसिंहासन पर बैठा जनता को निरीह बना रहा है।

वाक्य स्तर की बात की जाये तो प्रस्तुत उपन्यास में कुछ ऐसे वाक्य मिलते हैं जो विरल प्रयोग के उदाहरण हैं और अग्रप्रस्तुत होकर सम्पूर्ण कथ्य को उजागर करते हैं। इनकी विरलता में व्यापक प्रभाव छिपा हुआ है। उपन्यास में लंगड़ नामक पात्र है, जो एक दस्तावेज़ की नकल लेने में ही अपने सारे जीवन की आहुति देने को उद्यत है परन्तु वह नकल उसे नहीं मिलती। रंगनाथ के पूछने पर वह एक स्थान पर कहता है कि दफ़्तरवालों का कोई दोष नहीं है, वे

अपना काम करते हैं परन्तु सारी गड़बड़ अर्ज़ीनवीस ने की है। तब वह एक वाक्य बोलता है—"विद्या का लोप हो रहा है।"

यह वाक्य सम्पूर्ण उपन्यास में एक विरल वाक्य है परन्तु इसकी परिधि में एक शाश्वत सत्य है जो देश के अनेक क्षेत्रों में क्रियाशील विवेकहीनता का सूचक है। कहने को तो यह लंगड़ का एक सपाट-सा दिखायी देनेवाला संवाद है परन्तु इसकी मार में सम्पूर्ण देश के क्लर्कों और उनकी भर्ती में प्रयुक्त विवेकशीलता पर प्रश्नचिह्न लग जाता है। अनैतिक भर्ती का सबसे बड़ा दुष्परिणाम यह होता है कि वे अनैतिक धनार्जन को महत्त्व देने लगते हैं। वे घूसख़ोरी के नित्य-नये तरीक़े आविष्कृत करते रहते हैं। काम को रोकना और कठिन बनाना उनका पेशा बन गया है। वे हर सुविधा को असुविधा बनाकर प्रस्तुत करते हैं। ऐसे-ऐसे अड़ंगे लगाते हैं कि सामनेवाला धन की थैली खोलने के लिए विवश हो जाता है। विद्या का यह लोप ज्ञान और समझ का अन्त कर देता है।

विद्या शब्द का एक स्पष्ट अर्थ अध्ययन-अध्यापन के प्रकरण में भी लिया गया है। लेखक का ध्यान उन शिक्षा-केन्द्रों की ओर है जहाँ विद्या या शिक्षा या ज्ञानार्जन का दूर-दूर तक कोई सम्बन्ध नहीं है। शिवपालगंज इसका जीता-जागता प्रमाण है जहाँ विद्यार्थी और अध्यापक—दोनों गम्भीर नहीं हैं। केवल औपचारिकता शेष रह गयी है। विद्यार्थी और अध्यापकों का रिश्ता अध्ययन और अध्यापन का न होकर शोषण और राजनीति का बन गया है। ऐसे शिक्षा केन्द्रों में राजनीति और शोषण की शिक्षा प्रत्यक्ष और परोक्ष प्रणाली से दी जाती है। सिद्धान्त के साथ-साथ प्रायोगिक पक्ष भी सुदृढ़ किया जाता है।

यदि विद्या शब्द को समझ, ज्ञान, विवेक या ज्ञानार्जन के सन्दर्भ में समझा जाये तो लेखक यहाँ और भी प्रभावशाली हो उठते हैं। सारी समझ का प्रयोग एक-दूसरे को लूटने, पछाड़ने, गिराने, उठाने, उखाड़ने, स्थापित करने, चित करने, हीन सिद्ध करने और लज्जित करने में किया जा रहा है। देश की चिन्ता किसी को नहीं और सब अपनी छवि, सत्ता और स्थापत्य को महत्त्व दे रहे हैं। समाज और समाज-व्यवस्था को उपेक्षित करके अपनी समझ का प्रयोग असभ्य और असंस्कृत लोगों की तरह किया जा रहा है। यही विद्या का लोप आज भी देश को प्रगति के पथ पर अग्रसर होने से रोक रहा है। राजनीतिक और व्यवस्थापरक भ्रष्टाचार बड़े-बड़े घोटालों में परिवर्तित हो रहा है।

गयादीन कॉलिज प्रबन्ध समिति के उपाध्यक्ष हैं। खन्ना मास्टर के नेतृत्व में कई अन्य प्रिन्सिपल विरोधी अध्यापक गयादीन के घर अपने कष्टों और उनके मूल कारक प्रिन्सिपल व वैद्य जी के अत्याचारों का ब्योरा दे रहे हैं। गयादीन एक अनुभवी बनिया है और अच्छी तरह जानता है कि ऐसी शिकायतों का शिवपालगंज जैसे गाँव (व्यापक रूप में समूचे देश) में कोई अर्थ नहीं है। वह उन्हें तसल्ली देने के उपक्रम में एक वाक्य बोलता है—'मास्टर होकर मार खाने से कहाँ तक डरोगे?' इस वाक्य में एक गहन संरचना है, जो अग्रप्रस्तुत होकर अध्यापक वर्ग की दयनीय व शोचनीय दशा को अभिव्यक्त करती है। उस गाँव की तरह पूरे देश में अध्यापकों की स्थिति और प्रस्थिति सन्तोषजनक नहीं है। कहा तो जाता है कि अध्यापक देश के निर्माता हैं, कर्णधार हैं और आधार-स्तम्भ हैं परन्तु वास्तविकता यह है कि अध्यापक की औकात आयकर विभाग के चपरासी से भी नीचे आँकी जाती है क्योंकि भौतिकवादी युग का प्रत्येक प्राणी व्यावहारिकता के मोह में जकड़ा हुआ है। देश में

शिवपालगंज की तरह अध्यापकों के लिए सुविधाएँ तो दूर की बात, सामाजिक और प्रशासनिक संरक्षण और सुरक्षा भी उपलब्ध नहीं। उसे कोई भी अदना-सा व्यक्ति पछाड़ सकता है। लेखक ने उक्त वाक्य द्वारा देश के अध्यापकों की दुर्दशा के प्रति गहरी चिन्ता व्यक्त करते हुए विस्मय प्रकट किया है कि देश के निर्माताओं का शोषण व अपमान आख़िर शिक्षा-व्यवस्था का अभिन्न अंग कैसे बनता जा रहा है।

देश की अनेकानेक संस्थाएँ ऐसी हैं जहाँ अध्यापकों को अर्थ-संकट का सामना करते हुए दयनीय जीवन जीना पड़ता है। अस्थायी अध्यापकों के लिए कोई भी रोज़गार-सुरक्षा (सर्विस सिक्यूरिटी) न होने के कारण उनका शोषण होता रहता है। कई शिक्षा-केन्द्रों में शोषण आर्थिक के साथ-साथ शारीरिक सीमा तक चला जाता है। भौतिक सुविधाओं की बात तो दूर, उनका मानसिक स्वास्थ्य भी अनुकूल नहीं रहने दिया जाता। सिर पर आतंक की तलवार लिये अध्यापन-कार्य में जुटा व्यक्ति राष्ट्र व समाज को क्या और कितना दे सकता है? सामाजिक क्षेत्र में अनेक कठिनाइयों का सामना करनेवाला अध्यापक राजनीतिक प्रहार सहने को भी विवश है। ग़ैर सरकारी संस्थाओं के सन्दर्भ में इस अनाचारमूलक आतंक की ओर संकेत करके लेखक ने ऐसा गम्भीर प्रश्न उठाया है जिसका उत्तर राजनेताओं के पाठ में नहीं मिल पाता।

वैद्य जी कॉलिज के प्रिन्सिपल और अपने सुपुत्र रुप्पन के साथ शहर में इन्स्पेक्टर से भेंट करने जाते हैं। लौटते समय प्रिन्सिपल साहब रिक्शा बुलाते हैं ताकि स्टेशन पहुँचा जा सके परन्तु वैद्य जी मना कर देते हैं और बताते हैं कि वे रिक्शा पर बैठना पसन्द नहीं करते क्योंकि आदमी होकर आदमी पर बैठना बुरा लगता है। कैसा अन्याय है कि आदमी आदमी के बोझ को खींच रहा है। आख़िरकार तांगा बुलाया जाता है। उपन्यासकार ने एक विरल वाक्य लिखा—"रिक्शे के बहिष्कार मात्र से रिक्शाचालकों की कलंकपूर्ण समस्या अपने-आप सुलझ गयी।"

यह विरल वाक्य अग्रप्रस्तुत होकर उपन्यास में व्याप्त सिद्धान्त और व्यवहार-पक्ष को उजागर करता है। नेता लोग यह मानते हैं कि रिक्शे का चलन अपने-आप में देश का कलंक है, परन्तु उस कलंक से छुटकारा दिलाने का न तो कोई प्रयास करता है और न ही चिन्तन। उपन्यासकार का विचार है कि केवल बहिष्कार से किसी स्थिति का उन्मूलन सम्भव नहीं। यदि रिक्शे का चलन समाप्त करना है तो देश की व्यवस्था में परिवर्तन करना होगा। विकसित देशों में रिक्शा या घोड़ा गाड़ी का चलन न होना वहाँ की व्यवस्था पर निर्भर है। केवल आँख मूँद लेना किसी समस्या का हल नहीं हो सकता।

उपन्यासकार का मन्तव्य इस ओर संकेत करना है कि देश में परिव्याप्त अनेकानेक समस्याओं की ओर हमारे राजनेता ऐसा ही दृष्टिकोण रखते हैं। नेता और अधिकारी किसी भी समस्या को तब तक गम्भीरता से नहीं लेते जब तक वह राष्ट्रीय आपदा न बन जाये। समस्याओं को सिद्धान्त के तौर पर प्रचारित और प्रसारित तो किया जाता है परन्तु उनके समाधान के प्रयास नहीं होते। निर्धनता, भीख, वेश्यावृत्ति, बाल मजदूरी आदि ऐसी ही समस्याएँ हैं जिनके बहिष्कार से समस्या का अन्त सम्भव नहीं। मूल कारण तक जाकर सोचना होगा। समस्या अपना समाधान चाहती है न कि बहिष्कार।

कॉलिज की प्रबन्ध समिति का चुनाव होना है। वैद्य जी मैनेजर हैं और इस बार पुनः इस पद को येन-केन-प्रकारेण हस्तगत करने के लिए वैद्य जी की सारी व्यवस्था एकजुट हो

जाती है। एक ईमानदार की ईमानदारी सौ भ्रष्ट शोषकों की संगठनात्मक गैंग के समक्ष दम तोड़ती दिखायी देती है। आज के सन्दर्भ में उपन्यास का यही निष्कर्ष सत्य सिद्ध हो रहा है।

उधर सामाजिक क्षेत्र में भी यह वाक्य साभिप्रायता रखता है। उपन्यास में संकेत मिलता है कि यदि जोगनाथ जैसे गुण्डों का समाज से सफ़ाया करने की पहल होती भी है तो वैद्य जी के रूप में सारी व्यवस्था उसे न केवल छुड़ाने अपितु फँसानेवाले इन्स्पेक्टर पर ही ऐसा दावा ठोक देती है कि उसकी सारी जमा-पूँजी उजड़ जाती है, स्थानान्तरण का अपमान सहना पड़ा, सो अलग। वैद्य जी का बेटा बद्री पहलवान समाज में फैले दुराचारी तत्त्वों की ज़मानतें लेता है। व्यभिचारी लोग वैद्य जी की उस बैठक में शरण लेते हैं जो दस जनपथ, नं. 10 डाउनिंग स्ट्रीट और ह्वाइट हाउस से किसी तरह कम शक्ति नहीं रखती। समाज विरोधी तत्त्वों के उन्मूलन के लिए यदि कोई रामाधीन जैसा साहसी व्यक्ति पहल करता है तो उसकी आवाज़ दबा दी जाती है। गाँव में पीपल के पेड़ के पास सन्ध्या होते ही लूटपाट आरम्भ हो जाती है, जिसके मूल स्रोत और संचालन के विषय में सभी जानते हैं, परन्तु कोई भी कुछ भी नहीं कर पाता। पहल करनेवाले को मुँह की खानी पड़ती है।

शैक्षणिक क्षेत्र में उक्त वाक्य और भी कारगर सिद्ध होता है। खन्ना मास्टर जैसे ईमानदार और सुयोग्य अध्यापक यदि कुछ करना चाहते हैं, तो प्रिन्सिपल जैसे प्रशासक उन्हें दबाते हैं और वैद्य जी जैसे राजनीतिज्ञ उनसे बलात् त्यागपत्र लेकर शिक्षाक्षेत्र से ही बहिष्कृत कर डालते हैं। विद्यार्थियों और शिक्षा संस्थानों को ऊँचा उठाने का व्रत लेनेवालों को आज भी इसी तरह दबा दिया जाता है। निजी संस्थाएँ शिक्षा के नाम पर व्यापारिक केन्द्रों को संचालित कर रही हैं। सरकारी अनुदान हड़प लिये जाते हैं। अध्यापकों पर आर्थिक दबाव बना रहता है। यदि कोई जाँच अधिकारी खन्ना जैसे अध्यापकों की शिकायत पर ध्यान देने लगता है तो उसे चुप कराने के अनेक तरीक़े हैं। जाँच के आदेश हो जाने पर भी जाँच नहीं हो पाती। तमंचे के बल पर कॉलिज की प्रबन्ध समिति का चुनाव करवा लिया जाता है तो इसकी भी शिकायत होती है। इस शिकायत की भी कोई जाँच नहीं होती।

कॉलिज के भीतर दो गुट हैं—प्रिन्सिपल यानी वैद्य जी का गुट और खन्ना मास्टर का गुट। दोनों गुटों ने एक-दूसरे के विरुद्ध अदालत में 107 धारा के अन्तर्गत मुक़दमा दायर कर रखा है। एक वकील इन मास्टरों पर विचार करते हुए अदालत में टिप्पणी करता है—"मास्टर के पास माल कहाँ होता है और मास्टर की जान की क़ीमत ही क्या है।"[1]

उपन्यासकार इस विरल वाक्य की अर्थवत्ता समझाना चाहते हैं। यही कारण है कि यह वाक्य अग्रप्रस्तुत होकर अध्यापकों की करुण दशा और सामाजिक प्रस्थिति (स्टेटस) को अभिव्यंजित करता है। लेखक इस तथ्य की ओर ध्यान दिलाते हैं कि वर्ष में एक बार अध्यापक-दिवस मनाने की बजाय इन अध्यापकों की दशा-दिशा पर विचार करने की भारी आवश्यकता है। वह इतना दीन-दलित जीवन जी रहा है कि मौलिक आवश्यकताओं की पूर्ति करना भी दुष्कर हो जाता है। ऐसे वर्ग के पास अपनी कोई सम्पत्ति (माल) नहीं होती। अतः मुक़दमे की धारा के अनुसार मास्टर की जान-माल का ख़तरा हास्यास्पद है। इस करारे व्यंग्य ने इस वर्ग का दुःखान्त प्रस्तुत कर डाला है।

अध्यापकों की प्रतिष्ठा भी उक्त वाक्य से इंगित हो जाती है। वकील का कहना उचित ही है क्योंकि हमारे समाज के अध्यापक की जान की क़ीमत बहुत कम आँकी जाती है। इससे अध्यापक-वर्ग के जीवन और जीवन-शैली का संकेत मिलता है। अध्यापक को एक क्षुद्र या

नगण्य प्राणी समझकर उसको तिरस्कार की नज़रों से देखना उपन्यास में वर्णित सामाजिक, राजनीतिक और प्रशासनिक व्यवस्था की मनोवृत्ति बन चुकी है।

उपन्यास में प्रोक्ति के स्तर पर कुछ ऐसी प्रोक्तियाँ हैं जो अपनी विरलता के साथ-साथ प्रतिपाद्य की व्यापकता का संकेत देती हैं। एक ऐसी ही प्रोक्ति द्रष्टव्य है—

"मकान का अगला हिस्सा, जिसमें चबूतरा, बरामदा और एक बड़ा कमरा था, बैठक के नाम से मशहूर था। ईंट-गारा ढोनेवाला मजदूर भी जानता था कि बैठक का मतलब ईंट और गारे की बनी हुई इमारत भर नहीं है। नं. 10 डाउनिंग स्ट्रीट, ह्वाइट हाउस, क्रेमलिन आदि मकानों के नहीं, ताक़तों के नाम हैं।"

उक्त प्रोक्ति शिवपालगंज के निरंकुश शासक अर्थात् वैद्य जी की बैठक और उससे जुड़ी अपार शक्तियों के सन्दर्भ में कही गयी है। लोगों की दृष्टि में वह एक शक्ति केन्द्र (सेण्ट्रलाइज़ेशन ऑफ़ पॉवर) के रूप में प्रसिद्ध हो चुकी जादुई इमारत है। वहाँ से निकला हर आदेश संविधान है। हर षड्यन्त्र नैतिक व स्वीकार्य है। इसके विरुद्ध कोई सुनवायी नहीं। विरोध का अर्थ है—जीवन से मोह न होना। वे एक ऐसे सुप्रीमो हैं, जो जिसे चाहें उठा देते हैं, जिसे चाहे गिरा सकते हैं। वे कॉलिज के मैनेजर अर्थात् सर्वेसर्वा हैं और उनकी निगाह में वहाँ से जुड़ा हर कर्मचारी उनका क्रीतदास है। वे सहकारी संघ के मैनेजिंग डाइरेक्टर भी हैं। तीसरी ओर ग्राम पंचायत भी उन्हीं की दासी है, जहाँ हर प्रकार की धाँधली की जा सकती है। राजनीतिक क्षेत्र में भी वे एक ताक़त माने जाते हैं। वे ऐसे राजनीतिज्ञ हैं जो ज़ुबान से कम और अक़्ल से अधिक काम लेते हैं। थाना-कचहरी भी उनकी मर्ज़ी जाने बिना कोई कार्रवाई नहीं करते। उनके संकेत भर से बड़ी-से-बड़ी समस्या सुलझ जाती है। जो भी श्रद्धा-भक्ति लेकर उनके दरबार में आता है, वह ख़ाली हाथ नहीं लौटता। इसीलिए गुण्डे और भले दोनों प्रकार के निवासी उनसे डरते हैं।

वैद्य जी की ताक़त का नमूना देखना हो तो कॉलिज का संचालन देखा जा सकता है जहाँ उनकी इच्छा के बिना पत्ता नहीं हिलता। सब-कुछ उन्हीं की मुट्ठी में है। सहकारी संघ उनके लिए आय का भारी स्रोत बना हुआ है जिसका सुपरवाइज़र उनकी आज्ञा के बिना क़लम नहीं उठा सकता। पुलिस के दारोग़ा उनकी इच्छा को पहचानना अपना परमधर्म समझते हैं। रामाधीन जैसे राजनेता उनसे भिड़ने का साहस नहीं कर सकते। इसीलिए उनकी बैठक निरंकुश शासक और शासन का प्रतीक बन चुकी है।

लंगड़ ने एक दस्तावेज़ की नकल के लिए दरख़्वास्त दे रखी है। क्लर्क रिश्वत चाहता है और लंगड़ क़ायदे से नकल लेना चाहता है। अनके वर्ष बीत चुके हैं। यह लड़ाई एक धर्मयुद्ध का रूप धारण कर चुकी है जिसमें लंगड़-जैसा प्रार्थी समझौता नहीं चाहता। वैद्य जी इस पर टिप्पणी करते हुए कहते हैं—

"जाओ भाई, तुम धर्म की लड़ाई लड़ रहे हो, लड़ते जाओ। उसमें क्या सहायता कर सकता हूँ।"

सामान्य दिखायी देनेवाली इस प्रोक्ति की गहन संरचना दूर तक मार करती है जिससे लंगड़ और वैद्य जी का चरित्र उजागर हो रहा है। उपन्यासकार ने समझाना चाहा है कि लंगड़ के इस धर्मयुद्ध में वैद्य जी जैसे कूटनीतिज्ञों की कोई भूमिका नहीं हो सकती। अनाचार, पाप, अधर्म, असत्य, शोषण, बल-प्रयोग, कूटनीति, छल-प्रपंच आदि अस्त्रों से संयुक्त वैद्य जी जैसे

सेनापति लंगड़ के नीतिपूर्ण युद्ध में कोई अर्थ नहीं रखते। वे तो ऐसे राजनीतिज्ञ हैं जिनकी कार्य-प्रणाली का धर्म या सत्य से दूर-दूर तक कोई सम्बन्ध नहीं। वे तो षड्यन्त्रों के बल पर अपनी और दूसरों की लड़ाइयाँ जीतते हैं। वे अहिंसा के नहीं अपितु हिंसा के पुजारी हैं। आतंक उनका एकमात्र ब्रह्मास्त्र है जिसके सामने बड़े-बड़े तीसमारखाँ चित हो जाते हैं। यही कारण है कि वे लंगड़ की लड़ाई में स्वयं को असंगत घोषित करते हैं।

उपन्यास में रिश्वत को ऐसे अस्त्र के रूप में चर्चित किया गया है जिससे कोई भी लड़ाई जीती जा सकती है। घूस लेने के लिए कर्मचारी व अधिकारी तरह-तरह की विवशताएँ बताते हैं। लड़की का विवाह एक महत्त्वपूर्ण और भावुकतापूर्ण बहाना है जिसे विवशतापूर्वक कहीं भी शान से इस्तेमाल किया जा सकता है। इस सन्दर्भ में एक प्रोक्ति द्रष्टव्य है–

'इस देश में लड़कियाँ ब्याहना भी चोरी करने का बहाना हो गया है। एक रिश्वत लेता है, तो दूसरा कहता है कि क्या करे बेचारा। बड़ा ख़ानदान है, लड़कियाँ ब्याहनी है। सारी बदमाशी का तोड़ लड़कियों के ब्याह पर होता है।''

इस प्रोक्ति द्वारा उपन्यास घूसखोरी की संस्कृति के संघात को दिखाना चाहता है। इस संस्कृति का प्रभाव व्यापक, गहन और अपरिहार्य समझा जा रहा है। क़ानून धरा-का-धरा रह जाता है और घूस लेने और देनेवाले आगे बढ़ जाते हैं। रोम-रोम में रक्त की तरह संचरित होनेवाला यह संक्रामक प्रभाव पूरे देश को अपनी चपेट में ले चुका है। पारिवारिक बोझ और सामाजिक दायित्व तो बहाना मात्र हैं, असली बात है रातों-रात धनपति बनने, आगे बढ़ने और ऊपर पहुँचने की। यह रोग इतना भयानक रूप धारण कर चुका है कि मानो मान्यता पा गया हो। यही कारण है कि रिश्वत देनेवाला सहर्ष तैयार हो जाता है। यह रोग इतनी गहनता और व्यापकता प्राप्त कर चुका है कि लोग रिश्वत लेनेवालों को भी सहानुभूति की दृष्टि से देखने लगते हैं।

कोऑपरेटिव यूनियन का सुपरवाइज़र रामसरूप गेहूँ लदवाकर शहर में बेच देता है और स्वयं भाग जाता है। यह ग़बन वैद्य जी की सम्मति और देखरेख में होता है परन्तु प्रकट में वे रामसरूप को पकड़वाने के लिए बैठक बुलाते हैं। ऐसे में उपन्यासकार द्वारा टिप्पणी की जाती है–

'डाइरेक्टरों की बैठक बुलाना ज़रूरी हो गया। पूरी बात उन्होंने ख़ाली-पेट सुनी थी, उसे भंग पीकर भी सुना जा सके, इसलिए बैठक का समय सायंकाल के लिए रखा गया।'

उक्त प्रोक्ति आज की व्यवस्था और उसके कर्णधारों की ओर संकेत करती है कि बैठकों या समितियों का वास्तविक प्रयोजन क्या होता है। ग़बन या घोटाला हो चुकने के बाद बैठक बुलायी जाती है और एक समिति बनाकर जाँच सौंप दी जाती है। प्रायः देखा जाता है कि जाँच करनेवाला स्वयं उस घोटाले का किसी-न-किसी रूप में हिस्सा होता है। बैठकों में खान-पान होता है और जैसा अधिकारी चाहता है, वैसा निर्णय थोप दिया जाता है। सबकी राय वही हो जाती है, जो घोटाला करनेवाले की निगाह में उचित होती है। तुरन्त हस्ताक्षरित बयान बाहर आ जाता है। पूरे देश का यही हाल हो चुका है।

पूरी व्यवस्था घोटाला-संस्कृति के रंग में इतनी रँग चुकी है कि रामसरूप शहर में ही परन्तु उसे पकड़वाने की बजाय डाइरेक्टरों की मीटिंग का नाटक किया जाता है। लेखक ने इस संस्कृति को कई दशक पूर्व पहचान लिया था और संकेत दिया था कि सुकर समाधान

सामने होते हुए भी हमारी सरकारें और व्यवस्था निरन्तर नाटक किये जाती है। इन दिखावे की बैठकों का मुख्य प्रयोजन जनता की आँख में धूल झोंकना होता है। जोगनाथ को थाने पर बुलवाया जाता है। वैद्य जी के सुपुत्र रुप्पन बाबू उसके साथ जाते हैं। वहाँ अपराध, अपराधी और अपराधी को पकड़ने के प्रकरण पर बातचीत में दारोग़ा जी विलायत की बात छेड़ देते हैं तो रुप्पन इस पर टिप्पणी करते हैं–

"विलायतवाली यहाँ न चलाइये। अस्सी फ़ीसदी लोग अगर अपने-अपने ज़ुर्म का इक़बाल करने लगें, तो कल आपके थाने में दस सिपाहियों में से ड्यूटी देने के लिए सिर्फ़ दो ही बचेंगे–बाक़ी हवालात में होंगे।"

यह अग्रप्रस्तुत विरल प्रोक्ति भारतीय पुलिस का चरित्र और कार्य-प्रणाली निर्दिष्ट करती है। हमारे देश में अधिकतर अपराध पुलिसवालों की शह पर हुआ करते हैं। श्रीलाल शुक्ल ने इस प्रवृत्ति को उसी तरह सूँघ लिया था ज़िस तरह प्रेमचन्द ने 'ईदगाह' कहानी में घोषित किया था। पुलिस प्रेमचन्द से लेकर श्रीलाल शुक्ल और श्रीलाल शुक्ल से लेकर अन्ना हज़ारे के आन्दोलन तक निरन्तर भ्रष्ट होती गयी। बदलाव हुआ है तो इतना कि अब पुलिसवाले स्वयं अपराध करने लगे हैं। वे आत्मनिर्भर हो गये हैं क्योंकि दूसरे के कन्धे पर रखकर बन्दूक़ चलाने में कई प्रकार के ख़तरे होते हैं। मीडिया बहुत तेज हो रहा है। किसी अपराधी को पकड़ना या न पकड़ना उनकी इच्छा (धन-शक्ति) पर निर्भर है। ऐसे में रक्षक का भक्षक बनना तय है। पुलिस की लीला अपरम्पार है। देश में हुए अनेक गम्भीर अपराध इसी ओर संकेत करते हैं।

गयादीन और रंगनाथ आदि की बातचीत चल रही है जिसका सम्बन्ध कॉलिज प्रबन्ध समिति के चुनाव से है। गयादीन कहते हैं–

"तज़ुर्बा नहीं है। वे समझते हैं कि कोई दूसरा मैनेजर हो गया तो कुछ करके दिखा देगा, पर कहीं इस तरह से कुछ होता है?"

यह प्रोक्ति उपन्यास में चर्चित व्यवस्था और व्यापक रूप में पूरे देश की कार्य-प्रणाली की ओर संकेत करती है। अपनी गहन संरचना में यह संकेत करती है कि मैनेजर बदलने से कुछ नहीं होगा। वैद्य जी की जगह कोई और मैनेजर बन जायेगा तो भी कॉलिज उसी शोषण और निरंकुशता के ढर्रे पर चलेगा। दूसरा मैनेजर तभी सुधार ला सकता है यदि पूरी समिति का चरित्र बदलेगा। गयादीन जानते हैं कि वैद्य जी उन राजनीतिक ताक़तों में से एक हैं जो अपदस्थ होकर और भी ख़ूँखार हो उठते हैं। नया आदमी चुना जायेगा तो उसे कुछ करने के लिए सहायता व सहयोग चाहिए, जो वैद्य जी के गिरोह के सदस्य कदापि नहीं देंगे।

एक अन्य प्रसंग में वे कहते हैं–

"चुनाव के चोंचले में कुछ नहीं रखा है। नया आदमी चुनो, तो वह भी घटिया निकलता है। सब एक-जैसे हैं। इसी से मैंने कहा, जो जहाँ है, उसे वहाँ चुन लो। पड़ा रहे अपनी जगह। क्या फ़ायदा है, उखाड़-पछाड़ करने से...।"

गयादीन का विचार है कि चुनाव अपनी सार्थकता तभी रखते हैं यदि सचमुच लोकतान्त्रिक ढंग से चुनाव कराये जायें। देश का प्रजातान्त्रिक ढाँचा अभी तक राजाओं के ढर्रे पर चल रहा है। राजनीति भले लोगों के लिए नहीं है क्योंकि भद्रपुरूष अब चुनाव नहीं जीत पाता। सच तो यह है कि भला व्यक्ति इस राजनीतिक अखाड़े की दलदल में उतरता

ही नहीं। उनका विचार है कि चुनाव में प्रायः घटिया व्यक्ति ही खड़े होते हैं और किसी नये व्यक्ति को चुनने का उपक्रम किया जाये तो वह और भी घटिया व शोषक सिद्ध होता है।

इस प्रोक्ति में गयादीन स्पष्ट करते हैं कि किसी नये घटिया नेता के द्वारा पुराने और अच्छी तरह से स्थापित नेता को उखाड़ा जाना न्यायसंगत नहीं है। उनका विचार है कि जिसे उखाड़ना या उजाड़ना चाहते हो, उसे वहीं पड़ा रहने देना चाहिए क्योंकि यदि उसे वहाँ से उखाड़ा जायेगा तो वह उखड़ा हुआ नेता नव निर्वाचित नौसिखिये नेता को कुछ करने ही नहीं देगा। अतः उसी पुराने घटिया आदमी को चुन लेना चाहिए, जिसका घटियापन लोगों द्वारा समझ-बूझ और परख लिया गया है। उपन्यासकार ने अपनी राजनीतिक समझ का परिचय देकर भारतीय राजतन्त्र का दुःखान्त प्रस्तुत किया है जो भविष्य की कालिमायुक्त छवि की ओर संकेत कर रहा है।

आज के भौतिकवादी युग में वैद्य जी जैसे आदमी को उपयोगितावादी होना सुखद प्रतीत होता है। इस सन्दर्भ में एक प्रोक्ति द्रष्टव्य है–

"वैद्य जी की राय जोगनाथ के बारे में बहुत अच्छी न थी। पर वे उस दुनिया में रहते थे, जहाँ आदमी का सम्मान उसकी अच्छाई के कारण नहीं, उसकी उपयोगिता के कारण होता है।"

जोगनाथ पूरे शिवपालगंज में एक छँटे हुए गुण्डे की हैसियत रखता है। वह एक असामाजिक तत्त्व है जिसका काम चोरी-डकैती और बदमाशी से जुड़ा हुआ है। वैद्य जी उसे संरक्षण ही नहीं देते वरन् उसको छुड़ाने के लिए भले-चंगे दारोग़ा पर दावा ठोंककर उसे दर-ब-दर कर डालते हैं। वे एक मँजे हुए राजनीतिज्ञ की तरह जोगनाथ पर वरदहस्त रखते हैं क्योंकि ऐसे ही गुण्डों द्वारा समय-असमय अपना कोई-न-कोई असम्भव काम करवाना होता है। आज समय और भी बदल चुका है। राजनीतिज्ञ तो एक ओर, घरेलू सामाजिक भी इसी चिन्तन-पद्धति को अपनाने लगा है। वह सोचता है कि उपयोगितावादी (प्रैक्टिकल) होना अधिक लाभदायक है। सभी सम्बन्ध स्वार्थ पर टिके हुए हैं। राष्ट्रीयता, जन-कल्याण, जनसेवा, सामाजिक उत्थान आदि सब पुस्तकीय विषय हैं। इन मुद्‌दों को लेकर जीवन नहीं जीया जा सकता। इस प्रकार उपन्यासकार ने वैद्य जी के बहाने आनेवाले समय की तस्वीर खींच डाली है।

उपन्यासकार ने गयादीन के माध्यम से भारतीय राजनीति का सबसे बड़ा सच उपस्थित करते हुए कहा है–

"चाहिए तो यह कि लीडर तो जनता की नस-नस की बात जानता हो, पर जनता लीडर के बारे में कुछ भी न जानती हो।"

यह प्रोक्ति एक विरल प्रयोग है जिसके द्वारा यह संकेत दिया जा रहा है कि नेता वही सफल हो सकता है जो जनता की सारी ख़बर रखे और उसकी मानसिकता को पहचाने। अच्छा नेता अपनी कार्य-पद्धति की भनक जनता को नहीं लगने देता। नेता का चरित्र, चिन्तन, यथार्थ, पसन्द-नापसन्द, इच्छा-अनिच्छा आदि का अनुमान मतदाताओं को नहीं हो।

उपन्यास के अन्त में उपन्यासकार ने वैद्य जी की मानसिकता और कार्य-शैली का परिचय इस प्रोक्ति में दिया है–"आशा की थी कि वृद्धावस्था शान्ति से बीतेगी। गाँव-सभा का झगड़ा समाप्त कर चुका हूँ। सहकारी संघ था, बद्री को दे चुका हूँ। सोचा था, इस कॉलिज का भार

तुझे देता जाऊँगा। देने के लिए इनके अतिरिक्त अब मेरे पास बचा ही क्या था? पर नीच! तू विश्वासघाती निकला! जा, अब तुझे कुछ नहीं मिलेगा।"

अपने छोटे बेटे रुप्पन को कहे गये उक्त शब्द वैद्य जी की उस मनोवृत्ति का परिचय देते हैं जिसमें वे 'उक्त संस्थाओं को निजी लाभ की सम्पत्ति और व्यक्तिगत आय या शोषण का आधार मानते हैं मानो उनकी पैतृक सम्पत्ति हो और वृद्धावस्था में वंशजों के लिए वसीयत कर रहे हों। उपन्यासकार ने स्थापित कर दिया है कि देश में ऐसे नेताओं या अधिकारियों की कोई कमी नहीं है, जो सार्वजनिक सम्पत्ति या संस्था को पैतृक सम्पत्ति की तरह शोषित करते हैं।

कुल मिलाकर समूचे उपन्यास में जिस भ्रष्टाचार और शोषण का संसार सुगुम्फित है, उसे शैलीविज्ञान का यह प्रतिमान बख़ूबी खोलने में सक्षम है। लेखक ने शिवपालगंज के बहाने पूरे देश की दशा और दिशा का जो पूर्वानुमान लगाया था वह इतने दशकों के बाद भी किसी-न-किसी रूप में भयावह रूप धारण करके प्रस्तुत हो रहा है। एक कठिन यथार्थ को व्यंग्यात्मक रूप में प्रस्तुत करने की शैली अपनी गहन संरचना में पाठक को भीतर तक झकझोर जाती है। आज इस प्रजातान्त्रिक देश में लोकतन्त्र के नाम पर जो प्रदूषण परिव्याप्त है, वह आम आदमी के जीवन-यापन पर गहरा संघात छोड़ रहा है।

●

‘राग दरबारी’ : भाषा–शैली और रचनाविधान

वेदप्रकाश अमिताभ

अनेक आलोचकों के विचार में रचना में केन्द्रस्थ अन्तर्वस्तु की सार्थकता की परख भाषा के स्तर पर विशेष रूप से सम्भव है क्योंकि ‘‘रचना को जाँचने का वही पहला प्रामाणिक साधन है। रचना का मर्म अगर कोई वायवी चीज़ नहीं है तो भाषा के स्तर पर उसे पहचान सकना कठिन हो, असम्भव नहीं है’’ (डॉ. परमानन्द श्रीवास्तव)। अर्थग्रहण कराने से लेकर सहज सम्प्रेषण तक में भाषा की भूमिका असन्दिग्ध है। यह आकस्मिक नहीं कि डॉ. रमेश कुन्तल मेघ ने भाषा को ‘आत्माभिव्यक्ति तथा पूर्ण और सामूहिक सम्प्रेषण का मानवीय कर्म’ कहा है। लेकिन उन्होंने उचित ही सावधान किया है : ‘‘अगर हममें सामाजिक जवाबदेही का अभाव है तो भाषा में लतीफ़ेबाज़ी-फ़िकरेबाज़ी तथा शैली-शिल्प की तरक़ीबों में डूब सकते हैं। अगर हम सामाजिक अन्याय की निन्दा नहीं कर सकते तो भी सामाजिक ज़िम्मेदारी के अभाव में हम भाषा द्वारा शुद्ध आत्माभिव्यक्ति तथा अर्थ-भ्रान्तियों को कार्यशील बना सकते हैं।’’ ‘राग दरबारी’ पढ़ते हुए यह सावधानी विशेष रूप से अपेक्षित है, क्योंकि प्रायः इसकी सराहना इसकी अन्तर्वस्तु या विज़न के चलते कम, टिप्पणी सरीखी व्यंग्यात्मक वैविध्यपूर्ण भाषा और विशिष्ट कहन के लिए अधिक हुई है।

‘राग दरबारी’ के सन्दर्भ में यह सवाल उठाया गया है कि क्या तीखी व्यंग्यात्मक शैली किसी उपन्यास की गुणवत्ता की कसौटी हो सकती है? ‘‘व्यंग्यात्मक लेखन तभी किसी क्षेत्र और काल-विशेष की सीमाओं से ऊपर उठकर स्थायी प्रेरणा का स्रोत बन जाता है, जब उसमें ज़िन्दगी को सार्थकता प्रदान करनेवाले मूल्यों के संकेत होते हैं। श्रीलाल शुक्ल की इस रचना में केवल विकृति का पर्दाफ़ाश है’’ (डॉ. तुलसी नारायण सिंह)। यह सही है कि इस उपन्यास में विकृतियाँ, कुरूपताएँ और विडम्बनाएँ केन्द्रस्थ हैं। लेकिन यह उपन्यास देशव्यापी मोहभंग का सर्जनात्मक दस्तोवज़ है और इसमें अवमूल्यों का वर्चस् प्रकारान्तर से मानवीय मूल्यों का समर्थन भी है। इस उपन्यास का शिवपालगंज अवध क्षेत्र का पिछड़ा हुआ गाँव मात्र नहीं है। उपन्यासकार का यह संकेत मूल्यवान् है कि शिवपालगंज सारे मुल्क में फैला हुआ है। जनतान्त्रिक व्यवस्था के अन्तर्गत योजनाओं, संस्थाओं, नेताओं, अधिकारियों, शिक्षकों, सांस्कृतिक पर्वों आदि के लगातार अवमूल्यन पर उपन्यासकार की चिन्ता इसमें प्रत्यक्ष है। इसमें ‘दाँवपेच और पैंतरेबाज़ी की अखिल भारतीय प्रतिभा’ की ओर अंगुलि-निर्देश साभिप्राय है। ‘महात्मा गाँधी ख़त्म हो चुके हैं’ यह सूचना सामान्य नहीं है और स्वप्न में प्रजातन्त्र का वैद्य जी के सामने गिड़गिड़ाना अकारथ नहीं है। लंगड़ बिना रिश्वत दिये सरकारी दफ़्तर से ‘नकल’ नहीं ले पाता है। समूचा तन्त्र भ्रष्टाचार में आकण्ठ आमग्न है। ‘पलायन-संगीत’ से लग सकता है कि रचनाकार का दृष्टिकोण पलायनवादी है, लेकिन इस अवसर का उपयोग उपन्यासकार ने वर्तमान से कतराकर अध्यात्म और अतीत में सिर छुपानेवालों और सुविधाजीवी बुद्धिजीवियों की ख़बर लेने में भी किया है। यदि अपने समय और समाज के

प्रामाणिक चित्रण का कुछ मूल्य है तो इस निकष पर राग दरबारी असफल नहीं है। चाहे 'सामाजिक अन्याय की निन्दा' की दृष्टि से देखें या ज़िन्दगी की सार्थकता से जुड़े मूल्यों के हनन से जन्मे क्षोभ को दृष्टिपथ में रखें 'राग दरबारी' बहुत हद तक आश्वस्त करता है। इसका व्यवस्था-विरोधी तेवर दबा-ढँका नहीं है।

'राग दरबारी' में व्यवस्था-विरोध की अनेक दिशाएँ हैं और उन्हें तीक्ष्ण रचाव देने के लिए भाषा के विविध रूप आजमाये गये हैं। अनेक चरित्रों की भाषा उनकी चारित्रिक विशेषताओं को खोलनेवाली है। उपन्यास में एक प्रिन्सिपल साहब हैं, जो कुण्ठित, समझौतापरस्त और चाटुकार हैं। खड़ीबोली बोलते-बोलते गुस्से की चरम दशा में अवधी की चाशनी में लटपटा जाते हैं। वे मालवीय से कहते हैं : 'तुम भी खन्ना की तरह बहस करने लगे हो। मैं सातवें और नवें का फ़र्क़ समझता हूँ। हमका अब प्रिन्सिपली करै न सिखाव भैया। जौनु हुकुम है तौनु चुप्पे कैरी आउट करौ।' प्रिन्सिपल ख़ुद वैद्य जी के हुकुम को चुप्पै कैरी आउट करते हैं। वैद्य जी आम लोगों से दूरी और कुछ ऊँचाई पर स्थित हैं, इसलिए उनकी भाषा परिष्कृत है, आभिजात्य से पूर्ण। उनकी भाषा में 'कुव्यवस्था', 'जिज्ञासा', 'कष्ट', 'व्यथा', 'करबद्ध', 'दायित्व', हितैषी', 'उत्तराधिकार' आदि तत्सम शब्दों की उपस्थिति ध्यान आकर्षित करती है। जब वे रुप्पन को फटकार रहे होते हैं तब नैरेटर की टिप्पणी है : 'इस प्रसंग में साबित करते रहे कि गालियों के मामले में संस्कृत भी कोई कमज़ोर भाषा नहीं है। छोटे पहलवान की भाषा से पहला परिचय ही शहरी रंगनाथ को उसका मुरीद बना देता है। मीटिंग की बात चलने पर छोटे पहलवान का कथन है—'अण्डा नहीं देंगे तो क्या बाल उखाड़ेंगे? सब मीटिंग में बैठकर राँड़ों की तरह फाँय-फाँय करते हैं, काम-धाम के वक़्त खूँटा पकड़कर बैठ जाते हैं।' भाषा के इस भदेस और आक्रामक रूप पर रंगनाथ का सोचना है : 'लोग यों ही कहा करते हैं कि हमारी भाषा में सशक्त शब्दों की कमी है। यदि हिन्दी के विद्वानों को छोटे पहलवान की तरह अखाड़े में चार महीने रखा जाये तो व्यक्तिगत असुविधा के बावजूद वे वहाँ की मिट्टी के ज़र्रे-ज़र्रे से इस तरह के शब्दकोश निकालने लगेंगे।' छोटे पहलवान के समृद्ध शब्दकोश में चुर्रेट, फुट्टफैरी, लासेबाज़ी, फण्टूश, कण्टाप, चाँय-चाँय, टाँय-टाँय, फाँय-फाँय आदि अनेक नये एवं विशिष्ट अर्थ-व्यंजक शब्दों का वैभव बिखरा हुआ है। छोटे पहलवान द्वारा प्रयुक्त क्रियापदों में भी नवीनता है। नयेपन के बावजूद जिस सन्दर्भ में वे सामने आते हैं, उससे पाठक वांछित अर्थ के आस-पास पहुँच ही जाता है। 'कहाँ लपक गये', 'गूदा निकल जाता है, 'तिड़ी-बिड़ी हो गयी', 'पास करेंगे घण्टा', 'कलेजे में कल्लायेगी', 'टिलटिला रहे हैं' आदि क्रियापदों के साथ बद्री पहलवान की 'टिलौं-टिलौं लगाये हो', क्लर्क महाशय की 'चुनमुनाता है' जैसी क्रियाओं का विशाल भण्डार इस उपन्यास में है और यह गँजहों की रुग्ण मानसिकता के विरेचन में समर्थ है।

क्रियापदों के बहुविध रूप उपन्यासकार की अपनी भाषा में ध्यान आकर्षित करते हैं। 'दुःख सबको माँजता है' की व्यंग्यात्मक व्याख्या में 'फींचता' 'निचोड़ता' जैसी क्रियाओं का उपयोग देखने योग्य है : 'सच तो यह है कि दुःख मनुष्य को पहले फींचता है, फिर फींचकर निचोड़ता है, फिर निचोड़कर उसके चेहरे को घुग्घू जैसा बनाकर उस पर दो-चार काली-सफ़ेद लकीरें देता है।' शोध के लिए लायी गयी पुस्तकें रंगनाथ के इर्दगिर्द किस हालत में अस्त-व्यस्त थीं, उसे दर्शाने के लिए क्रियाओं का कौतुकपूर्ण उपयोग उपन्यासकार की सूक्ष्म पर्यवेक्षण

शक्ति और मुहावरेदार भाषा लिखने की क्षमता का गवाह है : 'विण्टरनित्ज़ बिलकुल नाक के नीचे थे। कीथ पीछे की ओर पायजामे से सटे थे। स्मिथ पैताने की ओर ढकेल दिये गये थे और वहीं उल्टी-पुल्टी हालत में राइस डेविस की झलक दिखायी दे रही थी। पारसी ब्राउन को तकिये ने ढक लिया था। ऐसी भीड़-भाड़ में काशीप्रसाद जायसवाल बिस्तर की एक सिकुड़न के बीच औंधे-मुँह पड़े थे। भण्डारकर चादर के नीचे से कुछ सहमे हुए झाँक रहे थे।' कहीं का ईंट और कहीं का रोड़ा जुटाकर शोध करने की विसंगति आज भी विश्वविद्यालयों की एक कटु वास्तविकता है।

'राग दरबारी' में शिवपालगंज की अपनी गँजही बोली भी है। गँजहा को परिभाषित करते हुए कहा गया है : '...वह गँजहा ही कैसा, जो कहीं पहुँचते ही वहाँ के रहनेवालों पर अपने बाँगड़ूपन की धाक न बैठा दे।' 'चिमरिखी दास', 'डम्पलाटी', 'खड्डूस', 'पंचहत्था' 'कुकुरहाव', 'बन्दरहाव', 'पालक-बालक'-जैसे बहुत-से शब्द धाक बैठाने में काम आते हैं। जुआरियों की भाषा में अँग्रेज़ी शब्दों को हिन्दी में ढालने की समस्या का 'सही जवाब' मिलता है। वे पेयर को 'जोड़', फ्लश को 'लँगड़ी', रनिंग फ्लश को पक्की और 'ट्रेल' को 'टिर्रेल' कहते हैं। पारिभाषिक शब्दों के हिन्दी नामकरण के सम्बन्ध में रंगनाथ का सोचना सही है : '...क्यों न इन चार-पाँच गँजहों की एक समिति बनाकर दिल्ली में बिठा दी जाये। वे बड़े-बड़े पारिभाषिक शब्दों के लिए सिर्फ़ सामाजिक स्वीकृति के आधार पर, अपनी मातृभाषा के कुछ शब्द निकालकर पेश कर देंगे।' गँजहे पढ़े-लिखे नहीं हैं लेकिन मनोभावों के अनुरूप अभिव्यक्ति के लिए वांछित भाषा उनके पास भरपूर है। जब सनीचर इक्केवालों को बताता है कि उसने प्रधानी का पर्चा दाख़िल किया है तो उसकी तात्कालिक प्रतिक्रिया होती है—'देह पर नहीं लत्ता, पान खाँय अलबत्ता।' गाँव में रहते-रहते 'टिचन्न' प्रिन्सिपल साहब भी गँजहों की शब्दावली और कहावतों को फर्राटे से उगलने लगे हैं। खन्ना मास्टर के चरित्र-चित्रण में उन्होंने अवधी में अवधी की कहावत का बहुत मारक उपयोग किया है : 'नंगा के चूतर माँ, बिरवा जामा तो नाचै लागा। कहिसि के चलौ छाँह होई।' गँजहों की कूटभाषा 'सर्फरी' भी है, जिसे जोगनाथ और उसके साथी धाराप्रवाह बोलते हैं—

'हाँ भर्फाई, अर्फब चर्फलो।

'इस सर्फाले के मुँह में कर्फपड़ा खोंर्फोस दें कि निर्फिकाल दें।'

रेणु की ग्रामांचलिक कृतियों के विषय में रघुवीर सहाय का मानना था कि वे गाँव की ओर विश्राम और मनोरंजन के लिए नहीं जाते, लोकतन्त्र की जड़ों की तलाश में जाते हैं। श्रीलाल शुक्ल भी शायद इसी इरादे से शिवपालगंज की कीचड़ में धँसे हों, लेकिन उनके यथार्थ-चित्रण से पता चलता है कि लोकतन्त्र की तमाम जड़ें यदि उखड़ी नहीं हैं तो कमज़ोर तो पड़ी ही हैं। इस त्रासदी का बयान नागार्जुन, रेणु, रामदरश मिश्र, शिवप्रसाद सिंह और विवेकीराय ने समय-समय पर किया है, लेकिन जैसा कि डॉ. गोपाल राय ने माना है, श्री शुक्ल ने ग्रामांचल को 'एक्सरे' के रूप में देखा है और बहुत निर्मम होकर यथार्थ का चित्रण किया है। लोकतन्त्र के प्रहसन के सक्रिय पात्र बने गँजहों का अगर अमानवीयकरण हो रहा है तो यह आकस्मिक नहीं है। पूरा देश अवमूल्यन और अमानवीयकरण की गिरफ़्त में है। कई पाठक-आलोचक इसे संयोग मात्र नहीं मानते हैं कि उपन्यास के प्रारम्भ से अन्त तक गँजहों और पशुओं में विलक्षण साम्य है। सनीचर भेड़िये की तरह जम्हाई लेता है, जोगनाथ के गले

से चमगादड़ और सूअर की आवाज़ें प्रायः निकलती हैं। प्रिन्सिपल साहब, बरछी से बिंधे सूअर की तरह चिचियाकर वैद्य जी की जय बोलते हैं और गाँव के नौजवानों का ठहाका मुर्गों-घोड़ों-गीदड़ों के गले से निकला प्रतीत होता है। कुसहरप्रसाद के घर के 'कुकुरहाव' और 'बन्दरहाव' प्रसिद्ध हैं ही। उपन्यास के अन्त में बन्दर-बँदरिया हैं और डुगडुगी बजाता मदारी है। संकेत स्पष्ट है कि अब वैद्य जी की डुगडुगी पर गाँव के हर बन्दर-बँदरिया को नाचना ही होगा। पशुजगत् से सम्बन्धित संज्ञाएँ, विशेषण, ध्वनियाँ, क्रियाएँ 'राग दरबारी' में साभिप्राय हैं और अर्थ-विस्तार करते हुए जताती हैं कि आज भी हमारा देश कुछ मदारियों की डुगडुगी पर नाच रहा है। भाषा का इतना सक्षम और वैविध्यपूर्ण रचाव विस्तृत अनुभव, सूक्ष्म पर्यवेक्षण शक्ति और गम्भीर श्रम की अपेक्षा रखता है।

यह स्वाभाविक है कि 'राग दरबारी' में वस्तुगत भयावहता को भाषा के सतर्क और बेधक मुहावरे में अभिव्यक्ति मिली है। मोहभंग, अवमूल्यन अमानवीयकरण की त्रासद, विडम्बनापूर्ण और विद्रूपमयी स्थितियों और मनःस्थितियों को उकेरने में कहावतों, दृष्टान्तों और प्रतीकों से समृद्ध भाषा अभिप्राय के विभिन्न स्तरों को खोलने में सफल है। अर्थ-बोध के साथ बिम्ब-ग्रहण करानेवाले कुछ उदाहरण इस प्रकार हैं—

(क) '...तुम्हारा गियर तो बिलकुल अपने देश की हुकूमत जैसा है'

(ख) 'वर्तमान शिक्षा-पद्धति रास्ते में पड़ी हुई कुतिया है, जिसे कोई भी लात मार सकता है।'

(ग) 'नैतिकता, समझ लो कि यही चौकी है। एक कोने में पड़ी है। सभा-सोसाइटी के वक़्त इस पर चादर बिछा दी जाती है।'

(घ) '... शान्तिपूर्ण सह-अस्तित्व का नारा बुलन्द करनेवाले इस कमरे को देखकर लोगों के मन में स्थानीय संस्कृति के लिए श्रद्धा पैदा हो सकती थी।'

(ङ) 'वे झपटकर इतिहास के कमरे में घुसे और यही कहते हुए पुराण के रोशनदान से बाहर कूद आये।'

(च) 'झिलमिलाते हवाई अड्डों और लकलकाते होटलों की मार्फ़त जैसा 'सिम्बालिक माडर्नाइजेशन' इस देश में हो रहा है।'

(छ) '... अभी महिलाओं के शीलभंग को राजनीतिक युद्ध में हैण्डग्रिनेड की मान्यता नहीं मिली थी।'

इन अवतरणों में आये 'गियर', 'कुतिया', 'चौकी', 'कमरे', 'रोशनदान', 'हैण्डग्रिनेड' आदि की सहायता से बनी हुई भाषा यदि बहुत ठेठ, निस्संग और आक्रामक लगती है तो यह उसमें केन्द्रस्थ वस्तुगत भयावहता की स्वाभाविक परिणति है।

जहाँ अनेक पाठक 'राग दरबारी' की कभी गुदगुदानेवाली, कभी हथौड़ा-सा मार देनेवाली, कभी चिकोटी काटनेवाली, कभी फींचने और निचोड़नेवाली कथन शैली पर लहालोट है वहीं कई वरिष्ठ समालोचकों की आपत्ति है कि उपन्यास और व्यंग्य—दो परस्पर विरोधी अनुशासनों को एक-दूसरे से जोड़ने का प्रयास इसमें असफल सिद्ध हुआ है। डॉ. गोपाल राय ने उपन्यास और व्यंग्य की सह-स्थिति को केर-बेर जैसी मानते हुए, उपन्यास के रूप में 'राग दरबारी' को असफल कृति माना है। यह सही है कि इसमें व्यंग्य का प्रतिशत अपेक्षाकृत अधिक है, कुछ स्फीति भी है और कतिपय प्रसंगों में शालीनता की कमी भी है। यह शायद

इसलिए हुआ है कि गाँव के बहाने पूरे देश की गिरावट के लिए ज़िम्मेदार नंगों, लुच्चों, स्वार्थियों के वास्तविक चरित्र को सामने लाना श्रीलाल शुक्ल को अभीष्ट है। उपन्यास का प्रारम्भ वाहन-चेकिंग की औपचारिकता से शुरू होकर थाना, सहकारिता, गाँव की प्रधानी, शिक्षा संस्था से होता हुआ गाँव की चोरी, लफंगई, जुआ, छिनैती, मेला आदि अनेक क्षेत्रों की कुरूपताओं से टकराता हुआ वैद्य जी के रौद्र तानाशाही स्वरूप को दर्शाता है। यह सब इतना भयावह और अनैतिक है कि रंगनाथ-जैसे व्यक्ति के लिए पलायन ही एकमात्र मार्ग बचता है। शायद ही कोई कुरूपता, विसंगति, विडम्बना उपन्यासकार की सतर्क निगाहों से बची रह गयी हो। सब-कुछ समेट लेने के आग्रहवश उपन्यास में बिखराव स्वाभाविक है। उपन्यास में निर्दोष कसावट के हामी समीक्षक शिकायत कर सकते हैं कि इसके कथानक में सुसम्बद्धता नहीं है, इसमें घटनाएँ केन्द्र से परिधि की ओर अग्रसर नहीं होतीं, बल्कि हर घटना स्वयं एक वृत्त बन गयी है। यह भी कि चयन और त्याग की शिथिलता ने इसकी स्फीति में मदद की है। इसका बिखराव भी सुन्दर है और यह पाठक को इसे आद्यन्त पढ़ने के लिए बाध्य ही करता है, बाधक नहीं है।

जिस तीखी व्यंग्य-प्रहार शैली को एक अति के रूप में देखा गया है, उपन्यास की सेहत के लिए गुणकारी नहीं माना गया है, वह सामान्य पाठक के लिए कौतूहल और आकर्षण का विषय है। गम्भीर पाठक भी इसकी शक्ति और सार्थकता को समझ लेता है, जब वह पाता है कि यह कथन शैली हलकी-फुलकी टिप्पणियों तक सीमित नहीं है। व्यवस्था के अन्तर्विरोध इसके केन्द्रीय लक्ष्य हैं, इसलिए बार-बार लोकतन्त्र या प्रजातन्त्र का निशाने पर आ जाना ग़ौरतलब है। इस उपन्यास में प्रजातन्त्र की एक थ्योरी गयादीनवाद के नाम से प्रचारित हुई है : '...जिसका अर्थ यह था कि चुनाव लड़नेवाले तो प्रायः घटिया आदमी होते हैं, इसलिए एक नये घटिया आदमी द्वारा पुराने घटिया आदमी को, जिसके घटियापन को लोगों ने पहले से ही समझ-बूझ लिया है, उखाड़ना न चाहिए।' लोकतन्त्र कुछ महापुरुषों और उनके 'पालक-बालकों' के सहारे घिसट रहा है। पालक-बालकों द्वारा महापुरुषों की इज़्ज़त सर्वत्र छा जाती है—'वह लोकसभा और विधानसभा की बहसों को सराबोर करती है, अख़बार और रेडियो उनके छीटों से गन्धाने लगते हैं, पूरा लोकतन्त्र उसमें डूबने-उतराने लगता है...।' जब कुछ सिरफिरे इन पालक-बालकों के भ्रष्टाचार के विरुद्ध आवाज़ उठाते हैं तो महापुरुषों का जवाब होता है कि आओ इस बात की जाँच करें कि भ्रष्टाचार होता क्या है? 'राग दरबारी' के एक स्वप्न दृश्य में लोकतन्त्र एक ऐसे ही महापुरुष—वैद्य जी के सामने पंजों के बल बैठा गिड़गिड़ा रहा है। चुनाव, लोकतन्त्र में जनता के महत्त्व और भूमिका का द्योतक है, लेकिन इस अधिकार के प्रति जनसाधारण का रवैया एकदम खुला हुआ है : 'हमें वोट का कौन अचार डालना है। जितने कहो, उतने वोट दे दें।' वे समझ गये हैं कि 'ग़लत आदमी को वोट देने से प्रजातन्त्र को कोई ख़तरा नहीं, तुम वोट दे सकते हो, प्रजातन्त्र के लिए इतना ही काफ़ी है।' इन सभी अवतरणों की व्यंजनाएँ गम्भीर हैं और संकेत करती हैं कि कुछ ही दिनों में जनतान्त्रिक व्यवस्था से जनता का मोहभंग हो गया था। चाहे न्याय-व्यवस्था हो या शिक्षा-पद्धति सर्वत्र गन्दगी, कीचड़ और सड़ाँध है और इसका शिकार हमेशा आम आदमी होता है। लेकिन सवाल उठता है कि कथित 'कौड़िल्ला छाप, ओछी नस्ल का आदमी' विरोध और प्रतिवाद क्यों नहीं करता? पूरे उपन्यास में मेहनतकशों, शोषितों-वंचितों के क्षोभ या आक्रोश के सन्दर्भ न के बराबर हैं।

संरचना की दृष्टि से 'राग दरबारी' को नाटकीय उपन्यास की श्रेणी में रखा जा सकता है। नाटकीय उपन्यास में कथानक और चरित्र की दूरी लगभग समाप्त हो जाती है। चरित्र आते हैं, घटनाओं को जन्म देते हैं और उनके क्रियाकलाप-कथानक और सम्पूर्ण कथा-विन्यास को परिचालित करते हैं। 'राग दरबारी' का आरम्भ रंगनाथ के गाँव आने के क्रम में सड़क पर खड़े ट्रक के वर्णन से होता है। ट्रक-ड्राइवर, अर्दली साहब, दारोग़ा जी, रुप्पन बाबू, प्रिन्सिपल, सनीचर लंगड, बद्री पहलवान, रामाधीन आदि अनेक चरित्र अपनी-अपनी विलक्षण विशेषताओं और भंगिमाओं के साथ उपस्थित होते रहते हैं और कथा-प्रवाह आगे बढ़ता चलता है। सभी पात्रों के शिरोमणि हैं वैद्य जी—'सीधे के लिए बिलकुल सीधे और हरामी के लिए खानदानी हरामी।' उपन्यासकार ने वैद्य जी के लिए लिखा है—'वैद्य जी थे, हैं और रहेंगे।' 'उखड़े हुए लोग' में देशबन्धु, 'महाभोज' में दा साहब जैसे ही शातिर जन सेवक वैद्य जी हैं और ऐसे शूरवीरों से यह भारतभूमि कभी खाली नहीं रही, न होगी। कुछ घटनाएँ चरित्रों के प्रवेश के बाद घटती हैं और बहुत-सी उनकी स्मृतियों के सहारे बयान होती हैं। सनीचर के दुरबीन सिंह सम्बन्धी संस्मरण फ्लैश बैक के सहारे कहे गये हैं। रामाधीन भीखमखेड़वी, राधेलाल, छोटे पहलवान का पारिवारिक इतिवृत्त, चुनाव की महिपालपुर पद्धति आदि अनेक प्रसंग भी स्मृति-प्रसूत हैं। हर पात्र कोई-न-कोई घटना, कोई-न-कोई बेहूदगी अपने में सहेजे हुए है और उसकी उपस्थिति किसी-न-किसी विसंगति को गहराने के लिए है। 'चालाकी' के हमले का 'बेवकूफ़ी' से मुक़ाबला करनेवाले सनीचर का गाँव सभा का प्रधान बनना और खन्ना-मालवीय को कॉलिज से दूध में मक्खी की तरह निकाल फेंकना उपन्यास की दो प्रमुख घटनाएँ हैं। सनीचर का प्रधान बनना 'किसी गुप्त रोग से पीड़ित उपेक्षित कार्यकर्त्ता' के मेडिकल एसोसिएशन के चेयरमैन बनने सरीखा है और दूसरी घटना वैद्य जी के 'ख़ानदानी हरामी' होने का प्रत्यक्ष प्रमाण है। इनसे ज़ाहिर है कि स्वतन्त्रता, समता, सामाजिक न्याय पर आधारित लोकतन्त्र शिवपालगंज जैसे गाँवों तक शायद कभी पहुँचा ही नहीं।

उपन्यास में कई घटनाएँ अचानक घटती हैं और कौतूहल उपजाते हुए किसी-न-किसी भद्दगी पर अँगुली रख जाती हैं। चोर भगाओ अभियान के ख़त्म होते-न-होते गयादीन के यहाँ चोरी की सूचना आ जाती है, मेले में सब-कुछ ठीक-ठाक चल रहा होता है कि गँजहों का उत्पात माहौल गरमा देता है। वैद्य जी का एक साधारण-सा वाक्य किसी के भी कान में पड़कर उसे उत्सुकतावश सीधे खड़ा कर देने में समर्थ है। 'मुझे ज्ञात नहीं था कि तुम इतने नीच हो' इस वाक्य से प्रारम्भ वैद्य जी और बद्री पहलवान के बीच जो संवाद होता है, वह किसी भी नाटक या फ़िल्म में पीढ़ी-अन्तराल की व्याख्या के लिए दिलचस्प हो सकता है। पिता के प्रश्न तीखे, बेलौस हैं तो पुत्र के उत्तर भी दमदार हैं। पिता पूछता है—'तुम इतने समझदार होकर गयादीन की कन्या से कैसे फँस गये?' उत्तर है—'फँसना-फँसाना चिड़ीमार का काम है। तुम्हारे खानदान में तुम्हारे बाबा अजुध्याप्रसाद जैसे रघुबरा की महतारी से फँसे थे।' गाँव की पंचायत में पंचों और कथित अभियुक्तों की बातचीत में जितनी तुर्शी है, उसका समापन उतना ही अप्रत्याशित है। छोटे पहलवान का पिता के पक्ष में पंचों को लताड़ना पंचों को स्तब्ध कर देता है।

लगता है, 'राग दरबारी' की बनावट में उपन्यासकार ने 'क्लोज अप' और 'लांग शॉट' की तकनीक भी अपनायी है। कुछ चरित्र और घटनाएँ सूचना और संस्मरण के रूप में हैं, ये उपन्यास में लांग शॉट के रूप में हैं। चाहे दुरबीन सिंह का पराक्रम हो या चुनाव जीतने की तीनों तरक़ीबों का विवरण या रामाधीन भीखमखेड़वी का अतीत-वर्णन–कुछ दूरी से स्मृति के सहारे चित्रित हुए हैं, लेकिन मेले का वर्णन, वैद्य जी-बद्री संवाद, छत पर बेला के आने का क्षण और उपन्यास के अन्त में वैद्य जी का रौद्र रूप आदि क्लोज अप में हैं और न केवल चरित्रों अपितु विविध विडम्बनाओं को भी बहुत निकट से दिखा पाते हैं। कुछ दृश्य फालतू हैं, शौच, मूत्र आदि से सम्बन्धित दृश्य और टिप्पणियाँ रोचक हैं, लेकिन वे उपन्यास की मुख्य कथा के प्रवाह से कुछ अलग-थलग हैं। वस्तुतः सामान्य पाठक व्यंग्य के मीठे-तीखे-चरपरे स्वाद में इतना मगन रहता है कि स्फीतिकारी अंश और संरचनागत दरारों की ओर उसका ध्यान ही नहीं जाता है। भले ही प्रबुद्ध समीक्षक इसे रूपविधान की कसौटी पर शिथिल उपन्यास मानें, लेकिन यह इसका वैशिष्ट्य है कि इसकी नकल नहीं हो पायी है। स्वयं श्रीलाल शुक्ल अपने इस कारनामे को दुहरा नहीं पाये। हिन्दी के अन्य किसी भी उपन्यास में व्यंग्यात्मकता का इतना विशद, बेधक और प्रहारक भंगिमाएँ सर्जनात्मक रूप में समाहित नहीं हुई हैं।

डी-131,
रमेश विहार,
अलीगढ़ (उ. प्र.)

●

'राग दरबारी' का महत्त्व

मधुरेश

श्रीलाल शुक्ल का 'राग दरबारी' (1968) पीछे छूटे उस समय को बाँधने और पकड़ने का रचनात्मक उद्यम है जिसे हमारे आधुनिक इतिहास में भारतीय स्वाधीनता के पहले चरण के रूप में 'नेहरू-युग' के तौर पर जाना जाता है। लोकतन्त्र, कार्यपालिका, न्याय व्यवस्था, शिक्षा और विकास योजनाओं—सबको आईना दिखाते और परत-दर-परत उनकी वास्तविकता को खोलते हुए। श्रीलाल शुक्ल ने जब यह उपन्यास लिखा, वे प्रशासनिक सेवा में थे। उस समूची व्यवस्था पर उनका आक्रामक रवैया आत्म लेखकों का भी ज़मीन तैयार करता है। आगे चलकर भारतीय न्याय-व्यवस्था पर केन्द्रित हृदयेश का 'सफ़ेद घोड़ा काला सवार' (1976) अपनी क्षेत्रगत सीमा के बावजूद एक अन्य उल्लेखनीय उदाहरण था।

कवि राजेश जोशी ने हिन्दी उपन्यास में अलग-अलग समय-सन्दर्भों में अपनी विशिष्ट पहचान के लिए तीन उपन्यासों में आये तीन गाँवों का उल्लेख किया है। प्रेमचन्द के 'गोदान' (1936) का बेलारी, फणीश्वरनाथ रेणु के 'मैला आँचल' (1954) का मेरीगंज और श्रीलाल शुक्ल के 'राग दरबारी' (1968) का शिवपालगंज इन गाँवों के रूप में चिह्नित किये गये हैं। बेलारी अवध का एक गाँव है जो समूचे औपनिवेशिक तन्त्र के क्रूर और शोषक ढाँचे को अंकित करते हुए तन्त्र के किसान विरोधी स्वरूप को बहुत वस्तुगत ढंग से अंकित करता है। आज उस औपनिवेशिक शासन के अन्त को भी प्रायः सात दशक बीतने को आये हैं, लेकिन उस तन्त्र की प्रकृति में कहीं कोई अन्तर नहीं पड़ा है। तब किसान अपना परम्परागत पेशा छोड़कर मजदूर होने को अभिशप्त था और उसकी सन्तानों को गाँव छोड़कर शहर में पलायन करना होता था। आज बड़ी संख्या में वे आत्महत्या करते हैं और खेती का उनका परम्परागत धन्धा आर्थिक क्षति और मानसिक हताशा का कारण बना है।

रेणु का मेरीगंज देश की स्वाधीनता के पूर्व और बाद के कुछ वर्षों को आधार बनाकर बिहार के पूर्णिया जिले का एक गाँव है जो उनके 'मैला आँचल' (1954) की केन्द्रीय कथा-भूमि है। इसमें नेहरू-युग के आरम्भिक दौर में राष्ट्रीय नव-निर्माण के सपनों को भी लहराते देखा जा सकता है। मिथिला की लोक-संस्कृति का वैभव नेपथ्य में बजते वाद्य-संगीत-सा इस उपन्यास को एक अतिरिक्त आकर्षण देता है। इसी पृष्ठभूमि में अशिक्षा, जातिवाद और मलेरिया-जैसे रोगों से जूझता मेरीगंज सपनों की बाड़ पर एक नयी फ़सल रोपने की कोशिश करता है। जीवन और राजनीति में नैतिक मूल्यों का क्षरण वह प्रस्थान बिन्दु है जो उपन्यास को एक विशिष्ट पहचान देता है। बबन दास की हत्या वस्तुतः उस गाँधीवादी मूल्य-दृष्टि की भी हत्या है जिससे मुक्त होकर भारतीय राजनीति अपने लिये एक नयी राह बनाने और पकड़ने का संकेत देती है।

प्रेमचन्द और रेणु की तरह ही अपने पर्यवेक्षण और अनुभव के अनुरूप अवध में ही श्रीलाल शुक्ल के 'राग दरबारी' (1968) का गाँव शिवपालगंज प्रदेश की राजधानी से सटा गाँव है, जिसकी पहचान प्रायः ही मोहनलालगंज के रूप में की जाती रही है। इतिहास में एम.ए. करके राष्ट्र की तरह अपने भविष्य की योजनाओं का भी ब्लूप्रिण्ट तैयार करने की योजना बनाकर आये रंगनाथ का परिचय इस शिवपालगंज से कुछ इस रूप में होता है, "थोड़ी देर में ही धुँधलके में सड़क की पटरी पर दोनों ओर कुछ गठरियाँ-सी रखी हुई नज़र आयीं। ये औरतें थीं, जो क़तार बाँधकर बैठी हुई थीं। वे इत्मीनान से बातचीत करती हुई वायु-सेवन कर रही थीं और लगे-हाथ मल-मूत्र का विसर्जन भी। सड़क के नीचे घूरे पटे पड़े थे और उनकी बदबू के बोझ से शाम की हवा किसी गर्भवती की तरह अलसायी हुई-सी चल रही थी। कुछ दूरी पर कुत्तों के भूँकने की आवाज़ें हुईं। आँखों के आगे धुएँ के जाले उड़ते हुए नज़र आये। इससे इन्कार नहीं हो सकता था कि वे किसी गाँव के पास आ गये थे। यही शिवपालगंज था।" (राग दरबारी, पृ. 12)

हाल में ही स्वाधीन हुए देश में, सबसे बड़े प्रदेश की राजधानी से एकदम सटा यह गाँव अभिजात रुचियों एवं संस्कारों को झटका देता है। रेणु की तरह यह आंचलिकता का मामला नहीं है जैसा कि तब नेमिचन्द्र जैन ने 'राग दरबारी' पर लिखित अपनी समीक्षा 'असन्तोष का खटराग' में कहा था। इसी तरह श्रीपतराय ने 'कथा' के प्रवेशांक में प्रकाशित अपनी समीक्षा में 'बहुत बड़ा ऊब का महाग्रन्थ' कहकर उपन्यास की भर्त्सना की थी। कुँवर नारायण जैसे कवि-आलोचक ने भी लेखक को यह सुझाव दिया था कि श्रीलाल शुक्ल यदि इस मल-मूत्र विसर्जनवाद से थोड़ा बचे होते तो यह उनकी और उनके उपन्यास की सेहत के लिए अच्छा होता।

उपन्यास पर आयी ये आरम्भिक प्रतिक्रियाएँ इस ओर संकेत करती हैं कि श्रीलाल शुक्ल अपने अभीष्ट में दूर तक सफल हुए हैं। रचना को, बाद के दौर में समुचित समाजशास्त्रीय परिप्रेक्ष्य में देखे जाने से पहले, सिद्ध और पेशेवर आलोचकों की जमात के बाहर जिन चन्द लोगों ने सफलतापूर्वक उसके महत्त्व को रेखांकित किया, उनमें श्रीपतराय और नेमिचन्द्र जैन के मन्तव्यों का प्रतिवाद करते हुए, उपेन्द्रनाथ अश्क भी थे। उनके इस प्रतिवाद में उनकी अपनी उपन्यास-शृंखला के बचाव की प्रतिध्वनियाँ भले ही विन्यस्त हों, लेकिन उनका मूल्यांकन 'राग दरबारी' की प्रकृति और उसके वास्तविक परिप्रेक्ष्य को समझने का एक सफल प्रयास अवश्य था।

मल-मूत्र विसर्जनवाद की जिस भदेस और वीभत्स प्रक्रिया के विरोध में तब 'राग दरबारी' को पहचानने की जो कोशिश की गयी वह वस्तुतः प्रदेश की राजधानी से सटे एक गाँव का जीवन्त और ज्वलन्त सच था। आज देश की आज़ादी के पैंसठ वर्ष बाद भी उसमें कोई विशेष अन्तर नहीं आया है। आज गाँवों में स्त्रियों के साथ दुष्कर्म की अधिकांश घटनाएँ वस्तुतः इस समस्या का ही हिस्सा हैं। यह अकारण नहीं है कि चुनाव के दौरान हिन्दुत्व के घनघोर आग्रहवाली पार्टी के नेता नरेन्द्र मोदी को भी अपनी पार्टी के सोच को दर-गुज़र करके, यह विवादास्पद वक्तव्य देना पड़ा था कि पहले शौचालय, फिर शिवालय। 'राग दरबारी' का महत्त्व यह है कि तब भी जो शिवपालगंज देश में सब कहीं मौजूद था—शिवपालगंज से समूचे देश में सब कहीं फैलता-पौंड़ता—वह आज और भी विकराल रूप में हमारे सामने है।

शिवपालगंज की वास्तविकता को खोलने का माध्यम रंगनाथ है। पिछले वर्ष ही इतिहास में एम.ए. करके सामान्यतः स्वीकृत मुहावरे में वह घास खोद रहा है अर्थात् रिसर्च कर रहा है। उसके प्रसंग में नेहरू-युग की शिक्षित बेरोज़गारी के प्रस्थानक सूत्रों को टटोला जा सकता है। कुछ समय बीमार रहने के बाद, शायद अपनी बेकारी के कारण ही, प्राकृतिक बदलाव और सेहत-सुधार के उद्देश्य से वह कुछ दिनों को शिवपालगंज जाने का कार्यक्रम बनाता है, अपने मामा के यहाँ। उपन्यास का संरचनात्मक बिखराव देश और समाज में घटित सब-कुछ पर टिप्पणी की छूट और सुविधा देता है। यह छूट केवल कथित तौर पर बुद्धिजीवियों का ही अधिकार नहीं है। रचना के जनतन्त्र में कोई भी कुछ भी कहकर अपने मन की भड़ास निकालने को पूरी तरह स्वतन्त्र है। जिस ट्रक पर बैठकर रंगनाथ शिवपालगंज आता है, वर्तमान शिक्षा-पद्धति पर उसी ट्रक ड्राइवर की टिप्पणी है, "शिक्षा-पद्धति रास्ते में पड़ी हुई कुतिया है, जिसे कोई भी लात मार सकता है"...(राग दरबारी, पृ. 12) तब चूँकि सत्ता में एकमात्र पार्टी कांग्रेस थी, नेहरू और उनके मन्त्रिमण्डलीय सहयोगियों को ही इसका अधिकार था और यह काम सिर्फ़ वे ही लोग करते थे। बाद में, राजनीतिक परिवर्तन के तहत, सम्बद्ध सरकारों के दौर में या फिर भारतीय जनता पार्टी के गठबन्धन में बनी सरकारों में तो सारी लड़ाई ही वस्तुतः शिक्षा-संस्थानों, पाठ्यक्रमों और अपने-अपने नेताओं के नाम पर स्थापित विश्वविद्यालयों के नाम बदलने पर केन्द्रित हो गयी। आज वह अपने वीभत्स और अश्लीलतम रूप में हमारे सामने है।

शाम के फैलते धुँधलके में जिस शिवपालगंज के मुहाने पर रंगनाथ ट्रक से उतरता है, उसका चित्र है : "थोड़ी देर में ही धुँधलके में सड़क की पटरी पर दोनों ओर कुछ गठरियाँ-सी रखी हुई नज़र आयीं। ये औरतें थीं, जो क़तार बाँधकर बैठी हुई थीं। वे इत्मीनान से बातचीत करती हुई वायु-सेवन कर रही थीं और लगे-हाथ मल-मूत्र का विसर्जन भी। सड़क के नीचे घूरे पटे पड़े थे और उनकी बदबू के बोझ से शाम की हवा किसी गर्भवती की तरह अलसायी हुई-सी चल रही थी। कुछ दूरी पर कुत्तों के भूँकने की आवाज़ें हुईं। आँखों के आगे धुएँ के जाले उड़ते हुए नज़र आये। इससे इन्कार नहीं हो सकता था कि वे किसी गाँव के पास आ गये थे। यही शिवपालगंज था।" (राग दरबारी, पृ. 12)

लेखक बहुत धीरे-धीरे, झुँझलाहट पैदा करनेवाले धैर्य के साथ, इस शिवपालगंज की परतें खोलता है। यही उसी भारतीय गाँव का संवर्द्धित और विकसित रूप है महज़ दो-ढाई दशक पहले बम्बई के सिने-जगत् से मुक्ति पाकर प्रेमचन्द ने जहाँ रहकर अपने अधूरे उपन्यास 'गोदान' को लिखने की इच्छा अपने एक पत्र में अपने मित्र और 'ज़माना' के सम्पादक मुन्शी दयानारायण निगम को जतायी थी। तब उनके सपनों की उड़ान पाली गयी गाय से मिलनेवाले पावभर दूध और तोला भर घी से आगे नहीं गयी थी। उनके लिए गाँव शान्ति और आत्मीयता का केन्द्र था। नीम के पेड़ के नीचे, बाँस की खाट डालकर तब 'गोदान' को पूरा करने का सपना उनकी आँखों में चमक पैदा करता था। अपने टूटते सपनों और आहत होती आशाओं के बीच भरसक ऐसा ही उन्होंने किया भी।

शिवपालगंज के बाशिन्दों और परिवेश को समझने के लिए स्वयं शिवपालगंज की प्रकृति को समझ लेना ज़रूरी है क्योंकि वही उपन्यास की केन्द्रीय कथा-भूमि है और आगे की सारी अच्छी-बुरी घटनाएँ वहीं घटित होती हैं। शिवपालगंज में उसकी अपनी प्रकृति के अनुरूप

जो थाना है वह किसी मध्यकालीन इतिहास का हिस्सा लगता है। जिन रोमाण्टिक कवियों को बीते दिनों की याद सताती है, उन्हें कुछ दिन रोके रखने के लिए इस थाने को आदर्श स्थान भी माना जा सकता है। थाने में दारोग़ा से रुप्पन बाबू का जो संवाद होता है वह थाने और दारोग़ा की ही नहीं रुप्पन बाबू की हैसियत और स्थिति का भी खुलासा करता है। अठारह वर्ष के रुप्पन बाबू तीन वर्ष से दसवें में ही हैं। वह स्थानीय और पैदाइशी नेता हैं क्योंकि शिवपालगंज के आसपास के क्षेत्र में उसके पिता वैद्य जी नेता के रूप में ही जाने और माने जाते हैं। घबराये हुए मरियल बछड़े की शक्ल, पर उसका रोब पिछले पैरों पर खड़े एक हिनहिनाते घोड़े-का-सा जान पड़ता था। सफ़ेद धोती पर नारंगी बुश्शर्ट। गले में रेशम का रूमाल। अपनी हुलिया से ही वह नेता लगता है क्योंकि उसके बाप नेता थे।

गाँव में एक इण्टर कॉलिज भी है, जिसकी पहचान छंगामल इण्टरमीडिएट कॉलिज, शिवपालगंज के रूप में की जाती थी। आम रिवायत के अनुसार कॉलिज के एक-एक टुकड़े का अपना इतिहास है। कॉलिज के पास एक अदद अपनी प्रबन्ध समिति को छोड़कर और कुछ नहीं था। विद्यालय की प्रकृति उसके इस संक्षिप्त ब्यौरे से समझी जा सकती है, "सामुदायिक मिलन-केन्द्र गाँव-सभा के नाम पर लिये गये सरकारी पैसे से बनवाया गया था। पर उसमें प्रिन्सिपल का दफ़्तर था और कक्षा ग्यारह और बारह की पढ़ाई होती थी। अस्तबल-जैसी इमारतें श्रमदान से बनी थीं। टिन-शेड किसी फ़ौजी छावनी के भग्नावशेषों को रातोंरात हटाकर खड़ा किया गया था। जुता हुआ ऊसर कृषि विज्ञान की पढ़ाई के काम आता था। उसमें जगह-जगह उगी हुई ज्वार प्रिन्सिपल की भैंस के काम आती थी"... (राग दरबारी, पृ. 18) जैसे हर गाँव में होती है पंचायत, सामुदायिक भवन, थाना, विद्यालय सारी सामाजिक-राष्ट्रीय संस्थाओं और सुविधाओं से भरा-पूरा शिवपालगंज एक औसत भारतीय गाँव का प्रतिनिधि रूप है। जैसे कि गाँव में सब-कुछ के बीच राजनीति की एक विशिष्ट और निर्णायक भूमिका होती है, शिवपालगंज भी उससे मुक्त नहीं है। बासठ वर्षीय वैद्य जी उस राजनीति के केन्द्र हैं जो उसे निर्देशित करते और अपने हिसाब से सजाते सँवारते हैं।

आधुनिक भारत के इतिहास में जिस काल-खण्ड को वस्तुतः नेहरू-युग कहा जाता है जीवन और राजनीति में वह गहरे मूल्य-विघटन और अर्थ-विपर्यय का युग भी है। राजनीति में गाँधी का नाम लिये बिना कोई काम नहीं होता और गाँधीवादी मूल्यों एवं आदर्शों की जितनी उपेक्षा इस दौर में हुई आगे के लिए एक तरह से वही एक प्रस्थान-बिन्दु के रूप में भारतीय राजनीति में स्वीकृत होती चली गयी। रेणु के 'मैला आँचल' में अपने सकारात्मक रूप में यदि इसका प्रमाण बबनदास है तो 'राग दरबारी' में लगभग वैसे ही नकारात्मक रूप में वैद्य जी। उम्र में वैद्य जी भले ही बासठ वर्ष के हों, बुढ़ापा उनसे कोसों दूर है। देश-सेवी महापुरुषों की तरह उनकी भी यह धारणा है कि वे कभी बूढ़े नहीं होंगे। शिवपालगंज के मेले में रंगनाथ को मिले वकील के बाप के हिसाब से—वे सीधे-सादे आदमी थे, देखते-देखते ही बड़े नेता हो गये। अपनी ईर्ष्या छिपाने की भी वह कोई कोशिश नहीं करता। शुद्ध देहाती ढंग से वह वैद्य जी पर टिप्पणी करता है, "देखते-देखते इतने बड़े नेता हो गये। पहले सीधे-सादे थे। अब जितना ज़मीन के ऊपर हैं, उतना ही नीचे घुसे हुए हैं..." (राग दरबारी, पृ. 182) अब उनकी पेशाब नें जलनेवाले चिराग़वाली उसकी टिप्पणी में किंचित् ईर्ष्या के बावजूद छिपे सच को समझने में कोई दिक़्क़त नहीं होती। आख़िर वैद्य जी की इस त्वरित और अभूतपूर्व

सफलता का रहस्य क्या है? वे छंगामल इण्टर कॉलिज के मैनेजर हैं। कोऑपरेटिव यूनियन के मैनेजिंग डाइरेक्टर हैं। अंग्रेज़ी हुकूमत में वे अंग्रेज़ हाक़िमों को श्रद्धा देकर उनकी कृपा बटोरते थे, देसी हुकूमत में यही काम वै देसी हाकिमों के साथ करने लगे। शिवपालगंज के अपने प्रवास की अवधि में, आज़ाद भारत के एक शिक्षित बेरोज़गार युवक के रूप में रंगनाथ को अपने मामा वैद्य जी को ही नहीं, देश की वर्तमान राजनीति को भी निकट से पर्याप्त वस्तुगत रूप में देखने का अवसर मिलता है। कॉलिज की प्रबन्ध-समिति के चुनाव में अपनायी गयी प्रक्रिया पर रंगनाथ से बहस करते हुए रुप्पन पिता और प्रिन्सिपल की कार्रवाई का समर्थन करता है क्योंकि अन्ततः यह अस्तित्व का सवाल है। उसके बड़े भाई बद्री पहलवान की रुचि अखाड़े, कुश्ती और बाद में कुछ दूसरे कोमल प्रसंगों में उलझ जाती है। अपने पिता की यह विरासत तो आख़िर रुप्पन को ही सम्हालनी है। वह कई वर्षों से दसवें में पढ़ रहा था और विद्यार्थियों का स्वाभाविक नेता था। उसके इसी गुण के कारण तहसील उसका हमजोली और थानेदार उसका दरबारी था। प्रिन्सिपल तो उसका मातहत था ही।

नेहरू-युग का सहकारी आन्दोलन और विकास-योजनाएँ अपनी पूरी वास्तविकता के साथ 'राग दरबारी' में मौजूद हैं। गम्भीर वित्तीय आरोपों से घिरे वैद्य जी सहकारी समिति के प्रबन्ध निदेशक के पद से अपने इस्तीफ़े की पेशकश करते हैं। अपने इस्तीफ़े को वे मुकम्मल आदर्श का जामा पहनाकर पेश करते हैं, "मैं सदस्य भी नहीं रहना चाहता। मेरा कर्त्तव्य पूरा हो गया। अब नवयुवकों को आना चाहिए। उन्हीं को यह आन्दोलन चलाना चाहिए।"...(राग दरबारी, पृ. 293) वैद्य जी को अटल देखकर शहर से पर्यवेक्षक के रूप में आये हाक़िम इदरीस साहब अन्ततः नये मैनेजिंग डाइरेक्टर के चुनाव का प्रस्ताव रखते हैं। लेकिन शिवपालगंज की एक अपनी परम्परा रही है, वहाँ चुनाव हमेशा एकमत से हुए हैं और वही इस बार भी होना चाहिए। इदरीस साहब के बार-बार चुनाव पर ज़ोर देने से तैश में आकर छोटे पहलवान निर्विरोध चुनाव पर अड़ जाता है। किसी काल्पनिक पलटन को लड़ाई के मैदान में दौड़कर जैसे आगे बढ़ने को ललकारते हुए वह कहता है, "वैद्य जी हट गये हैं। कोई फ़िकिर नहीं। उनकी जगह सटाक से दूसरा आदमी बैठ जाता है! कैसा चुनाव? हुँह। चले बड़े चुनाववाले! यह तिड़ीबाज़ी शहर में ही चलती है। यहाँ नहीं चलेगी! यहाँ तो जिसे चाहो, उसी को वैद्य जी की जगह बैठा दिया जायेगा..." (राग दरबारी, पृ. 294) फिर वह अपने कहे पर भरपूर अमल करते हुए बद्री पहलवान को उठाकर वैद्य जी द्वारा छोड़ी गयी जगह को लपक लेने के लिए आगे ठेलता है। शोरगुल के बीच भारत माता से शुरू करके महात्मा गाँधी, जवाहरलाल नेहरू की जय के बाद वैद्य महाराज और बद्री पहलवान की जय भी बुला दी जाती है। फिर अन्ततः भीड़ में निरीह-से खड़े इदरीस साहब की ओर देखते हुए उनकी जय भी बुलायी जाती है। दृश्य का पटाक्षेप इस रूप में होता है, "इदरीस साहब, यानी शहर से आये हुए हाक़िम के दिमाग़ में सन्नाटा छा गया। आँखें चकाचौंध हो गयीं। जब उन्हें होश आया, उन्होंने देखा वैद्य जी कहीं चले गये हैं, उनके विरोधी रामचरन को कोई फाटक के बाहर हाथ पकड़कर खींचे लिये जा रहा है, बद्री पहलवान माला पहने हुए मंच पर उनकी बग़ल में बैठे हैं, उनके चेहरे पर मैनेजिंग डाइरेक्टर के पद की आभा फैली हुई है..." (राग दरबारी, पृ. 295)

लगभग इसी प्रकार की प्रक्रिया कॉलिज की प्रबन्ध समिति के चुनाव में भी अपनायी जाती है। जब रुप्पन पिता और प्रिन्सिपल की कार्रवाई का समर्थन करता है, उसका तर्क

यही है कि यह उनके लिए अस्तित्व का सवाल है। यह सब न करने पर विरोधी गुट के आगे समर्पण के अतिरिक्त और कोई रास्ता ही नहीं रह जाता। इस चुनाव में वैद्य जी के सहयोगी और समर्थक ठाकुर बलराम सिंह की एक विशिष्ट भूमिका है। उनकी फेंट में बँधा रिवाल्वर विरोधियों को अपने ढंग से अपनी भूमिका समझने का काम करता है। विरोधी गुट के पण्डित जी की हाज़िरी लग जाती है, लेकिन उन्हें अन्दर नहीं जाने दिया जाता। पण्डित जी को अपनी जाँघ पर कुछ कड़ा-कड़ा-सा अड़ता हुआ मालूम देता है। फिर बलराम सिंह के कुर्ते की जेब पर नज़र पड़ते ही वह उचककर दो क़दम पीछे हट जाते हैं।

रामाधीन भीखमखेड़वी छोकर, जुआ और भंग की नियमित कार्रवाई में वैद्य जी के शाश्वत और स्वीकृत प्रतिद्वन्द्वी हैं। क्षेत्र की पुलिस भी उन्हें दूसरी पार्टी के रूप में विधिवत् मान्यता देती है। प्रिन्सिपल और रुप्पन के साथ वैद्य जी की नगर-यात्रा, डी. आई. ओ. एस. से की जानेवाली भेंट के निमित्त, इन तीनों के ही अनेक पक्षों को उद्घाटित करती है। अधिकारी को दस सेर घी देने में उन्हें कोई संकोच नहीं है लेकिन घी ले जाये जानेवाले पीपे को न लौटाये जाने का स्यापा इस समूची यात्रा का एक विडम्बनापूर्ण पक्ष है।

सिद्धान्त रूप में वैद्य जी गाँधी जी के अनुयायी और भक्त हैं। लेकिन चूँकि उन्हें समाज में रहकर बहुत-कुछ व्यावहारिक रूप और स्तर पर करना होता है, समय और ज़रूरत के अनुरूप थोड़ी लचनशीलता से उन्हें कोई परहेज़ नहीं है। इस लचीलेपन का एक उदाहरण गाँव में जोगनाथ की गिरफ़्तारी के प्रसंग में उपस्थित होता है, "वैद्य जी की राय जोगनाथ के बारे में बहुत अच्छी न थी। पर वे उस दुनिया में रहते थे जहाँ आदमी का सम्मान उसकी अच्छाई के कारण नहीं, उसकी उपयोगिता के कारण होता है।"...(राग दरबारी, पृ. 173) गाँधी जी चूँकि अन्तर्जातीय विवाह के पक्ष में माने जाते थे, रुप्पन और प्रिन्सिपल साहब को विस्मित करते हुए वैद्य जी भी बद्री पहलवान और बेला के विवाह के लिए अपना समर्थन जताते हैं। बस गयादीन की सहमति ज़रूरी है। बद्री पहलवान से बेला के प्रसंग में बात करते हुए वे सोहराब मोदीवाली शैली का प्रयोग करते हैं लेकिन बद्री की अपील पर फिर जल्दी ही सहज और सामान्य शैली पर उतर आते हैं। सुखपूर्वक देश-सेवा की उनकी जो धारणा है उसे वे बेला के पिता गयादीन को भी बताते हैं, "यह एक आदर्श विवाह माना जायेगा। दोनों सुख से रहेंगे। बद्री को मैं राजनीति में काढ़ रहा हूँ। यूनियन का मैनेजिंग डाइरेक्टर उसे बना ही दिया है। कन्या को भी कुछ दिन बाद समाज सुधारक के कार्यों में लगा देंगे। महिलाओं का एक बोर्ड है। उसमें उसे कोई पद दिला देंगे। मोटर मिलती है। चपरासी साथ रहता है। कुछ समय बाद ए. मे. ले. का टिकट भी दिलाया जा सकता है। पति-पत्नी दोनों मिलकर सुखपूर्वक देश-सेवा करेंगे। हमें और क्या चाहिए?..." (राग दरबारी, पृ. 297-298) गाँधी और लोहिया उनके आदर्श हैं। इन लोगों की तरह वे भी रिक्शे की सवारी नहीं करते।

एक चतुर सुजान नेता की तरह वैद्य जी समय की आहटों को सजगता से सुनते हैं और शत्रु के प्रतिकार के लिए जब-तब कातरता भी उन पर हावी होती है। कोऑपरेटिव में ग़बन के प्रसंग में जिस इन्स्पेक्टर से उनका सामना होता है, आज के समय में पुलिस महकमे में रहकर भी ईमानदारी के कीटाणु उसमें कुछ ज़्यादा ही सक्रिय हैं। अकेले में वह वैद्य जी को धमका भी गया है। उसके प्रतिकार के लिए वे राह चलते पड़े शिवलिंग को देखकर बहुत कातर भाव से भगवान् शंकर से शत्रुओं के मान-मर्दन की प्रार्थना करते हैं। पिस्तौल के बल

पर चुनाव की शिकायत उनके प्रतिद्वन्द्वी भीखमखेड़वी ने कोर्ट में भी कर रखी है। सनीचर को ग्राम-प्रधानी का चुनाव लड़वाकर एक तरह वे स्वयं ही ग्राम प्रधान बन जाने की योजना बनाते हैं। अपने लिये वोट माँगते हुए सनीचर लोगों से स्वयं इसका प्रचार करता है कि अध्यक्ष वह नहीं, वैद्य जी ही होंगे।

सामाजिक परिवर्तन की आहट शिवपालगंज में भी सुनी जाने लगी है। चमरही में कभी वैद्य जी या उनके परिवार के आदमी के निकलने पर दिया जानेवाला 'गॉर्ड ऑफ ऑनर' अब नहीं मिलता। चमरही के लोगों ने भी अपने राजनीतिक उपयोग की दुरभिसन्धि को समझ लिया है। उसके प्रतिकार की चेतना भी उनमें पैदा होने लगी है। धूल, काजल, लार; कीचड़ और थूक का बण्डल बना एक लड़का चुरई के सामने खड़ा था। उसे ठेलकर चुरई रुप्पन बाबू के पैर छूने को कुछ इस अन्दाज़ में उकसाता है जैसे राहुल को गौतम बुद्ध की शरण में भेजा जा रहा हो। फिर चुरई रुप्पन से उधर आने का कारण पूछना भी नहीं भूलता—पंचायत का चुनाव तो हो गया, अब कौन-सा चुनाव होना है भैया? खीझ और अचकचाहट से रुप्पन इस परिवर्तन को अनुभव करता है। चुरई-चुरइया की हिम्मत उसकी अचकचाहट को बढ़ाती है और वह इसे छिपाता भी नहीं है—''स्साले! गँजहापन झाड़ रहे हो।'' (राग दरबारी, पृ. 264)

सार्वजनिक सभाओं एवं आयोजनों में गाँव के जिन युवाओं को देश के होनेवाले गाँधी-नेहरू, टैगोर और सी. वी. रमन बताकर गुणगान किया जाता है, उनका वर्तमान यह है, ''जुआरियों की जफड़ी जमी देखकर रुप्पन बाबू चहलक़दमी करते हुए उधर ही मुड़ गये। पर आज की मनोदशा में गो-चारण-लीलावाला यह वातावरण, जिसमें जानवर कमज़ोर किसानों की फ़सल चर रहे थे और चरवाहे जानवरों को वाजिब जगह पर पहुँचा हुआ समझकर, दत्तचित्त होकर जुआ खेल रहे थे, बहुत आकर्षक नहीं लगा। ''...वे थोड़ी देर खड़े-ही-खड़े जुए की प्रगति का निरीक्षण करते रहे। एक ग्यारह साल के लड़के ने उनकी ओर देखकर मुँह से चरस का धुआँ निकालना शुरू किया और इतनी देर तक निकालता रहा कि रुप्पन बाबू ने उसके ख़त्म होने की आशा छोड़ दी...'' (राग दरबारी, पृ. 263)

शिवपालगंज स्वाधीन भारत के बहुविध विकास और पंचवर्षीय योजनाओं को आईना दिखाता है! उससे यह शिकायत हो सकती है कि वह यह सब-कुछ बहुत एकांगी और चयनवादी दृष्टि से करता है जिसमें स्थितियाँ पूर्वाग्रहपूर्ण और अतिरंजित रूप में सामने आती हैं। लेकिन उसकी वास्तविकता को झुठला पाना मुश्किल है। कार्तिक पूर्णिमा पर शिवपालगंज से कोई पाँच मील की दूरी पर लगनेवाले मेले की रनिंग कमेण्ट्री यदि आल इण्डिया रेडियो देता तो साबित कर देता कि पंचवर्षीय योजनाओं के कारण लोग बहुत ख़ुशहाल हैं और गाते-बजाते एक-दूसरे पर प्रेम की वर्षा करते वे मेला देखने जा रहे हैं। यह व्यवस्था कैसे सेवक और कर्मचारी पैदा करती है, इसका कुछ आभास जिला बोर्ड के सेनेटरी इन्स्पेक्टर सिंह साहब को देखकर पाया जा सकता है। स्टेशन मास्टर को बहुत लगन से सामने रजिस्टर खोले काम करते देख इन्स्पेक्टर को उसके अधःपतन पर खीझ होती और क्रोध आता है, ''सरकारी नौकरी करके भी अगर काम करना पड़ा, तो ऐसी ज़िन्दगी पर लानत है।''...(राग दरबारी, पृ. 114) मेले में खोनूचेवालों से दस और दो के बीच फँसे सौदे को रुप्पन कुल पच्चीस रुपये

में यानी ढाई रुपया फ़ी खोनूचा के हिसाब से निपटा देता है। इस पर इन्सपेक्टर की टिप्पणी है—नमक-रोटी चल जाये तो बहुत है। झगड़े के बाद रंगनाथ का दिया पाँच रुपये का नोट लौटाते हुए दूकानदार कहता है, "तुम बाहरी आदमी हो बाबू जी, हमको तो यहीं रहना है।"...(राग दरबारी, पृ. 127) शिवपालगंज के पंचानबे फ़ीसदी मकानों की तरह खन्ना मास्टर के मकान में भी ग़ुसलख़ाना और शौचालय नहीं है। नाली में पेशाब किया जाता है और उसी के पास बैठकर नहाया जाता है। रुप्पन के साथ खन्ना के यहाँ से निकलते समय रंगनाथ को शक होता है कि रुप्पन ने शराब पी है। वह डगमगा नहीं रहा था लेकिन उसकी चाल में मस्ती थी। जब रंगनाथ उससे इस बाबत पूछता है तो उसका जवाब है कि हाँ कहो तो हाँ कह दे न कहो तो न कह दे। रंगनाथ तब उसे सिर्फ़ सच बताने को कहता है कि इस 'सच' नाम की चिड़िया का अता-पता पूछकर वह बात पूरी करता है, "दादा, यह शिवपालगंज है। यहाँ यह बताना मुश्किल है कि क्या सच है, क्या झूठ"...(राग दरबारी, पृ. 318) रंगनाथ जब अकेले शिवपालगंज की बात न करके पूरे मुल्क की बात करने पर ज़ोर देता है तो रुप्पन का उत्तर है, "मुझे तो लगता है दादा, सारे मुल्क में यह शिवपालगंज ही फैला हुआ है" ...(राग दरबारी, पृ. 319) किसी आंचलिक आग्रह के बिना शिवपालगंज का यह राष्ट्रीय रूपान्तरण ही वस्तुतः वह सूत्र है जो हमें 'राग दरबारी' के 'सच' तक से ले जाता है।

आज से प्रायः पैंतालीस वर्ष पूर्व जब सन् 1968 में 'राग दरबारी' का प्रकाशन हुआ, उसने हिन्दी उपन्यास के पाठकों को कहीं गहरे में विचलित किया। चाहे श्रीपतराय जैसे ग़ैर पेशेवर आलोचक हों या फिर 'अधूरे साक्षात्कार' (1962) से उपन्यास के स्वीकृत और मान्य आलोचक नेमिचन्द्र जैन, अपने-अपने ढंग से दोनों ने 'राग दरबारी' को ख़ारिज किया। उनकी यह अस्वीकृति सामान्य पठन-रुचि के मामले से आगे जाकर अपनी प्रकृति में पर्याप्त उग्र और आक्रामक थी। श्रीपतराय ने उपन्यास को 'बहुत बड़ी ऊब का महाग्रन्थ' कहकर अपनी इस क्षोभपूर्ण प्रतिक्रिया को व्यक्त किया था तो नेमिचन्द्र जैन ने 'असन्तोष का खटराग' कहकर। नेमिचन्द्र जैन ने लिखा, "किन्तु परिचय को इस सामान्यतः से आगे यदि आपको समकालीन भारतीय जीवन के किसी गहरे अन्तर्द्वन्द्व का, परस्पर विरोधी स्थितियों में किसी विस्फोटक टकराहट की तलाश या अपेक्षा हो तो वह इसमें नहीं मिलेगी। इसके विपरीत इस उपन्यास में प्रस्तुत ज़िन्दगी की तस्वीर में एक तरह की यथार्थवादी सपाटता है, दीखनेवाली ज़िन्दगी पर दबाव डालती नीचे कोई और ज़िन्दगी नहीं"... (राग दरबारी : आलोचना की फाँस, (सं.) रेखा अवस्थी, संस्करण 2014)

उपन्यास के मूल्यांकन के आरम्भिक दौर में इस व्यापक नकार और अस्वीकृति के कारणों की ओर संकेत करते हुए रेखा अवस्थी लिखती हैं, "'राग दरबारी' उपन्यास के मूल में विद्यमान क्षोभ, दुःख और करुणा की भावानुभूति को पहचानने में कुछ आलोचक चूक गये हैं। चूँकि आलोचक का ख़ुद ही राष्ट्रीय विकास नीति और नेहरू के छद्म समाजवाद से मोहभंग नहीं हुआ था, अतः 'राग दरबारी' की कथावस्तु के अभिप्रायों को वे लगातार नकारवादी बताते रहे। आलोचक जब स्वयं ही समाज व्यवस्था के वस्तुपरक यथार्थ के प्रति मोहासक्त होगा तो उस व्यवस्था के अन्तर्गत पल रही मक्कारी, जनविरोधी प्रवृत्ति और विभिन्न पात्रों के उत्पीड़क सामाजिक आचरण को चित्रित करनेवाली कथाकृति को, ज़ाहिर

है असन्तोष का खटराग बतायेगा, महाऊब का महाग्रन्थ बतायेगा और वस्तुनिष्ठ विश्लेषण का रास्ता छोड़कर आलोचना की अराजकता को फलीभूत करेगा...

उपन्यास की अभ्यस्त और परम्परागत पठन-रुचि को विचलित करनेवाले तत्त्व सम्भवतः 'राग दरबारी' की संरचना में निहित हैं। शास्त्रीयता का सम्पूर्ण तिरस्कार करते हुए वह भदेस को जिस उत्कट आग्रह के साथ प्रतिष्ठित करता है उसने इस प्रचलित कथा-अभिरुचि और संस्कारों को कहीं गहराई से झकझोरा है। अपनी समीक्षा में तब कुँवर नारायण ने भी कुछ इसी प्रकार की टिप्पणी की थी कि मल-मूत्र का यह विसर्जन यदि उसमें कुछ कम होता तो यह उपन्यास के हित में होता, उपन्यास और लेखक दोनों की सेहत के लिए यह अच्छा होता। पाठकीय अभिरुचि के इस विचलन का 'राग दरबारी' अकेला उदाहरण भी नहीं है। इसके पूर्व प्रायः तीन दशकों की अवधि में 'शेखरः एक जीवनी' और 'मैला आँचल' अपने-अपने ढंग से यही कर चुके थे। यह अकारण नहीं है कि उपन्यास के रूप में इनकी व्यापक स्वीकृति में पर्याप्त समय लगा।

यही कारण है कि 'राग दरबारी' उपन्यास के स्वीकृत शास्त्रीय रचनाविधान के हिसाब से अपने मूल्यांकन की छूट नहीं देता। न उसमें कोई सुसम्बद्ध कथानक है, न ही परम्परागत रूप में वैसे नायक-नायिका जिनके अभाव में उपन्यास जैसे रचना-रूप की कल्पना भी दुष्कर है। 'राग दरबारी' की परिकल्पना मूलतः एक व्यंग्य उपन्यास के रूप में की गयी है। असम्बद्ध ब्यौरों और व्यक्तियों द्वारा की जानेवाली टिप्पणियाँ और व्यक्तियों का आचरण ही विशेषतः उस आचरण के अन्तर्विरोध, वस्तुतः उपन्यास का मूल वैशिष्ट्य है जो एक विशिष्ट काल-खण्ड का आलोचनात्मक भाष्य बनकर हमारे समक्ष उद्‌घाटित होता चलता है। इस अर्थ में वह 'मैला आँचल' की तरह एक आंचलिक उपन्यास भी नहीं है, जैसा भ्रमवश नेमिचन्द्र जैन ने उसे समझने का संकेत दिया है। देश की स्वाधीनता के बाद राष्ट्रीय विकास नीतियों और पंचवर्षीय विकास योजनाओं के नाम पर हम कैसा समाज बना रहे थे, 'राग दरबारी' इसे ही वस्तुतः परत-दर-परत खोलता और उघाड़ता है। इसमें भारतीय संगीत के शास्त्रीय राग दरबारी के प्रति एक ख़ास तरह की उपेक्षा और तिरस्कार को भी साफ़ पढ़ा जा सकता है। यह राग दरबारी उस समाज का सच है जिसमें चापलूसी, जी-हजूरी और ठाकुरसुहाती द्वारा ही अपनी खाल बचा पाना सम्भव है। स्वाधीन देश की नौकरशाही को यह गुर सीखने और साधने के लिए अधिक और अतिरिक्त प्रयास भी नहीं करना पड़ता है। सिर्फ़ प्रतिबद्धताओं के हस्तान्तरण ने ही इसे सम्भव कर दिया है। पंचायत से लेकर संसद् तक सब कहीं इसी सर्वस्वीकारवाद का बोलबाला है। राष्ट्रीय महत्त्व की जनहितकारी संस्थाएँ नेताओं और राजनीतिज्ञों की निजी मिल्कियत में बदल चुकी हैं। जैसे कभी स्तालिन के दौर के सोवियत संघ पर टिप्पणी करते हुए सोल्जेनित्सिन ने लिखा था कि देश के छोटे-से-छोटे संस्थान और कार्यालय में एक अदद स्तालिन मौजूद था। शिक्षा, पंचायत, सामुदायिक योजनाओं आदि विभिन्न संस्थाओं का जो और जैसा होना है वह वैद्य जी और उनके गुर्गों के हिसाब से ही होना है। हमारा समूचा तन्त्र वैद्य जी जैसे टुटपुंजिये नेताओं की चापलूसी और जी-हुजूरी करके ही ज़िन्दा रह सकता है। प्रिन्सिपल के माध्यम से कॉलिज, सनीचर के माध्यम से पंचायत और पालतू नौकरशाही के माध्यम से वैद्य जी जैसे चाहते हैं, शिवपालगंज को चलाते हैं। इस समूचे

तन्त्र में कथित रूप से आम आदमी की नियति लंगड़ से बहुत भिन्न नहीं है। रिश्वत के पाँच रुपये देने से इन्कार करने पर वर्षों कचहरी के चक्कर काटने पर भी काग़ज़ों की नकल उसे नहीं मिल पाती है। लंगड़ इस अर्थ में भी आम आदमी का वास्तविक प्रतीक है कि इस सब-कुछ के बाद वह न कभी विचलित होता है, न ही हताश। सारी विरोधी स्थितियों के बीच अपनी आशा के दीप को हथेलियों की छाँव में जिलाये रखता है। इन राष्ट्रीय विकास योजनाओं की वास्तविकता को 'राग दरबारी' जिस शिल्प में उद्घाटित करता है, उसके सिवा किसी अन्य रूप में शायद यह सम्भव नहीं था। इस शिल्प के कारण उपन्यास में एक अराजक बिखराव से बचा नहीं जा सका है। लेकिन यह रचना की अपनी प्रकृति के अनुरूप सर्जित और विकसित शिल्प है। इसके कारण उपन्यास की पठनीयता भी अप्रभावित नहीं रही है। 'राग दरबारी' वैसा उपन्यास नहीं है जिसे पठन-सुख और मात्र मनोरंजन के लिए जब-तब उठाकर पढ़ा जा सके। आज उसकी व्यापक स्वीकृति के बाद भी वह एक कठिन और नीरस पाठ है।

शास्त्रीय दृष्टि से इस नायकविहीन उपन्यास में रंगनाथ उसका नायक भले ही न हो, लेकिन वह उसका एक केन्द्रीय पात्र अवश्य है। एक ओर यदि वह नेहरू-युग के उन शिक्षित बेरोज़गार युवकों का एक प्रतिनिधि पात्र है, उसी के माध्यम से शिवपालगंज अर्थात् समूचे देश के 'सच' को देखा और उजागर किया गया है। इस अर्थ में वह दर्शक तो है ही, अनेक प्रसंगों में भोक्ता भी है। उसके मामा वैद्य जी की जो एक आदर्श और देवता-स्वरूप छवि अपने पूरे आभा-मण्डल के साथ निर्मित और प्रतिष्ठित है, उस पर कलौंछ और नाख़ूनों के निशान रंगनाथ को ही दिखायी देते हैं। कॉलिज के विरोधी गुट के अध्यापक खन्ना के चरित्र हनन और फिर अन्ततः कॉलिज से निकाले जाने की जो पृष्ठभूमि तैयार की जाती है उसमें मुख्य अवरोध कहीं-न-कहीं रंगनाथ की ओर से ही उपस्थित होता है। खन्ना से भेंट और संवाद शुरू करके वह उसका अपना पक्ष भी जानना चाहता है। जल्दी ही वैद्य जी की विरासत को अपने कन्धे पर उठाने को तैयार रुप्पन भी रंगनाथ के साथ आकर वैद्य जी और प्रिन्सिपल की सारी योजना पर जैसे पानी फेर देता है। एक स्तर पर अपनी प्रकृति में यह नैतिक युवा हस्तक्षेप उपन्यास के भ्रष्ट और निराशावादी तन्त्र में एक सकारात्मक तत्त्व के रूप में सामने आता है। पलायन संगीत के रूप में प्रिन्सिपल और रंगनाथ का संवाद उपन्यास के इस नैतिक आग्रह को और सघन करता है। प्रिन्सिपल का सुझाव है कि खन्ना के जाने के बाद कॉलिज में इतिहास के अध्यापक का पद ख़ाली होगा, रंगनाथ की उस पर नियुक्ति के बाद वह शेष समय में अपना शोध कार्य कर सकता है। प्रिन्सिपल से ही उसे यह भी सूचना मिलती है कि वैद्य जी से उनकी सारी बात हो चुकी है, सिर्फ़ रंगनाथ की स्वीकृति चाहिए। इस प्रस्ताव पर रंगनाथ को लगता है कि उसकी देह का सारा ख़ून झपटकर साँप की तरह उसके मत्थे में पहुँच गया है। खन्ना की जगह मास्टरी? उसके सामने उसे कैसे निकाला गया है, क्या वह भूल सकता है? लेकिन प्रिन्सिपल का अपना तर्क है—"जहाँ जाओगे तुम्हें किसी खन्ना की ही जगह मिलेगी।"... यह वस्तुतः एक अन्य प्रसंग में रुप्पन की कही गयी बात का ही विस्तार है कि शिवपालगंज पूरे मुल्क तक फैल जाता है। रंगनाथ की अस्वीकृति का मौन नैतिक हस्तक्षेप ही वस्तुतः उपन्यास को एक सकारात्मक रूप देता है।

अपने समय में विवादित और स्वीकृति एवं प्रतिष्ठा के लिए संघर्ष करती रचनाओं के बीच 'राग दरबारी' भी कोई अपवाद नहीं है। व्यापक स्वीकृति के लिए उसे काफ़ी समय लगा है। रेखा अवस्थी ने इस ओर ठीक ही संकेत किया है कि इस स्वीकृति में साहित्यिक-सांस्कृतिक से अधिक समाजशास्त्रीय सक्रियता की एक निर्णायक भूमिका रही है। समाजशास्त्रीय दृष्टि से किया गया 'राग दरबारी' का आकलन ही वस्तुतः उसके साहित्यिक महत्त्व का भी निर्धारक तत्त्व है। यह तभी सम्भव हुआ जब देश के बाहर और देश में उसे रूपर्ट स्नेल, गिलियन राइट, श्यामाचरण दुबे, पूरनचन्द्र जोशी जैसे समाजशास्त्रीय अध्येता, विद्वान् और अनुवादक मिले। इस समाजशास्त्रीय परिप्रेक्ष्य के कारण ही अपने समय से अधिक उसका महत्त्व आज दिखायी देता है क्योंकि जन-विरोधी राष्ट्रीय विकास और सरकारी योजनाओं की वास्तविकता आज पहले से कहीं अधिक उजागर हुई है। समूचे तन्त्र में नौकरशाही की अपंगता और भ्रष्टाचार का अभाव तब भी नहीं था। इस अवधि में उसकी स्थिति सिर्फ़ सिहरन पैदा करती है। उसकी भदेस मल-मूत्रवादी प्रकृति पर जो तब लोगों ने बहुत कटाक्ष और आक्षेप किये थे, वह आज भी देश की कदाचित् सबसे बड़ी समस्या है। आज की स्त्री हिंसा का एक बड़ा और आधारभूत कारण देश की बड़ी आबादी के लिए शौचालय का अभाव है। इस अर्थ में 'राग दरबारी' अपनी समय की रचना होकर भी उससे कुछ आगे की रचना है।...

मधुरेश
372, छोटी बमनपुरी
बरेली-243003
मो.- 093198-38309

●